U0463386

基础教育创新发展研究

以象山模式为例

Research on Innovative Development of Basic Education

Take the Xiangshan Model as an Example

童富勇 胡海峥 周成道◎等著

科学出版社

北京

内 容 简 介

本书是12位大学教师与60位中小学一线教师通过3年时间，在52所中小学合力探索研究的成果，是UGS模式的一个成功范例。全书通过理论创新、制度创新和大胆实践，寻找到了一种符合县域范围基础教育整体、协调、优质、均衡发展的基础教育创新模式——象山模式，这对全国各县市基础教育改革创新具有一定的学习和借鉴意义。

本书内容主要包括名师名校长成长、学校课程建设与实施、学校德育、综合实践活动与课程开发、中小学阅读教学与训练、教学模式变革与创新、中学生职业生涯教育、小班化教学、智慧校园建设与实施以及学生发展性评价十个方面。

本书可供教育理论研究者、师范院校学生、中小学教师、教育行政管理人员参考和借鉴。

图书在版编目(CIP)数据

基础教育创新发展研究：以象山模式为例 / 童富勇等著. —北京：科学出版社，2019.3

ISBN 978-7-03-060779-9

Ⅰ.①基… Ⅱ.①童… Ⅲ.①基础教育–教育研究–象山 Ⅳ.①G632.3

中国版本图书馆 CIP 数据核字(2019)第 044767 号

责任编辑：朱丽娜　高丽丽 / 责任校对：王晓茜
责任印制：李　彤 / 封面设计：润一文化

编辑部电话：010-64033934
E-mail：edu_psy@mail.sciencep.com

科 学 出 版 社 出版

北京东黄城根北街 16 号
邮政编码：100717
http://www.sciencep.com

北京虎彩文化传播有限公司 印刷
科学出版社发行　各地新华书店经销

*

2019 年 3 月第 一 版　　开本：720×1000　B5
2019 年 3 月第一次印刷　　印张：26
字数：520 000

定价：148.00 元
(如有印装质量问题，我社负责调换)

基础教育创新发展纪实

2015 年 8 月，象山县教育局局长范良江一行专程来到杭州师范大学教育学院，双方共同签订了"象山县基础教育创新工程"全面合作协议。该协议规定，由杭州师范大学教育学院院长领衔，选派12 名教授、博士每月定期到象山县，对象山县基础教育创新工程进行理论引领和实践总结。计划用三年左右的时间，围绕着象山县基础教育发展中的十大问题，成立十个由专家教授与一线校长、教师组成的课题组，进行理论和实践相结合的实践研究，探索出一条符合象山县基础教育优质、均衡发展的创新之路，同时为浙江乃至全国的基础教育改革与发展提供可资借鉴的经验和案例。这十大问题分别是名师名校长成长、学校课程建设与实施、学校德育、综合实践活动与课程开发、中小学阅读教学与训练、教学模式变革与创新、中学生职业生涯教育、小班化教学、智慧校园建设与实施以及学生发展性评价。很显然，这十大问题正是当下基础教育发展中的重点与难点，也是师范类大学教育理论研究的热点。共同的合作愿望和需求，为我们的成功合作打下了坚实的基础。

象山基础教育创新工程中期汇报会议

2011 年前后，象山县学校硬件设施已基本均衡，但城乡、区域之间的差距还很突出，特别是一些学校的课堂教学方式还很落后。为解决上述问题，实现象山县所属中小学课堂教学转型，象山县从 2012 年开始在区域层面推行"一校一教改"，倡导把办学的自主权还给学校，把教学的创新权还给教师，把学习的主动权还给学生。通过一系列强力而有效的举措，象山县的"一校一教改"工作取得了一系列成果，不少学校都总结凝练出自己学校的特色和优势。但是由于缺乏专业理论的引领，并且一直持续着"关起门来自己改"的状态，在经过三年改革后，课程改革进入瓶颈期，亟须优质而持续的理论引领来推进教学改革向纵深发展。象山县高校及科研院所资源匮乏，因此唯一的解决方法只能是走出去，主动寻求指导，实行借智引智。象山县高校及科研院所不足的客观现实以及对理论指导的主观需求，是促成其与杭州师范大学开展教育合作的重要推动力。另外，培养人才、发展科技、服务社会，是目前公认的大学的三项职能。其中大学的服务社会职能是指大学凭借自身的知识、智力等学术优势，从事满足社会发展各种需要的系列活动。《国家中长期教育改革和发展规划纲要（2010—2020 年）》明确指出，大学应"树立主动为社会服务的意识，全方位开展服务"。因此，服务地方和区域教育发展，为教育发展助力，是师范类大学义不容辞的责任。杭州师范大学作为一所具有 100 多年悠久历史的师范大学，具有强烈的责任感和使命感，一直以来具有服务地方和区域教育事业的优良传统。近年来，杭州师范大学通过创新服务方式，拓展服务范围，有力地助推了杭州市、浙江省乃至全国基础教育的发展。此次象山县基础教育创新工程的创立和实施，更是杭州师范大学服务区域教育发展的生动体现。高校服务区域教育发展，不能只在大学这一象牙塔中做学问、创理论，更需要深入教育一线，紧紧围绕教育实践，帮助一线中小学发现问题、解决问题，进而助力广大中小学实现整体提升。与此同时，高校教师深入教育实践一线，也能够为高校的理论创新带来更多的灵感与可能。

纵观整个象山县基础教育创新工程的建设与运行，其具有合作持续时间长、项目参与学校多、教育领域覆盖广等特点，这无疑给工程的开展带来了难度。象山县基础教育创新工程的建设运行必须具有正确合理的顶层设计以及切实可行的推进路径，这样才能够保证这项工程的合作质量和成效。

一、象山县基础教育创新工程的具体实施

（一）三方协商，确定合作项目

象山县基础教育创新工程启动后，象山县教育局在前期"一校一教改"的实践基础之上，列出十大问题。杭州师范大学根据象山县教育局提出的十大问题，组织专业的专家团队进行攻关。在我们的精心筹划和组织下，成立了象山县基础

教育创新工程高校专家团队，共 12 人。他们均为杭州师范大学教育学院在职教师，其中教授 5 人，副教授、讲师 7 人。专家团队成员对各自的研究领域有着较为深入的研究，对基础教育的改革与发展抱有热情与关切。根据各自的研究兴趣与专长，专家组成员与象山县基础教育创新工程的十个子项目一一对接。王强教授负责名师名校长培养项目，王凯教授负责学校课程建设与实施项目，严从根副教授负责德育项目，戎庭伟博士负责综合实践活动项目，高振宇副教授负责阅读教学项目，孙德芳教授负责教学模式变革与实施项目，杨燕燕教授负责高中课程改革与职业生涯规划项目，许建美副教授负责小班化教学项目，钱旭鸯博士负责智慧教育项目，傅亚强副教授负责学生发展评价项目，杜燕萍博士负责杭州师范大学大与象山县教育局之间的项目协调与联络工作。

（二）常态介入，指导项目推进

有效及经常性的沟通交流是保证合作顺利推进的必要条件，同时也是增强项目团队内部凝聚力的重要手段。因此，在整个象山县基础教育创新工程项目实施过程中，参与各项目的三方人员都对这一重要问题达成共识，通过线上线下相结合等方式来提升沟通的有效性，并努力实现交流的常态化。首先，高校专家克服距离较远等客观因素的制约，会同本项目组的象山县教育局教科研中心教研员及项目学校负责人商定后，形成每月至少一次深入课题组成员学校的惯例，从项目开始至整个工程结束，这一惯例未曾被打破。其次，为保证每次深入学校能够取得实效，切实对各学校起到把脉问诊、有效指导的作用，各项目学校会提前将最近一段时间面临的主要问题和困惑归纳整理，待杭州师范大学专家及象山县教育局教科研中心教研员深入学校后，三方共同交流探讨。杭州师范大学专家及象山县教育局教科研中心教研员给予充分的理论引领和实践指导，三方共同制订下一步的计划和行动方案。最后，线上经常性的沟通交流成为保障项目推进的又一重要手段。在整个工程建设推进过程中，微信、邮件等即时线上交流工具得到了广泛的应用。十个项目组各自创建了微信群，群内成员涵盖了杭州师范大学专家、象山县教育局教科研中心教研员以及各课题所在学校的主要负责人。在群内大家可随时进行沟通交流，使问题能够及时得到讨论和解决，进而打破了空间上的限制，提升了交流沟通的效率。每月至少一次的面对面探讨，随时可进行的线上交流，共同构成了常态介入机制，能够有力地保证合作质量，提升合作效率，有力地推动课题项目不断深入，从而取得了预期成效。

（三）定期集中，汇报合作进展

合作伊始，象山县教育局就同杭州师范大学教育学院商定，在三年的合作期中每年举行一次象山县基础教育创新工程进展汇报会，这一决定在三年的合作期中得到认真执行。进展汇报会的参与人员为象山县教育局主要领导、特邀专家学者、杭州师范大学专家团队全体成员、象山县教育局教科研中心全体教研员以及所有项目学校的校长及科研骨干，会议时间定为每年7月中下旬的暑假。会议主要议程为：象山县教育局领导对工程进展做总结和展望，并对接下来的工程进展提出要求与目标；杭州师范大学专家团队成员总结汇报本课题组在一年来的工程及项目推进中具体完成的工作、项目取得的进展、当前面临的主要问题以及对于项目推进的计划与展望。同时，各项目组的中小学也分别由校长或科研骨干汇报本校在一年的合作中，在杭州师范大学专家以及象山县教育局教科研中心教研员的指导下，小课题的具体实践推进情况，进而查找差距，互相学习。在会议过程中，会特邀专家学者对各项目组汇报内容进行指导与点评，例如，2016年7月5—7日，在象山县基础教育创新工程工作进展汇报会议中，杭州师范大学原校长、基础教育研究专家林正范教授、浙江省教育科学研究院原院长方展画教授分别对各课题组的汇报进行点评，并针对各项目组的下一步工作开展给出合理化建议和建设性意见。集中汇报结束后，各项目组会分别召开本项目组的项目研讨会，项目三方人员共同研讨协商，提出意见建议。定期集中汇报机制的建立与实施，能够及时呈现工程进展，客观总结工程效果，及时发现相关问题，有效调整进展方向，为项目持续高质量地推进提供了有力保障。

（四）下得去，上得来，扩展学习路径

下得去，上得来，是象山县基础教育创新工程中提升项目研究质量，开阔一线教师眼界，丰富和升华研究人员专业知识、技能和情意的有效路径。首先，利用"浙派名师"这一全国知名教师教育品牌，策划并举办"浙派名师进象山"系列活动。例如，2016年10月13—14日，成功举行"浙派名师进象山暨象山名师名校长高端研修班教学展示活动"，18位象山县名优教师逐一登台展示，小学语文界著名特级教师王崧舟、浙江省知名特级教师汪建红、杭州师范大学外国语学院谢萍教授等名师专家现场点评指导，上千名教师参与观摩学习。此次活动不仅提升了名师名校长的教学能力，更为广大教师搭建了与浙派名师互动交流的平台，使大家领略到了浙派名师的魅力与风采。其次，通过协助象山县教育局筹办"立三大课堂"活动，邀请一大批中小学研究专家、杭州名校长参与活动，为象山县教育发展建言献策。杭州市教育科学研究所所长俞晓东、宁波市教育科学研究所所长沈海驯、杭州学军中学校长陈萍、杭州文海实验学校校长金加喜等均有出席参与。专家的精彩观点，名校长的治校经验，引发了象山县中小学校长的强烈共鸣，对提升象山县校长队伍的理论水平和管理能力具有重要的意义。再次，各课题组也分别精心筹划组织，邀请各课题归属领域的研究专家深入中小学，通过专题讲座、现场指导等有效方式，给予课题专业指导，给予学校发展建议。最后，

浙派名师进象山基础创新工程论坛

紧紧围绕中小学一线教师的实际需求，努力为象山县教师创造外出考察和学习的机会，例如，2017年7月，组织象山县教师代表参与马云公益基金会新乡村校长论坛，新乡村教育家的教育情怀与教育实践深刻感染和震撼了每一位到场的教师，坚定了教师热爱学生、奉献教育的理想信念。

（五）凝练总结，构建象山模式

三年的工程建设，各项目组在统一的部署下，根据课题自身的特点，扎实有效地推进项目，实现了规范与灵活的统一。在三年工程即将进入尾声之际，象山县基础教育创新工程也随即转入凝练总结阶段，各项目组以实践探索经验、研究行动计划以及实际取得的成效为基础，努力构建各课题归属领域的研究成果，进而汇集形成象山县推动基础教育创新发展的"象山模式"：名师名校长培养项目组总结了名师名校长的成绩，构建了名师名校长成长的象山路径，归纳了教师跨区跨校结盟及名师课堂与名校长论坛展示活动的有益经验。课程建设与实施项目组以学校课程规划为总抓手，提出存在观念误区、缺乏科学规范是学校课程规划的两大误区，创生出"转变培训模式，构建专题培训课程"及"现场协同探究，专注校本特色课程"两大学校课程规划的象山路径，总结了项目学校课程改进的实施效果。德育工作项目组以"活动到课程"为主线，指出了德育实施"活动到课程"的必要性，根据项目组各学校的实践探索，凝练出"四个入手"的从活动到课程的路径与方法，以及从活动到课程的十方面注意事项。综合实践活动项目组以经验连续体为理论支撑，充分阐释了经验连续体的课程开发构想，详细展示了象山县石浦镇昌国小学等学校的经验连续体的课程实践范例，认真总结了经验连续体实践的成效与反思。阅读教学项目组以"创新"为关键词，以培育学生的阅读素养为宗旨，对阅读教学的理论与实践基础进行了全面研究，并对阅读课程的顶层设计进行了有益探索。教学模式变革与实施项目组以变革为着力点，对项目组7所学校所实施的教学模式变革进行了细致总结，全面呈现了象山县学校教学模式变革的现实样态。高中课程改革与职业生涯规划项目组的实践研究直面新高考带来的新挑战，就应对挑战的行动主题和推进路径进行了理性思考，并从行动目标、任务、路径三方面提出了解决问题的新方案，从而为应对新高考所带来的新挑战给出了象山方案。小班化教学项目组直面农村学校自然小班化这一现实问题，在充分借鉴国内外小班化教学改革实践经验的基础上，探索出适合象山县乡村学校实际情况的小班化教学改革之路，为解决自然小班化问题贡献了象山智慧。智慧教育项目组针对数字一代学习者的智慧学习生态建构进行了研究，分别从建构愿景、建构实践以及成效反思三个方面对智慧学习生态建构的象山实践进行了全面阐释。学生发展评价项目组以中小学生综合素养评价改革为研究主题，对其发展历程与理论基础进行了有效总结，探索、创生出品行综合评价、小学生创新能力评价、学业综合素养评价、课堂学习行为评价以及积分兑换制评价等新型评价模式，为推动学生发展评价的完善贡献了象山力量。

杭州师范大学专家和名师亲赴象山项目学校指导现场

二、象山县基础教育创新工程的特色成效

从2016年工程建设开始酝酿到2019年初合作项目结题，三年的合作给象山县基础教育带来了显著的变化。作为一项大学、政府教育部门、中小学开展深度教育合作的有益探索，象山县基础教育创新工程并无过多成功案例与合作经验可供借鉴，因此这一合作过程其实也正是三方共同探索的过程，同时这一合作也具有诸多的特色与亮点，参与合作的三方在原有的基础上都获得了提升与发展。

（一）从合作研究项目看，做到了基础教育领域全覆盖

本次基础教育创新工程的十个合作研究项目所聚焦的主题，均为当前基础教

育研究领域的热点，也是中小学教育教学改革的重中之重。这些问题是否能得到正确处理与妥善解决，对区域基础教育质量提升以及学校发展具有至关重要的影响。在此次合作开展的过程中，各项目组采取"一对多"的形式，即每一个项目组中包含若干所申报研究课题为这一领域的中小学，这些学校围绕项目组的研究主题，根据学校的实际情况与大学专家及象山县教育局教科研中心教研员一起对这一主题的不同方面开展研究和探索，从而使研究的覆盖范围不断扩大，形成了由点到面的研究布局。研究领域覆盖的广泛性不仅可以解决更多的基础教育领域中所面临的突出问题，并且可以形成举一反三、一题多解的局面，不同学校对于同一问题或相似问题会给出不同的解决思路，进行不同的实践探索，进而可以使问题得到较为全面的解决。同时，对不同基础教育领域的关注，也能够及时发现基础教育所出现的新问题、面临的新矛盾，从而为推动基础教育教学改革不断走向深入，提供了新的契机与生长点。

（二）从参与项目学校看，实现了全县中小学校全覆盖

象山县所属中小学全部参与此次合作是基础教育创新工程的又一大亮点与特色。义务教育阶段均衡发展是要实现校际均衡，重点任务是缩小校际差距，但是由于长期"重点校"政策的存在、城乡二元教育结构、学校生源存在差异等因素的影响，校际不均衡或校际差距过大的问题在我国仍较为突出。若是在县域内开展相关教育合作并且只选择部分优质学校参与，那么校际的"马太效应"会更为凸显，缩小校际差距、实现义务教育均衡发展亦无从谈起。基于此，本次合作并没有采取评审选拔等方式确定部分学校作为实验学校，而是县域内的所有小学、初级中学、高级中学全部作为课题研究的主体参与到工程建设中，使每一所学校都获得了改进、发展与提升的机会。或许薄弱学校参与到本次合作中，并不会在学校教育质量提升方面有立竿见影的效果，但是通过参与这一合作，薄弱学校会发现自身所独有的特色与优势，通过特色办学来缩小与优质学校的差距或实现"弯道超车"。此外，县域全部学校参与能够在各学校间形成在竞争中合作、在合作中竞争的良好氛围，这对于保证合作的质量，推动县域内基础教育发展，具有积极的意义。

（三）从学校参与人员看，做到了学校一线教师全参与

从更微观的角度来审视象山县基础教育创新工程，我们可以看到，在学校层面，每一所学校参与课题研究的人员并非仅仅是本校的科研负责人，还包括校长、骨干教师和一大批青年教师，真正做到了学校一线教师全参与。教育科研对中小学而言具有重要意义，其不仅是提高学校整体办学水平的重要手段，更是实现教师专业发展的重要途径。但是由于中小学教师工作性质的原因以及部分教师对教

育科研持"事不关己，高高挂起"的态度，认为从事教育科研与自己的本职工作无关，所以学校教育科研工作开展得并不是很理想。学校一线教师全部参与课题研究等教育科研活动，能够较好地解决这一问题。校长总体负责，能够起到有效督促的作用，科研教师及骨干教师带头进行探究，形成了课题研究的中坚力量，这也可以使骨干教师在理论上获得进一步提升。青年教师参与其中，他们思维的活跃性以及对问题的敏锐把控，无疑对探究的推进有极大的裨益。从个别教师负责教育科研到全体教师参与其中，这不仅仅是开展方式的变化，更是一种对待教育科研态度的转变，可以使教师摆脱教育科研与自己无关的错误认识，更能够使教师之间互相启发，集思广益，从而在学校内营造"科研兴校"的良好风气。

（四）从课题生成方式看，由课题组协同商量决定

象山县基础教育创新工程的推进实施，以课题研究为抓手。如何使课题研究更贴近一线教师的教学实践，更符合学校的实际情况，如何在课题研究的推进中充分发挥教师作为研究者所应具有的积极性和主观能动性，这些问题能否得到妥善的解决，直接关系到课题研究的质量与成效。基于上述考虑，研究课题的确定及生成就显得尤为关键。如果以课题生成方式来划分中小学教师所研究的课题，则可以划分为指定课题和非指定课题。后者也就是需要参与研究的中小学教师自己确定研究的课题，两种类型的课题产生方式各有优劣，前者具有统一性、规范性，但有可能会出现脱离学校和教师实际，难以激发教师研究兴趣的问题。后者由学校教师通过讨论协商提出，更贴近教师和学校的实际情况，教师参与其中的热情也较高，但是其规范性和统一性却难以保证。基于对以往课题生成经验的总结，本次的课题生成采取了首先由学校自主申报，经专家予以指导和调整再最终确定研究课题的形式。这一自下而上的课题生成方式在充分调动学校和教师的积极性，使课题立足于学校的实际情况的基础上，能够最大限度地保证研究课题的科学性、规范性和可操作性，从而为课题研究的开展奠定了坚实的基础。

（五）从三方合作表现看，做到了相互支持、配合及全投入

合作取得成功的必要条件之一，是参与合作的各方能够彼此支持、相互配合，真正投入到合作中去。在象山县基础教育创新工程的建设实施过程中，杭州师范大学教育学院、象山县教育局及象山县所属中小学三个合作方共同参与，发挥各自的优势，各自承担不同的职责，三方优势互补，形成了推进的合力。杭州师范大学教育学院组建了高水平的专家团队，以教育理论方法和科研指导为基础，对象山县所确定的课题项目进行专业且具体的指导，同时努力构建多条路径，创造更多机会，为象山县中小学教师的专业发展助力；象山县教育局作为工程的总筹

象山县基础教育创新工程项目学校欢迎专家实地指导

划者，组织学校自主申报研究课题，归纳确定合作项目，对中小学提出相应要求，并对杭州师范大学教育学院提出专业指导方面的需求，同时象山县教育局还给予大学以及中小学经费、政策等方面的支持，在合作开展过程中，象山县教育局还起到了联系、组织、沟通的作用，从而保障了合作的顺利开展；象山县所属中小学作为课题研究的主体，在大学专家专业的理论指导以及象山县教育局教科研中心的指导下，具体负责研究课题的实施和推进，在这一过程中也积极地发现问题并提出问题，与专家和教研员一起协商解决，从而为促进学校的发展和育人模式的转变做出了努力。三年时间中，三方密切配合，全力投入，形成了紧密的教育合作共同体。

（六）从三方合作成果看，实现了参与合作各方全受益

历时三年的象山县基础教育创新工程，在象山县教育局、杭州师范大学教育学院以及象山县全部中小学的共同努力下，取得了可喜的成绩，结出了累累硕果。从学校层面看，在大学专家和象山县教育局教科研中心的科学指导下，各学校依据自身的特点及优势，大胆实践，总结凝练，学校的办学特色逐步彰显，教育质量稳步提升；从师资队伍看，"高端引领，理论扩展，实践提升"的专业发展路径贯穿工程建设的始终，并取得显著成效，自合作开展以来，象山县参与课题项目的教师中，有 2 位教师被评为浙江省特级教师，2 位教师被评为正高级教师，2位教师被评为宁波市名师，8 位教师被评为宁波市骨干教师、骨干班主任、新秀班主任。另有 2 位校长被评为宁波市名校长。这一成绩的取得对于提升象山县教师队伍质量，优化教师队伍结构，具有重要意义。就教育科研成果而言，作为以课题研究引领工程建设的合作项目，三年以来，象山县教育科研成果不断涌现，教育科研实力不断增强，共获得浙江省人民政府教学成果奖、浙江省教育科研优秀成果奖、浙江省教研优秀成果奖 8 项，获得宁波市人民政府教学成果奖、宁波市教育科研优秀成果奖、宁波市教研优秀成果奖 90 余项，浙江省教育科学规划课题及教研课题立项 25 项，宁波市教育科学规划课题及教研课题立项 83 项。优秀

教育科研项目和成果的不断涌现，为象山县基础教育质量提升提供了强大的推动力。大学专家团队成员在三年的合作中也获得了较好的专业发展，实现了教育理论落地并与教育实践的融合，对于基础教育一线的实际情况有了更加深刻而全面的认识，服务基础教育的经验和能力获得丰富与提高。

历时三年的象山县基础教育创新工程暂告一段落，三年的合作令人兴奋，同时亦令人难忘。作为对大学-政府教育部门-中小学校教育合作模式的一次有力实践，我们充分认识到了三方开展合作的必要性和重要意义。象山县基础教育创新工程全面实施并取得预期成果，是项目合作各方齐心协力、共同努力的结果。象山教育局局长胡海峥亲自领导项目实施，象山县教育局副局长奚际曹、李国强抓项目落地，象山县教育局教科研中心周成道主任与他的团队紧密配合，杭州师范大学专家组做好合作项目设计、研究与实施。其他还有许多人对本合作项目的成功实施和顺利完成做出了贡献，不一一列名，在此一并表示感谢。本书各章撰写成员如下：前言，童富勇、杜燕萍、刘志；第一章，王强、包鹤祥、孙忠心、周虹；第二章，王凯、俞伟娟；第三章，严从根、周成敏、商庆义；第四章，戎庭伟、鲍双莹、干忠宏；第五章，高振宇、胡华杰；第六章，孙德芳、张正菲、戴铭红、单森权；第七章，杨燕燕、余文一；第八章，许建美、吴伶俐、赵丽安；第九章，钱旭鸯、胡银辉；第十章，傅亚强、陈荣、孙忠心。

童富勇

2019 年 1 月

于浙派名师研究院、杭州师范大学教育学院

目录

第一章

象山师说：名师名校长成长

教师认可与教师培训是教师专业发展与管理的关键。近年来，两者二合一已成了一大趋势，一些地区出现了名师名校长工程、学科带头人项目、新锐教师进修项目，名称层出不穷，不仅是选拔优秀教师，也是对所选骨干教师和后备教育干部的培训项目。然而，"选秀"的背后往往与教师的经济待遇等挂钩，因此其在促进教师发展的同时，也引发了一些争议。

英美等国家的教育机构及教师认可制度与中国有较大差异，除了教育当局参与其中，更有自下而上的学区、教师工会及社会组织参与教师发展与管理。在美国，教师认可以社会机构认可为主，几乎看不到政府的影子。其举办主体多元，奖励对象做到教师与校长分野，选拔方法更是五花八门，并非"重奖勇夫"而是促进价值的认同与引领。例如，"美国年度教师"（The National Teacher of the Year）虽然由美国总统在白宫颁奖，但并非政府项目，而是社会机构举办的，类似的还有"全美年度校长"项目，是美国众多奖励中为数不多从地方到州再到全国一层一层选拔上来的。其获奖者得到的最大荣誉同时也是责任，就是带薪在全美国巡回讲演，推广其教育事迹及教育价值，旨在引起公众对卓越教学的关注，有"本年度美国教师群体优秀代表之意"[①]。

在中国，"选秀评奖"不仅仅局限于"认可褒奖"之意，还有"提拔重用"之意。例如，"特级教师"是在初级—中级—高级教师职称等级系列的基础上，进一步加冕；又如，一些地区的"新秀、中坚、宿将"教师，"一、二、三、四、五星级"教师，"教学能手、学科带头人、名师、首席、功勋"教师。美国虽也有一些通过物质奖励教师的项目，但主要还是认可褒奖之意，只不过与"美国年度教师"相比更强调对在某一领域甚至某种行为上有突出表现教师的认可，如科学教育、艺术教育、阅读教学、财经教育、健康饮食等，这些奖励，少有"等级分人"之意，更罕有"提拔任用"之实。[②]

本书的"象山名师名校长工程"，试图做到将以上两者融合，以大学-政府-

---

① 王强. 中美中小学教师选秀评奖制度比较研究[J]. 华东师范大学学报（教育科学版），2015，（4）：41-48.
② 王强. 中美中小学教师选秀评奖制度比较研究[J]. 华东师范大学学报（教育科学版），2015，（4）：41-48.

学校（university-government-school，UGS）的合作模式，在保留自上而下政府统筹的选秀提拔制机制的同时，也利用大学的社会网络，增加名师名校长从社会组织获得的多元认可与发展机遇。其具体机制包括大学组织的双导师制培训、教师跨区跨校结盟、名师课堂与名校长论坛展示、社会活动参与等。

第一节 象山名师名校长成绩与成长路径

2015 年 7 月启动，象山县中小学共 25 位名师名校长（其中名师 20 位、名校长 5 位）入选名师名校长项目。经过三年培养，取得了标志性成果。

1）2 位名师被评为浙江省特级教师（四年一次，象山名师名校长项目三年来共评选了一次，全省 4 年共 250 人），也是象山县仅有的 2 名获此认可者。

2）2 位名师被评为正高级教师（三年内共评选了两届，共 2 名，全省每届评选 130 人左右），占到当年象山县晋升正高级职称人数的一半。

3）2018 年，全省特级教师 250 人（四年评选一次），其中象山县仅有 2 人，均为名师名校长班学员。

4）2 人的教研课题获省级立项。

5）6 人晋升市级教学名师、骨干教师、名校长。

6）4 人获市级教学与教研奖。

7）多人获市优质课评比、教科研先进个人等市级单项荣誉。

8）多人获得其他级别荣誉。

9）每位名师名校长在省级以上刊物上均发表了多篇教研论文，另有多位名师名校长的著作或所编教材教辅材料出版。

象山名师名校长的成长路径具体有以下特点。

一、政府认可为主，促进教师专业成长

象山名师名校长项目学员中获得较多政府认可的名师中有一位初中社会学科教师，她不兼任行政职务，晋升正高级教师，并被评为特级教师。

该教师是初中社会学科的资深教师，该学科从业人员也较少，且其并非校长/副校长，更关键的是其本人注重积累且熟悉教师认可路径。其先后发表论文20 余篇，负责或参与课题 11 项，多项获得市级以上奖项，精品课程在省、市立项，先后获得市优秀教师、教坛新秀、先进个人等荣誉。其在名师培训第一年结束时，就被评为浙江省首批正高级中学教师，之后培训结束后第一年，又被评为省特级教师。在 25 位名师名校长培养对象中，其可谓是官方认可的专业头衔的集大成者。

在这种机制下，教师奖励有四个特点：①自上而下设立，名目有增无减。国家层面主要是全国优秀教师系列、特级教师、劳模，到了省层面，除保留这三项外，有些地区又增设教坛新秀、功勋教师、春蚕/绿叶奖等，到了市、县、区层面，又衍生出新项目，如有些市、县在教坛新秀的基础上新增教坛中坚、宿将，合称为"三坛教师"。②由于主体单一，各奖项间同质性高，有叠加认定或互为条件的现象，不同奖项间的独立性不强。例如，某些省特级教师评选规定要从获得省、市模范、优秀、先进教师（教育工作者、班主任、师德标兵）及五一劳动奖章获得者中选取，或已有这些荣誉称号者优先评选。③即使是民间机构或基金会的奖励，也是对政府奖项、认定的再奖励、再认定。

与中国设奖机构主要以政府、教育行政部门及公立学校为主不同，美国设奖机构多元且相互独立，主要以非政府部门与企业等民间机构为主，如迪士尼、都乐食品等公司，又如自由基金会（Freedoms Foundation）等非政府公益组织，全美英语教师委员会（The National Council of Teachers of English，NCTE）等非政府行业协会，坎德夫妇（Nancy and Rich Kinder）等个人资助，甚至由总统颁奖的"美国年度教师"也是由民间机构"主要州学校官员委员会"（Council of Chief State School Officers）评奖与资助的。[①]

不同风格的教师，只要有专业追求与教育情怀，经过努力，不论其结果如何，都应得到应有的社会认可，因此应该倡导教师认可多元化。

二、多元师徒网络优化了整合功能

除了政府认可奖励外，名师名校长还可以在各种师徒共同体中得到短暂的认可，主要有四种场域：①大学教师围绕自己的研究方向与中小学结合，建立以某种理念冠名的教育实验区或实验学校，名师名校长班学员通过培训考察及培训教师的牵线搭桥，成为这些理念改革的合法性边缘参与者，以及这位有影响力的大学教师构筑的共同体或圈子的外围成员；②实践界名师（往往是特级教师）以政府资助与平台支持的形式建立的线上线下共同体（如浙江省名师网络工作室），工作室不仅使工作室主持人声名远播，也建立了同行间尤其是不同地区教师间的联系，大家在有专业水准或教育情怀的教师的带领下，提升了专业知名度；③个别有区域影响力的教师（有些是或曾经是中小学校长）因长期执着于自己的教学与研究不放松，且有一定的社会资源，因而各地慕名而来的徒弟就形成了共同体，在共同体内得到互助与认可；④将主要精力用于职后教师培训的高校教师，这类教师的社会资源整合能力强且有意愿与中小学教师强者组建共同体，他们往往可以整合前三种资源，使中小学教师得到认可与发展。

---

① 王强. 中美中小学教师选秀评奖制度比较研究[J]. 华东师范大学学报（教育科学版），2015，（4）：41-48.

在象山名师名校长项目英语教师的导师中，有一位大学英语教师，之前她已经带过其他地区的名师班、领航班、新锐班。她以高度的责任感，不仅在学员中也在各种共同体中赢得了好口碑，为其所带的象山县三位英语名师培养对象的发展打好了基础。象山名师名校长项目组织方并未对导师有严苛的考核要求与奖励，但导师愿意将各种线上线下资源与三位学员分享，在将三位象山县学员带入自己圈子的同时，也通过三位学员将自己的圈子扩展到象山县。

三位初中英语教师对其导师的评价以及收获[①]

一、评价

谢萍教授不仅是浙江省义务教育阶段名师网络工作站专家组的初中英语首席专家，关键是她一直与一线的教学接触，有丰富的基础教育的实践经验。在和她接触的这两年里，作为学员的我感触颇多，收获颇丰。

"地气"，就是与学员关系和谐。在和她面对面的接触中，她平易近人，待人和善，就是一位大姐姐的样子。因此，我们三位学员也会经常和她线上线下聊聊天、开开玩笑，彼此之间的关系和谐融洽。

"地气"，就是了解一线教师的所思、所想、所念和所盼。谢萍导师是大学教授，但她的工作实践及教育思想完全接地气。在团队指导线上线下活动时，她想我们这些一线教师之所想，解决我们这些一线教师之困惑，完全没有一副耍大牌的样子。

与杭州师范大学的合作，本人认为最开心的是与谢萍导师的再次深入交流（原来就熟悉）。谢萍导师的敬业精神、人格魅力及业务水平一次次地引领我们再次成长。我们除了以电话沟通、资料提供等方式请教谢萍导师外，还三次邀请谢萍导师来象山县指导，其中两次是为象山县教师指导英语教学，教师都反映收获巨大，让教师感受到了语音教学及深度学习的前沿，感受到了大城市的英语教学气息。尤其是她与学员互动的方式，让我们学员深受启发，促进了评教人员及本人的专业发展。

谢萍导师在象县山指导期间，本人积极抓住机会向她请教课题、课程、论文及语音研究方面的问题。谢萍导师的建议助我在省精品课程评比中过五关斩六将，获得了浙江省精品课程（当年全省初中英语精品课程共 2 项）。

二、收获

1. 收获生气

曾多次听到其他名优培训班学员说他们与导师交流不多，导师指导不多，但

---

① 张老师（教研员）、沈老师（副校长）、李老师（副校长）杭州师范大学象山县名师名校长高端研修班毕业总结。

我们组的情况完全不同。一有好的文章，谢萍导师就在工作微信群里分享，让我们进行学习，为我们的专业发展和有效教学导航；一有好的活动，她就邀请我们一起去参加，拓展我们的专业视野。同时，她也积极对学员进行课堂有效教学行为的分析与指导。在学员展示课期间，她课前主动提出修改方案，课后也积极提出教学建议，我们都充满感激之情。象山县也曾邀请她给全县英语教师做讲座，我们几位学员做点评和总结，在自己专业技能提升的同时，也加深了友谊。

感谢谢萍导师，有了她，我们也有了更大的提升空间，我们也将珍惜这个难得的机会和以后一起合作的机会，努力增强实力，争取更有底气。

2. 追随导师，做一个反思主义者

在不同的教学现场，无论是新手课堂还是大咖展示，我总会思考：这些教学构架，置于我的常态课堂，是否具有普适价值？我将在他人的教学现场所观摩到的经验进行内化，不断地筛选、重组、改造，让它成为自己的教学主张，并对此乐此不疲。对于英语阅读教学共性问题的反思，为我牵出教学的"主线"，我找出自己举行过的示范教学课例，联系我的个人性格和教学风格，进行整合反思。我深知自己是一名极具感性的英语教师，总是对每篇文本"情深意切"，从多元视角解读文本，注重对学生思维品质的培养，挖掘文中的情感因素，在进行阅读教学时，总是情绪饱满，善于激发学生的情感共鸣。在反复观看自己的授课录像，并与导师和同事多次交流后，"对话阅读教学"的教学思想跃然于心头。

同时，围绕着自己一直思考的问题——如何更好地为学生创设与文本对话的环境？如何对静躺在书本上的知识进行动态的激活……我必须从阅读中去寻找答案。这两年来，我的导师谢萍教授推荐了大量的阅读材料，从砖头般厚度的教学理论英文原著到最前沿的专家论文，从核心素养系列文本到学科外延的新视角，大量的阅读使我激情澎湃，使我对英语教学有了新的认识和理解。导师引领我阅读系列文章，用智者的目光去追寻英语教学的灵魂，启发我从语言课程论的角度去构建自己的教学思想。另外，谢萍导师还采用让我们远程同课异构的方式，参与她引领的银湖书院初中英语教育研究所的课堂研修活动；她主持的"国培计划"中最精华的部分，建议我们共同参加讲座交流和课例观摩等活动。深度参与谢萍教授主持的教研团队，既有理论的指引，又有实践的研修，这样的培训既超越了仅以理论为主的大学学院式教师培训方式的局限，也避免了只以经验为主的校本研修培训模式的缺陷，实现了理论和实践的有机结合。我们在公共研修中所获得的成果提炼，又可以借助自身在县内外的影响实现本土化，引领更多的年轻教师走上专业成长的道路。

3. 导师提供平台助成长

谢萍导师还邀请我去杭州师范大学给研究生及本科生做浙江省师范生技能大赛教材处理方面的讲座，她们在大赛中获得了一等奖后，谢萍导师在分享喜悦的同时，也表扬我助了她一臂之力，开心之情无以言表（我也曾当过两届省师范生技能大赛的评委）。但对于我而言，谢萍导师提供的机会也引领我更好地反思教学，对 Go For It!教材有了更系统的学习。

我也曾报名参加谢萍导师主办的课程培训班，培训中不仅得到了谢萍导师对我拓展性课程方面的指导，也邀请了高校专家及社会人士亲临讲座，使我们更好地了解了浙江省拓展性课程实施的背景，有了一种高瞻远瞩的课程理念。尤为开心的是，本人在培训班上交流了浙江省精品课程开发后的感想，许多学员都要求购买象山县开发的省精品课程"PISA 阶梯语音"，助我们象山县初中英语教学走向城市！

同时，谢萍导师还为我引荐了杭州市一些教学名家，邀请他们来象山县上课，助象山县初中英语教学更上一层楼！

第二节　教师跨区跨校结盟

教师跨区跨校结盟不仅可以促进教师的专业成长，同时也可以促进教师所在学校的发展。其具体做法除了双导师制带徒，聘请高校教师或中小学一线教师做讲座，还有异地取经，深入其他地区兄弟学校学习，并为之后建立姊妹学校或进一步联络牵线搭桥。在两年半的培训期间，名师名校长学员多次深入杭州与上海两地多所学校考察。这些学校不仅有沪、杭两地的名校，也有普通学校中进步较大的学校，这些都为名师名校长学员提供了可靠的参照坐标。

异地学校考察时间有限，因此要想避免停留在走马观花的"老三门"（校园建设参观、校长介绍学校特色、听一堂公开课），就要在考察学校的选取及考察学校活动的设计上下功夫，激发名师名校长班学员产生与考察学校及教师建立长久联系的渴望。名校往往与学员所工作的学校在生源等很多方面存在较大差异，对多数学员来说，作为开眼界的走访尚可，但作为参照往往没有可比性；而且名校在对校外来访接待上，不如普通学校中扎实进取、力争上游的学校更用心。因此，还应在推进名师名校长班学员所在学校与考察学校的后续联系上下功夫。

本节主要分析象山名师名校长班学员对上海一所普通但有特色的小学的考察。

一、研究对象

这所普通但有特色的小学位于上海市区，其生源结构与社会口碑决定了这所小学属于"菜场小学"，即生源中有相当比例的学生来自外来打工或做小买卖的家庭，如菜场经营户。但这所小学却很有特色，多年来，在一位姓朱的老校长的带领下，蒸蒸日上。这位校长的实际年龄不小，她已经在这所学校副校长及校长岗位上工作20多年了，但她看上去很年轻，更重要的是她的心态很年轻、她的团队很年轻，这所学校的治理机制具有活力，课程建设有创意且都在扎实地推进，学校教师管理机制也很人性化。名师名校长班学员（多数兼任自己所在学校行政职务，如副校长、校长）被这位校长的教育情怀及以校为家的事业心所鼓舞。即使是名师名校长班中的"高傲"的学员，也从这次访问中受益良多。

这里重点列出其中一位才子校长、小学语文名师——孙校长的心得收获。这位象山县的小学校长是当地电视台演讲团的核心成员，是当地小学的明星教师，不仅有文采、口才好，关键是有深厚的教育情怀和执着的专业精神。但他有些"恃才傲物"，对教育改革中穿新鞋走老路、形式主义等疾恶如仇。三个镜头可以大体反映这位校长的真实面貌：①在第一次培训开班会上，他代表学员发言，用杭州师范大学的校训"勤慎诚恕"四字串联，激励同人的话语信手拈来；②为其配备的语文教学名师在国内小学语文界也是鼎鼎有名，孙校长虽聆听其讲座，也在杭州师范大学的牵线下邀请这位名师去象山县参与公开课点评、做讲座，但孙校长对这位名师并非一味盲从，而是有自己的风格与所坚持的特色；③其对自己两年半名师名校长班的收获并不满意，他写道：

三年前在杭州师范大学开班的情景宛如昨天，看看现在的自己，觉得很无奈，说心里话，没有成功感，只是不停忙碌，很多该做的还是没做好。三年来，更多还是把精力放在了学校管理上，在语文专业研究上的进步不是很大。

但事实上，他近年来成绩卓著。

1）县、市、省级公开课教学及讲座10节次。

2）论文发表获奖及课题获奖10项（省级立项课题1项）。

3）参与编著教学设计、教材、课例等4部。自编校本听读识字教材1部。

4）开展相关学科培训。主持开展象山县小学语文种子教师培训班，培训人数35人。历时两年，总计96学时，开展了理论学习、案例研究、课堂实践等一系列研究，为象山县小学语文中层骨干教师的培育奠定了坚实的基础。

5）每年主持开展三个短课时项目培训。一是小学语文拼音教学培训班；二是小学语文古诗文教学培训班，连续开展3期，自己担任主训教师，受训教师300余人；三是小学语文写字教学培训班，连续开展3期，受训教师300余人。

6）2017年7月，担任浙江省中小学作文教学委员会第三届常务理事。

7）个人获相关县、市级荣誉8项。

8）学校获得县、市级荣誉20多项，获得全国荣誉1项（全国未成年人思想道德建设工作先进单位）。

二、跨区域结盟的开启

（一）象山县一位小学校长的收获与感言①

我们考察的学校是上海市优质学校——洵阳路小学，这次经历带给我满满的感动和深深的钦佩。朱校长文静、娴雅、睿智、大气的风度深深印在了我的脑海里。我感动于她从一名教师到校长的蜕变，学校从一所落后学校到优质学校的飞跃。这所小学是上海市普陀区一所以招收地段生为主的公办普通小学，就近入学的基本还是普通家庭甚至贫困家庭的子女，有近40%的学生为进城务工人员随迁子女。在进入校园的那一刻，我就被彻底震撼：在稍显零乱、拥挤和老旧的岚皋路上，竟然有这么一片纯净之地，如此精致、美丽，又是如此的温馨！学校充分利用房屋墙角、教室走廊等空间，设计了花溪叠瀑、石青竹翠、鱼步微澜等"洵阳十景"，做得用心、做得精心。优美的环境不仅令人赏心悦目，也时时处处发挥着教育的功能。在"艺术畅想园"长廊，孩子们在这里参加各自喜爱的艺术活动，从他们呈现的艺术作品中，我们感受到了蓬勃奋发的生命活力。在地下梦工厂，我们看到了师生丰富多彩的艺术实践活动，如摄影、陶艺、机器人制作、设计服装等。一切围绕学生，一切为了学生，在洵阳路小学的这些校园文化建设细节中展现得淋漓尽致。十多年前，大学教师牵头的"新基础教育"项目合作，从五校合并时师资力量的极度"空虚"，到关起门来搞新基础教育实验，从逼迫到自主，在她的不懈坚持下，经过十几年的努力，学校形成了"一样的阳光，不一样的成长"的办学理念和"寻找阳光"的学校文化，育人质量不断提高。

收获与启示：聆听朱校长对办学情况的介绍，更让我感到震撼。一位校长首先分享的不是学校发展的历程，而是分享如何从学科建设的角度切入，开展课程改革，提高课堂实效，提升教学效率，从而为学生全面发展提供可能。朱校长首先应该是课程改革的先锋，只有从课程的内核上挖掘，才能够突破窘迫的教育现状。基础课程始终是课程改革的重头戏，只有基础课程的优质提升，才能为拓展性课程的蓬勃发展提供可能。朱校长首先给我们播放的是学校宣传片，令人印象深刻。我感动于学校能够从一个孩子成长的视角讲述自己成长的故事。这就是实实在在的以学生为中心，而不是一句口号。鉴于这样的印象，2017年六一儿童节，我校的宣传片理念就落脚于学生，以三位学生的视角来讲述学校的"养正"故事，收到了极好的效果。

离开的时候，大家都有点儿依依不舍。针对一所样板学校，蹲点时间太短，为了获得该校发展的密钥，我们围绕专题建立长期联系机制，在相互比对中，找到自身学校的发展方向和发展策略、评价策略。

---

① 孙老师（校长）杭州师范大学象山县名师名校长高端研修班毕业总结。

（二）象山县另一位小学校长的感言[①]

智慧的美女校长、童话般美丽的校园、阳光幸福的孩子构成了一幅幅精美的教育画卷。

1）执着的教育追寻。朱校长做了工作报告，介绍了她从十多年前五校合并时师资力量的极度"空虚"，到关起门来搞新基础教育实验，再到如今成为上海"新优质推进项目学校"的一面旗帜，该校的发展与朱校长对教育理想的坚守和执着密不可分。报告过程中，朱校长深情分享了办学历程，一次次哽咽落泪，美女校长的肺腑之言博得与会者的由衷点赞。

2）精致的阳光校园。当我们进入学校的那一刻起，我就被彻底震撼了：校园，原来可以这样美！这所校园虽小却极为精致，明亮而温馨，孕育着非凡的气度与智慧，让人感到如沐浴阳光般的温暖。学校的每条走廊里都有学生做的手工风筝，有流水、小鱼的盆景等，这样呈现艺术作品的长廊，都有着智慧的创意；在每间办公室、教室都能看到阳光和鲜花，教师的聊聊吧、楼道里随时对学生开放的电脑和阅览室、美工的艺术井盖，无不体现着以人为本的细节设计。难怪随行的教师都想成为这所学校的学生，好好享受这美丽的校园。

3）童趣的阳光课程。该校原属"三湾一弄"的棚户区集中地，学校十多年来面对困境，坚持走出自己的道路，以"一切为了孩子，着眼于实际"开设阳光课程，创办"两园一厂"（创新实验园、艺术畅想园、寻梦工厂）为特色，开设了一系列阳光课程，如口琴社团、建模实验室、缝纫社、音乐吧，力求把最好的学习条件提供给学生。"艺术畅想园"长廊被世界名画作品装扮得充满了艺术气息，孩子们在这里参加各自喜爱的艺术活动，从他们投入专注的神情中，我们看到了他们的快乐，从他们呈现的艺术作品中，我们感受到了他们的成长。在地下寻梦工厂，我们看到了师生丰富多彩的艺术实践活动，摄影、陶艺、机器人、服装设计，在这一刻，我们最能体会到教育的真正意义是什么，那就是尽力为孩子的成长提供一切可能。

4）精进的科研推进。科研兴校是该校一贯坚持的办学方向。1992 年，学校依托高校，与华东师范大学教育系联手开展了"基础教育与学生自我教育能力发展"的课题研究。在继承和发扬教育科研优势的基础上，1998 年，学校又投入"新基础教育"的研究中。在整个实验过程中，历经了个体式推进→阶段式推进→整体式推进三个阶段，研究内容从学科研究到班级建设，再到学校整体变革，学校努力追求内涵式发展。学校在教研方面以类结构研究，努力实现整体上的突破，走出了卓越的"寻阳之路"。在教育科研的引领下，学校发生了较大的变化，实现

[①] 王老师（校长）杭州师范大学象山县名师名校长高端研修班学习散记。

了办学条件、办学特色和办学质量的提升。学校和谐的育人环境、规范的办学行为、先进的办学理念、鲜明的办学特色、稳步提高的教育教学质量、可爱文明的师生群体，赢得了社会的广泛好评，受到市内外的广泛关注。

在上海四所学校的参观学习，感触最深，收获更多。尽管学校类型不同，但学校成功办学的经验相似，值得我仔细揣摩、品味。我想从上述学校中至少可以学习到学校成功办学的几条经验。

1）一个正确鲜明的办学思想。

2）一个富有情怀的行政团队。

3）一个团结奋进的教师队伍。

4）一个特色个性的课程体系。

5）一个阳光美丽的校园环境。

6）一个强劲保障的资源系统。

一所学校的办学能否成功，关键在于校长能否结合自身学校的实际，科学挖掘并整合上述因素，围绕自身的办学理念而执着追求、锐意进取、大胆改革，用自身的努力为学生的成长创造最好的教育条件。

三、名师名校长跨区学校间的松散联盟

除了去上海学校集中研习交流外，还有多所在上海与杭州蹲点交流的学校与象山名师名校长班学员所在学校建立了松散的交流与协作关系。

（一）通过校长流动建立的多校互动联盟

名师名校长班学员深入杭州 A 高中进行蹲点学习，在这所高中，特级教师 A 校长以题为"享受属于教师的幸福"的讲座分享了他是怎样走向成功的。其中一位名师名校长班学员[①]这样写道：

追寻 A 校长名师成长的轨迹，我有这样几个发现：①关键事件、关键人物促成了机缘。A 校长在最初的教师适应期，参加课堂大赛，从老家县区的数学优质课比赛第一名到省首届高中优质课比赛第一名，他就像一匹黑马脱颖而出，吸引了省城名校校长的眼球，顺利调入省城名校，平台高了，起步也高了。②理想追求、个性品质成就了名师。A 教师将"做一名优秀教师、做一名学生喜欢的老师"作为自己的理想和追求。他从当教师的第一天起，就立志要做一名学生喜欢的教师。带出数十位高考数学满分的学生，成为中国数学奥林匹克高级教练，获得全国首届优质课一等奖，一个班 50%的学生考上清华、北大，他为工作倾注了自己

---

① 张老师（副校长）杭州师范大学象山名师名校长高端研修班毕业总结。

的全部爱心。他有强烈的冲动、愿望、使命感、责任感，他不断学习，不断探索，追求更优质、更卓越的教学，探索更多的研究成果回报教育。

追寻 A 教师的名师成长轨迹，工作中，我有意识地在做这样几件事：①把握关键事件，让每一次的出现都精彩。公开课展示、优质课比赛、专题讲座分享、名师论坛等公开场合的活动，我会全力以赴，充分准备，以最精彩的状态呈现。②勤勉笔耕，享受研究成果：早发表，晚发表，早晚发表；多写点，少写点，多少写点。同时，依靠科研发展自己，提高自己，让研究成为自己的态度、自己的行动。③坚持读书，把书当作精神食粮。

A 校长调入 B 校做校长后，不仅使 A 校与 B 校建立了联系，还促成了象山县名师名校长班部分学员所在学校与 A 校、B 校的联系与合作。

（二）通过学校特色课程联盟带动发展

C 小学是数学阅读及数学带动 STEM（science，technology，engineering，mathematics）课程特色学校，也是跨区域 STEM 特色联盟校成员，是象山县名师名校长班学员蹲点学校之一。同时，C 校长也是 3 位小学数学名师学员的实践导师。这些学员在与 C 校长的跨校合作中有如下收获。[①]

1. C 小学的 STEM 特色课程建设

我们先听了一节小学数学课"长方形周长"，出三个问题：说一说，怎样计算？并说理由；理一理，有哪些不同的计算方法；想一想，长方形周长是怎样计算的？整堂课，从独立思考到小组讨论，从探究比较到概括小结，最后到课外拓展延伸，再到训练头脑风暴，本堂课有梯队，有智慧，满满的是思维的碰撞。然后，C 校长向我们做了题为"构建素养本位的时代课程"的讲座，他从芬兰的教育改革入手，深入浅出地阐述了为什么要聚焦核心素养，课程就是选择的艺术，小时候选择课程，长大了选择人生。

2. C 小学的教学模式

在 C 小学，我们领略了具有时代性、国际性的数学课堂，学生思维活跃，小组合作能力强，正所谓"授之以鱼，不如授之以渔"。教师不仅教给孩子们书本上的知识，更重要的是要教给他们学习方法。该校从学生素养角度多维度地建构了该校的课程体系，使之在传承的基础上，又有了创新元素，极具特色。给我最大的感受是：一所学校的好坏不在于它的硬件设施多么豪华，而在于如何育人及育怎样的人。

---

① 侯老师（副校长）、胡老师（副校长）等在杭州师范大学象山名师名校长高端研修班上的毕业总结。

3. C 小学的课程改革实践理想

C 小学的课程改革实践理想让我深刻地认识到必须积极加强课程改革，做课程改革的实践者。虽然现在课程改革还处于探索阶段，但许多优秀的学校已开展起来，围绕核心素养，开设拓展性课程，STEM 课程就是很好的路径。这使我认识到，每一位教师都应积极参与到课程改革中去，不做旁观者，而应去推动它朝正确方向发展，做一个课程改革的积极实施者。作为一名县里的骨干教师，我要以扎实的作风潜心实践，坚持不懈；要以自觉的精神对待学习，不必急功近利，心浮气躁；要以务实的心态思考问题，力求兼收并蓄，博采众长；要以独特的眼光大胆创新，做到不拘一格，匠心独运；要不断完善自己多元而合理的知识结构，保持积极而健康的心理品质，逐步形成巧借外力的综合素养，让自己的工作、生活与学习始终处于一种研究的状态，让自己的生命处于不断探索与追求的过程之中。

4. C 小学的课程研究与实践

C 校长与著名特级功勋教师和国家课程标准研制组核心成员一起致力于小学数学新教材的编写和教师教育培训工作，对数学思维指引下的数学阅读与 STEM 都特别有研究。蹲点考察回来后，我马上行动起来，购书、上网查找等，在第一时间购买了导师推荐的"现代小学数学思维训练"一整套书，从小学一年级至六年级有完整的内容。仔细翻阅，认真研读，觉得思维性强，又有阶梯性，很适合作为学校的校本教材。于是，在新学校开校招收的一年级校本课程里，我将其作为数学拓展课教材使用。试用之后，我发现对学生拓展课本知识、训练数学思维有很好的作用。C 校长在繁忙的工作之余，对教学不断思考，先后在北京、上海等各地区执教观摩课 200 余次，我除了把导师的公开课视频一一找出来观看，对一些特别精彩的教学环节设计进行摘录做笔记，并进行案例分析，还对导师推荐给小学生 1—6 年级的数学阅读书单进行研究，让孩子爱上数学、学好数学！我校在每年的科技周之数学节里，都会发动全体学生进行数学阅读活动。我把导师推荐的数学书单介绍给孩子们，孩子们在阅读课集中阅读，在班内进行交换阅读，在家里进行自主阅读。借用学生的原话：原来数学也有课外阅读书，还那么有趣，以前我一直不知道。另外，我还关注了导师的微博，他专访过 20 多位数学名人，也是教育部首批公派中小学教师留英访问学者。在他的微博上能了解到导师跟这些专家进行的"亲密接触"，了解他们对数学的看法和思考。他还了解到国外的数学动态、先进的中小学教育发展状况和趋势，感受英伦教育的独特魅力，学习先进的教育理念和方法，进行中小学教育比较研究。这些阅读和学习让我收获颇丰，流水不腐，户枢不蠹，只有坚持终身学习，才不会被时代淘汰。虽然和导师身处两地，但是现在网络技术的发达使交流非常顺利。平时遇到一些问题或想法，通过线上可以随时进行互动，这成为我和导师沟通的一种好方式。当然，要切实提高业务能力，还需深入实地学习。如果有机会，最好能参与导师组织的一些活动，一起磨课、一起研讨，共同参与课题的研究，一起跟随导师学习和考察，在参与中动态掌握最新、最全的想法和做法。

C 校长为我们出示了该校的课程表，强调了"在规定的时间内完成课程改革的任务，在最重要的时间完成最重要的任务"，"课程的选择性不仅体现在 18% 的地方课程与学校课程，更体现在 82% 的国家课程"，"选择性不是体现在不同的内容选择上，而是体现在学习同一内容时不同程度的要求上"的观点，让我印象深刻。C 校长还就课程的评价新标准提出了该校的做法：一是建立课程实施的科学评价体系；二是原创学校课程的多维度评价体系（目标的指向性、实施的合理性、与学生的匹配度、受欢迎程度、目标的完成度）；三是应用问卷星智能平台了解学生、家长对课程实施的即时意见，及时反馈与调整；四是探索档案袋评价，即设计几种载体来记录学生素养形成的过程。

尽管课程培训、学校蹲点考察、指定导师等方式促进了名师名校长跨区域交流，从而带动了非官方的或半官方的结盟，丰富了教师认可制度与晋升途径，但这种松散联盟的持续性与力度都较为有限，仅限于名师名校长个人当时的感悟与激情，工作多年之后，疲于现有体制与日常规则，从而会丧失当初的积极性。因此，后续跟进需要有异质机构间的合作，以课程改革与教师参与为抓手推进教师与学校发展，如少年宫等公益性校外教育机构、营利性教育培训机构、高校研究机构、地方教育局、带头学校、联动学校。具体可以借鉴英国学校联盟与美国磁石学校的做法，不同机构围绕某一改革主题建立联盟。

第三节 名师课堂与名校长论坛展示

教师获得展示舞台是教师获得认可的一个重要途径，同时也是教师之间相互学习和交流的平台。我国中小学有官方的各级各类公开课，其主要作用在于选择优秀的教师，通过此环节来促进职称等评价制度的实施。美国则以民间组织的认可为主，但强调将教师展示与论坛也作为教师认可的重要一环。除了前面提到的全美教师奖要全国巡回报告外，很多民间机构往往在颁奖会上也会给获奖教师提供交流与展示的舞台。

近年来，我国也出现了一些民间组织的公开课，有些得到了地方教育局的认定，可折算为一定级别的官方公开课、奖励或教师培训学分，然而没有任何官方认定的民间项目其实很难生存。大学或有影响力的社会组织可以在两者之间寻找

第三条道路，大学及知名企业机构通过其社会声誉，组织面向中小学教师的公开课，即使得不到地方教育局的认定，只要能请到有影响力的点评专家且形成一定规模，这种公开展示活动依然会得到教师追捧，被教师当作一种殊荣。

象山县名师名校长班每年一次的"浙派名师进象山暨名师课堂展示及名校长论坛"，采取的就是这种第三条道路。名师名校长需要向象山全县教师公开展示，点评专家则由大学聘请全国知名中小学教学名师及教师教育专家组成，全程录像与新闻报道跟进，不仅是对名师名校长班学员的认可，也促进了象山县教师的发展。活动共举办两次，每年一次，每次为期 2—3 天，分两个分会场举行，每次18 位名优教师展示教学，9 位专家现场点评指导，上千名教师参与观摩学习。

同时，象山县名师名校长班学员还作为观礼嘉宾被邀请参加马云基金会在杭州 G20 会场举办的颁奖及乡村校长论坛。其场面宏大、嘉宾阵容强大（国际组织主席、世界教育前政要、文艺界明星、教育专家、知名学者）及论点话题选题好，都给学员带来了惊喜与殊荣。本节主要记录两个活动的参与者——象山名师名校长的心得收获，同时还节选了部分学员的心得记录。

一、只要有舞台，"名师并不遥远"

浙派名师讲堂成为一种外来的流动结构，通过与象山县原有教师制度结构相互整合，形成了很好的"鲇鱼效应""羊群效应"，如浙派名师点评专家团所形成的非正式师徒制与象山县名师自己的师徒系统的联动，半官方的认可选秀平台与象山县自己内部的教师流动认可培训制度的联动，等等。下面是一位名师名校长班学员的活动感言。[①]

2016 年 10 月，举办浙派名师进象山活动，我担任了执教公开课的教学任务。确定课题《盘古开天地》，确定自己和徒弟同课异构。9 月份整整一个月，经历了非常艰难的构思和磨课过程。一节课，设置两类教学目标，采取两种教学策略，预设两种教学过程，实施两类教学测评。首先是对徒弟的教学指导，以品读神奇、感悟写法为目标，采取初读、品读、美读的方式，展现神话故事的魅力，从中体悟作者的写作特色。整整一个月，数次试教、调整、再试教、再调整，在不断磨课的过程中调整教学策略，进行教学反思，徒弟在教学中获得专业的成长。我执教的课，以讲述故事为主要目标，采取讲述的教学策略，培养学生讲神话故事的能力。省级的公开课还是有压力的，对我和徒弟而言一样，都有不同的开课压力。特别是我，因为有特级教师王老师来听课，心里更是增添了几分忐忑。开课那天，300 多人的报告厅座无虚席，面对全县语文教师公开。两堂课都如期完成

---

① 孙老师（校长）、应老师杭州师范大学象山县名师名校长高端研修班毕业总结。

了预设的教学目标，课堂呈现了不同的教学风貌，这些风貌的体现来自不同的目标设置、不同的教师气质，也来自不同的教学策略。我又找回了以往上公开课的感觉，可以说较好地完成了教学目标。课后，王老师进行了精彩的评课，对我和徒弟的课进行了深入的剖析，肯定了各自成功之处，也指出了可以改进的方向。特别是针对我的课，王老师给予了充分肯定，给了我莫大的鼓励和信心。遗憾的是，没有记录下导师的评课内容，甚是可惜。

收获与启示：感谢培训班给我们提供了展示教学的平台，让我和徒弟都获得了较为明显的发展，增强了自己的教学底气。更重要的是，这次活动给全县300多名语文教师提供了学习的资源。本次活动由我校承担，给我校教师和我校学生提供了多方面发展机会，特别是开阔了孩子们的学习视野。下次遇到这样的机会，不管多么困难，都要勇于争取和承担。

问题与建议：本次活动中，我的导师的点评非常到位和精辟。我的徒弟的教学反思也非常详尽，但是很可惜，只是停留在展示和现场研讨，并没有把"课"引向深处。今后，课堂实践一定要与课堂理论思考相结合，把动态的课堂实践升华为静态的理论总结，并寻找合适的媒体发布，提升学术品位。

二、不忘初心，再出发

这位名师学员是前面提到的"马太效应"的最大受益者，但她并没有轻视这次展示，也投入了很大精力，并从中提炼、反思、升华。[①]

本人执教的是七年级《垂直的生计》一课。我从感知秘鲁的安第斯山区、感受印第安地区特有的生活、感受独特的印加文明、感悟区域要素的整体性等四个模块展开教学，以马铃薯的习性为切入点，让学生逆向推理当地的自然环境，在感知安第斯山区的地形和气候的基础上，创设情境，模拟实践，通过小组合作的方式主要探究印第安人的生产和生活特点，最后从感性认识上升到理性认识，揭示人地和谐的观念。课后，浙江省特级教师金老师对展示课做了精彩点评，她的评价使我对好课堂的特点有了进一步的思考和领悟。

1. 好课是科学和艺术综合的课

课堂教学是复杂的系统工程。教育的艺术性扎根在教师的心灵中，教育的科学性孕育在教师的头脑中，成功的课堂教学是真善美的和谐统一，是创造性很强的综合艺术。在整体设计、课堂气氛、语言技巧、思维逻辑等方面恰如其分，就会收到良好的效果，使学生受益匪浅，心旷神怡。所以，平时既要体现核心素养目标和注重课堂标准规范，即科学性，又要学会问题设计和课堂逻辑设计，即艺

---

① 王老师在杭州师范大学象山县名师名校长高端研修班上的毕业总结。

术性，使科学性和艺术性有机结合。

2. 好课是关注"点燃火焰"的课

践行教育不是灌输，而是点燃火焰；教学不是告诉学生答案，而是不断地向学生提问；课堂的使命就是把学生心中的太阳所蕴藏的能量释放出来。因此，好的课堂是以"中庸"的价值取向"点燃火焰"，真正体现"天命之谓性，率性之谓道，修道之谓教"；是以"可能"的不懈追求"点燃火焰"，真正体现"教育的使命就是最大限度地开发学生的创造性潜能"；是以"合适"的现实关怀，真正体现"适合学生个体发展的教育就是最好的教育"。

3. 好课是有助于学生面向未来的课

从学习内容来看，好课应该是基于课程标准和教材内容、符合学生实际情况的课。

从学习结果来看，一节好课，学生除了收获学科知识和技能，更要在学科思想方法上、迁移所学创造性地解决问题的思路和方法上有所进步，也就是人们常说的在"学会"和"会学"上有所进步。

从学习过程来看，学生要独立或者合作完成具体的任务，学生是主动学习者，有分析预测、设计方案、动手实践、评价、质疑、表达观点等学习行为，有一定的思维容量，并可以进一步发展高阶思维能力。

三、静待彼岸，陌上花开

程老师的培养对象是一线心理健康教师，不担任行政职务，也没有特级头衔，但其积极进取，利用一切可能的机会促进自己的专业发展。[①]

2017年10月，我在象山中学执教浙派名师进象山心理活动课。接到上课通知是国庆节后，从备课到正式上课，可以说经历了一段难熬的心路历程。首先是选题，心理课的选题，一要符合学生的年龄特点，二要符合学生的现实需求。本来我想用以前执教过的"萌动的青春情——异性交往大家谈"公开课展示，但在我们学校试教后发现，高一学生的主要困惑并不是异性交往，于是我想到了生涯规划主题，这是新课改背景下高一学生面临的共同需求。原本有一节职业兴趣的心理活动课获宁波市优质课一等奖，在和象山中学年级组长沟通的过程中，了解到了学生上课的时间点，此外还了解到象山中学高一年级的学生已经选好课了，那就意味着获奖的心理课课题滞后。要想做到既能符合学生的年龄和现实需求，又没有校际差异，到底应该从哪个点切入生涯规划辅导主题呢？我深入学生中间进行调查，发现高一新生普遍存在对未来迷茫、学习动机不清等烦恼，面对选课

① 程老师在杭州师范大学象山县名师名校长高端研修班上的毕业总结。

很茫然，没有目的。我想，如果他们清楚自己的梦想，知道自己要努力的方向，就会明确自己的职业目标，更好地去规划，对当下如何选课也会有自己的思考和理智的选择，于是我确定课题为"梦想"。接下来是如何设计课堂环节、备好课，我先找了一个班级试教，发现学生的课堂情绪很难被卷入，内容设计有问题，我请学生留下来，每个环节都征询他们的课后感受，请他们提建议如何修改。就这样，我请学生帮我备课，反复修改，反复试教，基本成型后，我请学校政治组教师试听，听听他们的意见，然后，到象山中学联系一个班级，请心理教研员和几位心理教师帮我听课，提出修改意见。在正式执教前，对于这节课，我已经反复打磨了10次。那天上课，象山县教育局教科研中心周成道主任、县名师中心主任周虹老师、象山中学领导和班主任、象山县心理健康教育培训班成员等50余名教师过来听课。课后，心理教研员张玮璟老师点评，课堂将学生的情感完全卷入，激发起学生对梦想的坚定信念，也用具体的追问技术让学生的梦想落地生根，使其学会联系现实、着眼实际。观摩的教师也纷纷表示自己的情绪完全被课堂浸染，为学生的梦想而感动、骄傲！我将这节课的教案投稿到《中小学心理健康教育》杂志，已被录用。

四、名师点评，突飞猛进

这位教师不仅是一位小学数学教师，也兼任学校行政管理工作，正处在事业上升期，平时学校事务也比较忙，浙派名师活动给了其一个由头，让其暂时搁下手中的活儿，去反思自己。[1]

令人感受最深的是2017年10月浙派名师进象山活动。当接到班主任王老师的通知，浙派名师要进象山举行专场展示活动时，我既兴奋又担心。高兴的是浙派名师是童院长打造的高端品牌，能够上这样的舞台上课很荣幸，同时又担心课堂教学展示的精彩度。因此，在矛盾的心情下，开始着手准备这一堂课。因为此次活动是安排在10月中旬，所以国庆长假也就没有心思出去玩了。9月份，翻课本定内容，被如何构思来突破常规的教学过程困扰了很长一段时间。在百思不得其解的教学构思以及平日繁杂的工作中，国庆七天的休假终于能够静下心来。利用假期，重新钻研教材、理解文本，寻找思路、突破定式，终于理出一条清晰的思路。然后，进行试教、修改等，在磨课过程中学习成长，最后终于到了上课展示的日子。10月14日上午，由杭州师范大学教育学院和象山县教育局联合举办的"浙派名师进象山暨象山名师名校长高端研修班教学展示活动"在丹城第五小学报告厅举行。本次活动由象山小学数学教研员吴伶俐老

---

[1] 侯老师（副校长）在杭州师范大学象山名师名校长高端研修班上的毕业总结。

师主持，全县数学教师参与并学习。

展示课上，因准备充分，自信满满地登台，40 分钟里，全心投入和学生一起学习，将三年级的"分数的初步认识"第一课时"几分之一"一课打破常规上法，从学生对"平均分"的感知入手，用好用透素材，精准而又细腻地引导孩子们思考和探索，认真倾听孩子们的回答，巧妙生动地引导，灵活处理课堂生成，合理把握课堂节奏，水到渠成地按时展示完了教学内容。在课堂上我更强调的是让学生在习得知识的同时收获更多的数学思维和数学表达，用浸润的艺术感染孩子。课后，作为执教者，我对教材的解读、数学思想的渗透及素材的利用方面做了简要的介绍和说明。最后，浙江省特级教师汪校长对课堂展示做了富有智慧的精彩点评。汪校长指出，课堂的整个活动很明显地注重数学思想的渗透，如概括建模思想、极限思想、估计思想、数形结合思想等，使学生浸润在数学思维中得以发展，体现了数学的本质。同时，其高度肯定了展示课的效果，整堂课循序渐进的环节设计，教师循循善诱，用巧妙的课堂环节带领孩子们从模糊走向清晰，从表面浅尝本质，通过课堂向大家诠释了教学意图和思想。另外，还有层层递进的练习巩固，开阔了学生的视野，培养了学生的数学思维，旨在实现课堂 40 分钟的高效落实的同时，不局限于课堂上，表现出简洁而不简单的风格，其中的匠心之处耐人寻味。汪校长还结合鲜活的课堂，从数学课的学科性、儿童性及教学性出发，全面而又生动地向教师传达了课堂里学科和艺术的综合。汪校长的点评提升了我们对教学本质的认识，高屋建瓴地审视我们的课堂。汪校长的点评发人深省，活动结束后，我的思绪仍在飞扬。在教学上我们要做有心人，心中有学生，心中有教材，在追求魅力无穷、精彩纷呈和高效课堂的道路上，要对教学有清晰的认识，要用艺术的手段去诠释，着重思考如何去促使学生的深度学习的发生，使教学达到无招胜有招的境界。

五、期待遇见更好的自己

浙派名师活动作为一个连接点，将象山县教师已有的教研活动、课例研究联系起来了。比如，下面这位教师以浙派名师课堂教学展示为抓手，进行了系统深入的课例研究。[①]

我展示的是"光是怎样传播的"一课。之后，我又执教了"点亮小灯泡""材料在水中的沉浮""为什么一年有四季"三堂公开课，对"实验教学"展开深入研究，让我收获颇丰，具体体现在如下三点。

---

① 曹老师在杭州师范大学象山名师名校长高端研修班上的毕业总结。

（一）实验探究活动的设计要立足于学生的前概念

一谈到学生的前概念，许多人会天真地认为这只是学生的经验之谈，应该马上否定它，尽快转变为科学概念。其实这种思想是危险的，做法是错误的！其一，学生前概念的形成除了与生活经验有关，更重要的是与他们思维发展的程度有关，内部蕴含着其自我思维加工的过程，倘若一刀切除，既不利于学生科学概念的建构，也会丢弃许多有价值的思考。其二，在小学阶段，对于建构学生科学概念的要求往往比较低，很多时候只要达成某项共识即可，而这些"共识"往往是在学生前概念和科学学习的碰撞中总结、提炼出来的。如果教师强行将其转变成科学概念，势必不被学生所接受。故而，我认为小学阶段发展学生的科学概念，需从了解学生的前概念开始。

在学生前概念的调查中，许多孩子坚定地认为，只要将导线的一端连着小灯泡，另一端连着电源，就能点亮小灯泡。这种认识的成因是他们将"电"等同于生活的"水"或者"光"，因为水（光）可以从一端流（照）向另一端。这种前概念是学生生活经验的积累，并加入了自己的迁移思维，所以显得非常顽固。简单的说教或讨论无法令他们信服，只有在真实的实验现象面前，他们才会"低头"。

（二）实验探究活动的开展要引领学生的思维冲突

所谓认知冲突，就是原有知识和新知识的矛盾。斯太威和伯克威茨的认知冲突理论认为，当学生的认知结构和实际现象之间发生矛盾时，就能建立有效的认知冲突，从而修正自身的经验，让科学概念得到有效的发展。教育心理学家皮亚杰也认为，当学生发现自己的原有认知不能解释新的问题或者原有认知和新事物产生矛盾时，便会产生强烈的紧迫感和不平衡感，从而引发求知的好奇心，产生探索问题和解决问题的强烈动机。小学科学的实验探究过程中，如果能够帮助学生获得这种主动探究的内因，将非常有利于学生科学素养的提升。

例如，我执教"材料在水中的沉浮"一课时，给每个小组发放了下列物品：小石头、蜡烛、大头钉、橡皮、泡沫塑料、空瓶子、红萝卜等。先让学生充分地观察，然后让他们猜想这些材料在水中的沉浮情况，并说明理由。学生的回答大致谈到了两个层面：大的容易沉，小的容易浮；重的容易沉，轻的容易浮。在此基础上，我引导学生形成共识：物体在水中的沉浮与物体的大小、轻重有关。紧接着追问：按照大家的分析，泡沫塑料很大会沉，大头钉很小会浮？这就给学生制造了认知冲突，将他们带入了深入的思考和激烈的争辩之中。

为了获得合理的解释，学生迫切需要获得能够帮助自己解惑的新知。我借此机会让学生分别按照"从大到小""从重到轻"两种方式给物品排队，让学生寻找其中的规律，一阵忙碌和探讨之后，学生没有找到严谨的规律，但是却有很深刻的体会，这些强烈的认知冲突让学生的思维达到了极度不平衡的状态，由此萌发了强烈的学习新知识的动机。

（三）实验探究活动的结论要提出严谨的科学概念

有研究表明，我国小学生对科学概念的掌握程度的总体合格率为48.2%，低于国外公众对科学概念的掌握程度。小学科学教学已经走过了十多个年头，但是在这一方面依然存在严重不足，必须引起我们的足够重视。

比如，六年级上册"为什么一年有四季"，一开始便向我们展示了古人的观测记录。这可以让我们清楚地看到不同时节正午影子的长度的变化和正午太阳高度角的大小的区别（即太阳直射或斜射的不同），但是这需要实验的证明。然而，书中的实验仅仅让我们观测到了地球公转到不同位置时正午影子的长度的区别。这种跳跃性的设计很难让学生理解科学合理的科学概念。如果教师只是照本宣科，很难得出严谨的科学结论。因为在两个重要环节之间，缺少对形成四季最直接的原因是"气温不同"的讨论。故而，我认为需增加一个用"气温"作为一个重要过度点的推理环节，具体如下：

（在学生猜想之后）

师：为什么一年会有四季呢？（跟地球的公转到底有没有关系呢？）

我们先来看看古人的观测记录，想一想古人是根据什么来判断季节的。

师：影子的长短和气温的变化有着怎样的关系呢？

让我们一起来回顾一下四年级的一个重要知识点（出示"一天气温变化折线图""一天中阳光下物体影子长度变化图"），这两项记录说明了什么？（影子越长，气温越低；影子越短，气温越高。）

追问：这就奇怪了，为什么影子越长，气温越低；影子越短，气温越高呢？谁能解释一下？

师：为了帮助同学们搞清楚这个问题，老师带来了一个实验图示，来看一下！（出示用手电筒和黑板模拟直射和斜射的实验）

看了这个图示之后，你能解释了吗？（当阳光直射时，光线集中，温度高；当阳光斜射时，光线分散，温度低。）

通过以上层层深入的推理过程，我们可以帮助学生清晰地建构"正午影子的长度""正午太阳高度角（直射或斜射）""地球单位面积接受的热量"三个重要因素之间以及它们和"形成的季节"之间的关系，继而为科学概念的建构提供重要的支撑和准备。

以上的学习过程，让学生知道了季节的形成和"正午影子的长度""正午太阳高度角""地球单位面积接受的热量"这三个重要因素有关，还与"地球公转""地轴倾斜"两个最根本的因素有关。如果不加整合，容易造成学生思维混杂，不利于科学概念的建构。因而，在课堂实践中，教师的实验步骤要及时、到位，层层递进，便可得出明晰的科学结论：在地球公转过程中，由于地轴是倾斜的，造成阳光有规律地直射或斜射某一地区，导致气温也有规律地发生变化，从而形成了四季的更替。

六、名师名校长项目成果展示让教师看到了自己的问题

这位名师的培养对象是高中一线生物教师，不担任校长或副校长职务，也没有特级或正高级职称，在培训期间似乎默默无闻，但"浙派名师进象山暨象山名师名校长高端研修班教学展示"活动却将其内心的专业诉求很好地激发了出来。[①]

作为高端研修班的成员，我非常荣幸能在这次活动中汇报自己的成果。我上的课是"生态系统的营养结构"，这节课的特点是概念多、内容散，而且经过初中的学习后，对于有些概念，学生已有很深厚的基础，对于有些概念，却是"一穷二白"，什么都不知道。所以，如何把这些概念有序、高效地组织起来，对我这个"老江湖"来说，也是一道很难跨过的天堑。上得过于传统，教师和学生肯定不喜欢，要创新却又前无古人，没有任何可以借鉴的东西。左思右想，绞尽脑汁，最后终于想到了一条主线，即用池塘生态系统作为主线，把相关的概念和知识点进行串联。于是，我叫了几名教师一起帮忙。本节课从生物教学的核心素养出发，从生命观念、理性思维、科学探究和社会责任四个方面进行全盘考虑，逐渐地完善设计思路。在教具的准备上，我使用了卡纸和软性磁条，做成相关的卡片，方便学生在学习的过程中及时参与教学过程，也能客观和直观地反映学生对知识的掌握情况，同时也方便教师及时改进教学策略。经过试讲之后，又几经修改，为了体现信息技术在高中生物课堂中的应用，最后将希沃软件和 PPT 中的文字编程都用到了课堂当中。经过一系列的反思和准备，东风已经具备，就等这一天的到来了。在当日的课堂上，全县的生物教师都来到了现场，我们还非常荣幸地请到了鄞州中学的正高级特级教师赵沛荣来评我的课。我借用了高一的班级。一开始学生的反应很强烈，但是在后来的环节中，因为知识点本身的原因（比较难以理解），学生参与课堂的积极性有所减退。但是经过我采取一系列举措，学生还是积极地参与到了整节课的活动中，整节课下来，整体的情况还是比较好的。课后，生物教师进行了积极的评课，各抒己见，产生了思维和思维

---

① 严老师在杭州师范大学象山名师名校长高端研修班上的毕业总结。

的碰撞。

收获与启示：

上了这节课后，明显感觉自己的整体设计还是存在很大的问题。

1）学生的积极性没有被充分调动起来，说明在教学设计和情景设置的环节上都是有问题的。

2）教学内容的合理安排，教学内容的详略，哪里可以简略，哪里可以浓墨重彩，还是有很多问题要探索。

3）对新高考形式的研究还是不够到位，如考法怎样，深度如何，哪些是侧重点，还要进一步研究。

4）没有一个聪明的脑袋瓜，在教学设计的想法上创新不够，上来上去，老生常谈，没有新意。

七、实践反思弥合了理念和行为之间的差距

下面这位教师是一位反思能力强、有想法的教师，浙派名师讲堂为其提供了观摩浙派大咖精彩教学的机会，又为其搭建了展示自己教学能力的平台。[①]

2016年10月，在文峰学校开展的浙派名师进象山活动，成为我的教学反思和成长的一个关键脚手架。在这次活动中，导师为我定制的研究目标是：以学定教，促进深度学习。在和教研组同伴一次次的磨课探讨和相互学习的过程中，最后我得出三个结论：第一，本节课的效果不仅仅在于让学生通过阅读来学习有关新年愿景的词汇和句型表达，而是要给予学生一种积极向上的人生态度的引导和使其提高规划未来的能力，引领学生追求有意义的生活；第二，本节课的精彩之处不在于与教师串联出"无懈可击的课堂语言"，而是倾听学生的发言，琢磨教学的展开对于学生是否获得水到渠成的知识和得到精神的共鸣，而非贴标签式地灌输说教。本节课的亮点应不在于学生有满足教师预设的合情合理的发言，而在于每个学生对于新年愿景都有真正的理解。

事实证明，在磨课的过程中，在与教学情境不断发生持续互动的过程中，原本个人所谓丰富的经验会受到不断的挑战，经历这个过程，才有可能重构自己的教学经验，才有可能表现出高层次的实践智慧。每一次公开课的交流和点评，都给我极大的启发：有思维方式的改变，有多元文本解读视角的产生，有表达方式的模仿和再创……每当在课堂上获得灵光一闪的顿悟后，又有了进一步阅读的欲望，成为我前行的一个新起点。

[①] 李老师在杭州师范大学象山名师名校长高端研修班上的毕业总结。

八、压力与动力并存

下面这位心得分享者是一位教研员，平时点评的教师多，自己真正上的课很少。杭州师范大学举办的"浙派名师进象山"活动给了其很大的压力，但也为其提供了再成长的动力。[①]

对于我这个近五年未上讲台的教研员来说，这确实是一种"折磨"。原本我只是评一线教师课堂教学的教研员，但现在角色变为上课者，紧张的学习、亲近学生、梳理教材、师徒（与我的徒弟）同课异构等这些活动让我看到了自己年轻时走过的成长痕迹。近半个月的磨炼让我的理论知识转为实战能力，这更是一种隐性的成长。课后获得来自一线教师的掌声及谢导的肯定，让我多了一种成就感。

在获得掌声的同时，我静心反思，自己上的是听说课，在人机对话背景下，对学生语音能力的培养尤为关键，如何把听说课与语音教学有机融合，也是我们作为教研员需要重点研究的一方面。要提高学生的英语核心素养，语音能力是核心，需要让教师清醒地认识到，语音能力的形成要与课堂教学融合，这样才能不增加学生的负担，才能真正为学生的发展打下坚实的基础。

九、庐山之外看庐山：校长在他校上公开课

下面这位分享者是在当地排名第二的一所高中的校长，要到在当地排名第一的学校借班上公开课，这在中小学是不常见的，对其来说也是不小的压力。[②]

2017年10月上旬，我接到"浙派名师进象山"活动的上课通知后，立马与象山中学的生物教师取得联系，了解教学进度，初定授课内容。几经商议，最后确定在高一年级执教"细胞与能量"一节。因是一节省级公开示范课，说实话，自己有较大的压力。如何上出新意，如何取得成效，教学设计是关键。为此，我发动生物组成员，大量搜集相关资料和课件，认真研读，摄取其精华，结合生物学科特点及当今学科教学的热点，几经修改和完善，设计出了一个基于培养和发展学生的生物学科核心素养的教学设计，为后面的课堂教学成功展示奠定了很好的基石。10月25日下午，在30余名听课教师的见证下，我圆满地完成了课堂教学展示活动。课后，我从设计理念、核心素养培养目标、教学重点和难点、教学流程、教学感受等方面进行了说课，自认为这节课上得还是比较成功的。其特色和亮点如下：以生为本、凸显主体；问题引导、层层递进；适时励志、激发学情；核心素养、渗透培养。后来，由省特级教师赵沛荣进行

---

① 张老师（教研员）在杭州师范大学象山名师名校长高端研修班上的毕业总结。
② 朱老师（校长）在杭州师范大学象山名师名校长高端研修班上的毕业总结。

了点评。赵老师在评课时说，这节课设计理念新，理论研究深，教学能力强，教学效果好，是一节真正的省级乃至全国级的示范课。他还说若从更高的要求看，还可以在学生模型构建的难度、虚拟实验与真实实验的关系等方面再做探究，效果就会更加好。听完赵老师的点评后，我深受启发，也值得反思。

十、长胆识，创新大课堂

以下这位名师培养对象是有心人，平时注重积累，教研论文成果很多，在培训期间被评为正高级教师。有人会说教师的天职是教书，课题研究是旁门左道。但这位数学浙派名师在教学舞台上用自己的"胆识"，创新了大课堂。[①]

胆识建立在认识的基础上，但它的核心还是"胆量"，有"识"而无"胆"，就不能称为胆识。教师的胆识主要是指有胆量改进教育教学方法。在教育多元化的今天，教育教学方法的改进势在必行，尝试很多，但禁区也不少。要想成为有胆识的教师，主要面临的不是理论问题，更多的是实践问题。

浙派名师课堂复习课活动研讨同样是重头戏。作为一名普通的教师，忽然被冠上"浙派名师"的头衔，压力自然产生。2016年，举行了义务教育阶段的"浙派名师"教学活动，研修班义务教育阶段的学员都奉献上了自己精彩的一课。一年后，高中阶段的"浙派名师"教学活动也如约而至，如何突破自己，如何上出精彩，是我一直在思考的问题。上课的选题很关键，多数教师都会选择上新课，因为新课更容易出亮点，但我选择的是上复习课，复习课难上，上好了才更能体现出自己的水平。这是一种对自己的挑战，要突破一般复习课的桎梏，要创造出一种新颖的复习课教学模式。我认为，复习课不仅仅是对知识的回顾与整理，更多的是思想方法的沟通与生长；复习课不应该面面俱到，而是要做到有所侧重，集中力量解决某一类问题。

基于这些思考，我开始梳理高一年级的数学知识体系，思考哪些内容是学生在上新课时还没有理解的。最后，通过问卷调查，确定了大致的内容——"对数"。虽然"对数"是约17世纪数学史上的一项伟大发明，但身处当前高度发达的社会，学生是无法体会到"对数"发明的意义的。不仅学生，就是很多教师对于对数的认知也只是停留在"对数是指数的逆运算"的浅表层面。因此，本节课的教学对象不仅是学生，还包括教师，能够让听课的教师对"对数"有一个全新的认知。我查找数学文献，厘清"对数"的来龙去脉，然后立足"HPM"核心教学理念，对教材进行重构，"探秘对数——常用对数与自然对数"一课新鲜出炉。本课通过大量的实例解释了常用对数与自然对数的由来，借鉴《最

---

① 吕老师（教研员）在杭州师范大学象山名师名校长高端研修班上的毕业总结。

强大脑》电视节目的编题思路，设计出极具挑战性的数学问题。一堂既洋溢着浓厚的历史韵味，又包含较高思维含量的对数复习课正式打造完成。教研员俞老师与杭州市教育科学研究所沈所长表示，这是他们第一次听到如此精彩、如此与众不同的复习课。其他听课教师也纷纷表示，这节可让他们收获了很多，原来对数竟然还蕴藏着这么多不为人知的秘密。

教师胆识是教师创造性、个性品质及教学个性的彰显。首先，具有胆识的教师表现为在教学活动中敢于坚守和展示自我。这样的教师有着良好的自我认同，把自己视为具有独特生命体验的人，对教育教学有着自己的理解和自我价值实现的主张，能积极主动地把自己的知识、经验、情感、智慧融入教育教学之中，敢于展示真实的自我。其次，具有胆识的教师还表现为在教学活动中勇于担当和超越自我。从"做我自己"到"做好我自己"，是一种自然的内在诉求，胆识作为一种激励性力量，能促使教师面对教育教学中提出的不同要求和出现的各种问题，敢于直面自己的不足，保持心灵的开放，自觉担负起发展自己、超越自己的责任，即使力不从心，也仍能坚持，能用开放的方式抵御和消解来自教学活动中的各种恐惧。

教师的形式成长与实质成长之间也是一种文与质、名与实的关系，二者关系密切，且对教师的专业发展有着重要意义。形式成长对实质成长可以起到激励和促进作用，反过来实质成长又推动着形式成长，形式成长与实质成长之间这种正比对应关系是一种较理想的良善和谐关系，合乎教育公正的尺度。但是，教育职场的实际情形却并不都按这种理想的状态运行，更多时候，教师的形式成长与实质成长之间是一种相背、失谐的关系。很多教师功成名就后就丧失了前进的动力，得过且过，过起了养老的生活。因此，作为普通教师而言，我们应该把实质成长放在第一位，提高教学能力，提高科研能力，提高表达能力等，而高端研修班正是为教师的实质成长精心定制的一注"生长剂"。

第四节　附录：部分名师名校长学员成绩列表

一、一位初中名校长的三年①成绩摘录

（一）荣誉

其获得的荣誉有 2015 学年度县优秀校长、2015 学年度县名校长、2015 学年

---

① 2015—2017 年，下同。

度宁波市体育工作先进个人；2016 学年度县优秀校长、2016 学年度宁波市优秀教育工作者。

（二）论文及获奖

其论文及获奖情况如表 1-1 所示。

表 1-1　一位初中名校长的论文及获奖摘录

论文题目	时间	论文竞赛名称	获奖级别
校长微思考：学校文化建设应从何入口	2015 年 6 月	2015 年宁波市"管理的变革"征文评选	市三等奖
特色课程成就学校特色文化	2016 年 5 月	象山县教育教学优秀论文	县二等奖
警惕教育中弥漫的雾霾现象	2016 年 5 月	象山县教育教学优秀论文	县三等奖
让儒雅与智慧照亮孩子前行的道路	2015 年 12 月	象山县学校文化建设主题征文	县二等奖
学校文化建设微思考	2016 年 12 月	象山县学校文化建设主题征文	县三等奖
"智慧课程的有效开发"县级专题讲座	县级	2016 年 5 月	象山县教育局教科研中心
儒雅与智慧伴孩子成长	2016 年 9 月	今日象山	

二、一位生物教师（高中校长）的三年成绩摘录

其三年的成绩如表 1-2 所示。

表 1-2　一位生物教师（高中校长）的三年成绩摘录

项目	内容
学校荣誉	2016 学年： 1）荣获"浙江省一级心理辅导站"称号 2）成功中标中国计生协"青春健康沟通之道"家长培训项目（全国共 37 家） 3）荣获"象山县发展性督导评估综合先进学校"称号 4）荣获"象山县安全稳定综治工作先进集体"称号 5）荣获"象山县 5A 级平安校园"称号 6）荣获"象山县校本研修优秀学校"称号 7）荣获"象山县学生资助工作先进单位"称号 2017 学年（第一学期）： 1）荣获"浙江省教科研先进集体"称号 2）荣获"浙江省首批心理健康教育示范点"称号 3）荣获浙江省教育科研优秀成果一等奖 4）荣获"甬派教育科研培育中心"称号 5）荣获"宁波市文明校园"称号 6）顺利通过宁波市特色创新项目评估 7）荣获"象山县优秀暑期社会实践团队"称号 8）荣获象山县中小学生运动会高中组第二名

项目	内容
个人荣誉	1）荣获"象山县名优教师带徒考核优秀导师"称号 2）荣获"象山县名优教师考核优秀教师"称号 3）担任象山县高考学科指导组生物学科负责人 4）担任宁波市高级教师职称（职务）评审委员会评委
发表论文	1）《掌握考题研究方法，提高生物备考效率》，《理科考试研究（高中版）》（2016年第4期） 2）《开展微研究生物学集体备课，优化高三生物学复习——以"遗传的分子基础"复习为例》，《生物学教学》（2016年第7期，全国教育类核心期刊） 3）《学生说题：突破高三生物二轮复习瓶颈的有效方略》，《中学生物教学》（2016年第7期，全国中文核心期刊） 4）《情感态度与价值观目标：并非是一只美丽的花瓶》，《开心（素质教育）》（2017年第6期）
获奖论文	1）《滴水藏海，咫幅千里》（市一等奖） 2）《学生说题：突破高三生物二轮复习瓶颈的有效方略》（市二等奖） 3）《把握生物命题规律，提高备考复习效率》（县一等奖） 4）《构建"外部引领"与"专业自主"的平衡》（"立三大课堂"第一期全县校长论坛征文评比获二等奖）
获奖课题	"高中数学微课系列开发研究"（省一等奖）
立项课题	1）"高中生物学科拓展生涯教育的实践研究"（级别：宁波市基础教育规划教研课题；编号：LX2017177） 2）"基于差异教学理念的高中微课开发与应用研究"（级别：浙江省教育科学规划课题，编号：DH2018072）
校本课程	1）"石头记"荣获宁波市第十届高中精品课程 2）"邮票上的数学"荣获宁波市第十一届高中精品课程
专题讲座	1）市级讲座："细品实验考题，粗探备考对策——生物高考31题复习策略" 2）县级讲座：①"高中生物教材体系解读与教学策略"；②"课堂教学能力提升（二）"；③"高中生物教师专业素养探析"；④"生物复习课小专题的选择"；⑤"选考生物试题分析及备考建议"；⑥"基础与能力并重，思想与素养共注"
公开示范课	1）省级公开课："细胞与能量" 2）县级公开课：①"近5年光合作用考题赏析"；②"学会说题，赢得高分"；③"生物育种技术"

三、一位小学校长的三年成绩摘录

其三年成绩如表1-3所示。

表1-3 一位小学校长的三年成绩摘录

项目	内容
个人荣誉	2016年8月，县优秀校长；2016年9月—2018年7月，象山县人民政府督学（兼职）

续表

项目	内容
论文课题	论文： 1）2016 年 6 月，《追寻"润心教育"之梦——基于儿童视角的文化重构》发表在《宁波教育干训》2016 年第 3 期上，同期刊物的封二、封三刊发学校的办学状况介绍 2）2016 年 12 月，县义务段学校课程改革顶层设计优秀方案二等奖 3）2017 年 11 月，象山县"立三大课堂"首期校长论坛一等奖
	课题： 1）2016 年 9 月，"'书法润心'教育的实践研究"获 2015 年度宁波市教育科研优秀成果二等奖 2）2017 年 3 月，"小学'核心学习活动'设计与指导研究"获 2017 年宁波市教育科学规划重点课题立项（编号：2017YZD093）
公开示范课	1）2016 年 4—5 月，市教育学院新疆校长班报告"追寻润心教育之梦——学校文化建设的思考与实践"两次 2）2017 年 12 月，计划单列市"5+2"校长发展联盟分论坛发言"让每一个孩子成长为阳光少年"（大连教育学院） 3）2016 年 10 月，第二次全县公开课 4）2016 年 11 月，慈溪教师进修学校讲座"小学数学学习活动研究——以图形与几何为例" 5）2017 年 4 月，县级讲座"小学数学学习活动研究——以图形与几何为例" 6）2017 年 10 月，县级讲座"关于'核心学习活动'的设计与指导研究"

四、一位小学校长的语文教学实践研究成绩摘录

其语文教学实践研究成绩如表 1-4 所示。

表 1-4　一位小学校长的语文教学实践研究成绩摘录

序号	时间	讲授课程名称	授课对象	人数/人	备注
1	2016 年 10 月	"盘古开天地"	以县小学语文教师为主	300	省级交流
2	2017 年 6 月	"好饿的毛毛虫"	县小学语文教师	90	县级培训
3	2017 年 6 月	"低段读写新途径"	县小学语文教师	80	县级讲座
4	2017 年 6 月	"古诗词吟诵指导"	县小学语文教师	150	县级讲座
5	2018 年 4 月	"文言文教学指导要点及策略"	县小学语文教师	90	县级讲座
6	2018 年 4 月	"古诗文教学策略谈"	县小学语文教师	90	县级讲座
7	2018 年 5 月	"见闻与联想"	云南保山市骨干教师	150	省际交流
8	2018 年 5 月	"语文教学，科学理论与学习分类"	云南保山市小学语文骨干教师	150	省级讲座
9	2018 年 5 月	"语文教学的科学化路径"	慈溪市小学语文教师初级班	100	市级讲座

第二章

象山校说：学校课程的规划

2015 年，《浙江省教育厅关于深化义务教育课程改革的指导意见》下发，浙江全省进入深化课程改革的新阶段。在体现义务教育基础性、全面性和公平性的基础上，强化选择性教育思想，进一步完善课程体系，加强学校课程规划，成为当前学校教育中的热点问题和关键性问题。

学校课程规划是学校根据国家和地方课程政策、本校办学理念，在分析学生发展需求的基础上，依据学校培养目标，对课程结构体系、课程设置、课程实施与评价、保障条件等方面的整体性规定。[1]学校课程规划所形成的学校课程文件通常称为学校课程方案，它是对学校近一个阶段课程的设置、实施、评价等方面的整体设计和说明。

2016 年 1 月，象山县教育局与杭州师范大学教育学院整体合作，整合高校与中小学教研培训部门的资源，建立专门的项目组，全面启动学校课程规划与特色课程建设研究，紧密围绕学校课程规划与特色课程创建，深入调研和梳理学校课程规划问题，加强学校课程总体规划，推进学校特色课程建设，取得了较为丰硕的成果，切实推动了课程改革，实现了中小学课程建设的科学化、系统化、特色化。

第一节　学校课程规划的问题诊断

学校课程规划对学生、教师和学校具有重要的意义。每一所中小学都应该形成属于本校的、完整的学校课程方案。[2]对学校课程的整体规划，可以增强学校课程对学生的适应性，有利于学生的全面发展，还可以在课程方面推进学校特色化发展。我们遴选城区、农村、海岛等区域的中小学，深入学校调研诊断之后发现，

---

① 浙江省基础教育课程改革工作领导小组办公室. 浙江省深化义务教育课程改革指导手册[M]. 杭州：浙江教育出版社，2016：41.

② 上海市教育委员会教学研究室. 学校课程计划编制实践指南[M]. 上海：华东师范大学出版社，2013：1.

学校对如何规划学校课程，制订比较科学、合理、具有操作性的学校课程方案，还缺少有效的思路和方法，学校在课程规划方面的问题较为突出。

一、学校课程规划存在观念误区

自浙江省教育厅出台一系列课程改革文件之后，县域内各校都开始着手学校课程建设。我们发现，一些学校对课程改革理念、课程改革精神理解不到位，课程变革的路径也相对单一，有些学校没有因地制宜地发挥各校的特色，致使课程改革难度加大。如何找准自身存在的问题，丰富课程变革的实践策略，成为各学校亟待解决的问题。

（一）片面理解课程改革方向

《浙江省教育厅关于深化义务教育课程改革的指导意见》中明确指出，深化义务课程改革有五大任务，分别是完善课程体系、加强课程建设、改进课程实施、变革教学方法、深化评价改革。但是不少学校在课程改革的过程中，普遍存在一种误区，认为课程改革主要就是看学校课表里开设了哪些特色课程，认为学校特色课程越多越好，形式越活越好，对课程实施、课程评价关注不够。事实上，课程改革的重心应该在实施，教学应该是课程改革的内核。有人曾经这样形容变革：变革像一块又大又厚的橡皮，这块橡皮被不断拉长，改变着形状，看起来已经临近突破点，但就在那一刹那，它突然又缩回到原来的样子，就像一切都没有发生过。本次课程改革的临界点就是课堂教学，如果不能占领变革最后的这块前沿阵地，那么前面的努力都只能是徒劳无功。

在指导学校选择课程改革推进的重点项目时，象山县内有一所教学改革示范校的领导和教师就曾有过犹豫，他们认为教学改革不属于课程改革的范畴，想搁置教学改革重新搞课程改革，这种想法很不成熟，因为这是放弃了自己的优势，重新回到起跑线上跟别人竞争。其实学校完全可以立足国家课程，在学习方式、学习评价上求创新，课堂变了，我们才更有可能打准课程改革的靶心。

（二）盲目追求学校课程创新

在象山县召开的一次课程建设研讨会上，一些名校长纷纷对课程改革提出质疑，主要问题集中在当前很多农村学校师资比较薄弱，国家课程都实施不好，还要去实施拓展性课程，劳心劳力不说，课程开发的质量也很难保证。这确实是一个问题，但同时也反映出我们工作中的一些偏见。拓展性课程建设并不都是重新开设全新的课程，课程建设的方向很多，可以是对国家课程的一种延伸，可以是跨学科的整合，可以是不同学段之间的衔接，对于那些自身没有条件开发课程的学校，可以集结学区的优势，共享学区内的优质课程。例如，杭州凯旋教育集团由凯旋区块的景芳中学、南肖埠小学、春芽实验学校、茅以升实验学校、景华小学等学校组成，这几所学校有一个共同特点，即规模小、校间距离近、特色显著。于是，他们就自创了"教师联聘""学生联招""特色联建""活动联合""成果联享"的一套做法，率先开启了"共享课程"模式，每所小学拿出来的课程，全部是学校响当当的"拳头"课程，如春芽实验学校的书法课、茅以升实验学校的桥梁与工程课、景华小学的篆刻课、南肖埠小学的国际象棋课等，针对对应年级实现校际共享。所以，在课程推进的进程中，学校课程规范反对"没有条件也硬要上"的做法，提倡拓宽思路、因地制宜、小步迈进，开发出适合本土的学校课程。

（三）没有深入认识改革的意义

无论是国家课程还是拓展性课程，其目标都指向学生的核心素养，但是功能却有所侧重。国家课程占学校课程的80%以上，是学校课程的重心所在，它有统一的课程大纲，有明晰的课程目标、教学内容、实施建议等，体现的是育人目标中统一性与基础性的一面。拓展性课程占不到学校课程的 20%，它的课程内容和实施方式更为灵活、自主，体现了学校教育的选择性、个性化。但无论如何，在规划学校的课程结构时，学校必须考虑拓展性课程开设的意义，尤其是一些国家课程很难培养的学生核心素养，如综合性素养的培养，就必须借助跨学科的拓展性课程来实施。目前，象山县一些学校开设的拓展性课程，类目很多，但却存在目标含糊的问题。例如，在 H 学校的思维拓展课中，一年级学七巧板、二年级学叠杯子、三年级学魔尺、四年级学算 24 点、五年级学魔方、六年级学趣味数学。以内容来划分课程是可以的，但其内在逻辑是应当以学生的发展水平来组织课程。正确的做法是：参照小学生数学素养标准，对于国家课程中难以落实或者没有得到足够重视的课程目标，要通过这些拓展性课程来实现，比如，从三年级学生的智力发展水平来看，其实魔尺、七巧板、魔方等都可以用来开发课程，关键是给孩子设置的是怎样的难度，挑战的是哪一层级的目标。另外，目前有些学校反映，部分课程由家长助教或者外聘教师来承担，教学质量难以保证，对于这样的课程，我们更应该思考它存在的意义，如果没有达成育人目标，形同虚设，倒不如不设。

二、学校课程规划缺乏科学的规范

学校课程规划是严谨、规范的设计活动，有其基本的规范性要求。首先，学校课程规划应该包含基本要素。有人认为学校课程规划的基本要素有 10 项，它们是课程背景、办学理念、办学目标与培养目标、课程理念、课程目标、课程体系、课程结构、课程实施、课程管理与保障和课程评价。[①]也有人将其简化为五方面的要素，分别是课程背景分析、课程目标、课程结构、课程实施与课程评价。[②]浙江省基础教育课程改革工作领导小组办公室则指出，"完整的学校课程规划通常包含以下九大要素：课程背景、办学理念、育人目标、课程目标、课程结构、课程计划、课程实施、课程评价、课程管理和保障"[③]。不仅如此，好的课程规划还须使所有要素保持整体一致性，即课程内容的选择与组织、课程实施以及课程评价都要以课程目标为依据；课程内容的选择、课程结构的设置要反映出制定的课程目标；课程实施要根据课程内容和课程结构选择相应的实施模式和实施方法，同时课程目标的达成要在课程实施中有所体现；课程评价要依据课程目标、参照课程设置对课程实施结果进行评价。[④]总之，学校课程规划必须是一个要素完整、相互关联的体系，这是学校课程规划的规范化要求。

（一）学校课程目标缺少论证分析

在制定课程目标时，很多学校只是考虑了课程需要达到的终点，却很少分析课程开设的起点，即我们具有怎样的基础和条件，现实与理想之间的差距在哪里，只有对差距产生的原因进行认真的分析，我们才能够找到实现课程目标的路径。

也有一些学校虽然做了课程分析，比如，文本中有关于学校办学理念、办学历程、学校课程资源、学生课程需求、教师课程能力的分析，但是不够深入。例如，S校在做学生课程需求分析时，是这样表述的："通过问卷调查，了解到学生对手工、烹饪等家政实践类，足球、街舞等体艺拓展类，三模、机器人等科技拓展类项目比较喜欢。"应该说这只是对学生课程选择倾向的一种描述，即学生更喜欢那些动手、动脑、参与、体验的课程项目，但是对为什么有这些倾向，这些倾向反映了我们课程建设中存在的哪些问题，我们该如何改进课程等，却分析得不够。如果我们的分析能达到"传统的学校基础课程学习方式比较单一、评价方式不够多元，而拓展性课程却能丰富学生经验、变革学习方式，给予孩子多元的成功体验"这一层面，再以此为拓展性课程开发的要义开设拓展性课程，相信会有更多的课程吸引孩子。

每一所学校都有自己的教育哲学，从学校的发展愿景到办学理念、育人目标、学生核心素养目标，再到课程目标、教学目标，可以说这是一个层层落实学校教育愿景的过程，各级目标彼此之间应该是紧密关联的，而育人目标反映了学校在一定时期内培养人才的方向和所要达到的素质水平，它是学校教育哲学的核心与

---

① 杨旭红，毛鞏，马兹平. 区域推进下的学校课程规划编制实践[M]. 北京：人民教育出版社，2015：15-18.

② 上海市教育委员会教学研究室. 学校课程计划编制实践指南[M]. 上海：华东师范大学出版社，2013：2.

③ 浙江省基础教育课程改革工作领导小组办公室. 浙江省深化义务教育课程改革指导手册[M]. 杭州：浙江教育出版社，2016：41.

④ 上海市教育委员会教学研究室. 学校课程计划编制实践指南[M]. 上海：华东师范大学出版社，2013：208.

关键。但是，育人目标简洁、抽象，而课程目标又过于学科化，因此，近年来国际上普遍重视建立学生核心素养模型，从人的全面发展角度出发，来框定学校教育应该培养的人才的基本素养和能力，它是对育人目标的具体化。然而，在指导学校编制学校课程规划的过程中，我们却发现一些学校的目标体系设计存在误区，具体表现为四种情况：①只有育人目标，没有提出学生的核心素养。这样的课程规划虽然有了靶心，但对概念内涵界定不清晰，课程建设的着力点不明，学校开发的课程很容易走偏。②照搬国家发布的核心素养，直接将其列为学生核心素养目标。这样导致的结果是无视学校特有的资源，学校没有自己的办学特色。③学校提出自己的发展愿景、办学理念、核心价值观、育人目标、学生核心素养，但是提法众多，概念混淆不清，尤其是学生核心素养，彼此交叉重叠，维度不一，逻辑不清。④学生的核心素养与育人目标匹配度不高。例如，D 校提出"雅"教育的办学理念，把"培养雅行少年，塑造雅正教师，创建雅致学校"作为学校的办学目标，把培育具有"乐学善思、身心健康、审美情趣、实践创造、言行礼仪"等优秀传统美德的雅行少年作为学校的育人目标，而后将"乐学善思、身心健康、审美情趣、实践创造、言行礼仪"作为学生的核心素养。但是仔细推敲我们会发现，"雅"是道德层面的品质，而学生的核心素养却涵盖了德育、智育、体育、美育等方面，显然，这样的育人目标难以统领学生的核心素养目标。

（二）学校课程实施偏离预定目标

课程建设是为了达成一定的育人目标，而学生核心素养是育人目标的具体化，因此学校必须以学生的核心素养为指引来设置课程。但是，在调研中，我们发现一些学校的课程设置却与课程目标存在一定程度的偏离，即设置的课程无法达成既定的课程目标，具体体现在以下方面：①没有设置与目标相匹配的课程。例如，有一所学校把"培养具有民族素质和国际视野的扬帆学子"作为自己的育人目标，但是在学校课程总表中，却找不到能够培养学生国际视野的相应课程。②没有按浙江省所定标准安排拓展性课程的课时，拓展性课程目标难以达成。根据浙江省教育厅文件的要求，学校开设的拓展性课程必须有课时保证，但不能额外增加学生的学习负担。但是，在调研中我们发现部分学校的拓展性课程安排在孩子午休时间，有些学校安排在放学后（四点钟学校）或假日，这与浙江省教育厅的要求严重不符。而在初中，浙江省教育厅文件明确了拓展性课程平均周课时是 6—7节，但是很多学校挤占拓展性课程课时，用来上文化课，美其名曰"学科拓展课程"，但事实上这些学科拓展课程根本没有体现选择性，跟传统的学科课程没有什么区别。

（三）学校课程评价难以发挥功能

在编制学校课程方案时，很多学校紧跟时代潮流，提出了过程性评价、表现性评价、多元主体评价等评价理念，这是对以往评价方式的一种变革。但是，也存在一些问题，具体如下。

1）没有把学生核心素养的达成度作为课程评价的重要依据。例如，D 学校提出育人目标是培养"雅行少年"，其中积极思维、实践探究等学习品质是"雅智少年"的重要特质，但学校的课程评价是以学生参与课程门类来进行的，以 60 分计算，通过一门课程可获 10 分，参与一项赛事活动可获 5 分，而对于学生在课程中的思维发展等评价却很少涉及。

2）有些学校把学生的满意度作为考核课程的重要指标，但是这样的评价方式真的好吗？例如，一些形式活泼、不需要孩子投入心智的简单课程深受孩子的喜欢，这种迎合孩子娱乐需要的课程对孩子发展的意义何在？

3）一些学校非常重视对教师的课程评价，但是却忽视了学校课程评价及其后续的跟进指导。很多学校把课程开发的压力转嫁给教师，尤其是骨干教师，但却很少考虑如何搭建平台、提供机会、创造条件让教师去改进课程。仅用一张评价表评价之后，对于如何使用，如何使其成为发现和改进问题的契机，学校课程方案中都很少提及。

第二节　学校课程规划的改进路径

通过之前的问题诊断，我们发现学校课程规划中存在的主要问题是学校缺乏必要的课程规划知识和经验，不知如何结合学校办学理念、发展目标以及实际情况整体设计学校课程。中小学需要接地气的系统培训和专业化的近身指导，为此，我们选择了构建专题培训课程和现场协同探究等改进路径。

一、转变培训模式，构建专题培训课程

学校校长、教师岗前和职前教育中普遍缺少课程方面的内容，使得校长与教师在面对学校课程规划时手足无措，不知道如何系统地处理这一问题。新课程推进以来，一些学校陆续开发和开设了校本课程，但对于"本校课程"普遍缺少认识，教师迫切需要基于学校课程建设的现实情况，推进学校课程规划。鉴于此，我们努力结合学校实际，设置了接地气的专题培训课程。

（一）基于实践，系统建构课程知识

以往的培训经验告诉我们：请专家、学者来讲理论性课程，虽然知识系统全面，但是缺少实践经验的支撑；而请经验丰富的实践专家来讲自己的实践经验，虽然务实有效、通俗易懂，但又因为带有很强的个人色彩和特殊的问题情境，而难以复制和推广。浙江省教育厅出台的一系列课程政策，就是要扩大学校的办学自主权，让学校基于独特的校情，构建适合自身发展的课程体系。所以，在培训中，我们不能空谈理论，也不能单纯模仿和照搬别人的经验，而是要求学校创造出自己的课程产品，形成自己的课程话语，发挥课程的育人功能。为此，在培训班的课程目标定位上，我们提出要弥合理论与实践的鸿沟，要搭建平台让教师能够基于实践情境重新解读理论、概念与原理，借此批判、检视与发展自身的实践性知识。具体来说，本课程素养提升班的课程目标为"四个一"：一份学校课程规划；一门精品课程；一个单元设计；一支专业化的课程开发队伍。我们希望通过培训，建构与积累学习者自己的实践性知识，让他们具备设计与实施课程开发的能力，提升他们的课程素养与品位，从理论知识的消费者变为实践知识的创造者。

（二）基于问题，深度整合课程内容

1. 增强核心问题的连续性

2016—2017 年，我们开设了三期课程素养提升班，每一期旨在攻克一项核心任务，即第一期"学校课程规划"专题研修班，通过专题讲座、案例学习、现场调研、调整改进，帮助学校完成学校课程的顶层设计；第二期"特色课程纲要"专题研修班，我们要求各校精选一门有基础的拓展性课程，组织课程改革项目负责人和特色课程师资一起参加培训，通过专题讲座、案例研讨、范例观摩、撰写改进、指导申报等，帮助学校完善一门特色课程的课程实施方案；第三期"单元活动设计"专题研修班，我们要求参加以上两期培训的学员选择特色课程中有学科特色的主题单元进行单元教学设计，通过专题讲座、改进指导、现场观摩等方式，推出一批拓展性课程单元教学的典型范例。

2. 保持主题内容的关联性

三期课程素养提升班的课程内容安排体现出了高度的整合性，主要表现在两个方面：一是不同期的课程主题之间彼此关联。例如，学校课程规划明确了学校的课程总目标，所有的特色课程必须服务于学校的课程规划，不能偏离学校的育人目标。单元活动设计这一主题是特色课程纲要制定完成之后，如何实施的具体化体现，与该门课程的课程纲要也是一脉相承的，所以三期的培训，我们既是对上一期专题的延续，同时也在实践中根据问题不断优化和改进之前的方案成果。

二是同一主题的课程之间保持高度的整合性。例如，第一期"学校课程规划"专题研修班，我们安排了四场理论讲座，分别是杭州师范大学王凯教授的"学校课程规划的制定"、浙江省教育厅教研室校本课程教研员李荆老师的"浙江省课程政策的解读及课改现状"、浙江大学刘徽教授的"学校课程整合"、杭州市东陈中学陈沪军校长的"学校课程方案编制的实践路径——以东陈中学为例"。之后，我们安排了八所实验学校的现场诊断，深入学校诊断课程建设的需求与条件，与领导班子协商课程规划的初步方案。最后，分别对八所实验学校递交的学校课程方案进行一对一的指导，并将学校课程规划汇编成册，在培训班内共享。可以说，不论是理论课程还是实践课程，我们都紧紧围绕主题开展活动，保持了高度的整合。

3. 保证课程理念的一致性

在课程内容安排上，我们倡导各门课程要共享共同的课程观、教学观、学习观。我们的做法有二：①严格筛选培训的师资，确保课程话语的一致性。例如，整个课程素养提升班，我们都是以浙江省课程改革专家、杭州师范大学王凯教授为核心，由他来主讲相关专题，并对作业进行跟进指导。此外，我们根据学员在研训过程中出现的问题，由王凯教授推荐主讲专家。例如，在拓展性课程开发中，针对课程整合这一薄弱点，我们请到浙江大学刘徽教授讲整合课程的开发；针对教师对课程评价的设计比较薄弱的现象，我们请到华东师范大学课程所的周文叶博士给学员做表现性评价的专题讲座；针对学员在拓展性课程的单元活动设计中有明显的学科教学设计的倾向，在王凯教授的建议下，我们聘请相关师资主讲逆向教学设计下的单元设计、项目学习等专题。在进行作业点评之前，专家会仔细翻看所有主讲学员的课件，对学员的作业进行综合性的指导和点评。可以说，首席指导专家的主持把关，确保我们始终遵循统一的课程理念开展培训。②我们提供一致的评价标准和规范的操作模板，确保课程成果的规范性。在培训中，我们推出课程纲要撰写模板、单元活动设计模板，让学员参照范例进行设计。单元活动设计模板，我们一改只谈设计过程的传统套路，提出要在单元设计中关注三个关键要素，即目标设计（明确指向素养的单元目标之后，马上跟进设计检验目标达成的评价设计）、结构设计（需要画出单元结构图，并对课时安排进行简要说明）、问题设计（需要设计一个问题情境统领整个单元，且要体现问题与单元目标的一致性）。

（三）基于探究，系统转变学习方式

1. 明确培训的基本流程

教师教育课程的转型关键在于变革教师的学习方式。教师专业素养的提升，表现为能够创造性地解决实践中的问题。而实践的过程并不是简单地应用理论，

用什么、怎么用本身就是一门学问，就像美国学者克里斯·阿吉里斯（C. Arigyris）与唐纳德·A.舍恩（D. A. Shön）所说的："基础理论与实践能力的相关是以实践理论为中介的……我们不能只依靠基础理论本身推出应用理论。"[①]所以，我们需要摒弃以往摄入式的培训，引入自主探究学习模式，让学习者能够在真实的问题情境中反思、应用、改造、生成新的实践性理论，从知识的消费者变成知识的生产者。为此，在象山县课程素养提升班的课程实施中，我们借鉴项目学习的方式，每一期培训，我们都聚焦一项核心任务，设计课程实施的基本流程，即通过"理论引领—案例研讨—自主作业—诊断改进—修改完善—成果共享"的培训流程设计，来帮助学员生成自己的课程成果。

2. 支持探究的培训策略

践行探究取向的学习方式，要求培训者实现角色的转变，从项目的管理者、课程的主讲者转变为学习的设计者、支持者、促进者。以下是我们在课程素养提升班中采用的培训策略。

（1）引荐优质资源

为帮助学员完成培训后的成果作品，在培训中，我们除了引荐理论专家主讲课程理论、课程政策之外，还聘请实践专家分析课程案例，尤其是为学员推荐了大量的课程成果案例，如在学校课程规划专题研修班中，我们提供了大量的学校课程规划文本；在课程纲要编制培训班中，我们推荐了全国课程大赛参赛的获奖案例；在单元活动设计培训班中，我们提供了跨学科及基础学科的单元整合教学设计案例，让学员在问题情境中学习。除了引荐外来资源之外，在培训中我们还以各校自主研发的课程作品来进行诊断和指导，要求全体学员全程参与，用案例进行教学，使学员不仅重视自己所关注领域的课程改进，还兼顾其他领域的改进。每一期培训结束后，我们都把优秀作业汇编成册，在培训班中进行分享。

（2）倡导小组合作

探究式学习难度不小，但凭一己之力难以应对。因此，在培训中，我们要求学员以学校为单位，组建团队来参训。例如，学校课程规划专题培训，我们要求校长、业务副校长、教科主任共同参与，只有这样，校长才能把自己的理念贯彻进去，执笔的教科主任才能领会校长的意图，达成共同的课程愿景。在课程纲要编制、单元活动设计专题培训班中，我们要求业务副校长、特色课程的师资共同参与培训课程，这样才能确保特色课程不偏离学校整体的课程规划。同时，组团参加培训，也弥补了一些学员因工作冲突临时缺席带来的弊端，确保了各学校参

---

① 克里斯·阿吉里斯，唐纳德·A. 舍恩. 实践理论——提高专业效能[M]. 邢清清，赵宁宁，译. 北京：教育科学出版社，2008：174.

训学员始终能够与培训班的要求保持同步。

（3）自主申报成果

我们认为有效的培训首先要满足学校的需求，在各期培训班中，我们特别强调要有成果意识。然而，成果的形式多样，既有统一的规定动作（如以学校为单位，上交一份学校课程规划、一门特色课程的课程纲要、一门特色课程的单元活动设计），又有学校自主申报的个性成果，如象山县新桥实验学校开发了"民国那些事儿"课程群，其下的九个子课程的教师都来参训，他们学校申报的成果就是九个子项目课程的课程纲要。此外，该校还申报了省规划课题，九个子项目课题也在县立项，他们就要求课程专家对学校的课题进行指导。丹城第四小学、鹤浦镇中心小学等各有一门课程参加宁波市精品课程评选，于是他们又让课程指导专家对其申报的精品课程进行把关和指导。

（4）全程跟踪指导

培训课程时间安排是固定的，但是在探究过程中，学员会遭遇瓶颈，而专家又不可能随时在身边指导，于是，我们组建了课改项目QQ群、课改群论微信群，只要有参训学员发问，群里的成员都可以进行解答。对于学员在探究过程中的困惑，我们也及时应对，或电话沟通，或QQ留言，或分享参考资料，对于学员递交的作业，我们也做到个个反馈，让学员在专家的指导下不断完善自己的课程成果。

（5）彰显人文关怀

探究的过程并非一帆风顺，尤其是在挑战自己从未涉足的领域时，学习者经常会表现出质疑、畏难的情绪，经常会推翻自己之前的设想，另起炉灶。因此，在培训中，我们强调要充分论证，在项目选定之前，我们把可能遭遇的困难给学员说明，项目一旦选定之后，我们就尽量要求学员不要随便转换方向，当学员自己觉得做不下去的时候，我们会给予鼓励、支持，会给出参考的范例或提供改进的思路，让他们有新的方向。对于干劲儿十足的参训学校，我们更是给予鼎力支持，如象山县新桥实验学校想邀约同行参与他们的课程群展示，我们就把他们的展示活动升格为县课堂节的特色课程现场会；当象山县鹤浦镇中心小学校长谈及精品课程的开发改变了学校校本研修的模式后，我们就鼓励这位校长撰写课程故事，并为其提供机会在县课堂节校长论坛上主讲。

二、现场协同探究，专注校本特色课程

虽然学校课程规划包括基本要素，具有规定程序，但是不同学校由于认识上的差异和校情的不同，存在不同的课程规划问题。我们组建了由高校课程专家、优秀校长和教师构成的专家组，深入每一所学校，与校长和教师共同研究学校课程规范问题，提供具体实用的专业指导。我们通过具体指导，深化了学校对以下规划问题的认识。

（一）加强背景分析，寻找课程规划的起点

为了让学校根据本校特点规划自己的课程方案，避免千人一面，人云亦云，专家组与学校课程领导小组深入研究学校基本情况，进行科学调研，把脉学校课程现状，让学校课程发展的优势与不足充分显露出来，成为学校进一步规划课程的重要依据。

象山县新桥实验学校主要从学校课程发展的历史背景和资源、学生的课程需求和教师的课程能力等多个方面，对学校进行深入诊断，形成了区域学校课程规划的基本模式，有效地指导了中小学课程规划的有效开展。比如，象山县鹤浦镇中心小学提炼地域文化，设计学校课程。该校地处象山县最南端，位于宁波市第一大岛——南田岛上。经历 140 余年的发展、融合，海岛充满活力，海岛居民也逐渐形成了自己特有的"海纳百川、勇立潮头"的精神文化。再如，象山县实验小学从学校课程改革的历史中寻找新起点。学校将本校课程改革历程分为三个阶段：第一阶段，主要探索课堂教学模式的改革，以"实验小学'实践型'课堂模式的研究"为龙头，进行了课堂教学模式的研究；第二阶段，主要研究教师的专业成长，将"教师专业发展学校的建设"确立为学校总课题，探索教师的专业发展，促进教学改革。第三阶段，学校以"本真"课程体系的研究和实践为抓手，探索课程改革实践。学校组织教师深入学习相关文件与理论，认识课程改革的重要性与必要性；组织教师梳理国家课程校本化实施思路，并付诸教学实践；组织教师尝试开发校本课程。在实践过程中，如何激发教师的积极性、发挥创造性，实现课程的多样性、学生培养的针对性等，都有待于进一步探索。

另外，还有学校，像象山县丹城第四小学一样，注重分析教师的课程能力，以及学生的课程需求。学校 70%以上的教师都参加学校的课程建设，参与"课程超市"相关课程纲要的编写、教学计划的制订和教材的编写，教师的课程专业意识比较强，教师课程能力的提升也较快，学校的"丝网花、十字绣、跆拳道、服装设计"等特色品牌课程，获得县市级优秀校本课程。另外，学生之间的个性差异明显，成长需求、爱好也不尽相同，对象山县丹城第四小学学生进行调查的结果显示，学生对增强体质的球类项目，提升艺术修养的书画音乐活动，益智的棋类、机器人、三模等科目比较喜欢；在家长的问卷调查中，家长关注学习方法介绍的学法指导、数学思维等课程的居多。因此，学校应尽量为学生提供相关课程，满足不同学生的成长需求。

象山县新桥实验学校则在确保国家课程标准和基础性课程的权威性、严肃性的前提下，学校课程的开设以学生自主选择、教师适当引导为主，在课程的开设

过程中，充分考虑学生的需求。以问卷调查、参考同类农村学校开设课程内容、整合地域资源、分析学生和师资、硬件设备的客观因素等来选定课程，满足大部分学生学习的多元化需求。其以重视后 20%学生为切入点，帮助学生在课程中进行个性化选择。为此，在小学部我们开展了以体艺为主的特色课程，在初中部开展了部分知识拓展类的课程。象山县丹城第四小学考虑到教师平均年龄在 32 岁左右，新进教师学历都在本科及以上，学习能力较强，能较快接受新鲜事物，具有一定的专业特长，在师资队伍建设上，一方面，从学校的专业教师或有特长的教师中选聘，作为校级精品活动辅导员，例如，艺术类课程的教师，在课程的开发上，就依据教师特长开设诸如创意美术、童心童画等课程。对于部分特长少的教师，开设阅读、辅导类的拓展性课程。另一方面，请民间艺术家、社会志愿者担任少年宫兼职辅导员，开展义务辅导活动，从而建立专兼职结合的辅导队伍。

（二）明确办学理念，提炼校本核心素养

近年来，学生核心素养成为基础教育领域的关键词。发展学生核心素养是社会主义核心价值观和党的教育方针所确定的教育培育目标的具体化和细化，是连接宏观教育理念、培育目标与具体教育教学实践的中间环节。社会主义核心价值观和党的教育方针可以通过核心素养这一桥梁转化为教育教学可运用的、教育工作者易于理解的具体要求，进而贯彻到各个学段，体现在各个学科，最终落实到学生身上，明确学生应该具备的品格和关键能力。[1]浙江省基础教育课程改革工作领导小组也明确指出，"拓展性课程的开发要以培养学生核心素养为导向"[2]。因此，结合办学理念明晰学生核心素养，有助于学校进行课程顶层设计，建立特色鲜明的课程体系。我们认为，学校既有共同的学生发展核心素养目标，也有自己特色化的学生发展核心素养目标。我们把这种学校特色化的学生发展核心素养目标简称为"校本核心素养"。校本核心素养不是脱离国家学生发展核心素养目标，背离党和国家教育方针，而是学校立足本校的育人传统、办学理念对党和国家教育方针、国家学生发展核心素养目标的校本化、个性化的解读。梳理办学理念，形成校本核心素养目标，有助于建立特色化的课程体系。

如图 2-1 所示，象山县实验小学以"适性发展，快乐真我"为办学理念，以"适合师生健康发展的真教育"为办学目标，将培养具有"健、仁、智"特点的"本真学子"作为学生核心素养目标。

---

① 林崇德. 构建中国化的学生发展核心素养[J]. 北京师范大学学报（社会科学版），2017，（1）：66-73.

② 浙江省基础教育课程改革工作领导小组办公室. 浙江省深化义务教育课程改革指导手册[M]. 杭州：浙江教育出版社，2016：54.

图 2-1 象山县实验小学"本真学子"核心素养目标

如图 2-2 所示，象山县丹城第四小学把学生的核心素养作为整个学校课程的灵魂，基于"让每一个学生扬起希望的风帆"的办学理念，以"培养民族素质和国际视野的扬帆学子"为培养目标，确立学会学习、学会做事、学会做人、学会共处四大育人目标，将语言表达、家国情怀、艺术修养、团队合作、国际视野、科学精神、生活技能、数理思维八项列为学校学生核心素养目标。

图 2-2 象山县丹城第四小学"扬帆学子"核心素养目标

另外，丹城第二中学追求学校高位均衡发展，坚持"让每一个孩子成为最好的自己"的办学理念，培养"儒雅智慧"的学生，建立了涉及自我发展、学习品质、社会参与三个维度的身心健康、艺术审美、自我管理、阅读表达、积极思维、实践探究、理解关怀、合作沟通、责任担当九项学生核心素养目标。

（三）分析区域课程资源，打造学校课程特色

关于区域课程资源的概念，有论者认为它是指师生和学校所处的某一个具体的行政区域内的自然条件、社会经济和科技人文等方面的反映群众文化心理并且具有积极教育意义的一系列内容，具体包括地方历史、地理、物种生态、文化习

俗、人物风情、生活生产经验及社会科技进步等一切有利于实现课程目标的物质性和非物质性的因素。[①]也有论者认为区域课程资源主要是指本土可以成为课程的知识来源。区域课程资源实际上是一种地方性课程资源，蕴含在当地人民生产、生活中所形成的所有认识资源中，具有地方性、整体性、非科学性的特点。

象山影视城位于浙江省宁波市象山县新桥镇大塘港生态休闲旅游区块宁波影视文化产业区内，是中国十大影视基地，总占地面积1176亩[②]。它以灵岩山为大背景，结合了当地的山、岩、洞、水、林等自然景观，围绕游客体验性、影视趣味性、旅游互助性，打造了中国首个实景电影主题公园，有神雕侠侣城、春秋战国城、民国城、西游记乐园等众多景点。

民国城是象山影视基地的一大园区，它由数百幢典型的民国时期建筑组合而成，包括中国晚清至民国时期的公共建筑、街道、石库门、四合院、民居和公馆等，集中展示了中国封建社会晚期和资本主义萌芽阶段全国各城市及租界区的典型建筑、特色街景。城内布局井然有序、大气高雅，其街区设计独到，考据扎实，装饰精美，充分体现出民国时期中西合璧的建筑风貌，整体还原了民国时期的社会生活空间。象山县新桥实验学校从师资、资金、开发的时段等因素思考，认为民国城所体现的历史感、年代感、距离感比较契合学校和学生的实际，为此开发"影视民国城课程群"是符合现今条件下学校课程改革的需要的尝试，是学校追求内涵发展、特色发展的尝试。

象山县新桥实验学校依托毗邻影视城的地理优势，立足学校实际，以课程改革为契机，充分挖掘区域特色，开展了基于影视城中民国城资源的"'民国那些事儿'课程群"建设活动，"心相映、星璀璨、新生长"是象山县新桥实验学校的办学理念。"民国那些事儿"课程群正是基于这一理念的引领而被开发的，对学校现有的拓展性课程"乡村少年宫"进行整合、丰富与完善，把具有学校特色、区域特色和学生喜闻乐见的课程项目延伸到象山影视城的民国城中，并将此课程归入学校的现有拓展性课程体系中，以课程群的形式进行拓展性课程的开发、实施与管理。

"民国那些事儿"课程群是与语文、美术、音乐、科学等基础性课程相融合开设的综合实践类拓展性课程。该课程通过开展综合探究活动，普及民国时期的文化教育，了解民国时期的建筑事物，并希望能够结合现代的文化教育和建筑事物进行创新、开发。教师指导学生，学生参与活动，师生都能真正地走近民国时期，多角度、深层次地进行教与学，促进对民国时期文化遗产的传承与发扬。

该综合实践活动的课程目标是希望通过对象山影视城这一区域资源的充分

① 黄浩森. 乡土课程资源的界定及其开发原则[J]. 中国教育学刊，2009，1：81-84.

② 1亩≈666.7平方米。

利用，达到对学生的全面教育。首先，在知识目标上，让学生了解民国文化、民国建筑、民国风俗；其次，在能力目标上，让学生有更强的动手操作能力，有更强的口语交际能力，有更强的艺术表演能力；最后，在情感目标上，让学生有与他人合作的探究精神，有更加浓郁的学习兴趣，有更加强烈的家国情怀。

基于民国城所能提供的资源，如老洋房、四合院等民国时期建筑，以及红妆馆、旗袍馆、胭脂馆等民国时期特色展馆，同时基于学校已有的师资力量，如美术、语文、音乐、科学等各科拥有丰富教学经验的教师，象山县新桥实验学校以故事的形式来引入课程，让学生加入情感来体验民国的故事。此课程群的内容主要分成三大部分，即民国奇人轶事、民国建筑故事、民国风俗趣事，课时安排如表 2-1 所示。

表 2-1　象山县新桥实验学校"民国那些事儿"课程群课时安排表

项目		课时数
民国奇人轶事	殷夫诗诵	30
	乃冀家训	30
	汉章国学	30
	金陵名伶	30
民国建筑故事	老洋房趣谈	36
	四合院摹绘	35
	微建筑创制	40
民国风俗趣事	民国红妆	30
	旗袍风情	36
	学堂乐歌	36
	流金岁月	22

（四）依托课程群，优化学校课程结构

课程群是指为完善学生的素养结构，围绕同一学科或主题（领域），将与该学科或主题（领域）具有逻辑联系的若干课程在目标、内容、实施方式、评价等方面进行重新规划、整合构建而形成的有机的课程系统。采用课程群概念的目的是促进学校加强课程建设的系统性和逻辑性，避免碎片化和拼盘式现象，最终达到优化学校课程总体架构的目标，如图 2-3 所示。丹城第二中学依据浙江省教育厅文件的要求，在分类开发拓展性课程时，注重课程的整体设计，避免课程设置随意化，以七大课程群对全校所有拓展性课程进行结构化的安排。

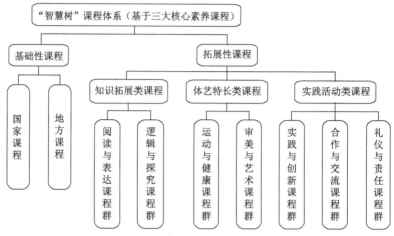

图 2-3　象山县丹城第二中学"智慧树"课程框架

如表 2-2 所示，象山县文峰实验学校紧扣"文峰学子"的育人目标，将学校提供的拓展性课程划分为德育实践、益智活动、体艺特长、人文阅读四大课程群，并针对每个课程群设定相应的核心素养目标，有效地统领了学校所有拓展性课程。

表 2-2　象山县文峰实验学校拓展性课程表

德育实践课程群		益智活动课程群		体艺特长课程群		人文阅读课程群	
课程内容	对应素养	课程内容	对应素养	课程内容	对应素养	课程内容	对应素养
公益课程	关心他人	思维训练课程	勤于思考	球类课程、书法课程、美工课程	锻炼身体	经典阅读课程	文化自信
法制课程	珍爱生命	动手操作课程	善于观察	书法课程、美工课程	陶冶情操	古诗文课程、英语阅读课程	情感鉴赏
心理课程	健全人格	科学精神培养课程	勇于探究	音舞（乐器）课程	放飞心灵	演讲与主持课程	创意表达

象山县丹城第四小学全面构建了指向九项核心素养的"德育课程群""学养课程群""体艺课程群"。每个课程群分为基础性课程和拓展性课程两大类。基础性课程指国家和地方课程标准规定的统一学习内容；拓展性课程指学校提供给学生自主选择的学习内容。"德育课程群"以小学生行为规范教育的课程化为研究突破口，建立旨在加强学科渗透、全员参与、生活体验的德育课程。基础性课程主要有品德与生活（社会）。拓展性课程有孝悌课程、心理健康课程、安全法制课程、专项实践课程、节典活动课程等。"学养课程群"注重改变学

习方式，研究知识拓展路径，以特色项目实施为载体，构建特色化的益智项目。"学养课程群"的基础性课程主要是国家课程和地方课程，全面落实国家课程的校本化实施，拓展性课程设置如经典诵读实践活动、快乐阅读实践活动、趣味数学实践活动、阳光体育实践活动等课程，以及"科技在我身边"与"书法研习"等实践活动类学校特色课程。"体艺课程群"旨在为学生的健康成长、个性发展、能力提升提供平台。其基础性课程是国家课程中的音乐、体育、美术和信息，拓展性课程设置包括体育类、艺术类、手工类等社团兴趣活动类课程（图2-4）。

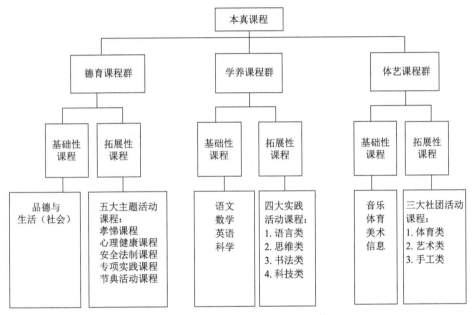

图 2-4 象山县丹城第四小学课程群体系

（五）科学规划课时，确保拓展性课程有效实施

根据浙江省教育厅文件的规定，拓展性课程是学校提供给学生自主选择学习的课程。学校要确保有足够的时间开好拓展性课程。浙江省教育厅相关文件还指出，小学将15%的课时、初中将20%的课时用来开设拓展性课程。广大中小学的课程实施情况不尽相同，各校富余课时情况也不一，学校不能在课程实施上做简单的加减法，随意减少或增加课时，必须基于教育部、省教育厅的课程政策，结合学校具体课程实施情况，科学规划课时，确保拓展性课程有效实施。

许多学校增强了拓展性课程的选择性，如象山县新桥实验学校规定：①凡一经确定参加各组活动的学生，不得随意缺课、旷课和改变组别，学生出勤情况由辅导教师每天做好记录，及时与班主任联系和反馈情况。各班主任要高度重视走班选课活动，配合各辅导教师开展工作，敦促报名学生按时参加选修活动。②辅导时间为每周周五下午，辅导教师必须按照规定时间和地点开展辅导工作，有事不能开展当日选修工作的，必须提前向领导小组报告，做好调课安排，并通知学生，否则将按旷课计算，若造成意外事故，要承担主要责任。③领导小组按每天课程时间到指定地点检查。此项工作由学校统一组织开展，纳入学校课程管理。在经过双向选择之后，组建新的班集体，并加强组织管理。同时，要在有限的课时内给学生提供更多的课程选择，保障学生选择课程的权利，增强课程的适应性。如表2-3—表2-5所示，象山县实验小学、丹城第二中学、象山县丹城实验初级中学充分利用两节走班课时，来丰富学生的课程选择。

表 2-3　象山县实验小学体艺特长类拓展性课程表

类型	科目	适用年级	周课时	类型	科目	适用年级	周课时
艺术类	巴乌	一、二年级	2课时（走班选课）	体育类	传统游戏	一、二年级	2课时（走班选课）
	小提琴	一至三年级			围棋	三至六年级	
	竹笛	三至五年级			田径	三至六年级	
	葫芦丝	二至五年级			乒乓球	三至六年级	
	二胡	三至五年级			足球	三至六年级	
	古筝	三至五年级			田径	三至六年级	
	声乐	二至五年级			篮球	三至六年级	
	儿童舞	三至五年级			网球	三至六年级	
	中国舞	一至五年级		手工类	折纸	三至六年级	
	爵士舞	一至五年级			剪纸	三至六年级	
	街舞	一至五年级			烘焙	三至六年级	
	国标	一至五年级			烹饪	三至六年级	
	中国画	三至五年级			手工编织	三至六年级	
	儿童画	三至五年级			手工DIY	三至六年级	
	线描	三至五年级			茶道	四年级	
	素描	三至五年级					
	写生	三至五年级					
	科幻画	三至五年级					
	摄影	三至五年级					
	电子小报	三至五年级					
	电脑绘画	三至五年级					

表 2-4　丹城第二中学拓展性课程表

类别	课程群	年级	课程名称	平时周课时数
知识拓展类	阅读与表达课程群	七年级	美文欣赏	2
			趣味英语	2
		八年级	悦读与影视	2
			国学与美德	2
		九年级	新闻阅读	2
			经典回顾	2
	逻辑与探究课程群	七年级	我们的节日	2
		七至九年级	电子书包之智慧英语	2
			电子书包之智慧科学	2
			电子书包之智慧数学	2
体艺特长类	运动与健康课程群	七至九年级	篮球俱乐部	2
			乒乓球俱乐部	2
			羽毛球俱乐部	2
			棋类活动俱乐部	2
			青春社团活动	2
			基础素描	2
			儒雅书法	2
			音乐与舞蹈	2
			雅韵竖笛	2
实践活动类	实践与创新课程群	七至九年级	微视频制作	2
			影视小制作虚拟机器人课程	2
			电子小报制作	2
			模型制作	2
	合作与交流课程群	七至九年级	智慧辩论	2
			邂逅青春	2
			半岛讲堂	2
	礼仪与责任（即时性课程）课程群	七至九年级	儒雅德育课程（儒雅礼仪养成、国学讲座、各类儒雅系列月主题活动等）	2

续表

类别	课程群	年级	课程名称	平时周课时数
实践活动类	礼仪与责任（即时性课程）课程群	七至九年级	学习习惯课程（预习习惯养成、有效的课后纠错、课堂笔记指导、复习计划的制订与落实、学习资料的检索和整理等）	
			成长助力课程（名家大师进校园、主题展会、人生规划、典礼课程、科技节、体育节、艺术节、读书节等）	
			社会实践课程（国防教育、学生安全实践、军训、团校、综合实践课程等）	
			学生生存课程（红十字运动知识与现场心肺复苏及应急救护、自然灾害逃离、意外伤害应急救护、野外生存、紧急避险与逃生、人为灾害等）	

注：根据教育部门相关文件规定，该校将在国家规定总课时比例范围内自主安排儒雅礼仪与责任课程的课时；本表只列出了主要课程，未包含全部

表 2-5　象山县丹城实验初级中学课时安排表

课程结构	课程名称		课时		
			七年级	八年级	九年级
基础性课程	语文		5	5	5
	数学		5	5	5
	英语		4	4	4
	科学		4	5	5
	历史与社会		3	3	3
	思想品德		2	2	2
	体育与健康		3	3	3
	艺术		2	2	2
拓展性课程	信息技术、综合实践		1+1	1+1	1+1
	个性特长课程		2	2	2
	知识拓展课程		2	2	2
	成长指导课程	生活指导课程（学会生活）	开设时间与个性特长课程同时进行		
		学法指导课程（学会学习）	每学期各设 2 课时，由学校教务处安排		
		素养培育课程（学会做人）	开设时间与个性特长课程同时进行		

（六）推动真实多样评价，促进学生个性化发展

完善的课程评价，有利于学校课程建设的发展。象山县中小学探索并构建了学生评价体系，关注学生情感、态度、行为方式的发展；重视过程性评价，客观地记录学生的发展轨迹和成长过程；发挥学生作品、作业、活动记录等评价功能，把学生自评、互评、教师评价和家长评价有机结合；突出评价的过程性和综合性，引导学生主动学习，促进学生全面发展，凸显学生的个性。对课程本身的评价的目的，主要在于获取反馈信息，以便改进教与学，保证学校课程目标的实现，有利于下一轮更好地开创课程。例如，象山县丹城第四小学关注过程性评价、形成性评价与终结性评价的融合，将"课程超市多元激励体系"与"'3+2'扬美德育评价模式"有机结合，改革评价制度，尝试多样化、个性化、多元化的评价方式，在评价中尊重学生的天性，启迪学生的灵性，陶冶学生的品性，发展学生的个性。象山县实验小学注重拓展性课程的过程性评价、表现性评价，在"本真"课程选修学习过程中为学生提供展示学习成果的机会。评价方法可以是成绩记载，即学生在参加班级以上兴趣小组活动中取得的优异成绩和在各项竞赛中的获奖情况，也可以是定性描述评价，根据学生在课内外学习活动中表现出的兴趣、态度和发展情况进行评价。其德育课程主要根据《象山县实验小学"孝悌'五一'自律行动方案"》的要求，对学生在行为规范、集体观念、文明习惯、学习态度、学习习惯等方面的行为进行评价。

象山县新桥实验学校则狠抓教师方面的课程评价，建立促进教师发展的评价体系，根据学生的学习情况和效果来评价教师的教学实效，帮助教师改进课程设置的形式、内容和课堂教学的行为，引导教师更好地推进拓展性课程的开发与建设；建立以教师自评为主，学校、教师、学生共同参与的评价制度，使教师多方面、多层次地完善课程与教学，不断提高课程开发的能力和水平。

第三节　学校课程规划的改进效果

一、提高了对拓展性课程的认识

《浙江省教育厅关于深化义务教育课程改革的指导意见》将拓展性课程定义为"学校提供给学生自主选择的学习内容"[①]。这个定义言简意赅，易于理解，对于

---

① 浙江省教育厅. 浙江省教育厅关于深化义务教育课程改革的指导意见[EB/OL]. http://www.zj.gov.cn/art/2015/4/1/art_13796_199041.html（2015-03-26）[2015-03-31].

指导中小学课程改革具有重要的意义，但表述浅显并不意味着内涵浅薄，该定义所表达的内涵，还需深入地加以解析。我们可以对"学校提供""学生自主选择""学习内容"三个部分进一步追问，挖掘其所关涉的意义与价值，丰富对拓展性课程概念的认识，以期增进对当前拓展性课程建设中的问题的探讨。

"学校提供"意味着什么？首先，从课程管理的角度来看，它意味着学校是拓展性课程领导与管理的行为主体。从教育部规定的课程管理三级体系来看，拓展性课程无疑不属于国家课程、地方课程，而应纳入学校课程的管理范围。学校是拓展性课程的供给主体，说明学校享有开发和开设拓展性课程的权利，对拓展性课程的目标设置、内容规划、实施方式和评价方案具有课程决策权力。明晰了这一点，有助于义务教育阶段的学校正确地行使教育行政部门所赋予的学校课程建设的权限，以及保障学校在规定权限内能有所作为。事实上，有些学校并没有深刻理解"学校提供"所蕴含的深层意义，把学校提供拓展性课程理解为或等同于教师开发拓展性课程，学校领导层做起了"甩手掌柜"，完全由教师自行开发和开设课程。其结果是，学校课程门数众多，散乱无序，质量低下。这表明学校没有主动、有目的地规划拓展性课程的开发，也放弃了对拓展性课程能否开设进行必要审查和监督的权力。这是学校缺乏课程管理权意识的表现。

学校既享有开发和开设拓展性课程的权利，也应该承担相应的义务，向未成年人提供品质优、无毒害的拓展性课程。同时，学校是拓展性课程开发和开设的安全责任主体。学生是未成年人，因而缺乏足够的理智来判断拓展性课程的质量，学生家长也并非专业人员，对拓展性课程的优劣也难以做出辨别。如果学校不关心拓展性课程的安全问题，不对拓展性课程的质量实施监控，就难以确保学生的身心不会受到不良课程的威胁。显性问题易排除，潜在危险难防范。除了某些特殊情况之外，大量的课程不安全因素是无意识所造成的。造成这种无意识的原因很多，大体上存在以下几种基本情况。

1）某些教师存在错误的价值观，但自认为正确。教师在开发拓展性课程的过程中，加入这些价值观，势必会影响学生正确价值观的形成与发展。另外，某些教师缺乏基本的课程开发理念，将正确的但不适合本阶段学生的内容放入拓展性课程中，造成对学生不必要的身心伤害。显性的校园食品安全问题易于防范，隐性的学校课程安全问题难以监控。这就需要学校更加关注拓展性课程的品质问题，将课程安全与食品安全等量齐观，建立拓展性课程质量标准，健全拓展性课程集体审议机制，加强拓展性课程实施的日常管理，尽可能排除每一门拓展性课程可能存在的安全隐患，拔掉裹挟其中的危害学生身心健康的毒草，尽可能地提高每一门拓展性课程的质量，确保学生学得安全、学有收获。

2）从课程功能来看，它意味着学校提供的拓展性课程必须满足本校的课程需求。学校应坚持学校本位的课程供给立场，开发和开设以本地需求为导向的课程。

基于这种立场，学校提供的应该是特定的课程，而不是普惠的课程。生生都要学习，校校都应开设，这恐怕不是学校课程供给的方向。因此，学校开发和开设拓展性课程，不应人云亦云，也不应照搬照抄其他学校的课程。一些学校盲目追新，什么课程时髦，就开设什么课程，名校开什么课程，就复制什么课程，把全部的精力用在"引进"其他学校课程上，完全不考虑自己学校的实际课程需求，这是一种错误的拓展性课程开发方向。衡量一门拓展性课程是否优秀，不能仅从拓展性课程选题、内容等课程内部要素来考察，还需要从学校课程总体规划上审视该课程在何种层面上体现了学校的课程需求。那么，学校的课程需求又指的是什么呢？不同的学校对需求的理解也不一样。有学校从学校特色育人理念和目标的角度看待课程需求，认为拓展性课程是达成校本育人目的、体现办学特色的手段。比如，有学校打造手球校园特色，手球课程就成了这一校本特色的有力支撑。这种理解具有一定的合理性，但是我们认为课程最终是为学生服务的，拓展性课程要满足不同学校不同学生个性发展的需求。归根结底，拓展性课程是生本课程。学校开发拓展性课程，首先要关注本校的学生需要发展什么，然后，再看哪些外部项目可以直接拿来满足本校学生的需求，哪些还需要依据本校资源进行开发。我们不是说学校不要去关注校外课程发展动态，不能引进其他学校的课程，而是首先需要内视而非外观，不是先抬头望天，捕捉流星，而是应俯视大地，了解需求。学校开发拓展性课程不能只关注课程理念是否很前沿、课程内容是否有特色、课程实施能否产生影响，而应把扎扎实实做好本校学生课程需求调研作为学校拓展性课程开发的首要任务、最为重要的任务来对待。学校应研究学生的课程需求，做到课程精准供给，以学校精准供给课程创学校拓展性课程特色。

3）从学校功能定位来看，学校提供的课程应该能反映学校的特点、学校的育人目标。普通中小学以落实立德树人要求，发展学生核心素养为目标，因此，学校"拓展性课程的开发要以培养学生核心素养为导向，既要满足学生发展兴趣特长的需要，也要满足学生健康成长的需求，培养学生的核心素养"[1]。然而，一些学校重视拓展性课程的学习内容，却忽略了课程指向的素养目标，以致拓展性课程的内容过于专业，课程的目的片面地定位于培养某种实用技能。杜威曾指出，这类课程进入中小学，其主要目的不是训练职业技能，而是发展学生的理智与道德。[2]用今天的语言来表述，就是立足学生发展的理智与道德的素养来设置课程。比如，魔术是有价值的课程资源，引入中小学拓展性课程的时候，必须思考魔术课程所指向的核心素养是什么。否则，难免受人质疑：魔术是中小学的课程吗？

① 浙江省基础教育课程改革工作领导小组办公室. 浙江省深化义务教育课程改革指导手册[M]. 杭州：浙江教育出版社，2016：54.

② 约翰·杜威. 民主主义与教育[M]. 王承绪，译. 北京：人民教育出版社，1990：207-208.

难道不是应该由魔术师来上这门课程吗？有一位教师认为，学生沟通素养的培养远比学生掌握魔术知识和技巧重要。她将魔术资源开发为"交际魔术"课程，在玩魔术的过程中，帮助学生学会善于与人交往，乐于与人沟通。因此，学校在开发手工、制作、编制等涉及实用技术、职业技能等拓展性课程的时候，需要分析这些课程资源的教育价值，澄清它们对学生核心素养发展可能做出的贡献，以核心素养引领课程开发，避免拓展性课程过度职业化、专门化。

"学生自主选择"意味着什么？它意味着课程开发者需要思考学习者以何种方式接受课程。拓展性课程应是供学生自主选择的课程。简单地说，拓展性课程是面向学校部分学生开设的课程。面向全体学生统一开设的必修课程应归为基础性课程。选择性应该是拓展性课程的关键属性，也是对拓展性课程与校本课程进行概念区分的关键。自改革开放以来，我国基础教育蓬勃发展，取得了较大成就，教育质量显著提升，为广大学生的发展打下了坚实的基础。但是，不可否认，当前的基础教育还存在这样或那样的问题，其中一个突出问题就是学生的差异化发展、个性化发展还存在不足，学生个体的学习潜能和个性特长没有得到更好的发展。为此，2015 年，浙江省启动深化义务教育课程改革，在体现义务教育基础性、全面性和公平性的基础上，强化选择性教育思想，是此次课程改革的基本指导思想，旨在更好地帮助每一个学生实现全面而有个性的发展。拓展性课程应运而生，正是针对选择性教育思想，落实促进学生全面而有个性的发展的载体。坚持体现拓展性课程的选择性，就是坚持课程改革的基本方向，就是落实立德树人的根本任务。

"学习内容"又意味着什么？它表明学校提供的拓展性课程要切实促进学生的学习，提供有助于学生学习的真实内容，不能徒有课程之名，而无课程之实。美国课程专家泰勒（R. Tyler）曾提出编制一门课程需要考虑四个基本问题。

1）学校应该达到哪些教育目标？

2）提供哪些教育经验才能实现这些目标？

3）怎样才能有效地组织这些教育经验？

4）我们怎样才能确定这些目标正在得到实现？[①]

其中第二、三个问题是课程编制过程中最为关键的问题，这两个问题涉及的就是课程的学习内容，并且这两个问题是课程的关键组成部分，也是课程区别于其他教育概念的关键所在。缺乏实质性学习内容的课程难以称为课程。关于学习内容是什么，在课程论上存在分歧。有人认为学习内容是学科知识，也有人赞同学习内容是学生的学习经验。后者在中小学拥有众多支持者。将学生的经验视为课程，是对课程概念做出了广义理解。这种课程认识观有助于学校开阔视野，丰

---

① 拉尔夫·泰勒. 课程与教学的基本原理[M]. 施良方，译. 北京：人民教育出版社，1994：2.

富学校的课程形态。但是，不是学生所有的经验都是课程。课程主要涉及教育性经验，是对于学生身心发展起到真实作用的经验。[①]我们看到，一些学校认为一切经验皆课程，将学生参与的所有活动都冠以某某课程的称谓，实则泛化了课程的概念。比如，有的学校将春游活动设置为课程，这是值得商榷的。一般意义上的春游活动主要是为了使学生放松心情、欣赏春景，它虽有价值，但没有明显的实质性学习内容，不应属于课程范畴。但是不可否认，春游活动可以作为某些课程运作的活动载体，比如，在春游过程中，设置语文实践活动，组织诵诗会等。

总之，基于上述拓展性课程的定义分析，我们不难发现拓展性课程开发对于学校的特色发展、学生的个性培养具有重要的现实意义。因此，学校开发拓展性课程不能草率从事，需要增强课程质量意识，关注学生对课程的需求，指向核心素养发展，落实学生的课程选择权，设置真实的学习内容，做到有效地开发和开设拓展性课程，丰富学生的学习生活，发展学生的兴趣和提升学生的能力。

二、提升了学校的课程改革水平

课程素养提升班开设两年来，参训学校取得了丰硕的成果：象山县实验小学"本真"课程实施方案获浙江省"深化义务教育课程改革学校课程实施方案"优秀案例。在象山县义务教育段学校课程改革顶层设计评比中，8 所参训学校中有 7 所获得一等奖，1 所获得二等奖。鹤浦镇中心小学的"小手球、大世界"课程获得宁波市 2016 学年义务教育精品课程一等奖、第六届"浙江省义务教育精品课程"。象山县实验小学的"乐在真味坊"课程获宁波市 2016 学年义务教育精品课程三等奖。象山县新桥实验学校的课题"基于影视城民国那些事儿拓展性课程开发实践"获浙江省省级立项，戴蓉蓉校长的文章《因地制宜 盘活提升》在《浙江教育报》发表。鹤浦镇中心小学陈青松校长、丹城第二中学张爱萍校长、象山县新桥实验学校戴蓉蓉校长分别在县校长论坛中介绍学校拓展性课程建设经验，三位校长因课程改革成效显著而声名鹊起，在全县名校长骨干校长评选中，1 位获得"县名校长"荣誉称号，2 位获得"县骨干校长"荣誉称号。丹城第二中学、象山县新桥实验学校承办了象山县课堂节拓展性课程现场展示会，向全县兄弟学校展示学校的课程改革成果。培训班汇编的《学校课程方案》《特色课程纲要》两项成果集成为全县拓展性课程建设的范例文本。在第二期、第三期培训中，不少课程改革项目组外的学校纷纷要求加入培训班学习，希望能有机会获得专家的诊断和指导。

---

① 靳玉乐. 课程论[M]. 2 版. 北京：人民教育出版社，2015：47.

三、探索了教师发展的形态

教师教育课程的转型升级，关键在于变革学习者的学习方式，而探究式学习需要专家持续地跟踪指导。象山县的课程素养提升班培训之所以收到良好的培训成效，关键在于高校理论专家的深度指导。大学的理论专家与中小学教师拥有不同的"知识"，在实践中，二者的合作其实并不那么顺畅，对于专家的要求，中小学教师有时会觉得遥不可及、不切实际；而对于中小学教师的想法，专家有时又会觉得墨守成规、缺少变革与创新。在这个过程中，重要的是要进行平等的对话与交流。即使双方不能总达成共识，但相互交流本身就具有潜在的教育意义：它会为教师提供更加广阔的知识视野，激发他们对自己的教育教学行为进行更加审慎的反思，也会使学者看到理论怎样遭遇实践逻辑的阻隔，避免沉溺于纯粹的理论探讨，增强对教育实践的理论洞察力。实践证明，长期的跟踪指导、对话交流，能让实践者与研究者彼此慢慢同化对方的观念，找到彼此合作的最佳方式，最终取得了满意的成效。

有效的培训必须是让"学习"在参训者身上真实发生。学习是需要有情境的，是需要提供支架的，更是需要进行检测的。课程素养提升班每一期都聚焦一项核心任务，没完成任务，论证审核不过关，学员考核不合格。学习成果的汇编，让参训者的学习成效跃然纸上，因此各校不敢应付了事，而是主动地参与到课程中来。即便有时落下了某个专家的课程，其依然会主动地索取课件资料在课后学习。专家的一对一现场诊断更是深受学员的追捧，因为大家都知道专家的意见直接决定了其后期改进的质量。在培训中，我们不仅规定了统一的成果形式，更是让参训者根据个人需求申报个性化的成果，这更激发了其学习兴趣，让他们真正实现了个人需求与组织需求的整合统一，其学习的主动性、自主性不言而喻。所以，以成果为导向的驱动式学习是凸显以学习者为中心的有效方式。

四、发现了课程改革中存在的新问题

发现问题就是发现了发展的新空间。课程改革不能一蹴而就，不断发现问题，改进实践，是课程改革的基本路径。项目研究让我们更加清醒地认识到课程改革还存在这样或那样的问题。课程改革势在必行，但是路途却并不顺畅，虽然学校是课程建设的主要实施者，但是课程改革中的一些矛盾、问题并不是学校单方面能够解决的，需要具有系统思维，联合行政部门、业务指导机构、各级学校，统筹思考、系统推进。

（一）加大课程改革的保障力度

在基层学校调研中，很多校长提及薄弱的师资是学校开发课程的短板，具体

表现在教师年龄结构不均衡、学科发展不均衡、教师专业素质不均衡等诸多方面。尤其是一些校长反映，新近招来的体艺类新教师，笔试分数高，技能水平差，根本无法胜任带队或者竞赛指导的任务，如何改进教师进入机制，让有专长的教师进入系统内，行政机构需要进一步思考。同时，一些校长反映在课程改革推行的过程中，不少教师认为上好国家课程是自己的分内事，开设拓展性课程是学校额外安排的工作，学校不发额外补贴，教师的积极性就难以被调动。因此，是出台相关文件明确教师在课程建设上的职责，还是允许学校发给教师一定的课时补贴，行政部门需要统筹解决。另外，各校在选课的过程中普遍反映手工选课手续繁杂，急需智能化的选课软件，课程建设中学校的课程资源（如阅览室、实验室、专用教室、活动场地、区域场馆资源等）急需新建、整合、协调……这一系列的问题都需要行政层面的支持，只有让校长专心做业务的事，免除他们的后顾之忧，我们的课程改革才能取得实效。

（二）提高教研部门的指导能力

在学校课程规划推进过程中，我们深感课程改革之难，在于难以冲破思想的樊篱。一些学校的校长和教师本身不愿意接受新事物，对课程改革持质疑和观望的态度，认为它只是一阵风，刮不长久；或者让别人先试，自己暂时不动，消极应付。因此，区域业务指导机构要充分发挥自己指导、服务的功能，要组织一系列的课程改革专题培训，让基层校长认识到课程改革的意义，从内心认可课程改革，帮助他们确立行动的目标；要主动走下去调研学校当前存在的误区和难点，并有针对性地开展业务上的指导，帮助学校寻找冲破障碍的行动策略；要在县域内营造课程改革的氛围，发现各校在课程改革推进过程中的亮点，帮助他们梳理成果，为他们提供交流的平台，让他们的经验在区域内得到推广，让学校有底气、有信心、有动力持续开展工作。

（三）落实学校课程规划的主体责任

学校是课程建设的主力军，课程改革成败关键要看学校。在历时半年的大学、中学、小学合作中，象山县涌现出一批优秀的学校，其不断更新理念，扎实地开展调研论证，认真地总结工作中的得失，在课程改革方面表现出极大的热情。但是，不可否认，还是有一些学校不够主动，指望专家给学校支着儿，把希望寄托在别人身上，在讨论行动方案时，动辄就抱怨学校里没有能人，没有财权，而很少主动去分析学校潜在的资源和优势。在我们看来，学校的态度决定了课程改革推进的力度，认识的深度决定了课程改革发展的程度。师资薄弱，我们就要加大校本培训的力度，比如，鹤浦镇中心小学是一所海岛学校，教师队伍年轻且流动性大，为了让学校传统的手球项目可持续发展，学校加强对在职体育教师进行手球的培训，这一经验后来又在其他学科得到复制，使校本培训满足了学校课程建设的需要，目前已成为学校校本研修的一大特色。学校自身条件有限，我们就要充分利用周边的资源，比如，象山县新桥实验学校就充分利用周边的影视城等地域资源，开设了特色体验课程。一些城区学校师资相对较强，农村学校教师队伍年轻，发展欲望强……每所学校都有自己特殊的校情，劣势可以转化成优势，困难可以变成动力，关键是学校有没有去发现教师的潜力，有没有营造课程改革的氛围，有没有变革工作机制去推进改革。学生是课程的最终受益者，学校是最接近课程内核的基层组织，其最有机会、有潜力去创造实践。因此，学校应摆正自己的位置，直面疑难问题，以不甘平庸、争创一流的精神，与时俱进，勇于开拓。

第三章

象山德育：从活动到课程

中国传统德育主要是一种说教式德育。说教式德育可以让学生掌握系统的道德知识，但却难以有效激发学生的道德兴趣，难以有效提升学生的道德能力。20世纪90年代之后，鲁洁、高德胜、刘铁芳等学者开始提出"生活德育"的理念。生活德育是基于生活，通过生活，为了生活的德育。生活德育能有效激发学生的兴趣，提高德育实效。因此，生活德育理念提出后不久就得到上自国家、下自学校的大力支持和推进。

不过很多教育实践工作者往往把生活德育简化为活动德育。活动德育是生活德育的重要方式，但不是最重要的方式。相对于说教式德育，活动德育更能吸引学生的兴趣，增强德育的实效性。但是活动德育也带来了诸多问题，它很容易导致学校德育缺乏体系，学校德育工作随意，也在一定程度上阻碍了德育实效性的增强。为了解决这些问题，注重德育课程建设非常必要。

第一节　从活动到课程的必要性

现今中国德育实践出现了如下很明显的两大误区：①重德育活动建设，轻德育活动课程建设。活动是德育活动课程的重要载体和方式，但并不是每种活动都能称为德育活动课程。只有当一系列德育活动之间有共同的主题或内容，成体系、有序列，呈螺旋上升关系的时候，德育活动才成为德育活动课程。如果只重视德育活动建设，轻视德育活动课程建设，那么就会导致德育工作的碎片化、无序化。②即便一些学校重视德育活动课程建设，却忽视了德育学科课程建设。德育课程包括德育学科课程和德育活动课程。德育活动课程只是德育课程中的一种。德育活动课程是相对于德育学科课程而言的，是以学生的直接道德经验为核心组织的课程。这种德育课程重道德实践，轻道德理论学习，它在消解德育学科课程重"知"，不太重"行"的同时，走向了另外一个极端，即重"行"却不太重"知"。学生道德成长离不开道德认知，也离不开道德行动。"知者行之始，行者知之成"，所以对于知和行必须同等重视，正因为如此，德育活动课程和德育学科课程都非常重要。正是由于这种误区，中国德育出现了一些问题，为了解决这些问题，我们需要让德育活动走向德育课程。

一、学校德育活动存在的问题及其表现

（一）德育活动的碎片化

德育活动的碎片化是指学校德育活动不成体系、组织不严谨，德育活动凌乱、无章法。德育活动的碎片化导致的问题就是德育活动开展没有长期的计划与目标，消解了学生品质成长的螺旋式上升的逻辑。在中小学开展德育活动的过程中，有些学校作为活动组织者却难以说出其中的德育目标，有的学校只是为了完成上级主管部门分派的任务，有的学校则是为了配合某一主题德育活动日，如学雷锋活动日、"五四"纪念日等，这些德育活动在内容上不成序列，在组织上也不成体系，多是应景式、临时性的，不具备长久效果。在诸如此类的应付式、碎片化的德育活动中，表面上看展示出了学校德育活动的丰富性，实际上都是虚假的繁荣[1]，是碎片化的呈现，缺乏科学的体系，致使德育活动极度缺乏实效性，德育活动也只是走过场、重门面，且效果不好。

（二）德育活动的娱乐化

如今不少学校利用丰富的娱乐形式来开展德育活动课程建设，这能够使德育活动课程富有趣味、易于接受，本无可厚非。然而，当学校过于重视具有娱乐性质的德育活动课程的建设，而忽视了德育学科课程建设的时候，学校德育就"削弱了道德知识传授的环节"[2]，造成空有娱乐和实践，没有理论的困境，长此以往，德育活动课程将丧失教育的意义。德育学科课程是道德知识的主要来源，德育活动课程的娱乐化会使学生沉迷于丰富多彩的娱乐形式，对于德育学科课程中所蕴含的道德知识则会失去兴趣，不加理睬。知识掌握的匮乏容易导致学生道德成长的逻辑出现断裂，从而会使学校德育失去实效。

二、德育课程对德育活动的超越

（一）德育课程消解德育活动的碎片化

史密斯（B. O. Smith）认为，从历史上来看，课程编制有五大准则：系统知

---

① 佘双好. 实践德育课程建设的基本构想[J]. 思想·理论·教育, 2003, (6): 39-43.
② 班华. 现代德育论[M]. 合肥: 安徽人民出版社, 2004: 157.

识准则、历久尚存准则、生活效用准则、兴趣需要准则和社会发展准则。其中，系统知识准则对于逻辑系统非常严密的学科最为适用。它强调教材必须具有重要性、基础性，由浅入深，由繁到简，由古而今，前一课程是后一课程的基础。它注重学科本身的系统性，注重文化的积累与传递。德育课程作为学校正式开设的学科课程体系中的一环，也具有上述特点。相比盲目的碎片化德育活动，一套德育课程的推行，其体系和序列是经过多方科学论证的，其要达成的德育目标也是长期的、稳定的，在此基础之上再配合学校教师的合理有效的教学，德育实效会有一定保障。再者，一套科学的德育课程中包含了一系列丰富的德育活动，这些德育活动的设置也是为了配合每一个阶段的德育目标的实现，本身就处于德育课程的体系与逻辑之中，已经具有了较强的连续性和系统性，因此没有必要将一些碎片化的德育活动强加进学校德育中。总之，将知识与活动辩证地统一于德育课程内容中，可以保证知识、活动的系统性、连续性，处理好课程内容纵向联系和恰当的逻辑顺序，并使知识、活动成为协调的有机体。

（二）德育课程消解德育活动课程的娱乐化

德育课程是国家统一规定的、在学校中正式开设的课程，我国的大、中、小学都有系统完整的教材体系和科学严肃的学科内容。虽然我国的德育教材中不乏生动形象的辅助性内容，如图片、诗歌等，但总体而言，学校德育课程的严肃性很强，不容易被娱乐化。德育课程应当与德育活动有所区分。学校德育课程开展的主要方式是学科教学，这对于德育活动娱乐化的弥补主要体现在两个方面：一是德育课程能够明确德育的定位。克服学校德育活动的娱乐化，要求教育工作者要找准德育在学校教育中的位置，完善德育活动的顶层设计，使科学化、体系化课程能够起到有力的保障作用。二是德育课程比较容易建立评价体系。很多时候，德育活动更多关注学生的行为层面，多是一过了之，没有后续的评价机制，德育活动的效果也就无从保障。德育课程毕竟属于学科课程，更多关注学生的认知层面，认知层面的德育课程更加有利于进行评价。一旦有了评价机制，德育课程就能有效避免德育活动娱乐化的弊端。

第二节　从活动到课程的路径与方法

从前文的分析来看，学校德育从活动到课程有着重要的意义。结合德育课程建设的经验，目前德育课程建设主要有四种路径，即从手段入手、从内容入手、从内容入手和从手段入手相结合、从目标入手，四种路径各有各的特点。德育课程的建设是一项系统的工程，在建设的过程中，首先要对学校进行科学的分析，明确学校德育课程建设的方向和突破点，分析时可以采用"S（优势）W（劣势）O（机会）T（威胁）"分析法。

一、从手段入手

从手段入手是一种以方法为核心的从德育活动到德育课程的建设路径，其着眼点在于德育课程的形式与实施方法创新：立足于学生发展的道德发展的规律，采取新的形式，将德育内容、目标等融入创新的形式与方法之中。这种德育课程建设路径在形式上追求新颖与有效，在方法上追求可行与生动。从手段入手的课程建设路径如下：SWOT分析—确立手段（有效、独特）—设置课程及体系—课程实施和评价。

从手段入手的德育课程建设路径的优点在于简便、易于操作，德育课程建设只需要开发并选取符合德育规律和适合学生道德发展水平的手段即可，不需要仔细考虑德育内容与目标的衔接性和系统性，因此难度较小、易于推行。其缺点在于只考虑手段的可行性与创新性，缺乏系统性。科学严谨的德育课程建设必须依靠目标或内容才能让德育有体系、成序列，从手段入手虽然易于让德育活动走向德育课程，但体系难以设计。另外，从手段入手还缺乏对整合其他课程的考量，也致使所建设的德育课程与其他课程难以融合。

在众多德育课程建设的实践案例中，象山县定塘镇中心小学（以下简称定塘小学）的"口袋书"课程建设以及涂茨镇中心小学（以下简称涂茨小学）的"校园中的'村落'"课程采取的就是从手段入手的德育课程建设路径。

（一）定塘小学的"口袋书"课程建设分析

1. SWOT分析：德育课程目标的出发点

（1）定塘小学课程建设的优势分析

定塘小学的领导和教师都非常重视学校的德育课程建设。在建设之前，在对学校的校情、学生的状况进行了全面分析之后，学校制定了从活动到课程的德育课程建设目标，并在充分讨论的基础之上，制订了从活动到课程的德育课程建设规范以及详细的落实计划。这在一定程度上确保了定塘小学从活动到课程的德育课程建设的科学性与客观性。

（2）定塘小学课程建设的劣势分析

首先，定塘小学在以往的德育实践中，存在着传统德育教学的弊端，即德育工作与其他学科相分离。这种分离的现状无益于学校德育的完整展开，并在一定程度上会降低教学效率、浪费课程资源，同时也会加重德育教师的教学负担。其次，德育教师的教学水平参差不齐，有的教师做得好，有的教师做得差，这无益于定塘小学德育质量的整体提升。再次，定塘小学以往的德育教学往往局限于道德规范教育，强调对学生的规制，而忽视了德育的本质是心灵解放的教育，是实现学生自由发展的教育，这在一定程度上使定塘小学的德育教学规范有余、解放不足。最后，定塘小学的德育工作缺乏一定的创新意识，学校的德育工作缺乏特色，无益于学校品牌的创立。

（3）定塘小学课程建设的机会分析

首先，教育部门领导的支持。定塘小学的德育课程建设得到了当地教育局的大力支持，使得定塘小学在德育课程建设的过程中有了政策的扶持以及资金的支持。其次，定塘小学重视发挥教育理论对学校课程建设的推动作用。为此，学校从高校聘请了德育领域的专家来指导学校的课程建设工作。

（4）定塘小学课程建设的威胁分析

首先，德育工作不仅仅是学校德育教师的任务，更是家庭的任务。在之前的德育工作中，家庭处于缺位的状态，定塘小学没有形成良好的家校合作氛围，这在一定程度上削弱了定塘小学德育工作的实效。其次，虽然定塘小学为了确保德育的效果，开展了德育活动，但活动乏味、枯燥，使得学生出现了排斥的心理。学生对德育活动的厌倦，使得定塘小学的德育活动逐渐流于形式。

为了充分认识到学生在道德发展方面存在的问题，使得学校德育课程的内容更具针对性，定塘小学以调查问卷、访谈等形式，对学生、教师、村民展开调查，以了解定塘小学学生整体的礼仪习惯状况。结合实地调查的结果进行全面分析，定塘小学确定了"口袋书"这一从形式上进行创新的从活动到课程的德育课程建设路径。

2. 德育课程的设置及实施

（1）创新德育课程

针对学校德育课程缺乏特色以及学生缺乏自主性的问题，定塘小学对德育校本教材的传统样式进行了创新，采用"口袋书"的形式编写德育教材。"口袋书"由个人"口袋书"和班级"口袋书"组成。个人"口袋书"以学生个人管理为主，其要求学生根据自己的实际情况，制订自己的发展目标，积累有关礼仪的名言警句，以文字、图画或图文结合的方式记录一周学习礼仪的所感所悟；班级"口袋书"以教师管理为主，教师根据德育课程的培养目标，选择一些有关礼仪的名人名言、礼仪儿歌、礼仪故事等内容，一周开展一次礼仪教学，学习礼仪知识。其中，学生还可以把自己积累的礼仪名言纳入班级的"口袋书"中，再把"名言"展示在教室的礼仪墙上。

相比以往的德育课程，"口袋书"德育课程有以下明显的特点：①学生自主与教师指导相结合。这种课程形式克服了传统德育课程在教学方式上重灌输以及德育活动课程片面注重学生自由的弊端。②有明确的目标。定塘小学通过调查，将强化小学生的思想道德意识、提高礼仪修养、了解基本的礼仪常识、养成在各种场合都能做到文明礼仪的习惯作为德育课程的基本目标，克服了活动课程由于娱乐化导致的无目的性。总的来说，"口袋书"德育课程既发挥了定塘小学目标明确、计划详细的优势，也克服了以往德育课无特色、学生缺乏自主性的问题，提高了学生在德育课上的学习兴趣。从一定程度上来说，"口袋书"德育课程的操作性较强，利于推广。

（2）搭建活动平台，提高德育实效

倡导学校德育从活动走向课程并不意味着摒弃以往的德育活动，而是寻求德育活动和德育课程更好地契合。定塘小学在创新德育课程手段的同时，也在积极寻求德育课程与德育活动契合的良好方式，以提高德育的实效。定塘小学的德育活动有以下几个特点：①德育活动常态化。在定塘小学，每周举行一次礼仪教学，让学生从我国优秀的传统文化中吸取营养，每个月定塘小学还要举行丰富多彩的活动，例如，每学年9月份的开学礼仪第一课、10月份的爱国主义教育、11月份的感恩孝行活动等。②德育活动立足于学生的生活，从小处着手。例如，定塘小学在进行爱国主义教育时，倡导"爱国从身边的小事做起"，教育孩子端正自己的行为规范，力所能及地做好每一件点滴小事即是爱国。③强调教师的示范和引领作用。在定塘小学，教师会在校门口迎接每一位学生，在此过程中，教师微笑面对每一位孩子，见到红领巾、校牌歪斜的孩子，必会扶手帮助。这一改以往教师单一的说教者的角色，让教师用自己的实际行动感染学生，使学生在潜移默化中逐步养成良好的行为习惯。

定塘小学的德育活动不是为了活动而活动，而是紧扣学校的"口袋书"德育课程，让学生在"口袋书"德育课程教学中获得一定的礼仪知识以及行为规范知识，并在此基础上开展活动。因此，定塘小学的德育活动体现了道德说教与道德实践相结合的特点。这规避了传统德育课程脱离实际以及德育活动片面化和过分娱乐化的问题。

（3）完善道德的评价方式

德育评价是检验德育教学效果的必要手段。德育课程与其他的学科课程相比有其独特性，即德育课程更多倾向于关注学生的精神世界以及行为表现。因此，传统的考试等量化手段遭到许多诟病。传统德育评价方式最为突出的问题在于评价标准的一元化、片面化，无法全面地对每一位学生进行客观、科学的评价。因此，多元评价是完善德育评价的一个方向。

与传统德育课程单一量化评价不同的是，定塘小学从多个角度对学生的道德发展进行评价，侧重关注学生行为的实际变化。定塘小学从勤学、礼仪、两操、就餐、卫生、放学等各个方面进行记录。掌握校园礼仪之后，再拓展到家庭和社会礼仪。同时，其强化家校合作，利用微信等现代通信平台，鼓励家长在家用照片或小视频记录孩子在家里的礼仪行为，教师和家长共同见证学生的道德发展。对于表现优良的学生，予以一定的奖励，提高学生的积极性。除此之外，定塘小学的道德评价力图发现每一位学生的闪光点。例如，为激发"德困生"争星的积极性，教师也会根据他们的进步情况，评选出"自省星""礼仪进步星"。

3. "口袋书"课程实施效果

经过长期的德育教学改革，定塘小学从手段入手的"口袋书"德育课程取得了显著的效果。首先，以"口袋书"为载体，完善了学生的礼仪知识体系及结构。通过对《"口袋书"伴我行》《口袋礼仪修炼手册》的学习，学生能够对学校礼仪、家庭礼仪、社会礼仪有全面系统的了解，明白了不同场合的不同礼仪，并知道如何做。其次，在教师的指导下，学生通过自我反省等方式，发现了自己在行为礼仪方面存在的各种问题，并根据自己发现的问题制订了适合自身的道德发展目标及计划，使得越来越多的学生开始关注自己的仪表和礼仪表现，在校会正确佩戴红领巾、校牌，见到老师也会主动敬礼问好，在家懂得尊敬长辈，主动帮家里做一些力所能及的家务，在公共场所也学会了安静、有秩序地排队。最后，通过对学生道德的全面、多角度的评价，整个学校的风气都有了明显的改进。学生思想行为的转变得到了当地居民的认可和家长的高度赞扬，同时学校的校园文化和学习氛围也得到改善，学生的整体成绩也在不断提升。

4. 定塘小学"口袋书"课程建设评价

从手段入手的"口袋书"课程建设使得定塘小学的德育工作取得了明显的进步。一方面，创新的"口袋书"德育课程形式使定塘小学形成了自己的特色，有助于定塘小学成为区域内有一定知名度的特色学校；另一方面，"口袋书"德育课程形式易于操作，且以项目为导向，易于立项，有利于进一步促进学校科研水平的提高。但定塘小学在课程建设过程中暴露出来的问题依然需要继续改进，具体有以下几个方面。

（1）德育工作和学科教学未有机融合起来

在 SWOT 分析中，定塘小学的德育教学与其他学科教学的融合程度较低，是其进行德育课程建设的一个劣势。但通过对定塘小学的"口袋书"课程建设方案进行分析发现，其德育工作依然没有做到与其他教学工作实现有机的融合。从某种程度上来说，德育工作与其他学科教学进行融合，是德育工作取得实效的一个重要保证。因此，虽然定塘小学在课程创新方面取得了进步，但重要的问题依然没有解决，这依然不利于提高定塘小学德育工作的实效。从定塘小学所采用的建设路径——从手段入手——来看，德育课程与其他教学工作难以整合，是从手段入手路径的固有弊端。因此，从手段入手并不是定塘小学进行课程建设的最佳手段。这给我们的启示在于，德育课程建设的路径选择一定要将适合自己以及有助于改进学校的德育状况作为标准，而不仅仅是为了形成学校的德育特色。

（2）缺乏更为细致、微观的德育目标

定塘小学有明确的德育目标。虽然这个德育目标对于学校的德育工作有一定的指导意义，但过于宏观，其局限在于：首先，对于不同年龄阶段的学生，在礼仪方面有着不同的要求。定塘小学将德育目标宽泛地设置为礼仪教育，并没有考虑到学生的年龄特点，容易使得学校的礼仪教育超出学生的礼仪认知水平，不利于学生礼仪水平的提高。其次，每个人对礼仪的认识不同，况且定塘小学的德育课程建设更注重发挥学生的自主权，这会使定塘小学的德育工作难以达成统一，难以形成有效的合力，并在一定程度上会降低定塘小学的德育工作效率。因此，在德育目标制定的过程中，学校不仅要考虑到学生实际的道德发展状况，更要结合学生的年龄特点以及社会的发展对学生礼仪提出要求，使得学生的道德水平在社会中获得自主发展，进而使其成为一名合格的公民。

（二）涂茨小学的"校园中的'村落'"课程建设分析

1. SWOT分析

（1）涂茨小学课程建设的优势分析

在以往的德育教学中，涂茨小学已经形成了良好的德育传统。首先，涂茨小学坚持德育从生活中来、到生活中去的德育理念，立足于学生的生活实际，让学生在贴近生活的环境中实现道德发展。其次，涂茨小学坚持家校合作的理念。在传统的德育教学中，学校与家庭往往处于分离的状态，导致学校的德育缺乏效率，涂茨小学家校合作的做法有效提高了学校德育的效率。再次，涂茨小学注重德育活动的开展，并已形成了完善的体系，有了自己的特色，如"善行银行"活动。最后，涂茨小学一直坚持正确的德育理念，学校的德育工作已经取得了良好的成效。

（2）涂茨小学课程建设的劣势分析

涂茨小学的德育以"善"为主题，但对于"善"的理念尚不明确，不能把各个理论学派关于"善"的理念有机地融合在一起，而这对于教师来说又有一定的难度。由于"善"概念界定的模糊性，学生很难理解学校德育活动的意图。此外，涂茨小学在长期的德育实践中形成了自己的特色，但没有自己的品牌，不利于学校德育理念的推广。

（3）涂茨小学课程建设的机会分析

首先，涂茨小学以"善"为从活动到课程的德育课程建设的主题，而涂茨当地民风淳朴、居民善良，这有利于学校加强与社会在德育上的合作，形成合力。

同时，家长非常配合学校的教学活动，有利于促进家校联动。其次，涂茨小学的德育课程建设活动得到了当地教育部门的大力支持，因此，涂茨小学在进行德育课程建设的过程中，可以得到政府的政策支持。最后，涂茨小学的领导非常重视发挥教育理论在德育课程建设中的作用，为此学校在高校请了相关的教育专家做理论指导，力图实现理论与实践的有机结合。

（4）涂茨小学课程建设的威胁分析

首先，在以往的德育教学过程中，涂茨小学一直坚持传统做法，缺乏创新，使得学生在学习的过程中开始出现"疲劳"，并伴有一定的排斥，这在很大程度上影响了学生参与德育教学的积极性。其次，越来越多的学校将"一日一善"作为学校的德育主体，同质化现象严重，使得涂茨小学的特色弱化。同时，许多学校的"一日一善"德育课程大多流于形式，使得涂茨小学的"一日一善"的名声受损，不利于学校品牌的进一步推广。

涂茨小学结合 SWOT 分析结果将学校德育课程建设的突破点设定为：校园中的"村落"建构—善行培养的新乡土路径。从某种意义上来说，校园中的"村落"建构也是一种乡土课程的开发，但不同于简单的乡土教材的编写，涂茨小学将当地优秀的风土文化融入学校的日常教育中来，使涂茨小学的德育形成了鲜明的特色。

2. 德育课程的开发与实施

（1）明确"善"的概念

历史上对"善"的解释是多样的，因此，很难对善进行明确的界定。涂茨小学的教师通过查阅相关资料并仔细阅读，结合学校德育发展的需求，将"善"的概念确定为：善就是指一种好的、正确的、有益的、具有正能量的性质和行为，因此行善或善行，也就不仅仅只是指做好人好事一项内容，而且包括在社会上、生活中做正确有益的事情，遵守各种规章制度，使绝大多数学生的行为符合社会行为规范。涂茨小学结合自身对"善"的理解，将学校的德育目标确定为"日行一善"。"日行一善"要求学生从身边的小事做起，力所能及地做善事。总的来说，日行一善，就是每天做好自己的事情，在做好自己的同时，帮助他人，劝人为善，使自己和他人在"善"的信念下，共同行善，共同扬善。

（2）改变课程管理理念

在传统的德育课程管理理念中，多强调自上而下的命令式管理。德育课程建设的发言权集中在学校领导或者专家的手中，一线的教师、学生在课程的建设与实施中完全处于被动的状态。这种课程管理模式容易使德育内容与学生的生活经验相脱离。为了改变这种状况，涂茨小学采用更为民主的课程治理模式。德育课程治理模式强调课程建设的多元参与，重视一线教师、家长甚至学生在课程建设中发挥作用。通过改变课程管理的理念，一方面激发了教师、学生参与课程建设的积极性；另一方面，学校的德育课程更加符合学校发展、学生发展的实际。

（3）组建课程体系

涂茨小学以在学校内部建立"村落"的方式开展德育。涂茨小学的课程分为四个部分："村落"善行仪式课程、"村落"乡规民约课程（常规）、"村落"善行文化课程、"村落"善行主题活动课程等。

1）"村落"善行仪式课程。涂茨小学在进行德育的过程中，充分发挥仪式对学生道德发展的重要作用。涂茨小学的常规仪式主要有常态化的升旗仪式。将升旗仪式常态化的目的在于让学生置身于庄严的气氛中，感受国旗的神圣，从而培养学生的爱国情感。为了保证仪式的严肃、庄严，涂茨小学制定了一系列的制度，对升旗仪式的各个方面进行了详细的规定。除此之外，涂茨小学对教师也提出了要求。涂茨小学要求教师在学生面前做出表率，学校每两周的生活德育主题活动中要求学生做到的，教师也必须要做到。在教师的带动下，学生参与升旗仪式的积极性提高，其参与升旗仪式时的表现更加规范。

2）"村落"乡规民约课程。为了确保德育教学的顺利进行，以及培养学生的规则意识，涂茨小学结合对"善"的理解，立足于学生身边的小事，从三个方面制定"行善"的主要内容及其活动细则，并将各细则要求制定成册。其一，是学校行善层面，包括集会、升旗、就餐等；其二是家庭行善层面，包括礼仪孝敬、家务劳动、卫生要求；其三是社会行善层面，包括乘车秩序、人际交往、公共卫生等。

3）"村落"善行文化课程。课堂教学是学校德育的主阵地。因此，涂茨小学的善行文化课程以系统化的课堂教学为主，以避免德育活动课程的娱乐化、碎片化倾向。涂茨小学善行文化课程的载体是《弟子规》，在开展丰富的活动之前，先对学生进行系统的有关《弟子规》内容的教学，使学生能够明白弟子规的内涵与意义。涂茨小学不仅在课堂中进行相关的知识教学，而且以学生身边的善行案例来感化学生。这是涂茨小学"村落"善行文化课程的另一个重要内容，即课堂扬善。通过课堂扬善，学生不仅对《弟子规》的内涵有了更为深刻的理解，而且在心中树立了道德榜样，大家能够模仿学习，给班级中的同学指明一种行善的方向，并点燃行善的热情。

4）"村落"善行主题活动课程。德育实践活动课程是帮助学生理解书本知识、回归日常生活的重要教学措施。在开展系统化的课程之余，涂茨小学还开展了丰富的主题活动课程。涂茨小学的"村落"善行主题活动主要分为校内善行实践团和校外小蜂善行实践团。校内善行实践团以学校组织的实践团为单位，学生自主参加。这些校内实践团会定期进行一些实践活动，如参观烈士殷夫的故居、慰问敬老院的老人。这些活动激发了学生的爱国情感，使学生学会了关心他人。校外善行实践团则以村为单位组建实践团队，主要在寒暑假开展活动，学生跟随自己所参加的团队深入到不同的村落开展活动。校外的活动比较丰富，例如，义卖、表演等，可以满足不同学生的需求，校外的小蜂善行实践团既丰富了学生的假期生活，又有效促进了学生的发展，尤其是学生道德的发展。

目前，涂茨小学已经组建了 14 支团队，涉及村落以及学生发展的各个方面。这些实践团队在促进学生发展的同时，也获得了外界的一致好评，如涂茨小学的校外小蜂善行实践团被评为县级模范实践团。

（4）建立科学的德育评价体系

传统的德育评价往往采用一元评价以及结果性评价的方式，这种评价方式不利于对学生进行较为全面客观的评价。涂茨小学对以往的德育评价方式进行了革新，实现了评价的多元性以及过程性。

1）建立多元的评价机制，保障德育评价的全面性。涂茨小学的多元评价体现为评价的多维度以及多时空。多维度评价指的是评价主体的多元化，在以往的德育评价中，教师是唯一的评价主体，其弊端显而易见。涂茨小学改变了以往教师主导评价的做法，实现评价主体的多元化。目前，参与学生评价的主体有教师、同学、家长以及邻居。不同评价主体根据其自身特点进行不同内容的评价。例如，教师评价涉及学生的课堂表现；同学评价涉及学生的课后人际交往；家长评价涉及学生的家庭美德；邻居评价则涉及学生的社会公德。多元主体对学生的评价，实现了对学生较为全面的认识，有助于发现学生在日常行善过程中存在的不足与优势。

2）建立多时空的评价机制，体现德育评价的发展性。以往的德育评价大多采用结果性评价，即在学期末的时候给予学生一定的评价。结果性评价对学生的后阶段学习具有预测、评估的作用，能确定学生后阶段学习的起点。但由于其评价标准单一、刻板，难以客观地反映学生的真实发展水平，涂茨小学建立了多时空的评价机制。涂茨小学的多时空评价分为日常评价、每周评价、每月评价、学期评价，并且每阶段的评价内容与标准不同，也有益于增强评价的客观性与全面性。这种常态化、经常性的评价，其主要目的在于及时地反映学生学习中的情况，促使学生对学习的过程进行积极的反思和总结，而不是给学生下一个定论。

3. 涂茨小学德育课程建设的效果

经过一段时间的德育课程建设，涂茨小学学生的精神风貌、教师的教学水平及状态、校园氛围都有了明显的改善，涂茨小学在区域内有了一定的知名度。

1）学生的道德水平明显提高。学生道德发展主要体现在以下几个方面：①价值观的内化，道德认知水平的提高。系统的关于传统文化的教学，以及革命烈士光荣事迹的感染，使得学生认识到了行善对于幸福生活实现的意义与价值，让学生产生了行善的意愿。②道德意识的外化，良好的道德行为的养成。通过丰富的活动，学生在社会实践中养成了良好的行为习惯。除此之外，对于学生的良好行为表现，成人都予以积极的评价及表扬，使得学生乐于行善。③道德意识与行为的有机统一，真正地实现了知行合一。

2）教师的教学水平及状态明显改进。由于此次德育课程建设对教师的教学理念等方面提出了新的要求，教师在课程建设的过程中不断地进行学习以及反思，教学水平得到了切实的提高。除此之外，教学的过程是教师与学生共同发展的过程，教师不仅是学生发展进步的见证者，而且是与学生共享发展喜悦的人。

3）学校形成了良好的道德环境。经过一段时间的德育课程建设，不仅实现了学生个体的发展，而且营造了浓郁的校园学习氛围。在校园里，学生间友好相处，相互宽容、谦让，师生间相互尊重。

4）涂茨小学的知名度提高。涂茨小学的德育课程建设不仅得到了同类学校的认可，而且得到了媒体的认可，许多媒体到学校进行采访报道。媒体的采访不仅有利于学校进一步提高知名度，而且使学校德育课程建设方案得以有效地推广，进而惠及更多的学校。

4. 涂茨小学德育课程建设评析

涂茨小学德育课程建设所取得的成效是明显的，但其在建设过程中，依然存在不足：①德育课程实施与其他课程实施之间缺乏联系和互动；②所采取的课程建设方案在实施的过程中有一定的难度，会加大教师的教学负担。

二、从内容入手

从内容入手的德育课程建设路径是将德育活动的内容资源进行整合与梳理，进行德育课程建设。这种从活动到课程的德育课程建设包括以下几个方面：一是要了解本校实际和传统，了解本校德育活动赖以建设的内容和资源，这是从内容入手的德育课程建设的基础。二是对现有的活动内容资源进行整合。对活动内容的整合是德育课程建设的中心环节，有了内容的整合，才能明确学生应该学什么、能学什么，才能有效地将零散的内容资源转化成有组织、有体系的德育课程。三是开发新的德育内容资源。开发新的德育内容资源可以是对原有的德育活动内容进行新的解释，提出新的思路，也可以对本校从未接触过，但经过实践证明切实有效的内容资源进行借鉴和引用。

从内容入手的德育课程建设路径的优点在于，通过对各种德育活动内容进行梳理和提炼，使其具有序列性和层级性，从而易于确立德育课程的体系。其缺点在于，活动内容的提炼、整合与梳理过程复杂，需要花费大量的时间和精力。在众多学校德育从活动回归到课程的建设案例中，汉章小学的"月是故乡明——走近东陈"乡土课程建设就是采用从内容入手的方式进行德育课程建设的。

（一）SWOT 分析

1. 汉章小学课程开发的优势分析

文化资源是进行乡土课程开发最为重要的因素。汉章小学所处的东陈乡有着丰富的文化资源，这些优秀的文化资源将会给汉章小学的乡土文化课程建设的目标确立、内容建构等方面带来便利。首先，东陈乡有着丰富的国学资源。国学大师陈汉章曾生活于此，并且汉章小学就是由陈汉章先生创办的，已经有百余年的历史。汉章小学可以将陈汉章先生的国学思想、治学理念、求学精神融入乡土课程的建设中去，这样既有利于传统文化的传承，能提高学生的国学素养，又有利于让学生在学习陈汉章事迹的过程中，树立正确的为人处世、求学的理念。除此之外，东陈乡历史悠久，有着丰富的历史遗迹，这些都将为汉章小学的乡土课程开发提供诸多便利。其次，东陈乡有着丰富的艺术资源。农民画奠基人高妙兰、非物质文化遗产继承人谢才华等皆生活于此。他们对艺术认真的态度，以及对艺术孜孜不倦的追求精神，将会给汉章小学的乡土课程开发提供丰富的材料。最后，当代"活雷锋"孙茂芳是东陈乡人民的道德标杆、精神楷模。孙茂芳的先进事迹将会成为汉章小学道德教育的重要内容。

2. 汉章小学课程开发的劣势分析

首先，虽然东陈乡有着丰富的文化资源，但汉章小学在课程开发方面尚缺乏经验。其次，在以往的德育教学实践中，汉章小学的德育教师习惯于采用传统的教育方式，学生对此前的德育教学产生了排斥心理，而乡土课程的建设要求教师必须转变旧观念及教育方式，这对教师来说是一个巨大的挑战。最后，汉章小学进行乡土文化建设的优势在于有丰富的传统文化，但汉章小学的教师尚不能明确如何使现代生活与传统文化有机结合。

3. 汉章小学课程开发的机遇分析

首先，传统德育教材没有考虑到城乡之间的差距，导致教材脱离农村学生的生活实际，没有体现出教材应有的公平性。这种脱离农村学生生活实际的德育教材遭到了许多人的反对，因此，越来越多的人开始提倡开发与农村学生生活相切合的德育教材。其次，虽然社会的经济快速发展，但城乡之间的差距仍然比较大，越来越多的农村人流动到城市，导致农村人对农村的认同感降低，不利于农村的发展以及对农村文化的传承。为此，开发乡土课程成了乡村振兴的应有之义。

4. 汉章小学课程开发的威胁分析

越来越多的农村学校都在进行乡土课程的开发工作，对于汉章小学来说，其很难形成自己的学校特色。乡土课程的开发需要教师有较高的乡土文化素养，而这恰恰是部分德育教师所缺乏的，这给汉章小学的乡土课程开发带来了许多困难。

（二）德育课程的设置与实施

汉章小学结合自身的优势，将学校德育课程命名为"月是故乡明——走近东陈"。

乡土课程开发存在一定的难度，因此必须要采取正确的方式。经过讨论，汉章小学决定以课题研究的方式逐步实施和推进学校的乡土课程建设。为此，汉章小学确定了三步走的战略：第一阶段是亲近乡土文化，其任务在于构建基本的乡土课程体系；第二阶段是走进乡土文化，其任务在于进行教学设计，进而更好地发挥乡土文化的育人作用；第三阶段是升华乡土文化，其任务在于构建更为开放、包容的乡土课程。

1. 建立德育课程目标

作为德育不可或缺的重要内容，汉章小学以"耕读传世，仁义行世"为德育核心目标，并在此基础上开展乡土传统文化教育，促进学生人文素质的全面提升。为了使学校德育课程目标易于"落地"，进行操作，汉章小学将学校的乡土德育课程目标进行具体化以及细化。汉章小学以东陈乡丰富的历史文化为依托，开设富有特色的乡土课程，并通过丰富多彩的实践活动，让学生了解家乡、热爱家乡，让学生对建设家乡产生热情，并力图通过实践活动提高学生的综合能力。汉章小学充分利用当地的名人资源，确立了"读书就学陈汉章，做人就学孙茂芳，习艺就学谢才华"的乡土德育课程目标。

2. 组建课程体系与内容

德育课程体系的确立是学校德育课程内容确立以及教材编写的基础。换言之，德育课程体系在德育课程建设过程中起着总领的作用。汉章小学将学校的德育课程分为基础性课程以及拓展性课程。基础性课程为具有普遍性的德育课程，如小公民教育、安全教育等，而拓展性课程（即乡土课程）是汉章小学德育课程重要的一部分。汉章小学的拓展性课程主要立足于当地的文化与人情。在拓展性课程的基础之上，汉章小学将课程继续划分为知识拓展课程、技艺拓展课程、实践活动拓展课程。

系统、明确的课程内容是德育从活动走向课程的重要保障。汉章小学在课程体系的基础上，充分利用东陈乡的文化资源，组建了富有地区特色的乡土课程。汉章小学的乡土课程由七个部分组成，这七个部分同时也是汉章小学乡土教材的七个章节。第一部分是"悠悠家乡史"，其内容主要包括东陈乡的基本概况以及乡史民情，旨在让学生对自己的家乡有一个初步的了解；第二部分是"美美家乡景"，其主要内容是介绍东陈乡的乡土景色，如五狮山、鉴池公祠、陈汉章故居、红岩景区等，旨在让学生产生对家乡的喜爱之情；第三部分是"亲亲家乡人"，这部分主要介绍东陈乡的一些名人事迹，如陈汉章、高妙兰、孙茂华等，旨在通过对家乡名人光荣事迹的介绍，激励学生向榜样学习；第四部分是"浓浓乡土情"，这部分主要介绍东陈乡当地的方言、游戏、童谣等，旨在激发学生学习乡土课程的兴趣；第五部分是"醇醇乡土味"，这部分主要介绍东陈乡当地特有的美食，旨在进一步激发学生学习、了解家乡的热情；第六部分是"火火家乡节"，这部分主要介绍东陈乡的一些节日风俗以及东陈乡特有的节日，如"东陈白鹅节""汉章读书节"，旨在通过节日对学生进行文化熏陶，提高学生对家乡的认同感；第七部分是"菁菁我校园"，这部分主要介绍汉章小学的校园文化、历史传统等，旨在增强学生对学校的认同感。

固定的德育教材是德育从活动走向课程的基本条件。组建好课程结构之后，汉章小学进行了乡土教材的编译。为了保证乡土教材在编写过程中的科学性与客观性，汉章小学面向全体学生、家长发放了近千份问卷调查表，了解他们所知晓的当地文化。在此基础上，学校分板块收集资料，通过实地考察走访、查考文献档案等，去伪存真，力求资料的真实性，最后按照上述七个部分编写教材。汉章小学考虑到学校的特殊情况，即汉章小学有35%的外来学生，在编写教材的过程中不仅考虑到当地的文化，而且鼓励外来学生根据自己家乡的文化、传统来编写属于自己的乡土教材。这一举措体现了汉章小学对多元文化的尊重以及对外来务工子女的包容与关爱，彰显了汉章小学德育教材中的人文关怀。

3. 德育课堂教学的常态化与系统化

通过课堂教学进行常态化、系统化的道德教育，对学生的道德发展有着重要的作用。在传统的德育教学中，德育的课时数较少，且经常被其他科目占据，往往很难实现常态化以及系统化的德育教学。德育课时难以得到保障，这对德育的实效产生了很大的影响。汉章小学在乡土课程的课堂教学的常态化方面进行了积极的改变。汉章小学采取的主要措施有：首先，确保课时数。在汉章小学，德育课程每学期都保证在40课时左右，其中乡土课程每学期占到5个课时。每周五下午学校还为学生安排相关的拓展性课程，从而使汉章小学从数量上确保了德育课堂教学的常态化。其次，汉章小学定期举行德育教学研讨活动，教师相互交流、切磋，不仅提高了教学水平，而且使乡土课程成为汉章小学一门重要的学科。

学校德育从活动到课程是为了规避活动课程的碎片化以及娱乐化，但这不意味着活动德育被排除在学校德育之外。相反，学校应该更为全面、科学地规划活动德育。德育实践活动的目的在于将课程知识融入学生的生活中去，而不能将其简单地视为一种娱乐性活动。汉章小学在常规的课程教学之外，开展了丰富的社会实践活动，通过参观历史遗迹，让学生感悟到了家乡的文化底蕴；通过参与小组的合作，学生学会了与他人和谐相处；通过参观历史人物的故居，学生燃起了向榜样学习的热情。

4. 坚持多元评价

教育评价制度是教育制度的重要组成部分，其对教师的教学活动、学生学习活动有着重要的导向作用，其能帮助教师和学生发现自己的不足，进而进一步改进。目前，我国的教育评价单一，如评价内容、评价方式、评价主体以及评价呈现方式的单一，使得教育评价的功效并不能全面地呈现，从某种程度上来说，教育评价只是一个为考试服务的工具。由于道德教育的特殊性，单一的德育评价手段遭到许多诟病，因此多元评价是德育评价的发展趋势。汉章小学在多元评价方面做了有益的探索。

1）汉章小学确立了全面性、过程性、导向性、多元性、人本性、发展性等评价原则，在正确评价理念的指导下，汉章小学让学生从评价中得到了发展。

2）确定多元评价维度。为了全面检验学生的学习效果，汉章小学的评价维度分为学习态度、学习过程评价以及学习成果展示三个方面。其中，学习过程评价由掌握知识、学习探究、交流汇报、信息收集、合作学习等方面组成。汉章小学通过多元的评价方式，发挥了评价在学生发展上的导向、诊断、激励等作用。

（三）汉章小学乡土课程实施效果

通过一段时间的课程实施，汉章小学在文化传承、学生道德发展以及教师发展方面取得了显著的进步。首先，汉章小学的乡土课程有效促进了文化的保护与传承。汉章小学乡土课程实践活动不仅仅停留在参观层面上，在教师的带领与指导下，学生深入到村庄的每一个角落，搜寻被人遗忘的历史遗迹，如碑刻、历史人物等。在学生与教师的努力下，许多历史遗迹被重新发现，进而得到保护。通过实践活动，师生对家乡文化的认同感有所提升，激发了其参与文化建设的热情。其次，汉章小学在课程实施的过程中，鼓励学生自主探索、学生间的相互合作，在很大程度上提高了学生的人际交往、研究探索的能力。最后，教师的课程开发以及教学能力也有了显著的提高。汉章小学的乡土课程在前期的课程开发以及后期的课程实施方面存在较大的难度，这就促使教师不断去学习、反思，以适应学校的乡土课程建设。

（四）汉章小学乡土课程建设的评析

汉章小学充分利用当地的文化遗产进行课程建设，形成了自己的鲜明特色，并在区域内具有了一定的知名度，被多家新闻媒体报道。但汉章小学在课程建设的过程中，依然存在不足，需要进一步改进。汉章小学在课程建设过程中主要的问题在于：学校的德育课程与乡土课程缺乏有效的联动。从汉章小学的德育课程设置来看，除乡土课程外，还有许多其他德育课程，但这些课程之间相互孤立、缺乏联动，不利于学校德育效率的提高。

三、从内容入手和从手段入手相结合

从内容入手和从手段入手相结合的课程建设路径，是一种既重视方法创新，又重视对原有德育活动内容资源进行整理的从活动到内容的德育课程建设路径。需要注意的是，从内容入手和从手段入手相结合不是简单地累加，而是二者的有机结合，既要充分发挥二者的优势，又要规避其固有的缺点，以实现二者的相互补充。因此，从内容入手和从手段入手相结合，必须要考虑二者结合的可行性，必须符合课程建设的客观规律，不能盲目追求内容和手段结合的新颖形式而不顾规律，导致课程无法开展或效果不佳。

从内容入手和从手段入手相结合的德育课程建设的优点在于，这一路径从内容与手段两个方面入手，能够在这两个方面都进行创新，因此易于做出特色。其缺点在于，基于内容和手段相结合的德育课程有较强的独立性，因此很难与其他德育课程形成一定的联系。定塘中学的"生命教育的绘本式推进"课程建设就是采用了从内容入手和从手段入手相结合的路径。

（一）SWOT分析

1. 定塘中学课程建设的优势分析

当地教育部门非常重视和支持学校的德育工作，并且在区域内非常注重对生命教育的推广。因此，定塘中学在以往的德育实践中已经开展了有关生命教育的教学，积累了一定的生命教育的教学经验，学校的教师对生命教育的内涵和教学方法并不陌生，这对学校的生命教育课程开发有着重要的意义。

2. 定塘中学课程建设的劣势分析

虽然定塘中学有生命教育的教学经验，但对于生命教育课程开发则缺乏经验。定塘中学在以往的生命教育教学工作中，往往是根据由其他学校或专家已经制订好的生命教育教学方案来进行教学,没有依据自身的条件进行生命教育教学创新。

因此，定塘中学没有形成独具特色的生命教育。

3. 定塘中学课程建设的机会分析

当地家长不仅看重学生的成绩，还非常支持学校的生命教育课程建设，并且学校在进行课程建设的过程中有专家进行指导。这对定塘中学的生命教育课程建设来说，是一个非常有利的契机。一方面，学校可以开展有效的家校合作；另一方面，借专家指导的契机，可以使自己的课程建设更具专业性。

4. 定塘中学课程建设的威胁分析

由于当地教育部门对生命教育的推广和支持，定塘中学之外的学校大多在进行生命教育课程建设的实践，并且有的学校已经形成了自己的特色与规模，这使定塘中学在生命教育课程建设方面具有较大压力。

从定塘中学的 SWOT 分析来看，生命教育是其德育的一个传统项目，但与其他学校的生命教育相比，仍缺乏自己的特色。因此，定塘中学在进行生命教育课程建设的过程中，首先要考虑的则是如何形成自己的特色。然而，形成特色只是学校发展的一个方向，并不是学校德育课程建设的全部。

（二）德育课程的设置与实施

1. 立足学生和社会，创建生命教育课程体系

定塘中学在德育课程建设的过程中，最突出的问题在于课程形式缺乏创新。对此，定塘中学确立了"生命教育的绘本式推进"的形式。"生命教育的绘本式推进"意指将生命教育的内容用绘本的形式表现出来，并在不同阶段展示不同的课程内容，旨在实现生命教育课程的由浅入深、循序渐进的教学效果。定塘中学主要从有关学生和社会的三个层面来创建生命教育课程的体系：一是生命教育的重要性和必要性；二是核心素养教育所提出的要求；三是定塘中学学生的生活实际。其中，《中国学生发展核心素养》中对教育的要求在定塘中学生命教育课程体系的建立过程中起到了总领的作用。

首先，在传统的教育中，学生以及家长往往将考试作为学习的第一要义，而与考试无关的学习则被学生及家长忽视。其中，就包括自我保护意识、人际交往、人生观与价值观等内容。对这些教育内容的忽视，导致现实生活中的青少年不能正确认识生命、尊重生命、保护生命、提升生命质量。需要注意的是，这里对生命的关注不仅仅是对生死的关注，而是对一切有生命之人的关注。由于缺乏必要的生命教育，学生往往会成为"精致的利己主义者"。此外，中学生往往处于青春期发展这个关键时期，加之升学压力大，往往会导致学生出现心理健康问题，易做出极端的行为。

其次，定塘中学位于农村，学生除了具有一些中学生普遍存在的问题之外，还有比较特殊的情况，因此对于农村的中学生更需要加强生命教育。其一，农村初中学生的父母常年在外打工，或忙于生计，无暇顾及子女的教育问题。同时，也因为家长自身受教育程度较低，没有掌握正确的家庭教育方法，农村初中学生更易产生各种轻视生命、迷失自我的问题。其二，农村特殊的地理环境，为学生的生活环境增加了一些危险因素。从近年来有关学生溺水的新闻报道来看，遇害者大多是农村的学生，这也凸显了将生命教育作为德育课程内容的重要意义。

最后，生命教育符合当下核心素养教育的要求。核心素养分为文化基础、自主发展、社会参与三个方面，综合表现为人文底蕴、科学精神、学会学习、健康生活、责任担当、实践创新六大素养。这六大素养恰恰正是生命教育所追求的实际意义所在。对学生进行生命教育，帮助和引导学生学习并掌握必要的生存技能，认识、感悟生命的意义，才能培养学生尊重、爱惜生命的态度，学会欣赏和热爱自己的生命，进而学会对他人生命的尊重、关怀和欣赏，树立正确的世界观、人生观和价值观。

定塘中学通过对以上三个方面的分析，将生命教育课程的主题锁定在三个维度：生理、心理以及灵性。定塘中学根据学生的实际生活需要以及核心素养教育的实际要求，分别赋予生命教育课程的三个层次不同的内容。在生理层面，其课程内容主要包括生命常识、生活技能、安全防护、卫生健康；在心理层面，其课程内容主要包括道德法制、心理健康、青春期健康；在灵性层面，其课程内容主要包括爱国教育、感恩教育以及社会实践。

定塘中学根据初中生的心理特征，按照由浅入深的逻辑顺序，将生理、心理、灵性三个层面的教育分别设置在三个不同的年级。在初一阶段，由于学生刚从小学升入初中，其心智发展尚未成熟，而初中阶段是学生学会独立生活的关键期，因此，初一阶段要为学生的独立生活打下基础，为此学校为初一学生开设了诸如生命常识、生活技能、安全防护、卫生健康等心理层面的课程。在初二阶段，学生的认知得到了进一步的发展，很多学生在此时期进入青春初期阶段，易出现以自我为中心的现象。此阶段的学生即将面临中考，升学压力也比较大，因此，初二学生主要接受诸如心理健康、青春期健康之类的心理层面的教育。在初三阶段，学生心理发展迅速，开始趋向定型，观察力接近成人水平，思维活动已有抽象、概括的水平，但此阶段学生的心理进一步发展，加之学习任务重，易烦躁，反感成人的说教，因此，此阶段主要进行爱国主义教育、感恩教育以及社会实践。

2. 推进生命教育的课程建设

定塘中学的生命教育课程主要以绘本的形式展现，其生命课程建设坚持学生自主的原则。因此，生命教育课程的绘制将由学生完成，但学生的自主发挥是在教师的指导下进行的。为了保证生命教育课程的合理性以及科学性，在学生进行绘画创作之前，依据之前确定好的课程体系，定塘中学德育处将禁毒教育、防震、防溺水、交通安全、消防安全、预防校园欺凌、预防食物中毒、感恩父母等定为创作主题。虽然定塘中学强调发挥学生在课程建设中的自主性，但其并没有鼓励学生"单打独斗"，而是强调学生间的合作，旨在发挥每一个学生的优势。在进行绘画创作前，由教师将班级学生分为若干组，4—6人一组，有专人负责文字描述、故事讲述、案例分析等，有专人负责根据故事绘画。这种强调合作的学生道德自主发展模式，不仅有利于提高生命教育课程建设的效率，而且会让学生在合作中学会尊重他人、与他人和谐相处。其中，学会尊重他人是生命教育的一项重要内容。

在完成绘画作品之后，小组成员需要向其他同学介绍作品的创作意图及通过作品所要表达的思想。在此过程中，学生通过相互的交流，不仅加深了同学间的友谊，而且丰富了与自己有关的生命教育的知识。在此过程中，学生发现了自己在日常生活中未尊重生命的行为表现，从而促使学生进一步改善了自己的行为。总之，通过发挥学生在课程建设过程中的自主性，学生参与课程的积极性得到了很大的提高，学生的道德也得到了切实的发展。

3. 以绘本为载体的校本德育课程

学生进行的自主创作只是定塘中学生命教育课程建设的初始阶段，而不是终结。定塘中学最终的目的在于让学生的创作成为学校生命教育校本课程的一部分。唯有如此，定塘中学的生命教育课程才能避免仅仅停留在活动层面，才能最大限度地避免德育课程的碎片化和娱乐化。定塘中学校本德育课程的系统化、集中化，主要表现在：①定塘中学有明确的生命教育课本；②定塘中学有固定课时的生命教育课堂教学；③定塘中学为了确保生命教育课程的正常开设，制定了相应的监督机制。

教材是德育回归课程的基本条件，定塘中学的德育教材就是由学生共同创作的绘本。每位学生都进行了有关生命教育的创作，但不是每位学生的作品都能进入学校的德育教材，因此，从一幅幅绘画作品到形成系统的绘本，需要进行一系列的评选活动。定塘中学的领导对此高度重视，学校德育处组建评委组，由德育副校长任组长，美术教师任副组长，部分行政人员为组员，对学生所上交的作品进行评比，并对获奖学生予以奖品、奖状等表彰奖励，激发其参与活动的积极性。另外，学校还将优秀作品扫描成电子照片，交由广告公司负责编印绘本，成为学校生命教育课程的教材。虽然有的学生没有获奖，但学校德育处通过学校的微信公众号、校园橱窗等多种途径来展示学生的作品。这不仅对学生起到了很大的激励作用，而且对学校的校风建设起到了重要的作用。

教材的使用是德育回归课程的重要表现。定塘中学生命教育课程的教学以自我学习和集中学习相结合的方式进行，其中教师指导下的集中学习是定塘中学生命教育课程教学的主要形式。为了检验学生的学习效果，每次完成相应课时的教学后，班主任都要布置几个题目，要求学生回答，同时还采取跟踪调查的形式了解教育成效。然而，定塘中学生命教育课程的教学并不是简单的知识灌输，采取的是课堂教学与活动相结合的方式。定塘中学德育处以绘本作为蓝本，组织学生开展生命教育朗诵、情景剧表演、相声小品比赛等，将绘本的内容通过各种形式进行全方位演绎，起到再教育的效果。为了保障学校生命教育课程的顺利进行以及教学质量，学校德育处通过问卷调查的形式，对班主任授课、绘本内容、教育效果等进行评价，并让学生提出整改建议，为进一步完善生命教育绘本提供了依据。

（三）"生命教育的绘本式推进"的成效

通过对本校生命教育课程以及教学方式的改进，定塘中学的整体氛围以及学生的道德水平、生命意识都有了明显的改进。首先，学生学会了如何保护自己。保护自己的生命不受侵害，是定塘中学生命教育课程的重要内容，如防震、防溺水等。通过这些课程的学习，学生掌握了有关保护自己的基本知识。其次，学生学会了尊重自己。保护自己侧重于避免来自外界的伤害，尊重自己则是指对自己的生活、生命持有一种正确和积极乐观的态度。此外，学生通过查阅相应的资料以及教师的指导，体验到生命的宝贵和生命延续的意义。这对避免学生在遇到困难时采取极端行为有着重要的意义。再次，学生学会了尊重他人。通过同学间的相互合作，学生认识到了他人存在对自己的意义和价值，他人不是对自我利益的损害而是对自我的丰富与发展。最后，学校整体校风、学风得到明显改善。通过一段时间的学习之后，学生之间相互帮助、十分友爱，当学生间发生矛盾时，学生知道相互宽容，采取协商的方式解决问题。

（四）定塘中学生命教育绘本课程评析

定塘中学"生命教育的绘本式推进"课程所产生的效果是明显的。首先，形成了学校德育特色，使得定塘中学在同类学校的竞争中取得了优势，有利于定塘中学在区域内提高知名度。其次，定塘中学在课程建设中充分尊重学生的主体性，不仅提高了学校的德育效果，而且极大地提高了学生参与德育教学的积极性。然而，定塘中学在课程建设的过程中，依然存在问题。例如，生命教育课程独立于其他德育课程。生命教育是学校德育的重要组成部分，但其不是德育的全部。从上文的论述来看，定塘中学的生命教育课程在推进的过程中具有一定的复杂性，致使生命教育占据定塘中学其他德育课程的课时，这不利于学校德育的完整开展。但这个问题不仅是定塘中学存在的问题，而且是将从手段入手和从内容入手相结合进行德育课程建设的一个固有缺陷。因此，采用从手段入手和从内容入手相结合的方式改进德育课程建设时，学校必须要考虑到方案的全面性以及推广的可行性。

四、从目标入手

从目标入手的德育课程建设是以目标为导向的从活动到课程的德育课程建设路径。这一路径的一般步骤是：首先，要明确总体的教育目标和德育目标，然后确立与之相匹配的德育课程目标，在逻辑上，德育课程目标、德育目标、教育目标之间要呈螺旋式上升，因此德育课程目标既不能过于宽泛，也不能细致入微；其次，建立与德育课程目标相匹配的德育课程体系，由浅入深、循序渐进，直到目标达成；最后，开发一套与目标相适应的德育课程评价体系来对目标的实现与否、实现程度进行评价，以便及时反馈与更正。

从目标入手的方法的优点在于，德育课程建设有了核心支撑，可以围绕目标进行一系列的内容开发、形式创新，这样易于建设一个有逻辑、有系统的课程体系。另外，德育课程目标与学校整体的教育目标结合起来，能够将德育工作纳入学校整体的教育工作中去，能够使德育与其他工作联动、协调、统一，提升学校的教育质量。其缺点在于，一个德育课程的目标是否适合学生的发展，是否符合学校的定位，都是未知数，因此需要进行充分的论证，要做大量的准备工作，会耗费大量的时间和精力。丹城第五小学的"养正"德育课程采取的就是从目标入手的德育课程建设路径，下文将对丹城第五小学的课程建设进行详细的评析。

（一）SWOT分析

1. 丹城第五小学课程建设的优势分析

丹城第五小学是一所新建小学，办学历史较短。相比办学历史悠久的学校，其优势在于：首先，教师对学校的建设充满热情，愿意为学校的建设出谋划策，且新教师有较好的执行力；其次，新学校有较充沛的资金，可以为学校的课程建设以及教学活动的展开提供支持；最后，丹城第五小学在建校初期招聘了一批高素质的教师，为学校的课程建设提供了智力支持。

2. 丹城第五小学课程建设的劣势分析

首先，建校初期，百废待兴，所有工作都要从头开始，课程建设在一定程度上会增加学校的负担，降低课程建设的效率；其次，新建学校对于课程建设缺乏经验，需要不断地摸索、反思，课程建设成效不明显。

3. 丹城第五小学课程建设的机会分析

丹城第五小学所处区域教育氛围浓厚，生源质量比较好，这有助于学校德育课程的顺利开展。另外，在学校建设初期，当地教育部门就一直予以政策上的扶持，为学校的建设提供了许多便利。

4. 丹城第五小学课程建设的威胁分析

由于学校是新建学校，区域教育部门以及学生的家长对学校的发展给予了很高的期待，这在一定程度上给学校的课程建设带来了许多压力。丹城地区优质学校比较多，这在一定程度上也给学校的建设带来了许多压力。通过 SWOT 分析，丹城第五小学确立了基于中国传统文化下的"养正"德育课程体系。

（二）德育课程的设置与实施

1. "养正"德育课程目标设置

丹城第五小学"养正"德育课程中的"养正"一词取自《易经·蒙卦》："蒙以养正，圣功也。"其意为：蒙童时代应培养纯正无邪的品质，这是造就圣人的成功之路。丹城第五小学立足于传统文化，将学校德育课程的目标设置为"养正学子"。"养正学子"具有以下行为特质：做正事，树正人，弘正道。首先，做正事主要指学生的行为层面，其要求学生从日常小事做起，在善的积累中促进学生道德的发展。其次，树正人是指学生的道德意识层面，学生做符合道德的行为，不是为了表现，而是出于自己的道德认识，出于自己的道德自觉。因此，树正人即要求学生自觉从善、乐于从善。最后，弘正道指学生的道德理想层面。学生不仅要用道德规范严格要求自己的行为，还要带动身边的人从善，即学生不仅要独善其身，而且要兼济天下。

为了使学校德育课程目标易于落地操作，丹城第五小学同时设置了更为具体、细致的德育课程目标。在学生的道德品质方面，学生需要做到德正五品，即真诚、孝悌、勤俭、坚持、互助；在学习层面，学生需要做到学正五要，即知识、才艺、智慧、合力、梦想；在个人的行为兴趣层面，学生需要做到行正五好，即好奇、好问、好究、好动、好述。

2. "养正"德育课程体系建设

为了实现学校制定的德育课程目标，丹城第五小学以正德、正学、正趣三大工程为总领进行课程设置。正德旨在促进学生良好道德行为的养成，以实践活动课程为主；正学旨在促进学生道德认知水平的提高，以系统的课堂教学为主；正趣旨在培养学生的探究精神，以实践活动课程为主。丹城第五小学以三大工程为总领，对学校的课程进一步做了细化，即将学校课程分为正礼、正毅、正智、正义四个模块，并以此建立课程群。

（1）正礼课程

正礼课程旨在通过一些传统故事、人物事迹对学生进行礼仪规范教育。一方面，让学生养成正确的行为习惯；另一方面，激发学生学习优秀传统文化的热情。为此，丹城第五小学将课程设置为"了解学校，知晓校史""学知规则，文雅明理""庄严仪式，奠基一生"。

（2）正毅课程

正毅课程旨在通过一些传统文化经典的学习，如《论语》《弟子规》等，培养学生自立自强、勇敢果断、持之以恒、拼搏进取的意志品质。正毅课程主要包括励志、理想、榜样等一系列内容。

（3）正智课程

正智课程的主要内容是：学生在教师的引领下诵读国学经典，让学生在背书、读书的过程中陶冶情操，主动承担起传承以及创新人类文化成果的责任。正智课程主要包括思维创新、行智教育等一系列微课程。

（4）正义课程

正义课程主要是进行家风、家训教育。通过对优秀家风、家训的学习，让学生形成正确的价值观，进而成为一个有教养的人。正义课程主要有两方面内容：其一，学生在教师的引导下学习优秀的家风、家训；其二，家校合作，其目的在于帮助家庭形成正确的家风，发挥家庭在学生德育发展方面的作用。

为了提高学校德育的实效，丹城第五小学将学校的养正德育课程有机地渗透到其他学科教学中，即以国学活动课为主，各学科有机结合、点滴交叉为辅，采取诵唱练习等形式，形成国学经典诵读推进体系，实现养正德育课程的内外结合。

3. 课堂教学有序化，循序渐进地实现德育目标

德育目标的实现不能急于求成，而是要经过一个漫长的过程。因此，德育目标的实现必然是循序渐进的。这就要求教师在进行德育教学的过程中，要做到以下几个方面：首先，由浅入深。即教师的教学要根据学生的年龄特点来进行，不要将超出学生年龄的内容传授给学生。其次，由点到面。由点到面是指将教学内容进行细化，体现教学内容的层次性。丹城第五小学在德育课堂教学中坚持循序渐进地推进德育目标的实现。

纵向上，丹城第五小学遵循学生的身心发展特点，为不同年级的学生安排了不同深度的教学内容。具体操作如下：一至二年级为第一推进梯队，诵唱表现中华传统美德的童谣、儿歌、古诗，以国学发蒙，立身养性；三至四年级为第二推进梯队，诵唱古诗文经典、习书画、练博弈、对词吟诗，论中外古今、扬中华精神，立命养志；五至六年级为第三推进梯队，诵唱经典古诗文，知行结合，塑造儒雅风度。

横向上，丹城第五小学将国学经典分为精神层面、文化层面、技艺层面。在具体操作上，则是从民族精神、传统文化、传统技艺等三个方面进行国学经典诵读实验。通过对国学经典的科学划分，丹城第五小学的养正德育课程的目标更为明确，切实促进了学生的发展。

4. 智慧化的课程评价系统

与其他学校评价方式不同的是，丹城第五小学将现代信息技术引入课程评价中，实现了德育课程评价的智慧化。学校为每位教师配备一只可无线上网的"魔法棒"，给学生点赞时，只需将"魔法棒"在学生胸前的电子学生证上轻轻一刷，一朵小红花就实时上传进入学生的电子档案里。学生可以依据获得小红花的数量兑换相应的礼物。这种智慧化的德育评价方式，具有实时记录的特点，提高了教师的工作效率，同时也激发了学生参与德育教学的积极性。

（三）丹城第五小学"养正"德育课程建设评价

首先，丹城第五小学的德育课程建设目标明确，在实现德育目标的过程中坚持循序渐进的原则，在一定程度上保证了德育教学的科学性；其次，丹城第五小学以国学经典《弟子规》为德育内容，并在《弟子规》的基础上，编写适合学生的诵读教材，形成了学校的德育特色，在区域内有一定的知名度；最后，丹城第五小学在教学内容的选择上，坚持遵循学生的身心发展特点，坚持由浅入深进行德育教学，在一定程度上规避了德育课程建设从目的入手路径存在的不足。

第三节　从活动到课程的注意事项

通过象山县德育课程建设，我们可以发现好的学校德育课程建设要有 SWOT 分析；好的学校德育课程建设要有顶层设计；好的学校德育课程建设至少在手段或内容方面要有特色，能落实、有实效；好的学校德育课程建设不仅要包括课程设置，还要包括课程实施和评价。为了让学校德育从活动建设走向课程建设有成效，还需要注意以下几方面的问题。

一、正确对待大德育

在我国，德育有狭义与广义之分。狭义的德育专指道德教育。广义的德育包括思想教育、政治教育、品德教育、法制教育、心理教育、性教育、环保教育等，几乎无所不包，因为其无所不包，所以广义的德育又被称为"大德育"。对于大德育，一方面，我们要充分意识到道德教育、心理教育、思想教育、政治教育等各有其针对的特定问题和规律，不能彼此混淆和替代；另一方面，我们也要充分意识到道德教育、心理教育、思想教育、政治教育等各教育之间的联系和支持。例如，一个具有良好道德品质的人，也往往必须具备健康的心理状态，能在社会交往中遵守法律、规则。因此，我们不能片面地将道德教育、心理教育、法治教育等完全割裂开来。我们要认识到，它们是相辅相成、相互渗透的，共同促进个体的发展，实现学生的全面发展。

二、避免德育目标过高

德育目标的制定会直接影响到德育的效果。过低的德育目标虽然高效，但不利于学生的长远发展；过高的德育目标则会使德育的实效性降低。在我国的学校，普遍存在德育目标过高的问题。在学校进行德育的过程中，无私奉献、牺牲、为大家舍小家等忘我的形象往往被推崇。但把这些品质作为德育所追求的基本目标，存在着许多问题。首先，个体很难内化"忘我"的社会化要求，实效性低。其次，这种高标准的道德教育也许能够使个别人做到"忘我"，但是，即便如此，也是弊大于利的。一味强调"忘我"和无私奉献，很有可能会使"他者"形成依赖和"捡便宜"的心理，丧失自立、自强的精神。最后，即便采用了某种方法，能够使每个人都能够做到"忘我"，成为"君子"，但由这些人组成的社会也不一定会是一个良善的社会。总之，一种符合道德要求的道德教育必然是以实现自我为前提的。任何以道德为借口，而对个体利益随意损害的道德教育，本身就不是道德的。

三、避免德育目标功利化

德育目标的功利化是指德育完全按照外在的社会提出的应急要求进行推进，即外面需要什么，德育就抓什么。如此，德育功能将单一化，会过分突出德育的外在功能，忽视德育对人及人性提升的内在功能。此外，社会的变化迅速以及其对人的要求是多元且多变的，故片面地追求德育目标的社会价值将会导致学校德育缺乏稳定性、系统性、连续性，使学校教师和学生疲于应对社会的变化，不能保证学校德育的长效性。因此，学校在制定德育目标的过程中，不仅要保证德育目标的社会敏感度，使学校德育能够满足社会发展的需要，而且要考虑到学校德育目标的相对稳定性和长期指导性。为此，必须要摒弃急功近利的德育目标，使学校德育回归育人的根本追求，探索学生道德发展的基本规律，保证学校德育发挥长效作用。

四、尊重学生的主体地位

学校德育的最终目的在于促进学生道德的发展。因此，尊重学生的道德自由，尊重学生的主体地位，是学校开展德育教学的基础。尊重学生的主体地位就是在实施德育课程时，应该以学生为本。具体体现为：在课程指导原则上，强调以人为本；在课程目标上，强调对道德情感的培养；在课程内容上，强调以生活为中心；在课程方法上，强调实践性。尊重学生的主体地位，关键在于彰显学生的个体价值，所谓个体价值，是指人的尊严得到尊重，个人的品格修养、素质得到提高，要按照个体的需要和发展规律，促进个体的成长和发展。德育课程的任务在于培养学生的道德品行，同时必须注重保护学生的道德自主和生命尊严，维护学生的正当利益。同时，应将以学生为本的理念贯穿于德育课程的全部，真正尊重和维护学生的人格与尊严，满足其被认可、受尊重的心理需求。只有在尊重的基础上，师生之间才会有平等的交流和沟通，学生才能获得认同感，才能使德育课程的理念深入学生的内心，从而增强德育的针对性和实效性。

尊重学生的主体并不意味着教师权威的削弱，从某种程度上来说，反而是对教师权威的加强。由于年龄等因素，学生在知识储备、人生经历等方面弱于教师，又由于价值多元的时代背景，并伴随着网络信息技术的发展，学生接触到的信息良莠不齐。然而，学生还缺乏一定的判断力，当面临众多选择时，极易出现偏差。因此，教师要进行必要的权威指导，帮助学生树立正确的价值观。然而，对一些难以达成共识的领域，强行让学生接受，则会使德育效果背道而驰。因此，教师要加强与学生的沟通、协商。尊重学生的主体地位，不仅仅是告知学生可以做许多事情，更为重要的是，教师要明确告知学生什么事情不能做。

五、避免狭隘的德育课程观

课程是指学校学生所应学习的学科总和及其进程与安排。课程是对教育的目标、教学内容、教学活动方式的规划和设计，是教学计划、教学大纲等诸多方面实施过程的总和。广义的课程是指学校为实现培养目标而选择的教育内容及其进程的总和，它包括学校教师所教授的各门学科和有目的、有计划的教育活动。因此，德育课程也必然有着丰富的内涵。但在现实的教育情境中，教育工作者对德育课程的理解往往是片面的，即将德育课程片面地理解为德育教材，这在一定程度上无益于德育的全面展开。因此，德育工作者要避免以下几种较为常见的德育课程观。首先，将学校德育课程等同于德育校本课程。学校德育课程建设侧重于国家德育课程、地方德育课程的校本化落实，德育校本课程建设侧重于基于本校资源打造本校德育特色。其次，将德育课程的建设等同于德育教材的编写。德育教材是开展德育课程的一个重要载体，除德育教材之外，学习空间、环境等都可以成为课程。最后，德育课程建设直接服务于学生学习。德育课程不仅为学生学习服务，也为教师进行德育教研活动、开展家校联合活动提供服务。

六、注意隐性德育课程的作用

隐性德育课程是一种具有极强隐蔽性和潜在性的非正式德育课程。在关于隐性德育课程的作用、实施和组织方式等问题上，国内学者有较为统一的观点。其中，以鲁洁先生为代表的学者认为，隐性德育课程就是"教育者为了实现德育目标，有组织、有计划地在学校范围内以各种方式通过受教育者无意识的非特定心理反应使受教育学者主要获得道德情谊方面经验的教育因素"[①]。隐性德育课程具有陶冶、导向、激励、规范、约束等功能，在学校德育中发挥着潜移默化的作用。因此，教师要充分挖掘学校的隐性德育课程资源，如学校的建筑、班级设置、人际关系、各种各样的校园活动、校园的制度以及校园文化等。但需要注意的是，在对隐性德育课程，尤其是在对各种各样的校园活动进行挖掘的过程中，要避免形式化的倾向。重视隐性德育课程的一个重要目的在于，避免学生对系统德育课程的排斥，而形式化的课程不仅会加剧学生对德育的排斥心理，而且会让隐性德育课程失去其原有的意义。

七、在德育课程建设中整合各学科德育资源

这里所说的"各学科"，是指德育学科课程以外的所有课程，如语文、数学、历史等。学校德育是一项全面的、系统的工程，仅仅依靠单一的德育课程无法完全实现学校德育的目的，因此，必须根据各个学科的德育特点，利用好它们的德育资源，进行德育渗透。整合各个学科中的德育资源，首先是要深入了解、挖掘潜藏在各个学科中的德育资源价值，这需要各个学科的教师充分把握课程内涵，在授课时既能完成本学科的课程目标，又能达到德育效果。从整合学科课程这个角度来看，学校德育不仅仅是学校德育教师的任务，更是所有教师的责任。在教学的过程中，教师要将教书与育人充分结合起来，但这并不意味着没有必要在学校专门设置德育课程及教师。在学校中，德育教师担负着对学生进行系统道德教育的任务，而其他课程的教师则担负着辅助德育教学的任务。从学科性质及目标来讲，德育教师的责任更为重要；但从学生的道德发展来说，每位教师都有不可替代的重要作用，每位教师都有成为学生精神导师的可能。

八、正确对待制度

正当的道德教育，首先要促进社会个体的自由发展。因此，任何有损学生道德自由权的行为都是不道德的。但这里的自由权仅仅是指普遍的自由权，而不是指个体的任性自由。也就是说，自由的实现是所有人的自由实现。某一个

---

① 鲁洁. 德育社会学[M]. 福州：福建教育出版社，1998：287.

人的自由不是真正的自由，因为其是建立在牺牲他人自由权的基础之上的自由。这种自由违背了自由的普遍性精神，从某种程度上来说，这种自由是一种更大的不自由。因此，自由的实现是有条件的，为了防止任性自由对他人自由的权利的侵犯，有必要建立相应的制度加以保障。制度为我们提供了一种稳定的教育与生活环境，其有利于防止他人的任性自由对我们的自由权利的侵犯，进而实现普遍道德自由。但自由与制度往往处于矛盾和对立之中，如果不能正确处理道德自由与制度的关系，将会出现顾此失彼的现象，使得道德教育在自由与制度之间来回摆动。鉴于此，有利于道德自由实现的制度，必然是建立在民主基础之上的制度。即在制定制度的过程中，要切实维护和保障相关者的参与权及其实现，以及保证各方能够进行深度的协商与沟通，从而使制度符合大多数人的权益。

九、重视顶层设计

"顶层设计就是自上而下、自高端至低端层层系统推进的设计方法。具体讲，顶层设计就是用系统方法，以全局视角，对各要素进行系统配置和组合，制订实施路径和策略。"[1]其有决定性、简明性、目标与手段的一致性等特点。根据顶层设计的定义及特点，教育主管部门在进行顶层设计的过程中，要树立正确的教育理念，制订的方案要简明易懂，坚持普适性原则。为了保证德育课程的科学性，对于德育课程的顶层设计，需要从以下四个方面来把握：首先是时间维度，如初一年级注重"适应"，初二年级注重"发展"，初三年级注重"奋进"；其次是空间维度，如"学校·家庭·社会"的德育联盟；再次是内涵维度，包括学校教育哲学、学校德育文化和学校德育模块；最后是课程维度，包括显性课程（学科课程、活动课程）和隐性课程。但顶层设计只是从宏观角度对德育课程进行规划，难免会出现与实际产生偏差的情况。因此，学校在顶层设计的过程中，要广泛听取一线教师的意见，做到自上而下的顶层设计与自下而上的基层探索的辩证统一。

十、重视社会和家庭的支持

德育课程建设看似是学校单方面的责任，但由于德育的特殊性，决定了学校的德育课程建设不能脱离社会和家庭。因此，在进行德育课程建设的过程中，要注重发挥社会和家庭的作用，形成学校与社会、学校与家庭的合力。这不仅有利于提高德育工作的效率，而且有利于保证德育工作的完整性。

---

① 纪大海. 顶层设计与教育科学发展[J]. 中国教育学刊，2009，（9）：28-30.

德育活动上升为德育课程，不是简单地走"老路"，也不是"新瓶装旧酒"，其目的在于对德育课程有一个较为全面的认识和把握，避免对德育课程狭隘、片面的理解。为此，各学校做了许多努力，也取得了显著的进步。但在德育课程建设的过程中，也暴露出许多的问题，这也说明德育课程的改进与创新是一个艰难的过程，需要反思、发现问题、解决问题，最终促使学校的德育课程建设越来越完善。

第四章

象山课程：基于经验连续体的综合实践活动课程

教育应该致力于促进学生综合素质的全面发展。为实现这一目的，教师必须跳脱原有的课程开发的加法思维（即开发多种类型的课程），从根本上创新课程开发的指导思想与理论框架。基于经验连续体的综合实践活动课程开发，就是在这种方向上的初步尝试。本章首先论述了基于经验连续体的课程开发缘由及具体构想，继而探讨这一构想在象山县延昌小学和昌国小学这两所学校中的校本行动方式，试图为广大中小学校拓展课程视野、创新课程实践、提升育人理念提供一定的启示。最后，应在总结经验连续体实践成效的基础上，分析该构想对于课程变革与学校文化革新的深远意义。

第一节　经验连续体的课程开发构想

为什么要提出经验连续体的课程开发构想？什么是基于经验连续体的课程开发？围绕经验连续体的课程开发的核心理念是什么？用什么样的策略可以实现这种理念？在实践中，基于经验连续体的学校课程开发最典型的实践范式有哪些？这些问题就是本节要探讨的主要内容。本节试图从理论和实践的宏观层面，探讨经验连续体的课程开发构想的价值、理念与操作路径。

一、从课程连续体到经验连续体

（一）"一心开二门"与课程连续体

张华教授认为，第八次课程改革以转变学生的学习方式，崇尚创造，让学生获得个性解放为基本理念。在这一基本理念下，其以"一心开二门"的形象说法解释了新课程的组织框架。"在这一基本理念的指导下设置两类课程：学科课程与综合实践活动课程。这即是所谓的'一心开二门'。学科课程旨在发挥学科知识（学科逻辑）对人的发展价值，它所解决的基本问题是每一个人的心理经验与学科逻辑的关系。综合实践活动课程旨在发挥生活世界对人的发展价值，它所解决的基本问题是每一个人的心理经验与活生生的现实世界（生活世界）的关系。"①在另一篇文章中，他又总结道："综合实践活动课程与学科课程的区别不是学习方式的不同，而是学习内容和解决的问题的差异。"②

尽管存在差异，但两种不同类型的课程或领域是相互联系的，"学科课程与综合实践活动课程互相联系。首先，两者都崇尚探究，都强调学习方式的转变……其次，学科与生活互相促进，历史地统一。学科源自生活，并指向于提升生活的意义。生活诞生学科，并为学科所改变。因此，学科课程与综合实践活动课程应当也能够建立内在联系"③。然而，这种联系的最佳方式，乃是实现两种课程的一体化，这根源于学生个性的整体性。"学生的个性是一个整体，有助于个性成长的课程也应是一个整体。因此，学科课程与综合实践活动课程的一体化是学生个性成长的内在要求。"④在这种关系下，可以构建综合实践活动课程与学科课程一体化的"课程连续体"，这个连续体由"单学科探究活动""跨学科探究活动""综合实践活动"构成⑤，且随着儿童年龄发展阶段的不同而呈现出多样化形态。⑥他还指出，这一做法的意义在于，"构建由学科课程与综合实践活动课程有机互动而成的'课程连续体'是我国学校课程体系重建的一个方向"⑦。

在张华教授看来，学科课程或学科知识与综合实践活动课程或生活世界是两种性质不同的知识或领域，"学科课程与综合实践活动课程不仅是两类课程，更是两种价值、两种视界：一是学科的视界，一是生活的视界，两者不能互相替代，只能互补、联系、整合"⑧。现实世界的视野与学科知识的视野是不同的：现实世界的视野是学生自己在与现实世界的直接接触中探究、体验世界，理解、融入世界的思维方式。这种视野的价值是学科知识无法替代的。学校教育被迫陷入的单一的学科知识视野，逼迫学生只能间接地、通过别人的视野看世界，教育由此成为向儿童的心灵"储蓄"别人观点的过程。学科知识不仅成为判断现实世界真假

---

① 张华. 综合实践活动课程的问题与意义[J]. 教育发展研究，2005，（1）：34-37.
② 张华. 让儿童自由探究生活——兼论综合实践活动课程的本质[J]. 全球教育展望，2007，（4）：8-12.
③ 张华. 综合实践活动课程的问题与意义[J]. 教育发展研究，2005，（1）：34-37.
④ 张华. 综合实践活动课程的问题与意义[J]. 教育发展研究，2005，（1）：34-37.
⑤ "单学科探究活动"从分门别类的学科课程中自然引出，这些活动中一部分是对学科逻辑本身的探究，但占很大比例的是学科知识在生活中应用的探究。"跨学科探究活动"从不同学科的彼此关联与合作中引出。"综合实践活动"（或"研究型课程"）是指应用学科知识探究生活，它是在生活中由于生活并为了生活，却与学科知识无法分割。
⑥ 张华. 让儿童自由探究生活——兼论综合实践活动课程的本质[J]. 全球教育展望，2007，（4）：8-12.
⑦ 张华. 让儿童自由探究生活——兼论综合实践活动课程的本质[J]. 全球教育展望，2007，（4）：8-12.
⑧ 张华. 综合实践活动课程的问题与意义[J]. 教育发展研究，2005，（1）：34-37.

的标准，而且替代了世界本身，世界由此被强行简单化，这是人的心灵和世界的双重异化。当学校教育选择现实世界的视野时，可以把相关学科知识暂时"悬置"起来，侧重反思"我眼中的世界是什么"，比较"我的思想"与学科知识所体现的"别人的观点"之异同，实现学校教育中现实世界的视野与学科知识的视野两者之间的互动。①

然而，两种类型课程的互动、互补、联系与整合，是以彼此分离为基础与前提的，所以在本质上，综合实践活动课程与学科课程被视为"两类课程""两种视界"，不过是两类需要彼此融合与互渗的课程，最终的形态应该是这样："综合实践活动课程只有像学科课程那样具有连续性、有力量，它在教育上才是有意义的；学科课程只有像综合实践活动课程那样具有探究性、生活化、个性化，它才有助于学生的个性发展。"②

从上述分析可以看出，张华教授认为新课程强调学科视界与生活视界的融合，这样才能实现学生个性的整体发展；学科课程和综合实践活动课程不是对立或互为替代的，而应该是整合、互补、相互联系的。在此，"一心开二门"的提法是从课程类型的角度出发的，在区分"二门"课程独特性的基础上，指出要实现"二门"课程的整合、互补与相互联系。但是，如果换种角度，从课程对于学生的个性发展或者核心素养的提升来说，"二门"课程都属于学生个性发展的教育资源，在对于学生个性整体发展方面的作用，二者具有根本的一致性。换言之，从课程对于学生核心素养的发展来说，二者的一致性是第一位的，我们首先要考虑的是它们对于学生都具有发展性的功能；二者本身的区别则是第二位的，是在考虑其对于学生个性发展的不同价值才会涉及的问题。

钟启泉教授同样认为，新的课程改革关注课程的整体设计，旨在确立双重课程——由学科课程与综合实践活动构成的学校课程。③他指出，人们容易从"知识中心"或"经验中心"的角度区分学科课程与综合实践活动课程，以为前者是单纯基于知识（技能）的学习，后者是单纯基于经验（体验）的学习。这种认识是片面的，其实这两种课程都应当以各自的知识与经验所组织起来的课程进行学习，否则便不能构成真正的学习。两种课程的差别不在于是知识还是经验，而在于知识与经验的单元构成方法。学科课程是以学科的内容（题材）为核心组织知识与经验的，而综合实践活动课程是以现实的主题（课题）为核心组织知识与经验的。④无论学科课程还是综合实践活动课程，都是在学习中组织知识和经验的课程。两者的差异不是"是知识还是经验"的问题，而在于知识与经验的组织方式的

---

① 张华. 让儿童自由探究生活——兼论综合实践活动课程的本质[J]. 全球教育展望，2007，(4)：8-12.
② 张华. 综合实践活动课程的问题与意义[J]. 教育发展研究，2005，(1)：34-37.
③ 钟启泉. 综合实践活动课程的设计与实施[J]. 教育发展研究，2007，(2A)：43-47.
④ 钟启泉. 综合实践活动：涵义、价值及其误区[J]. 教育研究，2002，(6)：42-48.

差异。[1]而且，不管是知识还是经验，都是在学习主体的活动之中、在学习主体间的关系之中形成的。离开了社会关系的孤立的个人，不可能有任何的知识和经验。因此，双重课程需要整体设计，这种设计需要体现两个原则：第一个原则是凸显生活世界的价值；第二个原则是寻求生活与学术的交融。[2]

钟启泉教授继而认为，"综合实践活动是学科课程所排除了的现代社会以及人类与人生的切实问题作为课程内容的，它为学生提供了一种学习经验的基本框架"。"学科课程偏重'学科逻辑'——学科领域的知识体系；综合实践活动课程偏重'生活逻辑'——综合性的知识与经验。这样，综合实践活动课程作为一种跨学科的'统整课程'，在课程目标、内容、教师角色、学习形态和评价方式上，与学科课程都有很大的差异。"[3]这就把学科课程与综合实践活动课程看成了在内容上互不包含、同时互为补充的课程形态。因此，我们要思考的问题是：如何从学生发展的角度出发，将学科课程与综合实践活动课程两种不同类型的经验进行深度整合，将课程连续体转换为学生的经验连续体。

（二）"三个世界"理论与经验连续体

人们习惯于用二元论的思维方式去看待不同的课程类型，我们惯用的二元思维方式是我们在面对综合实践活动与学科课程时，下意识地把二者放在对立的位置，重点关注甚至夸大二者的区别，忽视了二者之间必不可少的联系。事实上，对于实践中的课程而言，并不存在真正界限分明的不同课程类型，从根本上说，学校课程体系是一个整体，不论是学科课程还是综合实践活动课程，真实的课程都是处于从分科到综合、从强调间接经验到重视直接经验等连续维度上的某一点。综合实践活动课程与学科课程不是截然分开的两类不同课程，它们只是不同内容与方法在侧重程度上产生差异的结果，正确把握这些不同内容与方法的动态平衡，是提高课程综合育人价值的必要条件。[4]所以，解决上述问题的思路，恐怕不在于必须从学校课程体系一体化的视角出发，在综合实践活动与学校课程体系中的其他课程类型（主要是学科课程）的辅助、整合、拓展等关系中把握其价值，形成学校课程体系的整体性力量，促进学生的最优发展[5]，而在于重新认识学科课程与综合实践活动课程的关系，以及实践中课程的具体表现形式和存在状态。

在《客观知识：一个进化论的研究》一书中，波普尔提出了著名的"知识进化论"

---

① 钟启泉. 综合实践活动课程的设计与实施[J]. 教育发展研究，2007（2A）：43-47.
② 钟启泉. 综合实践活动课程的设计与实施[J]. 教育发展研究，2007（2A）：43-47.
③ 钟启泉. 综合实践活动课程的设计与实施[J]. 教育发展研究，2007（2A）：43-47.
④ 孙宽宁. 综合实践活动的价值反思与实践重构[J]. 课程·教材·教法，2015（5）：43-48.
⑤ 孙宽宁. 综合实践活动的价值反思与实践重构[J]. 课程·教材·教法，2015（5）：43-48.

"三个世界"的理论。在波普尔看来，存在三个世界。[①]第一世界是包括物理实体和物理状态的物理世界，简称世界1。第二世界是精神的或心理的世界，包括意识状态、心理素质、主观经验等，简称世界2。第三世界是思想内容的世界、客观知识世界，简称世界3。波普尔主要致力于为世界3的客观性、自主性和实在性做辩护。

世界3具有客观性特征。理论的逻辑结果标志了世界3思想内容的特征，以至于可把理论的抽象思想内容看作它的逻辑结果的集合。知识的客观意义可与蜜蜂酿的蜜相类比。知识像蜂蜜一样是客观的。自主性思想是世界3理论的中心思想；世界3虽是人的创造，但部分是自主的，是一个有一定程度自主性的领域。所谓自主性，意味着独立存在或不可还原性。同时，世界3具有实在性特征。他认为，世界3客体的实在性不仅在于它们在世界1中的物质化或具体化，而且在于它们可引导人们去生产世界3的其他客体，并作用于世界1，所以，未具体化的世界3客体也可以是实在的。关于实在性的判定标准，主要在于相互作用。

三个世界在历史关系上是进化的。有一个物理世界，即世界1，它的一个次级世界是生物有机体世界。世界2是有机体世界的进化成果。世界3即人心产物的世界，作为世界2的进化成果而出现。世界3对世界2的作用是直接的，而对世界1的作用则是间接的。在三个世界中，前两个世界能相互作用，后两个世界能相互作用。因此，主观经验或个人经验世界能与其他两个世界中的任何一个发生相互作用。世界1和世界3之间只有通过世界2的中介才能相互作用。认识活动的进展，知识的增长，像生物进化一样，都按照试错法进行。在波普尔看来，试错法与科学方法基本上是一致的。他用四段图式（问题—尝试性解决—排除错误—新的问题）描述突现进化和通过选择、理性批判而自我超越，通过系统的理性批判以排除错误来发展知识。

波普尔的"三个世界"理论，可以用来说明学生的个性发展和外部课程经验之间的关系。学生的个性发展即是世界2的内容的不断丰富与能力的持续提升过程，而世界2所连接的两个对象即世界1与世界3，可分别视为综合实践活动课程与学科课程。因此，世界1、世界2、世界3就分别对应于综合实践活动课程、学生发展的个性、学科课程，如表4-1所示。

表4-1 "三个世界"与课程、学生之间的对应关系

"三个世界"	对应范畴
世界1	综合实践活动课程
世界2	学生发展的个性
世界3	学科课程

[①] [英]波普尔. 客观知识：一个进化论的研究[M]. 舒炜光，等，译. 上海：上海译文出版社，2005.

所以，围绕学生发展核心素养，就要打破学科课程（世界 3）与活动课程（世界 1）、基础性课程与拓展性课程的分割与对立局面，从经验连续体的视角出发进行课程整合，重新规划课程的设计框架。经验连续体的概念，就是从学生的角度出发，重构学科课程（世界 3）与活动课程（世界 1）的割裂关系，整合二者对于学生发展的独特素养（世界 2）的作用，发挥跨学科育人价值，保证学生所获教育经验的完整性与连续性。

经验连续体实现了课程的整合，学科课程具有综合实践活动课程的探究性、生活化、个性化，综合实践活动课程也具有学科课程的连续性、有力性。在这种课程体系之下，学生既能掌握学科课程所授予的间接经验，同时也能在综合实践活动课程中运用学到的间接经验或者学到其他直接经验，这样就保证了学生获得的教育经验的完整性和连续性，形成了一种经验连续体。

从课程实施的角度阐明综合实践活动课程的独特价值，在于智慧与知识的统整、学科知识与生活知识的统整。①综合实践活动课程的四种活动方式——考察探究、社会服务、设计制作、职业体验，密切了学习者与现实生活世界的联系。从本质上说，人的学习过程就是"经验的重组"②过程（世界 2 的持续更新与完善过程），这里的"经验"包含了直接经验（世界 1）与间接经验（世界 3）的部分内容。

二、经验连续体操作的基本策略

要保证学生经验获得的连续性与完整性，最适合采用项目学习或问题解决型学习方式。因为项目的完成或问题的解决，是一个学生不断收集信息、组织知识、反思经验的连续循环过程，这一过程需要学生在自我与世界互动的过程中，深化自己的思维认识，以及提升与世界交往的能力。这种能力是学生终身发展的核心素养，项目学习最有利于这种素养的获得。基于项目学习的课程生成模式，则属于登山型模式。

（一）登山型的课程生成模式

钟启泉教授对"综合实践活动"的含义，从"一种课程编制（生成）模式"角度进行界定。他认为，课程所组织的不仅是教育内容，而且通过教育内容的组织，也组织了知识与人的关系以及人与人的社会关系，这就构成了教学的社会背景。他介绍了日本学者佐藤学以"教育内容与学习者之关系"为焦点，区分出的

---

① 钟启泉. 综合实践活动：涵义、价值及其误区[J]. 教育研究，2002，（6）：42-48.
② [美]约翰·杜威. 民主主义与教育[M]. 王承绪，译. 北京：人民教育出版社，1990：82.

两种不同性质的课程生成模式——阶梯型[①]和登山型，他认为综合实践活动课程属于登山型模式。[②]

登山型课程的特征在于，以重大的主题（山）为中心，准备了若干学习的途径（登山道）。不同于阶梯型课程的"目标—成就—评价"的单元组织，登山型课程以"主题—探究（经验）—表达"为单元进行组织，即首先预设特定的主题，然后学习者以多样化的方式与逻辑展开探究性活动，最后表达、交流并共享学习成果。它不仅注重学习结果，而且更加注重学习过程的多元化、个性化。登山型课程是基于杜威的"经验说"、维果斯基的"活动"概念的一种"建构主义"学习观。

登山型的课程生成模式顺应了世界范围内"整体主义教育"的发展思潮。随着 20 世纪 60—80 年代思维、认识与价值的范式转换，出现了对于科学主义的批判，认为整体不等于部分之和，整体具有不可还原性，即便重构被分解了的要素，也并不等于原来的整体。从这种"要素还原主义"的批判出发，诸如在理科的教学中，不仅要求教师改进教学方法，使学生借助观察与实验发展感性能力，而且要求学生直接同自然、社会、文化等环境进行互动，认识周围世界，也认识自身。这种科学素养的理念隐含了综合实践活动课程的本质。20 世纪 90 年代以来，世界各国活跃的"整体主义教育联盟"针对现行教育的弊端，主张实施"整体主义教育"，强调回归儿童本性的价值追求。综合实践活动正是立足于这种整体主义教育与一元论哲学，主张张扬人性，强调"德、智、体"与"知、情、意"的和谐发展，关注理性主义与非理性主义的交融，旨在解决现实问题的跨学科研究。[③]

（二）项目式的学习展开方式

对于"基于项目的学习"（project-based learning，PBL），国内的译法还有"基于课题的学习"等，但比较通用的译法仍是"基于项目的学习"，简称"项目学习"，本书也采用这种译法。

如何理解项目学习？首先，我们可以通过"项目"（project）这个词进行大致解释，这里的"项目"源于管理学科，指的是"以一套独特而相互联系的任务为

[①] 阶梯型的课程是一种以"目标—成就—评价"为单元组织课程的模式：首先预设具体的教育目标，然后在教学过程中组织能够有效地实现该目标的活动，最后对照目标借助测验做出评价。现行的分科主义课程、"泰勒原理"、斯金纳（B. F. Skinner）的"程序学习"的"小步子"原理、布鲁姆（J. S. Bloom）的"形成性评价"和"掌握学习"的理论等都充分体现了这种模式的特征。阶梯型课程往往被比喻为"生产流程"，20 世纪早期的科学化课程设计鲜明地体现了这一点。阶梯型课程的编制是基于个人主义、个人竞争的学习心理学进行的。

[②] 钟启泉. 综合实践活动：涵义、价值及其误区[J]. 教育研究，2002，（6）：42-48.

[③] 钟启泉. 综合实践活动：涵义、价值及其误区[J]. 教育研究，2002，（6）：42-48.

前提，有效地利用资源，为实现一个特定的目标所做的努力"①。因此"项目学习"其实是管理学科中的"项目"在教学领域的延伸、发展和运用。刘景福和钟志贤认为，项目学习指的是"以学科的概念和原理为中心，以制作作品并将作品推销给客户为目的，在真实世界中借助多种资源开展探究活动，并在一定时间内解决一系列相互关联着的问题的一种新型的探究性学习模式"②。高志军和陶玉凤则从过程角度加以定义，认为项目学习指的是"学习过程围绕某个具体的学习项目充分选择和利用最优化的学习资源，在实践体验、内化、吸收、探索创新中获得较为完整和具体的知识，形成专门的技能和得到充分发展的学习"③。从定义中可以看出，虽然学者从不同角度出发对项目学习的定义有所差别，但是我们仍然可以总结出其中的共性，即项目学习包含着从项目或问题的提出到解决的过程，在这个过程中，学生各方面的能力可以得到锻炼和提升。

项目学习大多强调学习情境与任务的真实性。那么，何谓真实性任务呢？以数学学科为例，美国数学教育心理学者 Lesh 和 Lamon 就明确表示，所谓的真实性数学活动（任务），是指那些具有如下特征的数学活动：①真实的数学问题；②现实性问题情境；③现实生活情境中有可能实际发生的问题；④现实性的工具和资源。基于这种思路，Guliker 等提出了一个理论框架，从五个维度来评估任务的真实性程度，分别是评价任务、物理场景、社会场景、评价结果或形式、评价标准。所以，项目学习的倡导者认为，学生的能力发展相较于其他学习结果来说更为重要，因为现实生活需要那些整合和协调知识、技能和态度的能力以及在一个新环境下应用它们的能力。

对于经验连续体的展开和生成，项目学习的特殊优势在哪里呢？

1) 学习过程始终围绕着项目的制作完成或问题的解决，学生在"做中学"（learning by doing）。项目学习的理论基础主要包括建构主义学习理论、杜威的实用主义教育理论以及布鲁纳的发现学习理论。④由此可见，项目学习强调学生通过项目的开展或问题的解决这一过程进行自我发现，建构认知，积累经验，从而获得知识和技能。这种项目制作型的学习方式，不在于知识的深度而在于其广度和有用性。戴维·珀金斯认为，"在基础教育阶段，业余的专业知识比高深的专业知识更重要。教育资源应当被用于帮助学生扎实而灵活地理解基础知识，而不是催促学生学习某学科的复杂内容，因为在学习者将来的生活中，这些内容几乎没什么用"⑤。

---

① [美]杰克·吉多，詹姆斯·P.克莱门斯. 成功的项目管理[M]. 张金成，等，译. 北京：机械工业出版社，1999：61.

② 刘景福，钟志贤. 基于项目的学习（PBL）模式研究[J]. 外国教育研究，2002，（11）：18-22.

③ 高志军，陶玉凤. 基于项目的学习（PBL）模式在教学中的应用[J]. 电化教育研究，2009，（12）：92-95.

④ 刘景福，钟志贤. 基于项目的学习（PBL）模式研究[J]. 外国教育研究，2002，（11）：18-22.

⑤ [美]戴维·珀金斯. 为未知而教，为未来而学[M]. 杨彦捷，译. 杭州：浙江人民出版社，2015：192.

另外，"真实的生活并不像学科体系那样严谨有序"①。

2）学习过程中关注的知识具有跨学科性。现实生活中面临的问题，通常需要联合多学科的知识才能解决，因此学生需要学会运用不同学科的知识来解决一个问题。因此，有必要建立一种新的单元体系，在始终考虑"什么知识值得学习"的前提下，必须再追问：新的单元体系会为我们提供什么？"传统学科提供了大量的资源，但原封不动地直接使用就没有任何意义了。为了使学生的学习具有生活价值，我们必须更新学科，充分利用传统学科的新发展，并利用对于当代社会、对于建构业务的专业知识非常有用的新交叉学科。"②甚至更进一步，打破常见学科的界限，将各学科内容融入广泛的主题中。项目学习过程能够锻炼学习者运用不同的学科思维来解决某一问题，还可以使学习者围绕对知识内容的宽泛分类来重新安排时间。

3）学习过程中强调交流合作以及对多方资源的收集利用。学生之间、学生与教师之间、学生与家长之间以及学生与其他社会成员之间会就项目的完成或问题的解决展开持续的讨论、交流以及合作，在此过程中，学生的人际交往能力和合作精神都能得到提升。在生活的各个方面都具有普遍重要性的个人能力和人际交往能力，我们称为综合能力。它更关注人们如何更好地应对自己的个人生活和人际关系，包括家庭角色、公民角色、工作角色等。项目学习为促进学生体验种种角色提供了机会，能够帮助学生发展这些能力。此外，在学习过程中，学生学会了使用各种认知工具和信息资源来表达他们的观点，如计算机资源、网络资源等。

三、经验连续体实践的三种典范

综合实践活动有不同的实践方式，可以根据实验学校及学生的特点、实验学校申报的项目类型进行合理地运用，整体呈现综合实践活动学习的多种样貌。如果从学校课程体系的一般角度而言，综合实践活动课程的开发与实施主要有三种典型路径。③

（一）探究性课程实践

它主要是针对学生掌握和理解学科课程知识的需要而开设的综合实践活动课程类型，目的是让学生更好地掌握系统的学科课程知识和技能。学科课程充分体现了知识的系统性和逻辑性，但这些知识的去情境化特点使学科课程容易脱离学生的实际生活经验，对此可以在学科课程的实施中适当穿插一些有针对性的学生实践活动，如物理和化学学科中的生活实验、语文学科中的实际观察等，辅助学

① [美]戴维·珀金斯. 为未知而教，为未来而学[M]. 杨彦捷，译. 杭州：浙江人民出版社，2015：199.
② [美]戴维·珀金斯. 为未知而教，为未来而学[M]. 杨彦捷，译. 杭州：浙江人民出版社，2015：192.
③ 孙宽宁. 综合实践活动的价值反思与实践重构[J]. 课程·教材·教法，2015，（5）：43-48.

生对学科课程内容进行更深入的学习。

这种类型的综合实践活动在开发中又可以分为两种取向。

第一种取向是使学科知识的传授更适应学生的认知发展水平。其主要适用于小学阶段，因为小学生的认知发展水平主要处于儿童认知发展的具体运算阶段，这个阶段儿童的认知活动必须与他们所熟悉的物体或场景相联系，所以，要适当把学科课程内容融入具体的实践场景中，与学生熟悉的生活经验相联系，让学生通过实践活动领会学科课程的内容，达到理解和掌握的水平。

第二种取向是让学生更深入地理解和掌握学科课程中抽象的间接经验。它适用于整个基础教育阶段，因为在个体认知达到更高水平后，借助具体事物和操作活动进行认知思维的能力并不会消失，而且在个体遇到比较困难或不易掌握的抽象内容时，能有效地帮助个体实现对抽象内容的深刻理解。设计一些抽象知识在实践中存在或应用的情境，让学生通过实践活动来感受和领会抽象知识的含义，能有效促进学生对课程知识的理解。

（二）整合型课程实践

它以加强原有学科课程知识之间的有机联系，使学生获得关于世界的综合的、整体的知识为宗旨，把在传统课程体系中分散组织或零散处理的内容，以新的方式进行整合，使之形成有机的整体，从而便于学生更完整、深入地掌握和理解。

这就需要建立跨学科的课程结构，形成交叉主题。我们应当仔细考察交叉主题在具有生活价值的学习中所发挥的作用，尝试开发多种类型的交叉主题单元，采用交叉主题教学，尤其是应充分利用当地的各种资源，让学生有机会更好地认识自己身边的社区环境或者城市环境。

世界是一个有机整体，儿童应该从其周围生活及其直观的范围中去寻求知识的始点，并逐渐地发展自己有机的、统一的知识。当前，强调学科知识整合的关联课程、融合课程、广域课程，以及 STS 课程、环境教育课程、国际理解教育课程、STEAM 课程等，为当下知识整合类综合实践活动的开发提供了直接范例。教师把原本分属于不同学科领域的内容或涉及现实社会问题的多方面内容，用新的逻辑进行有机整合，从而给学生提供一种更加宏观、完整的视野和思维方式。

比如，关注个体与集体获得不同经验的方式，包括工作经验、公民参与活动、艺术体验等。这里有一些可供参考的框架，如职业参与、艺术活动、公民参与、家庭与社会活动、了解物理世界、了解生物世界、了解心理世界（学会学习和思考/认识情感）、了解人类境况的根本难题。例如，学习"职业参与"主题时，学生可以探究不同类型的职业角色具有什么样的表现，扮演这类职业角色意味着什么；学习"艺术活动"主题时，学生可以体验并反思生活中有哪些缤纷多彩的艺术，以及这些艺术中体现了什么样的创造力等。①第三节中的"基于海洋文化的综合实践活动课程"开发就鲜明地体现了多学科整合的特征，形成了多种交叉主题。

这些跨学科的单元体系都具有十分清晰的课程旨趣，它们旨在通过具有生活价值的、能够为生活做好准备的学习来为传统学校教育注入新的活力，而这类学习并不会在传统学科尤其是传统教学中自然而然地产生。

（三）创新性课程实践

教师为学生提供传统学科课程和课堂讲授所不能提供的实践活动机会，以非学科和非知识类的实践活动为主，强调学生的实践活动本身以及学生在活动过程中的体验和感受，以及其在拓展学校课程体系，促进学生更好地全面发展方面的价值。

这类活动可以分为校内活动和校外活动两种。校内活动主要是指学校依据自己的办学传统和教育理念组织开展的，诸如少先队活动、共青团活动、班会活动、晨会活动、同伴交往活动、体育节、艺术节、课间锻炼活动等项目。校外活动主要是以体验自然世界和感受社会生活为主题的活动，内容丰富、形式多样，教师可以根据学校的优势条件和个人的兴趣特长灵活地组织实施。当然，也可以将两种类型的活动密切结合，如第三节中的"基于'三正五会'的昌国卫文化综合实践活动课程"开发，不仅体现了创新性课程的实践性特征，而且融合了校内与校外两种活动形式。

活动体验类综合实践活动的主要目的在于增加学生对自然和社会的直观感受，增强学生的社会责任感、意志力，升华学生的精神境界，促进学生人格的不断完善。在活动课程之外，还可以补充以学科为中心的教学，充分利用当地的各种教育性资源，让学生有机会更好地认识自己身边的社区环境，发挥社区资源的教育价值，增进学生对于地方文化、传统文化的熟悉与认知。

第二节　经验连续体的课程实践范例

按照世界3（学科课程）与世界1（活动课程）对于发展世界2的作用方式的不同，可以将经验连续体的实践分为探究型、整合型、创新型3种类型。由于探究型类型主要围绕世界3展开，且较为常见，所以下文的实践范例主要集中在整合型和创新型这两种实践范式上，各选取一所实验学校进行介绍。

---

① [美]戴维·珀金斯. 为未知而教，为未来而学[M]. 杨彦捷，译. 杭州：浙江人民出版社，2015：204.

一、学科与活动整合的深度学习

（一）实验学校概况

延昌小学校本开发的"基于海洋文化的综合实践活动课程"是这一类型的代表。延昌小学地处石浦港畔，得天独厚的自然环境和悠久的渔文化历史积淀，为学校开展海洋文化特色教育奠定了坚实的基础，是象山县海洋文化教育特色学校。十多年来，该校一直坚持海洋文化特色教育的研究，已经形成了一定的品牌效应。学校秉承"让每一朵浪花尽情欢腾"的办学理念，无论是学生还是教师都被视为大海中的一朵浪花，让他们在课程改革大潮中都能得到健康发展、快乐成长。

蓝色海洋课程体系的建设正是基于以上的认识，以"海洋文化教育"特色为建设大平台，营造海洋文化的教育氛围，建构海洋特色教育课程体系，将海洋意识培养作为教育的切入点。该校以"海洋文化教育"研究为依托，以实施新课程改革为突破口，大力加强海洋文化教育，强化学生的海洋意识，培养学生的科学精神，帮助学生树立科学的价值观和世界观，增强学生科教兴国的信念，提高学生的综合素养。

（二）实验学校的典型经验

1. 对"海洋文化"课程的功能定位达成共识

海洋文化的本质，即它是人类与海洋的互动关系及其产物。人类在开发和利用海洋的社会实践过程中形成的精神成果和物质成果，包括人们的认识、观念、思想、意识、心态，以及由此而生成的生活方式，如经济结构、法规制度、衣食住行习俗和语言文学艺术等形态。海洋文化中崇尚力量的品格，崇尚自由的天性，其强烈的个体自觉意识、强烈的竞争意识和开创意识应该成为学生核心素养的有机组成部分。

"海洋文化"课程应该包含所有从人类与海洋的互动关系中衍生出的课程，力求为延昌小学的学生增设特有的"海味"课程，培养学生的学习兴趣，让学生学会生活，关注培养全面健康发展的人，全面推进素质教育，深化教育领域综合改革。具体而言，包括以下三方面内容。

1）提高教师的海洋教育意识和课程开发能力，将海洋教育渗透于学校德育、学科教学、综合实践活动和学校文化建设之中。

2）丰富学生的海洋知识，使其拥有开放、包容、创新、进取的精神和海洋国土意识、环保低碳的生活观念，热爱海洋、保护海洋、探索海洋奥秘的热情。

3）提高学校的办学影响力，提升学校的教育品牌，把学校建成海洋文化教育的实践基地，发挥示范和辐射作用。

2. 对"海洋文化"课程体系进行顶层设计

在前期研究的基础上，经过校长、专家、教师、教研员等多方、多次论证，最终提炼出如图4-1所示的"海洋文化"课程开发的宏观架构图。

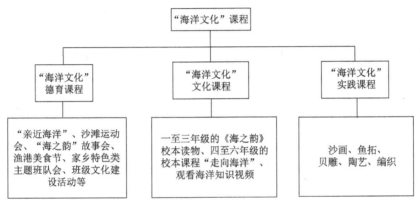

图4-1　"海洋文化"课程开发的宏观架构图

从图4-1中可以看出，无论是德育课程、文化课程还是实践课程，都开发出了多种形式丰富、主题明确的活动，并体现出知识与活动、学科与实践深度融合的特点。延昌小学希冀通过多种活动的开展，让学生在活动参与过程中获得相应的学科知识与技能。

（1）"海洋文化"德育课程

学校将重要的教育活动与海洋文化教育相结合，凸显"海洋"特色，将这些实践活动整合为学校"海洋文化"德育课程，如"海之馨读书节""海之运体育节""渔之味美食节""海之韵艺术节""海之星科技节""海之帆沙雕节"，这些活动被称为"一年六节"，在保持之前课程特色的基础上，学校积极进行内容和形式上的创新。

1）"海之馨读书节"。3—4月份开展，组织学生捐书、看书、写读书收获和感想，以及进行知识竞赛等系列活动，培养孩子们读书的兴趣和写作的爱好。学生的多篇习作发表于《未来作家》《今日象山》等杂志上。

2）"海之运体育节"。4月份，春暖花开的季节，农历"三月三"前后，"正是辣螺姑娘爬沙滩"的时候，延昌小学学子在皇城沙滩举行沙滩素质运动会，有滚冰桶、海马跳、螃蟹爬、拉沙橇、小企鹅运水等独特而又有趣的运动项目。

3）"渔之味美食节"。5月份，禁渔期前的最后一月，举行美食节活动，以传承渔区小吃文化，以亲子体验为主要形式。孩子们设计摊位广告，比拼创意。孩子们卖力吆喝，有热情炫舞招揽生意的，也有打扮成动画明星吸引顾客的……美食节活动是学生体验快乐生活、回味美好童年生活的重要一部分。

4）"海之韵艺术节"。5 月份，开展学生书画比赛，举办庆祝六一"蓝色中国梦"舞台艺术表演。艺术节是学校隆重的节日，是学生展示自我的重要舞台，是树立学生自信的主要平台。学校组织学生参加县艺术节取得了优异的成绩。

5）"海之星科技节"。10 月份开展，包括科技小发明、小论文、科幻画等活动，主要是培养学生爱科学、学科学、用科学的精神。在每年的县科技创新大赛上，学生努力拼搏，获得了佳绩。

6）"海之帆沙雕节"。11 月份，学校组织全校学生进行亲近海洋实践活动，在沙滩上创作沙雕、沙画；组织沙滩素质运动会，有拉沙橇、滚冰桶、抛缆绳等项目。这一传统节庆培养了学生的动手创作能力，使其明白美丽的事物需要智慧和汗水的付出。

"六节"的开展培养了学生各方面的能力，使学生在德、智、体、美、劳等方面都得到了相应的发展，极大地促进了学生综合素质的提升。

（2）"海洋文化"文化课程

这一课程系列除了包含学校编制用于一至三年级的校本读物《海之韵》、四至六年级的校本课程"走向海洋"外，还进行了海洋文化绘本的开发活动。

每年 4 月份，由美术教师为一、二年级全体教师进行绘本制作培训，并邀请部分家长共同参与，包括从绘本故事的创编到绘本成品形式的确定等全部内容。一年级以海洋动植物为主创编故事，二年级以石浦地区民间传说、民风习俗为蓝本创作。教科室组织绘本创作评比活动，以班为单位进行绘本创作比赛，每班挑选 5 本，参与全校最佳绘本评比。"六一"前夕展出最佳绘本作品，获得了家长、教师和学生的好评。

创编绘本活动充分调动了学生、家长和教师的积极性和创造性。因为绘本故事创编的过程，就是学生了解海洋生物的过程，是提升想象力的过程，也是发展绘画技能的过程。许多孩子以学校吉祥物——"小浪花"为主角，结合行为规范、环保等内容进行创编，起到了进行养成教育的作用。

（3）"海洋文化"实践课程

该课程系列主要包含海洋文化实践馆课程群的开设和"小浪花志愿者行动"两项内容。

1）海洋文化实践馆课程群的开设。在教育局及石浦镇政府的大力支持下，延昌小学投入 50 多万元打造海洋文化实践馆，历时 3 个月，于 2015 年 11 月正式启用。内设沙画、陶艺、贝雕、编织、鱼拓 5 个实践教室。5 位教师向专业师傅学习或通过网络课程自学，掌握教学技能，然后对学生进行教授。

教师在每周的社团课上进行集中教学。海洋文化实践馆一开馆，就受到了学生的喜爱，社团课报名经常爆满。每学年学校的课程都将重点放在美术教师负责的沙画、陶艺、贝雕课程的开发上（编织、鱼拓由两位语文教师授课），这三门课程在 2015 学年第一学期形成了初步的教案汇编，2016 学年，学校将这三门课程作为精品课程来开发，目前，沙画、贝雕、"海洋文化"德育课程已成功申报县精品课程。

学校以转变学习方式为立足点，建立"海洋文化"实践课程体系，聚焦"实践体验""项目探究""社团合作"等方式，整合原有社团课程、兴趣课程，开发系列课程，真正实现了"让每一朵小浪花尽情欢腾"的学校育人理念。

每个年级的学生主学一种"海洋文化"实践课程。这样从二年级到六年级轮一遍，每个延昌小学的学子都能掌握学校所有的特色实践课程，如表 4-2 所示。另外，每周二的社团时间，教师还可以专门培养学生对所在年级段外的项目的兴趣，因材施教。

表 4-2　学生年级与所学内容的对应关系

二年级	三年级	四年级	五年级	六年级
编织	陶艺	沙画	贝雕	鱼拓

为了提高实践馆的利用率，近几个学期，学校还为学生发放实践馆体验券，提高学生的参与度。例如，每个月的德育小标兵，或者在各类学科竞赛中获奖的学生，都能获得体验券；或者学生上交各种贝壳到德育处，根据贝壳的数量兑换体验券。

2）"小浪花志愿者行动"。每学年组织 2 次，比如，对渔区环境、渔业资源、渔俗旅游、渔港风俗等进行调查研究，促进学生融进社会，了解家乡，关心自己的生存环境。

第一学期组织小浪花志愿者对渔区环境进行调查，重点调查方向是垃圾污染物、滩涂海草、生物变化等；小浪花志愿者对渔业资源进行调查，重点调查方向是鱼价格的变化、市场鱼品种的变化、渔民出海情况等。

第二学期组织小浪花志愿者对渔俗旅游进行调查，重点调查渔民捕鱼禁忌、捕鱼旅游业情况、捕鱼俗语等；小浪花志愿者对渔港风俗进行调查，重点调查渔民特色饮食、节日活动的由来等。

由各班班主任指导学生组建小队，设计调查方案，做调查记录，拍摄照片，写活动感想（调查报告）等。通过调查活动，孩子不仅了解了家乡的风土人情，还增强了写作兴趣和提高了交往能力。

3. 制定"海洋文化"课程的评价体系

学校将"海洋文化"课程的评价纳入学生总体评价的体系中，实施学业等级制评价和个性发展综合性评价，一般不用百分制计算，而是以目标达成度为标准。根据素质教育的整体性、全面性要求，综合评价的内容分为学业成绩、个性特长、全面素质综合评价等类别，对于不同内容，分别采用与之相应的评价方法。

学业成绩指品德与生活（品德与社会）、语文、数学、外语（英语）、科学、体育、音乐、美术、信息技术等小学学科课程的学习情况。评价方法为等级制，分为优秀、良好、合格、不合格四个等级。

个性特长包括学生在社团活动、学校"海洋文化"课程选修学习中的表现，参与班级以上各种课内外竞赛活动的获奖情况等。评价方法为学习过程定性描述，定性描述可用"好""较好""一般"等词语表述。

个性特长的内容广泛、形式多样，各班应根据本班实际情况制订相应的评价标准，一般可分为两个层次：①学生在学校"海洋文化"课程选修学习中表现出的兴趣和优异成绩；②学生在参加班级以上社团活动的表现和各种竞赛中取得的成绩（包括获奖情况）。评价方法如下：①成绩记载，即学生在参加班级以上兴趣小组活动中取得的优异成绩和在各项竞赛中的获奖情况；②定性描述评价，根据学生在课内外学习活动中的表现、态度和发展情况进行评价。其重视引导学生进行自评、互评。

全面素质综合评价是期末对学生在思想品德素质、文化科学素质、身体心理素质、劳动技能素质以及个性兴趣爱好等方面的发展情况进行综合评价，评价方法为给予激励性评语。

从延昌小学"海洋文化"课程的开发与实施可以看出，该校将"海洋文化"这一要素融入不同的学科课程与实践活动中，化为学生具体可感、可知、可参与、可创造的对象。通过综合课程与实践活动，学生得以深度参与到对这一概念的理解与实践中，最终将"海洋文化"精神根植于心，化为自己的核心素养。

二、跨学科、扬传统的创新性学习

（一）实验学校概况

昌国小学基于"三正五会"的昌国卫文化①综合实践活动课程开发，是跨学科创新型课程实践的最好阐释。昌国小学所处的昌国历史悠久，唐称后门，明称昌国卫。明初为防倭，显现翼蔽之势的昌国卫城，是明代的军事重地，具有很悠久的海防文化。从昌国的人文风情来看，优越的自然条件和丰厚的文化底蕴，哺育了一代又一代英才。此外，"一年两头会"的清明会、十月醮，以及十四夜等民间习俗，都折射出昌国卫特有的文化内涵。现今，"昌国两头会"已被

---

① 即昌国之地的海防、保卫文化。

列入县级非物质文化遗产名录。因此，依托学校的特殊地理位置，"昌国卫文化"特有的自然资源、海防精神和民俗文化等资源，构建"昌国卫文化"特色的课程体系顺理成章，有必要将学校地域资源和学生的需求与兴趣相结合，探索适合学校发展的课程项目，致力于让家乡文化深入人心，培养学生的寻根意识和地域文化认同感。

（二）实验学校的典型经验

1. 对"三正五会"课程功能定位达成共识

如图 4-2 所示，把学生培养成"三正"（品正、学正、体正）、"五会"（会服务、会学习、会实践、会运动、会审美），具有传统美德和民族精气神的少年，是学校一以贯之的育人目标。在此目标的指引下，以昌国卫文化为切入口，以学生的实践体验与研究性学习为基本形式，学校把弘扬和传承中华民族优秀文化作为推进素质教育的重要任务，通过对昌国卫文化与非物质文化遗产项目等的学习与感受，使学生接受中华民族优秀文化的熏陶，吸收民族精神的营养，使之成为学生成才的精神支柱，这是学校课程开发的基本纲领和核心精神。

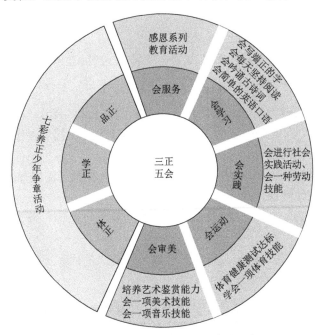

图 4-2 "三正五会"的学校育人目标

2. 对"阿拉昌国卫"拓展性课程开发过程进行整体设计

图 4-3 是昌国小学基于"三正五会"的昌国卫文化校本课程开发体系架构。

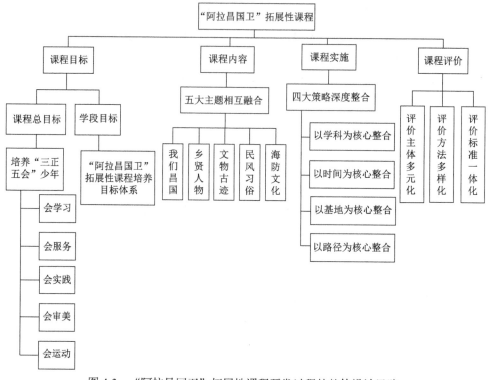

图 4-3　"阿拉昌国卫"拓展性课程开发过程的整体设计思路

（1）确定课程开发的核心目标

学校将综合实践活动与地域特色——昌国卫文化相结合，充分利用已有各类资源，通过自然、人文等因素的渗透，学习昌国卫文化，提炼昌国卫文化的精髓，形成以昌国卫文化为核心的拓展性课程。

1）依托地域资源，探索基于昌国卫文化的综合实践活动课程的开发，建立学校独树一帜的拓展性课程体系。

2）依托昌国卫文化资源，探索基于课程整合与课程创新理念的课程实施方式。

3）依托昌国卫文化资源，形成基于发展性理念的课程评价体系。

课程开发的目标体系如表 4-3 所示。

表 4-3　基于"三正五会"的昌国卫文化课程开发的目标体系

年段	知识与技能	过程与方法	情感态度与价值观
低段	1）知道昌国卫主要的名胜古迹以及它们的大概地址 2）在家长或教师的陪同下，去昌国大街、九井巷等地方走走玩玩，感受老城的美丽和家乡的美丽，并写写画画自己的感受	1）在学习、参观、体验活动中，了解传统节日的起源、习俗等	1）初步感悟昌国卫传统节日所蕴含的文化意蕴

续表

年段	知识与技能	过程与方法	情感态度与价值观
低段	3）初步了解昌国人过节时的主要习俗活动，并亲身参与几个传统节日的风俗活动 4）知道昌国的一些名人名家，在家长和教师的引导下，参观名人故居、纪念馆或欣赏名人作品，了解他们的伟大成就	2）通过玩玩、学学、做做、赏赏、评评，了解昌国卫的重要地名	2）通过走访等活动，在实践中陶冶情操，激发学生对昌国卫文化的关注与热爱 3）初步培养学生对传统节日的乐趣和兴趣
中段	1）了解昌国的今昔变化以及它们的建筑风格和弄堂的特点，感受老城深厚的文化底蕴，开展班队活动，能交流展示活动收获和体会 2）收集、交流有关昌国民间的传说和故事，了解其悠久的历史文化 3）收集、交流富有昌国特色民情的民俗活动，知道十四夜、清明会等习俗活动 4）收集董梦蛟、邵景尧等名人小故事，了解名人的成长足迹，并学习他们的优秀品质 5）初步了解昌国海防遗址的具体位置及故事	1）阅读书籍，浏览网页，搜集信息，并围绕主题进行筛选与制作 2）通过实地考察、访问等活动，培养学生收集资料、处理信息的能力 3）通过讲家乡民间故事等，培养学生的口语交际能力	1）感受家乡名人的魅力，体验综合学习的快乐，培养学生主动探究的习惯 2）提高学生实践研究能力，培养学生敢于提出问题的探索精神 3）学习名人精神
高段	1）领略昌国的文物古迹，挖掘它们的人文故事，了解它们的历史、变化和保留的风貌，体会保护古迹的价值和老城的美丽 2）搜集、夸夸家乡的民风习俗，聚焦其中一个开展研究活动，并介绍家乡的特产 3）收集、交流昌国特色风俗等相关节日的传说、故事等，开展一些相关的特色活动，体验昌国独特的节俗文化魅力 4）通过参观、调查、访问，掌握昌国海防故事及现代海防知识	1）通过实地考察、亲身体验，提高学生的生活能力、动手实践能力 2）深入掌握参与综合实践和调查的方法，以及信息搜集、分析与处理及实践探索的方法 3）通过小组之间、同学之间、师生之间的协作配合，逐步养成与人交往、合作的意识	1）激发学生学习非物质文化遗产的热情，更好地感受和传承传统文化 2）勇于提出自己的观点，具有主动发现、认真思考的学习品质 3）培养学生热爱家乡、传承家乡传统文化、尊重他人、合作创新的精神

课程目标的设计始终把握"生活化""时代性"，把富于教育价值的生活内容纳入课程领域，增加教育中的"温情""人文精神"，使拓展性课程的教育目标更符合学生发展的实际，体现时代意义。

（2）选择系统而有效的课程内容

根据我们昌国、乡贤人物、文物古迹、民风习俗、海防文化五个单元板块，课题组通过积极思考，根据有效性和针对性的原则，选择了如图 4-4 所示的 15 个主题作为"阿拉昌国卫"拓展性课程的主要内容。

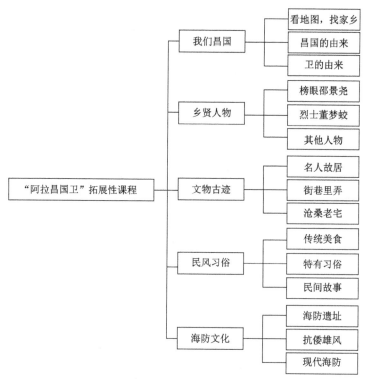

图 4-4 "阿拉昌国卫"拓展性课程内容

在确定单元目标、主题内容后,我们从适合年级、主要内容、表现形式以及方便学生学习和研究等几方面综合考虑,确定了一套具有昌国小学特色的拓展性课程教育体系,如表 4-4 所示。该教育体系力求体现浙江省课程改革精神,围绕"蒙以养正"的学校文化,以培养"三正五会"的少年为目标,设计顶层目标,建构了课程框架体系,提出了"五类课程,发展五个核心素养"的课程建设框架,让学生在多元的选择中品昌国之韵、话昌国之俗、颂昌国之情。

表 4-4 "阿拉昌国卫"拓展性课程教育体系

课程主题	课程目标	课时内容	核心素养
我们昌国	1)了解昌国的地理位置 2)了解昌国地名的由来 3)了解"卫"的由来	看地图,找家乡 昌国的由来 卫的由来	增强敏而好学、善于创新的意识,培养会学习的少年
乡贤人物	1)通过寻找乡贤人物的足迹,培养学生收集资料、处理信息的能力 2)通过讲名人故事培养口语交际能力 3)学习名人精神	榜眼邵景尧 烈士董梦蛟 其他人物	塑造学生乐观向上、健康愉悦的人格,培养会服务的少年

续表

课程主题	课程目标	课时内容	核心素养
文物古迹	1）通过访名人故居，学说导游词，培养学生的口头表达能力、逻辑思维能力和人际交往能力 2）认识家乡各式各样的桥、井、街道、老宅，感受家乡日新月异的变化	名人故居 街巷里弄 沧桑老宅	培养学生的创新精神，提升实践能力，培养会实践的少年
民风习俗	1）认识昌国传统美食，了解其制作过程 2）了解家乡特有习俗，参加民俗活动 3）通过习作、画画、摄影、做手工等记录家乡民风习俗 4）通过收集家乡的民间故事并讲一讲，培养学生的实践能力和口交交际能力	传统美食 特有习俗 民间故事	感知和体验家乡的传统文化，弘扬传统优秀文化，培养会审美的少年
海防文化	1）通过参观海防城墙遗址，了解昌国的海防文化 2）搜集抗倭故事，培养学生的民族自豪感 3）了解昌国现代海防活动，培养学生的爱家乡、爱祖国之情	海防遗址 抗倭雄风 现代海防	激发学生增强体质、保家卫国的情感，培养会运动的少年

五类课程立足于学生发展的不同方面，聚焦于不同的核心素养，具体如下。

1）课程一："我们昌国"——感受美丽古城。如表 4-5 所示，考证昌国卫的地理风貌，开发相关课程，学生在研究实践中既对家乡的历史有了更深刻的理解，又培养了自己的研究能力，激发了他们朴素的对家乡的热爱的情感。

表 4-5 "我们昌国"的课程内容

课程内容	具体内容	实施途径	学期课时量
看地图，找家乡	可爱的昌国是我们共同的家，这里是我们从小生长的地方，让我们从地图上找到它。了解家乡的具体位置，有几个行政村，家乡周围有哪些邻居，还有哪些发现，让学生从地图上感知家乡，从而激发其了解家乡的兴趣	途径1：与部分学科进行整合实施	2课时（三年级） 2课时（四年级）
昌国的由来	昌国卫的概况，各个村的村史、民情，昌国卫及许多地方的地名都有着自己的故事，也记载了当地的历史，让学生对家乡的地名做个小调查，应该会有意想不到的收获	途径2：结合拓展性教材实施	2课时（五年级）
"卫"的由来	"卫"是明初朱元璋确立军队的编制名。后来，"卫"就演化成了地名。"卫"字表明了这里曾是明代驻军的地方。通过了解并调查"卫"的由来，让学生了解昌国卫曾经是驻军抗倭的地方，激发学生爱家乡的情感	途径3：学生到基地实践	2课时（六年级）

2）课程二："乡贤人物"——追溯人文遗韵。如表 4-6 所示，在这一单元中，探寻昌国卫乡贤人物的足迹。"榜眼邵景尧""革命烈士董梦蛟""其他乡贤人物介

绍"等课程的开发，使学生了解了昌国的历史，他们从这些人物着手，对家乡乃至祖国的历史进行了一次较全面的认识。

表 4-6 "乡贤人物"的课程内容

课程内容	具体内容	实施途径	学期课时量
榜眼邵景尧	昌国卫历史悠久，出现很多的名人，其中一个就是明代榜眼邵景尧。本次实践活动聚焦"榜眼邵景尧"，实地参观昌国卫的邵氏祠堂，通过小组合作的形式，开展实地考察、走访老昌国人、上网查找、读人物故事等，论邵景尧精神，通过走书表演、红领巾广播站、校故事赛等多种形式，挖掘邵景尧努力读书、勤奋好学的故事，引导学生养成坚强、勇敢、乐观、感恩的精神品质	途径1：与部分学科整合实施	2课时（三年级）
烈士董梦蛟	参观董梦蛟的故居，查阅完整记载董梦蛟一生的资料，了解革命烈士的爱国行为，并通过走书表演、红领巾广播站、校故事赛等多种形式，激发学生向董梦蛟烈士学习的情感，加强对学生的爱国主义教育，对于引导学生树立正确的世界观、人生观、价值观，具有重要意义	途径2：结合拓展性教材整合实施	2课时（四年级） 2课时（五年级）
其他人物	一方水土养一方人，在昌国卫这片土地上，除了邵景尧、董梦蛟以外，还有一些人物的精神与事迹值得我们学习，让学生走进其他家乡的乡贤人物，感受他们身上浓厚的家国情怀	途径3：学生到基地实践	2课时（六年级）

3）课程三："文物古迹"——把握历史文脉。昌国小学的学生在课余时间可以结伴参观那些古居、街巷里弄，体会昌国卫曾经的繁华。"名人故居""街巷里弄""沧桑老宅"等课程的开发，使学生了解了昌国卫的文物古迹，为他们更好地把握家乡的历史文脉提供了一个研究平台，具体内容如表 4-7 所示。

表 4-7 "文物古迹"的课程内容

课程内容	具体内容	实施途径	学期课时量
名人故居	通过实地走访邵氏祠堂、董梦蛟故居、十庙九祠堂等，调查研究昌国卫的名人故居及庙宇，了解各建筑的历史传说、趣闻轶事。用照片或绘画的形式记录昌国卫的名人故居，了解各个建筑的结构与特色，感受这些建筑在历史中的变迁	途径1：与部分学科进行整合实施	2课时（三年级）
街巷里弄	昌国卫的街巷里弄地名文化丰富多彩，通过实地走访昌国卫的昌国大街、九井巷、西门街等，了解这些地名的由来、历史传说等，体会昌国卫的建筑特色，让学生从一个侧面感受昌国卫的地方特色和丰富内涵，激发学生热爱家乡的情感	途径2：结合拓展性教材结合实施	2课时（四年级） 2课时（五年级）
沧桑老宅	昌国大街上的建筑古色古香，特别是俞宅、潘家这些老宅，体现了昌国卫曾经的繁华。通过实地走访昌国卫古色古香的老宅，了解昌国卫旧时的建筑风格，感受这些老宅的建筑特色，感受昌国卫老宅的历史变迁	途径3：学生到基地实践	2课时（六年级）

4）课程四："民风习俗"——延续昌国古风。"传统美食""特有习俗""民间故事"这些课程深受孩子们的喜爱，在对民风习俗的考察、体验中，既感受了丰富多彩的习俗，又感受了习俗背后的历史文化，具体内容如表4-8所示。

表4-8　"民风习俗"的课程内容

课程内容	具体内容	实施途径	学期课时量
传统美食	家乡美食与百姓的生活息息相关，同时蕴含着丰富而深厚的文化底蕴。本主题围绕昌国卫特色美食——落地面、鱼丸等展开主题研究，了解昌国美食特色、制作方法、顾客评价以及历史传承与发展	途径1：与部分学科进行整合实施	2课时（三年级） 2课时（六年级）
特有习俗	昌国卫特有的习俗包括清明会、十四夜。搜集资料，了解清明会、十四夜特有习俗的来历，感受习俗活动中丰富的内容和浓郁的昌国卫气息	途径2：结合拓展性教材实施	2课时（四年级）
民间故事	昌国卫悠久的历史，积淀了许多经久不衰的民间故事。本主题聚焦昌国卫的民间故事，通过走访昌国老人、上网查找，以及看视频、讲故事、表演等形式进行演绎，了解民间故事中昌国卫悠久的历史和风土人情，感悟故事中蕴含的美德	途径3：学生到基地实践活动	2课时（五年级）

5）课程五："海防文化"——传颂抗倭雄风。提到海门卫城，戚继光抗倭永远都是避不开的话题，学生通过实地考察感受昌国卫海防文化的缩影和起源。本主题开展爱国主义教育、海防军事文化体验，并创新各种形式，将古代海防与现代海防相结合，为海防文化的传承培养接班人，具体课程内容如表4-9所示。

表4-9　"海防文化"的课程内容

课程内容	具体内容	实施途径	学期课时量
海防遗址	通过实地走访昌国海防古城墙的遗址，进行专题考察。了解海防城墙曾经的布局及建筑特点	途径1：与部分学科进行整合实施	2课时（三年级）
抗倭雄风	昌国卫曾经抗倭的传说故事，是昌国卫百姓喜闻乐见的精神产物，本主题对抗倭的传说故事进行研究与探讨，了解其背后的悠久历史、浓厚的抗倭革命精神和民族特征	途径2：结合拓展性教材整合实施	2课时（四年级） 2课时（五年级）
现代海防	了解现代海防文化，通过体育活动、军训、走进军营等多种形式，了解现代海防文化，激发学生爱家乡、爱国的热情	途径3：学生到基地实践	2课时（六年级）

（3）创新课程整合实施的多种路径

"昌国卫文化"课程的开发按照我们昌国、乡贤人物、文物古迹、民风习俗、海防文化五个板块进行,在课程开发中对四大策略进行深度整合。

第一,以基地为核心进行课程的整合。学校结合"阿拉昌国卫"主题教学内容,结合社区资源,通过综合实践活动课、研究性学习课以及学科大课堂活动等多种形式,组织师生到昌国卫开展活动。例如,带领学生实地调查,了解邵景尧的事迹,象山县关于"榜眼邵景尧"的传说;以家乡名人为榜样,追寻家乡名人成功之路,探讨人生价值。再如,建立基地,进行实践体验。如表4-10所示,昌国卫文化课程的实施,以"基地"为核心,以探寻为主要操作模式,在寻访中,寻找传承人,感受传承地的奥秘和神奇。基于之前的调研,我们梳理出了昌国卫的6个实践基地,以邵氏祠堂、董梦蛟故居、海防文化公园为综合实践活动基地,教育学生不忘历史,珍惜今天的幸福生活,树立正确的世界观、人生观、价值观。

表 4-10　课程实施的主要基地及其特色

序号	基地	特色
1	邵氏祠堂	邵景尧的历史故事及传说
2	董梦蛟故居	董梦蛟的历史故事及传说
3	宁波海军预备役扫雷船大队	现代海防教育
4	石浦镇延昌柑橘场烈士陵园	爱国主义教育
5	昌国敬老院	感恩教育
6	海防文化公园	昌国卫海防遗址再现

在实施中,教师和孩子们一起来到了邵氏祠堂,寻访了邵氏后人邵云发老师,并聘请他为校外辅导员,给大家讲述邵景尧的传说故事。在董梦蛟故居,教师和孩子们一起参观董梦蛟生前的故居,与住在那里的老人交流,聆听董梦蛟的故事。在这些基地,以全体学生参与综合实践活动为主,学生在实践中不断研究,在研究中再实践,丰富了知识,激发了兴趣,在此感受到了家乡的地大物博,培养了学生的热爱家乡之情。

第二,以时间为核心进行课程的整合。学校课程表按规定设综合实践活动课1节,每月有4节课,按昌国卫文化综合实践主题活动的需要,每个学期只需要4节课来完成相关内容的教学,时间上是可以充分保证的,因此该教学内容的课时安排以分散与集中相结合的形式进行。在指定活动计划阶段,一般安排1课时,可以在学校专用课时中落实;在实践活动实施阶段,安排2—3课时,需要教导处统筹安排,把某几周的综合实践课统一调到某一阶段,课时连排,集中时间、集中精力完成一项任务,进行实地考察、调查、访问;在最后的成果展示和交流阶段，安排 1 课时，可以在学校的专用课时中落实。

除学生在校时间外，学生可自主支配的课余时间还是比较多的，在综合实践活动中，一些前期准备、资料收集、小组合作活动等完全可以让学生在课余时间自主地去完成，以增强活动的实效性。

第三，以学科为核心进行课程的整合。各科教师在制订教学计划时，都与昌国卫文化紧密结合，在教学过程中做到有机渗透。同时，以学科为核心，在基础性课程和拓展性课程的相互融通过程中，促进课程的再生发、再利用。

1）语文活动课："昌国卫文化"进课堂。吟读名人故事，讲述动人的民间传说，学生导游绘声绘色地向大家介绍家乡的文物古迹。

2）美术活动课：指导学生对家乡的大街、桥、亭、阁等进行素描，为家乡的未来创作想象画。

3）劳动活动课：通过亲身体验、劳技制作、访问调查等，培养学生热爱家乡、建设家乡的情操。

4）信息技术活动课：通过浏览相关网页，利用网络资源，开展网上调查、设计制作电子作品等活动。

5）主题班会：举行"我爱你——昌国卫""说说我的家乡""最美不过家乡山水""走进家乡的乡贤人物"等主题活动，这样把涉及社区资源的文化教育序列渗透到各科教学之中，突出了素质教育的个性化和综合性。

同时，教师延伸课堂，在课外开展昌国卫文化的研讨实践活动。例如，在开展"民风习俗"（美食篇）主题的课程时，将学生带到郊外进行实地野炊，让学生说家乡的美食，动手做家乡的特色饭菜，感悟劳动给自己带来的成功与快乐，培养学生学会思考、学会动手、学会创新、学会合作的品质，将"大语文教育"的理念从课堂延伸到课外，从教室延伸到社区。落地面是昌国特有的美食之一，为此教师组织学生进行"设计加工家乡的特产美食"系列主题活动。通过一系列活动，师生在品味社区资源的过程中感悟到了乐趣。同时，开设"飞龙在天"舞龙社团和民乐打击乐社团，每周一下午，学校则聘请蔡悟琴等老艺人加盟指导，孩子们乐在其中，也忙在其中，通过蔡悟琴等老艺人的指导，孩子舞龙和民乐伴奏的技艺更加娴熟了。舞龙，既锻炼了健康的体魄，也培养了孩子们坚持不懈、团结协作的精神，并激发了孩子们传承家乡的非物质文化的热情。

当然，不管是昌国卫资源的整合，还是老项目的再创造，这些整合和拓展既保护了学生的兴趣，又激发了他们的个性，在学科整合中，孩子们的视野更开阔，可选择的角度更多。

第四，以路径为核心进行课程的整合。学校因地制宜，充分开发和利用各种教育资源。学校加强对学科资源、教师资源等的整合与利用，利用教师的不同专长与爱好，进行有针对性的探究与指导；充分利用班会、国旗下讲话、电子屏幕、教师会、红领巾广播站、学校网站、学校微信公众号等渠道，向教师、学生、家长、社会宣讲，充分挖掘更多的教育资源。

针对综合实践活动课程的特点，学校充分利用社会资源和家庭资源，有效开展综合实践活动，积极争取家长对综合实践活动的支持和赞同，促使家长关注与参与到活动中来，使得家长成为综合实践活动的监督者、指导者、合作者。

1）名人讲座，聚焦民间资源。在昌国有一大批的民俗专家、学者，平时他们热心于公益事业，常常把传统文化带进学校，带进每一个关心地方文化的人的心中。因此，教师需要持有一颗敏锐的心，要善于为孩子创造亲近民俗专家的机会，从而让学生更好地了解地方文化，爱上地方文化，继而传承地方文化。例如，在执教"乡贤人物"课程时，校长特邀石浦中学退休教师、邵氏后人邵云发老师为大家做了有关邵景尧故事的报告。一时间，孩子们探寻乡贤人物的热情一下子被激发出来。他们边听边记，沉浸在邵爷爷精彩的讲述中，活动现场也因此展现出迷人的光彩。

名人讲座加深了学生对传统文化的认识，学生在感受昌国卫乡贤人物故事源远流长的历史的同时，也使地方文化的独特魅力深入人心。同时，教师还应努力挖掘社会力量等教育资源，让学生与各个自然村的传承者接触、交流，进一步接触昌国卫文化的精髓，建立对昌国卫文化的认同感和自豪感。

2）亲子活动，领略民俗风情。教育家夸美纽斯在《大教学论》中提到，学校教育只有和家庭教育、社会教育紧密结合，形成教育合力，才能使教育的作用发挥到极致。小学生年龄小，关于民俗习惯的积累相对比较有限，而家长的社会经验相对丰富，儿时的饮食习俗已经成了那一代人共有的记忆，因此，邀请家长进课堂，畅聊地方小吃，意义非凡。

在执教"民俗风情"课程时，教师开展了"家乡的冬至日"的活动。课上，家长热情十足，与孩子们一起动手制作昌国特色冬至美食，整个课堂充满了浓浓的节日氛围。

亲子活动将家长掌握的宝贵资源引入地方课程中，不仅丰富了美食的资源，而且延伸了孩子们了解美食的空间和时间，更有力地激发了孩子们学习传统文化的热情，有力地提高了民风习俗教学的质量。

3）校本节日，感悟昌国韵味。除了名人、父母进学堂，课题组非常重视学生的展示。考虑到学生爱表现的心理特点，我们要求教师努力为学生搭建平台，在学校的校本节日中，融入昌国卫文化，分享自己的心得，体验成功的喜悦，具体如表4-11所示。

表 4-11　校本节日的开展计划

时间	节日名称	活动简要计划
1 月	美食节	开展以"浓浓的家乡味"为主题的美食活动
5 月	艺术节	开展丰富的音乐、美术活动，和昌国卫文化活动一起在六一节日舞台进行展演
10 月	读书节	与"阿拉昌国卫"拓展性课程相结合，开展一系列以"爱家乡"为主题的读书活动，如朗诵比赛、作文比赛、制作手抄报等
12 月	科技节	开展各种科技体验活动，分享成长的快乐
全年	小型体育活动	每月月末开展以海防为特色的运动项目

学校有机地将昌国卫文化渗透在学校校本节日中，如艺术节中的舞龙、家乡戏曲表演，读书节中的"美丽的家乡"绘画比赛、家乡传说故事比赛、家乡的桥——写字比赛、家乡的春天——诗歌朗诵比赛，科技节中的家乡的多肉种植——DIY 创意花盆制作比赛，运动会中的亲子海防运动比赛，美食节中以"浓浓的家乡味"为主题的美食活动。孩子们在多形式的互动、渗透和整合中，开阔了视野，进一步深刻理解了昌国卫文化的源远流长、博大精深，热爱家乡的情感在耳濡目染、潜移默化之中油然而生。

例如，在 2017 年元旦的美食节中，课题组特邀该校部分学生家长参加。"元旦"前夕，家长们利用双休日，带孩子搜集有关昌国过年的美食。活动当天，通过品尝—讲解—观看—自己尝试动手制作—品尝—谈感受等活动环节，学生深刻体会到了昌国卫文化的风情与神采，在孩子们的心中播撒下了传统文化的种子。

4）完善课程综合评价的多种方式。"阿拉昌国卫"拓展性课程的一个特色是以"学生立场"为主导，开展以"学生发展"为核心的拓展性课程研究，协调学生生活，在当地文化与学科知识的交融、互渗中，整合校内与校外、课内与课外的各种资源。

其一，优化评价功能。在评价过程中，课题组结合过程动态性评价和结果发展性评价两种评价方式，既强调了课程实施过程中评价活动对教师的监督作用，对课程实施进度了如指掌，又能通过评估结果验证课程实施过程的有效性。通过对学生发展现状的全面评估，了解学生各方面能力发展的情况，对教师、学生的发展都起到了积极作用。

其二，建立评价体系。评价是实现拓展性课程目标的有效手段和方法，它贯穿拓展性课程实施的全过程。既然是开发实施的课程，就要对课程的效益进行评价。拓展性课程作为学校层面的课程，它的评价体系该如何构建，它的评价标准该如何界定，这是开发与实施课程评价体系必须要研究的内容。

因篇幅所限，对图 4-5 中课程评价框架中的具体要素与内容不予展开论述。

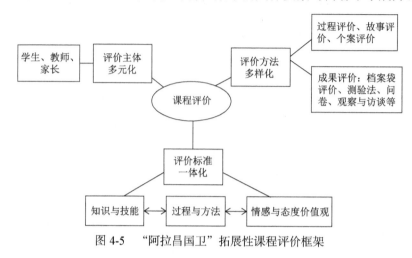

图 4-5 "阿拉昌国卫"拓展性课程评价框架

从昌国小学"阿拉昌国卫"拓展性课程评价框架可以看出，这种课程一个重要的特点就是以课程整合的方式实施，实现了跨学科的联合。其综合实践活动课程开发分别有乡贤人物、文物古迹、民风习俗、海防文化等单元，与语文、数学、历史、美术、信息技术等学科进行整合，在整合中培养学生综合运用劳动、美术、信息技术、语文、数学等学科知识的能力，充分发挥本学科的综合性特点，提高学生的综合能力。纵观整个课程体系，从民居古迹、市井小巷的欣赏到走访身边的历史遗迹，从了解昌国卫文化到为家乡建设发展献计献策，对昌国卫文化的认识和探寻贯穿了整个课程，整个课程传递的是浓浓的昌国卫的人文气息、浓厚的地方特色，是学生发展的动力。

上述延昌小学与昌国小学在对综合实践活动课程进行评价时，采用的都是"真实性评价"理念。使用这种评价方式，有其理论上的必然性。真实性评价兴起于 20 世纪八九十年代，并逐渐成为席卷西方发达国家和地区的评价改革思潮。目前，对真实性评价的内涵存在一定的争议。美国学者 Wiggins 被认为是最早提出"真实性评价"这一术语的人。在他看来，"真实性评价"是指"我们直接考查学生在一些有价值的认知任务上的表现"[1]。这些任务包括提出和解决数学问题，开展科学实验研究，开展基于文本的历史探究，不断修改和完善文学作品，以及在团队讨论中有效表达、倾听和交流思想等。杨向东认为，"真实性评价是通过采用多样化评估方式、创设具有现实意义的真实问题情境，旨在改变过分关注事实性知识

---

① Wiggins G. A true test: Toward more authentic and equitable assessment[J]. The Phi Delta Kappan, 1989, 70(9): 703-713.

再认和回忆的做法，实现对高层次思维能力等有现实价值的学习结果的评价"①。

真实性评价强调评价任务或情境的真实性。Savry 等认为，评价的真实性是指评价的认知要求与标准状态的认知要求的相似性。Arling-Hammon 等则认为，只考虑认知要求太狭隘，学生的能力发展更为重要，因为现实生活中需要那些整合和与协调知识、技能和态度的能力，以及在一种新环境下应用它们的能力。也有学者认为，学生不仅需要发展如解决问题和批评性思维等认知能力，也需要发展元认知能力。

对于真实性评价的具体应用方法，蔡文艺指出，真实性评价的操作大致分为以下四步：①确定评价目标，构建"可测量的""足够宽泛的""要学生通过做来评价的"学生学习目标和教师教学目标；②设计真实性任务，设计最能够展示学生已经掌握或者需要掌握评价目标所规定的内容；③制定评分规则，即用来评分的准则和规定，是评价者用来评定学生表现的准则；④评价与反馈，要做到评价主体多元化、评价方式多样化，教师要对评价给出及时的反馈。

对于真实性评价在教学中使用的具体方法，王少华指出，真实性评价使用表现形式的实例即具体的学习活动，这些活动鼓励学生使用高级思维技能，表现性实例有 5 种主要类型：表现性评价、简单调查、开放式问题、档案袋、自我评价。②陈霞具体研究了评价过程中评价表的种类与设计，对学习产品、过程和进步的评价以及对学生自我评价的指导和档案袋的建立及管理方法。③韩骏和郝威指出，在课堂当中运用真实性评价应注意以下几点：①需要注意评分规则的建立，并公开评分规则；②应该提供优秀的范例；③在实施的过程中，教师应注重持续不断地进行评价和提供反馈；④在实施的过程中，教师要注重与传统的课堂评价方式的结合。④

在综合借鉴已有研究的基础上，上述两所学校基于"真实性评价"的理念，都构建出了符合学校实际、体现学校特色的综合实践活动课程真实性评价的策略体系。

第三节　经验连续体实践的成效与反思

经验连续体的构想与实践，对于重构学校课程体系，转换课程开发思路，以及促进教师的教学和学生的学习，乃至对于社会文化的革新与发展都具有重要的

① 杨向东. "真实性评价"之辨[J]. 全球教育展望，2015，（5）：36-49.

② 转引自：蔡文艺. 科学探究中真实性评价的运用研究——以"重力与质量关系"探究技能评价为例[J]. 教育理论与实践，2012，（11）：13-15.

③ 陈霞. 在教学中运用真实性评价的理论与方法[J]. 全球教育展望，2002，（4）：41-45.

④ 韩骏，郝威. 课堂教学中的真实性评价刍议[J]. 河北广播电视大学学报，2005，（4）：62-64.

推进作用。其整合的课程开发思路，符合人性与学习本质的课程展开方式，学习过程中体现出的自由、平等和民主精神，都为今后的课程开发指明了方向。

一、经验连续体实践的成效

（一）学校教育的新范式

之所以说经验连续体的课程生成方式是学校教育的新范式，是因为它使课程与学习呈现出了以下三个方面的改变：①从规定的课程到创生的课程；②从有限的课程内容到无限的课程发展资源；③从规范知识的教学到学生尝试解决问题的教学。

现行的分科主义课程体系是 18 世纪启蒙运动以来的产物，其以理性主义为旗帜，将人与其所处的世界割裂开来，追求人对世界的控制。它将学科文化强化为精英文化，并与大众文化分离，最终导致了学生人格的"片段化"。[①]随着时代向人们提出人与其生活的世界和谐共生、学科文化向生活世界回归并与大众文化融合、人格整体发展的要求，人们才意识到课程综合化的重要性和必然性。这个时候，综合实践活动课程作为一种新的课程领域，以关注学生经验与生活为中心，通过项目学习或问题解决的方式开展活动，构成一种经验连续体实践，为学校教育提供了一种新范式。

1）从规定的课程到创生的课程。对于学生需掌握的知识或技能，学科课程都是提前预设好的。经验连续体实践以项目学习或问题解决的方式开展，学生为了完成项目或解决问题，基于个人经验，其思维方法会有所不同，在不同思路的引导下，学生之间就项目的完成或问题的解决会建构出不同的认知，获得不同的技能。就这一点来说，经验连续体实践的教育目标具有创造生成性。

2）从有限的课程内容到无限的课程发展资源。学科课程的开展在我国基础教育课程体系中早已形成一套规范，从课程内容、课程目标、授课过程到课程评价都有相应的标准和要求。经验连续体实践以学生的经验和生活的世界为出发点，从学生生活的世界中选取学生感兴趣的主题开展探究性活动。在这个过程中，学生可以通过自我发现、合作探究、交流讨论等学习方式充分发挥能动性，课程的内容不再局限于某一学科，而是跨学科的融合，是否实现了课程目标，只有在课程结束之后才能得知，并且在课程实施过程中，时间不再局限于课上的 45 分钟，地点也不再局限于教室。总之，课程的实施不再是大纲规划好的，也不是教师提前预设好的，而是基于学生活动生成、发现与创造的，同伴、教师、家长、社会人士等都可能成为学生学习的辅助资源，大千世界变为学生学习的教室。

---

① 张华. 论"综合实践活动"课程的本质[J]. 全球教育展望，2001，（8）：10-18.

3）从规范知识的教学到学生尝试解决问题的教学。学科课程是教师根据课程标准、依托教材对学生进行预设知识的教学。经验连续体实践活动课程则是鼓励学生自主选择活动主题，将学生的需要、动机和兴趣置于核心地位。然后，通过探究学习的方式，让学生自主发现问题，并主动解决问题。教师不再是知识的传授者，而是为学生解决问题提供咨询、指导，帮助学生在问题解决的过程中建构认知或获得技能。也就是说，在整个综合实践活动课程中，学生主动完成项目学习或进行问题解决，这些直接经验成了整个教学活动的关键，这是其与学科知识教学的不同之处。

综上所述，经验连续体实践实现了学科知识与生活世界的统整，是一种课程生成的模式。在这种模式下，学生不再用二元论的眼光来看待知识和世界，这符合现代知识生产模式，并且是培育 21 世纪新人——自主的、合作的、充满人性的、与时俱进的知识建构者所需要的。[①]因此，经验连续体实践可以成为学校教育的新范式。

（二）教师教学的新方式

教学应该由谁来计划？学习过程中的"计划"到底是怎么回事？学习是为了达成预定的客观目标，还是为了实现问题的解决？问题学习与目标学习的区别是什么？教师如何通过行动研究实现自身专业发展？如何提升问题学习的成效？这些问题是进行课程开发和师生学习与发展的关键问题。尽管学科课程与综合实践活动课程均有其独特的价值，但在解决这类问题上，后者无疑略胜一筹。

传统学科教学由教师提前拟订教学计划，依据课程标准预设教学目标以及设计好教学过程，然后在课堂上依据教学计划开展学习活动，实现预定的教学目标。那么，学习究竟是为了达到预定的客观目标，还是为了使学生能够解决日后生活中所面临的问题？要解决这个问题，就不得不面对目标学习与问题学习的区别。这一问题，又让我们回到了张华教授给出的观点——"一心开二门"。他认为，"学科课程旨在发挥学科知识（学科逻辑）对人的发展价值，它所解决的基本问题是每一个人的心理经验与学科逻辑的关系"[②]，也就是说，通过目标学习，我们可以超越时空的限制，扩大自己的视界，个人可以更有效率地获得间接经验；而以问题解决为核心的综合实践活动课程，"旨在发挥生活世界对人的发展价值，它所解决的基本问题是每一个人的心理经验与活生生的现实世界的关系"[③]。这就是说，目标学习所获得的知识，始终不能代替人类自己的眼睛看到的和心灵感受到的，

---

① 钟启泉. 综合实践活动：涵义、价值及其误区[J]. 教育研究，2002，（6）：42-48.

② 张华. 综合实践活动课程的问题与意义[J]. 教育发展研究，2005，（1）：34-37.

③ 张华. 综合实践活动课程的问题与意义[J]. 教育发展研究，2005，（1）：34-37.

如何看待和对待生活世界中的问题，还需要我们自己解决。打个比方，目标学习所获得的知识可以成为问题解决的工具，但如何使用工具，还是要依赖于问题学习本身。因此，以目标学习为核心的学科课程和以问题解决为关键的综合实践活动课程都有各自的价值。将学科课程和综合实践活动课程分类看待，本身就是一种二元论的惯性思维，学科课程与综合实践活动课程实现有机结合与一体化，才能发挥学校课程体系的有效育人功能。①

通过上述分析可知，目标学习和问题学习各有其独特的价值，问题学习与教学应该成为除目标学习与教学之外新的学习与教学方式。那么，教师如何才能够更有效地掌握这种教学方式？如何促进教师在综合实践活动课程中的专业发展？下面罗列了一些在实践中证明行之有效的方法。

1）教师的课程参与方式需要发生变革，变教授者为指导者。在综合实践活动课程中，教师的角色要从教授者变为指导者，学生需要成为自己学习的主人。他们自行选择学习的内容、方式以及指导教师，最后学习结果如何呈现，也由学生自己决定。教师的指导作用主要体现在帮助学生完善其自主选择的意识和能力，创设能引导学生主动参与的教育情境，激发学生参与学习的积极性，而不是包揽一切，代替学生做选择。

2）教师的专业角色需要更新，从传授知识的教师变为学习共同体中的一员。在综合实践活动课程中，学生围绕项目或问题解决开展学习的时候，学生和指导教师就形成了学习共同体。在这个共同体中，教师不再是知识的传授者，更不能是权威的化身，教师和学生都成了课程的开发者和实施者，教师与学生之间完全是一种民主、平等的新型关系。

3）教师的专业知识需要不断扩充和丰富，从"单科"走向"多科"，甚至"全科"。综合实践活动课程是一种跨学科的实践性课程，在项目展开或问题解决的过程中，需要运用多学科知识和跨学科思维。因此，作为指导教师，其自身的专业知识是否能够更好地为学生提供帮助，是非常关键的。在这种情况下，教师就需要通过持续进行自我学习，扩充和丰富自身不同学科的专业知识，同时要能进行跨学科思维。

4）教师主动开展课例研究以提升自我，从"参与"到"钻研"。教师可以成立课例研究小组，可以通过具体的课例开展学习讨论活动。这种方式除了能够学习课例中值得借鉴之处，也能够发现问题，并通过群体的智慧解决问题，提升教师的专业能力。同时，课例研究中骨干教师的指点、同伴之间的相互帮助以及教师自身的思考，也能让教师开展综合实践活动课程的专业能力获得快速提升。

综上所述，教师可以通过以上四个方面提升自己在综合实践活动课程领域的

---

① 孙宽宁. 综合实践活动的价值反思与实践重构[J]. 课程·教材·教法, 2015, （5）: 43-48.

专业能力，从而更有效地运用问题解决的教学方式，帮助学生获得更全面的发展。

（三）完善社会活动的新路径

综合实践活动课程让教师与学生在问题解决中得以建构不断超越自我的信念与能力，致力于为了超越自我的教学与学习。教师和学生在解决问题、改变自我的过程中，改变了社会，这是一种微观的、静悄悄的社会变革的路径。

"经验连续体"概念的提出，不仅仅是为了改善目前基础教育课程体系出现的弊端，由于综合实践活动课程自身的特点，从长远来看，它会对社会的发展有所裨益。

1）在问题解决过程中，提升人类超越自我的信念与能力。综合实践活动课程的开发和实施基于如下理念：坚持学生的自主选择和主动探究，为学生个性充分发展创造空间；面向学生的生活世界和社会实践，帮助学生体验生活，并学以致用；推进学生对自我、社会和自然的内在联系的整体认识与体验，谋求自我、社会与自然的和谐发展。[①]从这些理念可以看到，在综合实践活动课程中，学生以解决问题的方式进行学习，其学习的结果不仅是学生自身人格、个性、能力的全面发展，并且能帮助学生认识到自己在世界中的位置，明白人类、社会与自然的内在联系。只有深谙这层关系的人，才会合理地运用自己的能力去推进社会的进一步发展，实现人类整体的自我超越。

2）实现超越自我的教学与学习。综合实践活动课程不再将教学拘泥于课堂、教材、教室甚至是学校。通过问题解决，学生将学校资源、社会资源统统纳入学习的范围之中。通过这样的教学，学生不仅具备了解决问题的能力，对于问题的解决也拥有更广的视界，甚至可以说整个社会、现实世界就是学生学习的场所，即使走出学校，学生也能有效地利用各种资源解决生活中的问题。他们具备了认识世界的能力，具有利用现实世界所赋予的条件，积极地改造自己，进而变革社会、让社会变得更美好的能力和自觉性。

上述三个方面的实践成效，在延昌小学和昌国小学多年来的综合实践活动课程的实施过程中，都得到了明显体现。这既是综合实践活动课程内在的价值功能，也是其独特的使命。

二、经验连续体实践的反思

在我国当前的应试教育和功利主义教育价值观背景下，全面推行经验连续体的课程开发模式，尚存在一定的阻力，但也有一定的群众基础。但是，作为一种具有理论合理性和价值生命力的新事物，我们所能做的，就是在各方面为其顺利

---

① 张华. 论"综合实践活动"课程的本质[J]. 全球教育展望，2001，（8）：10-18.

发展与壮大铲除不利因素，为其健康生长争取最大的生存空间。

1）综合实践活动课程实施的常态化和有效性要得到保证。虽然在新课程改革中综合实践活动课程被提到了与学科课程同等重要的地位，也开设了综合实践活动课程，但对该课程的重视程度还不够，综合实践活动课程被当成普通的活动课，没有实现该课程的价值。另外，许多农村的学校甚至没有开设综合实践活动课程。这都可以通过国家课程政策的支持和完善来实现。

首先，可以依靠政府部门，加强宣传，提高认识，特别是要向有关人士指出，在新的《中小学综合实践活动课程指导纲要》中，综合实践活动课程已被列为必修课程。

其次，综合实践活动课程的开发主体可以尝试构建系列化的综合实践活动课程体系。虽然综合实践活动课程倡导学校、地方特色的课程开发，但在学校对综合实践活动课程没有清晰的认识之前，系列化的综合实践活动课程可以给学校一个示范和指导，帮助学校明确综合实践活动课程的定位后，再去开发具有地方或校本特色的课程，这样的课程才可能更专业。

最后，需要国家健全综合实践活动课程管理机制和评价标准。有效管理和评价学校开展的各项实践活动，需要有科学完善的监督管理机制。教育管理部门要对各学校是否有效落实综合实践活动课程计划，是否能保证相应的课时数，是否培养和安排有专职教师等各方面，进行有效的监督管理和评价，这样综合实践活动课程的实施才能够实现常态化和有效性。

2）教师开展综合实践活动课程的专业能力需要提升。目前，学校中综合实践活动课程的指导教师大多是某一学科的教师，缺乏专业的综合实践活动课程教师。将某一学科的教师作为综合实践活动课程的指导教师，会出现以下两种情况：①综合实践活动课程指导专业能力不足。受学科思维的局限，难以对学生的活动探究、问题解决提供比较全面有效的指导；②教师本身的学科教学任务较重，对学生综合实践活动指导的时间和精力不足。这两种情况的出现，都会影响综合实践活动课程的有效开展。

因此，提升教师的综合实践活动课程专业指导能力，是亟待解决的问题。这一问题可以通过以下两个途径解决：①在校教师课程能力的提升，具体包括课程理解力、课程实施力和课程评价力。国家和学校应组织综合实践活动课程教师专业能力培训，通过培训提升在校教师的专业能力和素质，为学生开展综合实践活动提供更好的指导和帮助。②国家通过高等教育培养专门的教授综合实践活动课程的教师。虽然目前高等师范学校中还没有开设这一专业，但我们相信随着新课程改革的继续深化，国家、社会、学校对综合实践活动课程价值的认识会进一步深化，专业的综合实践活动课程教师必将出现。

3）学校需要对综合实践活动课程资源进行有效开发。综合实践活动课程作为一门实践性、自主性、开放性和生成性极强的课程，只有具备丰富的课程资源，才能使其有效运行和发展。调查研究显示，我国还有很多学校没有综合实践活动基地、无专业研究队伍，综合实践活动课程实施在人力、物力和财力等方面存在严重不足。因此，配备必要的资源，有效开发学校课程的资源，有助于综合实践活动课程得到更好的发展。

学校对综合实践活动课程资源的有效开发，应注意以下几个方面：①学校自身要重视并投入综合实践活动课程资源的开发过程中。学校应结合校园文化或当地特色文化进行课程资源的开发，在此方面，昌国小学是一个很好的范例。②学校应与社会合作，鼓励社会人士对综合实践活动的支持，比如，对某些相关基地的参观、社会人员的调查采访等，在此方面，延昌小学是一个很好的范例。

第五章

象山创新：培育学生阅读素养的实践与创新

第一节　课题研究的理论与实践基础

一、阅读素养的内涵与架构

在国际范围内，阅读素养的内涵及其框架主要由两大国际组织来确立，并且获得了广泛的认可，本研究项目所指的阅读素养也主要是参考了其提出的两大关键框架。其一是经济合作与发展组织（Organization for Economic Co-operation and Development，OECD）针对 15 岁学生所确立的阅读素养框架；其二是国际教育成就评价协会（International Association for the Evaluation of Educational Achievement，IEA）面向四年级至八年级学生所进行的"国际阅读素养进展研究"（progress in international reading literacy study，PIRLS）确立的阅读素养框架。这两大框架虽然在具体内容和表述上略有不同，但从根本上来看，二者对阅读素养的理解还是基本一致的。

（一）PISA 视野下的阅读素养框架

OECD 对阅读素养的理解有一个发展的过程，2000 年，其对阅读素养的定位是：为实现个人目标、增长知识、发展潜能、有效参与社会生活而理解、运用和反思书面文本的能力。到了 2009 年，阅读素养的定义则被修改为"对书面文本的理解、运用、反思和参与"，这个定义也一直沿用至今。做出改变的用意在于将学生阅读活动的参与度，如阅读的动力、有兴趣、喜欢读，以及多样化、经常性阅读等作为阅读素养的一部分，同时，也是为了把学生阅读活动中的认知策略及元认知策略纳入阅读素养之中。[①]国际学生测验项目（programme for international

---

① 陆璟. PISA 研究的政策导向探析[J]. 教育发展研究，2010，（8）：20-24.

student assessment，PISA）视野下的阅读素养框架包含不同文本、阅读历程、文本情境三个方面。就文本形式而言，包括连续性文本、非连续性文本、混合文本、多元文本。连续性文本是由句子所组成的，并依次形成段落、篇章甚至是一本书，具体包括记叙文、说明文、散文、议论文、操作性的指南或忠告、文件或记录等。非连续性文本则通常由较小单位的连续性文本所组成，如表格、图形、广告、地图、信息表单、收据、证书执照等。混合文本的内容则包含连续性文本与非连续性文本的内容。多元文本则由多个来源所组成，各个来源独立产生各自的意义，如网络信息等。

阅读素养的核心是阅读历程，主要包括"提取信息""形成广义的、整体的理解""发展完整解释""反思和评价文本形式""反思和评价文本内容"五部分。[①]"提取信息"，是指学生从文本中搜寻出相关信息，如事件的主角、发生的时间和地点、文章的主题和观点等。"形成广义的、整体的理解"，是指学生形成对文章的整体感知和一般理解，如通过标题确认文章的写作目的或主题，明确图表的数据范围及用途，描述故事的主角、背景和环境等。"发展完整解释"，是指学生全面阅读文本，联系各部分相关信息，并进行逻辑上的理解，如比较和对照文字或图表信息、推论作者意图、列举相关证据、得出结论等。"反思和评价文本形式"，要求学生反思和评价文本在形式上的特点，如文本的结构、类型、语言特点等，从而评价作者的写作风格以及在语言运用上的细微差别。"反思和评价文本内容"，则是指学生利用已有知识和经验，建构对文本的深层次理解，如评价文本中所传达的观点，辅以相关的证据等。

阅读素养也包含任务情境或阅读目的，如个人情境或用途、教育情境或用途、职场情境或用途、公共情境或用途等。①个人情境，通常发生在个人为满足其兴趣或需要所进行的阅读活动中，包括私人信件、小说、传记、散文以及满足好奇心的信息阅读，这种阅读是休闲娱乐活动的一部分；②教育情境，通常作为实现课程或教学的目标，从学习的任务中获得关键信息，但一般不是由学生自选的，而是教育者基于目标可以选择或设计的，如教科书、学习手册、地图、纲要等；③职场情境，一般与个人未来的工作内容有关，包括说明书、手册、计划表、报告、备忘录、项目表等；④公共情境，即阅读的内容与社会活动或公共事件相关，是为满足个人参与社会生活的需要，包括官方文件和其他关于公共事件的信息，如通知、规章、方案、小册子、表格等。

（二）PIRLS 视野下的阅读素养框架

IEA 早在 1991 年就将阅读与素养连接起来，强调学生的阅读素养不仅包含对所读文本做出反应的能力，也包括通过阅读来实现个人及社会目标的能力。IEA

---

① 董蓓菲. 2009 年国际学生阅读素养评估. 全球教育展望，2009，38（10）：90-95.

对阅读素养的理解同样是演进式的，2001 年，PIRLS 对阅读素养所做的界定为："理解和运用社会需要的或者被个人认为有价值的书面语形式的能力，阅读者能够从多种文本中建构意义，通过阅读进行学习，参与到阅读者群体之中，并享受阅读的乐趣。"[①]2006 年，则稍微做了调整，更加强调了儿童在学校和日常生活中阅读的普遍重要性，因此，阅读素养就是"儿童理解和运用社会需要的或个人认为有价值的书面语言的能力，儿童能够从各种文本中建构意义，他们通过阅读来进行学习、参与到学校和日常生活中，并进行娱乐"[②]。这个定义一直沿用至今。PIRLS 所关注的阅读素养涉及三个方面：①阅读的目的，包括为文学体验而阅读，以及为获取和使用信息而阅读；②理解过程或阅读历程，包括"直接理解历程""间接理解历程"两大部分，"直接理解历程"可分为直接提取和直接推论，这属于较低层次的阅读素养，而"间接理解历程"则包括诠释、整合观点和信息，检视和评估内容、语言和文本元素等内容，属于较高层次的阅读素养；③阅读的行为和态度。下面着重就最核心的阅读理解的四个方面进行说明。

1）第一层次为"直接提取"，即读者找出文本中清楚表达的信息，包括：①找出与阅读目标相关的信息；②找出特定观点；③搜寻字词或句子的定义；④指出故事的场景（如时间、地点等）；⑤（当文章明显陈述出来时）找到主题句或主旨。

2）第二层次为"直接推论"，是指读者需要连接文本中两项以上信息并进行推断，包括：①推论出某事件所导致的另一事件；②在一串论点之后，归纳出其中的重点；③找出代名词与主词的关系；④归纳文章的主旨；⑤描述人物之间的关系。

3）第三层次为"诠释、整合观点和信息"，是指读者需要提取自己的知识与经验，以便找出文本中未明显表达的信息，包括：①清楚地分辨文章整体信息或主题；②考虑文中人物可选择的其他行动；③比较及对照文章信息；④推测故事中的情绪或气氛；⑤诠释文中信息在真实世界中的适用性。

4）第四层次为"检视和评估内容、语言和文本元素"，是指读者需要批判性地思考文章中的信息并做出相关推断，包括：①评价文章所描述事件实际发生的可能性；②推测作者如何想出出乎意料的结局；③评判文章中信息的完整性；④找出或归纳作者的核心观点。

二、国内阅读研究的现状

阅读是语文教育天然的组成部分，有关阅读的研究在语文教育中占有大量的篇幅，这些研究涉及语文阅读的文本（如非连续性文本[③]）、教学模式（如群文阅

---

① 郑飞艺，童志斌. PIRLS 评价内容及其对小学阅读课程变革的启示. 外国中小学教育，2013，（3）：61-65.
② 郑飞艺，童志斌. PIRLS 评价内容及其对小学阅读课程变革的启示. 外国中小学教育，2013，（3）：61-65.
③ 李欢. "非连续性文本"之于语文阅读教学：内涵、诉求、启示. 课程教学研究，2013，（3）：37-39；盖鸾英. 生活化：非连续性文本阅读教学的核心理念. 现代中小学教育，2014，（2）：38-41.

读模式[①]、网络环境模式[②]、互动模式[③]等）、教学策略与方法（如对话策略[④]、合作学习策略[⑤]、思辨策略[⑥]、游戏策略[⑦]等）、语文阅读能力的表现与测量[⑧]、语文阅读习惯的培养[⑨]、国内名家的阅读教育思想（如叶圣陶[⑩]、陈鹤琴[⑪]、夏丏尊[⑫]等）。在核心素养日益成为国内外课程改革之 DNA 的情形之下，阅读素养也开始为语文教育界所关注，并且被视为语言素养的核心内容。但大部分学者只是从语文素养的角度出发对阅读及其教学进行重新思考与探索[⑬]，或者对国际组织的两大阅读测评项目进行介绍与评论[⑭]，对阅读素养在语文情境下的内涵、表现形式、教学策略、评价模式等都缺乏有力的探索。相比国际上被公认的阅读素养定义，国内少数学者虽然对阅读素养也有原创性的界定，但总体仍比较狭隘。例如，刘晶晶、郭元祥将阅读素养界定为"学习掌握阅读所需的基本素质，它不仅仅是阅读知识的本身，更重要的是学生能够在新情境中应用阅读的能力，是学习者通过阅读学习与训练获得阅读基础知识、习得阅读基本思维、内化为阅读基本技能与养成阅读基本品质的过程"，而小学语文阅读素养则具体包括阅读知识、阅读能力和阅读情志三个方面[⑮]，基本上还是从传统的三维目标的角度出发加以建构。罗士琰等则将阅读素养界定为"个体运用识、记、读、说、思、写等方式对阅读材料进行阅读感知、阅读理解、阅读评价和阅读表达所需的知识、能力及品格的综合表现"[⑯]。这里的识、记、读、说、思、写，就是他们所说的小学语文阅读素养的表现形式。

---

① 于保东. 语文核心素养视域下"1+X"群文阅读模式探究. 教学与管理，2018，（1）：55-57.

② 谢毓祯，刘镜如. 网络环境下的语文阅读教学模式研究. 内蒙古师范大学学报（教育科学版），2005，（8）：102-104.

③ 王晓春. 语文阅读教学的互动模式构建. 上海教育科研，2005，（8）：67-68.

④ 张颖华. 高中语文阅读教学中的对话策略. 上海教育科研，2014，（7）：81-83.

⑤ 张志军. 合作学习策略在小学语文阅读教学中的应用研究. 中国校外教育（上旬），2016，（11）：69-70.

⑥ 钟桂芳. 小学语文思辨性阅读策略研究. 江苏教育研究，2016，（5）：72-75.

⑦ 陈迎朔. 小学语文阅读教学的游戏策略研究——以保定市东马池小学为例. 河北师范大学硕士学位论文，2017：152.

⑧ 朱洁如. 小学语文阅读理解能力的层级特点与结构优化. 上海教育科研，2015，（7）：75-77.

⑨ 龚苏娟. 小学生的语文阅读习惯培养研究. 中国校外教育，2017，（34）：42，52.

⑩ 陈兴安. 叶圣陶语文教学思想探析. 教育学术月刊，2018，（5）：93-103.

⑪ 李丽娥，谢芬莲. 陈鹤琴早期阅读教育思想及其启示. 宁波大学学报（教育科学版），2017，（7）：121-124.

⑫ 汲安庆. 夏丏尊语文阅读教育思想研究. 大理大学学报，2017，（5）：84-94.

⑬ 倪文锦. 阅读经典：提高学生语文素养的必由之路. 课程·教材·教法，2004，（12）：36-40；倪文锦. 语文核心素养视野中的群文阅读. 课程·教材·教法，2017，（6）：44-48；王本华. 构建以核心素养为基础的阅读教学体系——谈统编语文教材的阅读教学理念和设计思路. 课程·教材·教法，2017，（10）：35-42.

⑭ 俞向军，宋乃庆，王雁玲. PISA 2018 阅读素养测试内容变化与对我国语文阅读教学的借鉴. 比较教育研究，2017，（5）：3-10；慕君. PIRLS 与 PISA 视域下的阅读课程改革. 湖南师范大学教育科学学报，2012，11（3）：41-44.

⑮ 刘晶晶，郭元祥. 小学语文阅读素养：内涵、构成及测量. 课程·教材·教法，2015，35（5）：69-75.

⑯ 罗士琰，宋乃庆，王雁玲. 基于实证的小学语文阅读素养研究：内涵、价值及表现形式. 中国教育学刊，2016，（10）：77-83.

另外，对语文阅读素养其他方面的探索也非常缺乏，比如，最为重要的问题便是没有像 PISA 和 PIRLS 那样对阅读素养的具体要素进行非常精细的设计，只是对各个年龄段的阅读能力有比较笼统的要求，也没有开发出测试学生阅读素养的科学有效的评量表，因此对学生阅读水平的判断基本上还是比较主观的。其他的问题还包括在设计语文阅读的阶段性目标时，缺乏对基于更多目的而阅读的关照，对阅读文本类型的关注也比较单一，如郑飞艺、童志斌就指出，语文课标的三个学段中都提到了文学阅读，但没有就为了娱乐而阅读、基于兴趣而阅读进行详细表述；在文本类型方面，直到第三学段才提到非连续性文本。[1]国内学校对阅读素养的培育主要局限在记忆、背诵、朗读、提取信息、理解等较浅层次的阅读能力，而对于分析、推理、批判、创造等高层次的阅读能力和发展不同的阅读策略以及元认知策略方面，关注甚少。[2]

除此之外，对阅读及阅读素养的研究还主要局限在语言学科（主要是语文），而对于阅读素养对其他学科学习的意义、学科阅读素养的具体内涵、其他学科在阅读素养的培育上所能发挥的作用、学科阅读的关键策略等，都缺乏深入和广泛的研究。比如，在科学学科的阅读方面，已经开始做的初步研究包括对学生科学阅读现状的调查[3]、基于科学教科书的科学阅读策略[4]、科学阅读的功能[5]、针对不同阅读文本所实施的阅读策略[6]、物理阅读能力的培养策略[7]、化学阅读能力的培养策略[8]等。在数学学科的阅读方面，已有研究包括数学阅读的功能与价值[9]、数学阅读能力（素养）的构成[10]、数学阅读能力的现状调查[11]、数学阅读能力的培养策略[12]等。对于历史、社会、品德等学科的阅读，也有部分研究者开展过不同程度的研究，但是，这些研究在对学科阅读素养的界定层面，与国际阅读素养的接轨程度较低，尤其是在阅读素养的较高层面，还缺乏必要的讨论；不同学科阅读素养的培育涉及具体材料的选择以及具有学科特点的阅读策略，但是现有研究对这些学科阅读策略的讨论还缺乏鲜明的学科特色及针对性。另外，还有一点比较欠缺的，则

---

① 郑飞艺，童志斌. PIRLS 评价内容及其对小学阅读课程变革的启示. 外国中小学教育，2013，（3）：61-65.

② 夏敏，叶继奋. 基于 PISA 阅读素养价值取向的阅读教学策略. 宁波大学学报（教育科学版），2015，37（1）：127-129.

③ 苏洁，胡继飞. 广州市小学生科学阅读情况的调查研究. 上海教育科研，2017，（12）：34-38.

④ 李嫣昉. 基于小学科学教科书开展科学阅读的策略研究. 杭州师范大学硕士学位论文，2017.

⑤ 徐杰. 科学教育中阅读材料的功能和运用研究. 上海教育科研，2015，（2）：83-85.

⑥ 蔡铁权，陈丽华. 科学教育要重视科学阅读. 全球教育展望，2010，（1）：73-78，91.

⑦ 沈妍. 高中学生物理阅读能力培养的实践研究. 苏州大学硕士学位论文，2013.

⑧ 耿录莲. 浅谈中学生化学阅读能力的培养. 教育理论与实践，2009，（S1）：121-122.

⑨ 郭雅彩. 数学阅读及其教育功能. 陕西师范大学学报（自然科学版），2002，（S1）：101-103.

⑩ 高文君，韩联郡，高红伟. 数学阅读能力的构成及数学阅读教学的原则. 内蒙古电大学刊，2006，（4）：71-72.

⑪ 沈迪. 第一学段学生数学阅读能力的调查研究——以南京市 F 小学为例. 南京师范大学硕士学位论文，2016.

⑫ 马艳芳. 小学第一学段学生数学阅读能力的培养策略. 中国教育学刊，2016，（S2）：23-25.

是对如何塑造良性的阅读文化与氛围，如何发动教师、家长和全社会建立起这样的文化等，现有研究往往是从阅读的技能策略层面进行讨论的。

三、本项目的价值与创新

本项目组的学校包括一所初中（丹城中学）和四所小学（丹城第二小学、石浦小学、番头小学和金星学校）。五所学校分别从不同的角度对阅读课程的建设进行了深入研究，丹城中学的"学科拓展：初中课外阅读的新探索"，以学科阅读为着眼点，力图将阅读素养的培育从语文学科扩散到科学、数学、音乐等各个学科，期望通过学生阅读素养的整体提升，来强化他们在各个学科的学习表现。然而，以一所学校之力来探索多个学科阅读的关键议题，这在全国都是非常少见的，因而此课题不仅创新性极强，意义重大，且存在一定的挑战性。丹城第二小学的课题则是"小学语文课内海量阅读的实践与探索"，其以民间自发形成的海量阅读模式为切入点，探索其在本校实施的可能效果，这在浙江省内具有开拓性的意义。石浦小学的"快乐读写拓展性课程的开发与实施"，则以读写结合为语文阅读创新的突破口，深入开发并形成了多门具有创造性意义的经典阅读课程。番头小学的"经典引领，建设'静和'德育校本课程"和金星学校的"'悦读365'校本课程的开发与实践"，则分别以阅读为切入点，建设具有校本特色的德育课程，并带动整个学校文化的重塑，他们特别关注全校阅读文化氛围的营造。通过三年的研究，各学校不仅在阅读课程的建设方面取得了关键性的成就，而且显著提升了本校学生的阅读素养以及教师的课程开发能力，从而为学校后续的进一步腾飞奠定了坚实的基础。

第二节　阅读课程的顶层设计

各学校在启动阅读项目之初，主要关注点皆在如何更有效地开展阅读教学、提升学生学业成就方面。但是，从严格意义上来讲，教学只属于课程实施的范畴，它受一定的课程理念、目标乃至评价的指导与影响，不能独立存在，因此，必须首先从课程的角度，对全局进行科学合理的规划与设计，才能在后续推进的过程中做到有的放矢。所以，五所学校的课题重心随后都从单纯的课堂教学改进提升至课程建设的高度，而顶层设计则成为学校创新项目率先要突破的难题。阅读课程的顶层设计通常涉及阅读课程的缘起与意义、阅读课程的性质与特点、课程理念、课程设置的基本结构、阅读课程的总体目标和分年段/分学科目标、阅读课程的实施策略、阅读课程的评价、阅读课程的管理与保障等基本方面。对这些方面的思考，其实一直伴随着整个项目推进的过程，它不可能在开始的时候就完全确定下来，必须采取自上而下的演绎的思路去实施，否则就难以有效指导教育实践并产生实效。以下我们列举其中三所有代表性的学校，对其所做的阅读科学项目的顶层设计进行简要介绍，但只是涉及顶层设计的部分内容，有关课程资源编写、具体实施方法以及课程评价等内容将在后文详细阐述。

一、丹城中学"学科拓展：初中课外阅读的新探索"的顶层设计

（一）学科拓展阅读课程的依据与由来

丹城中学是象山县办学历史比较悠久的初中学校，但最近几年很大一部分学生未能养成良好的阅读习惯，阅读技巧亦欠缺。在学习压力相对较大的情况下，学生在阅读时普遍心浮气躁，不愿意阅读叙述较长的题目，也常会在没有完全读懂题意的情况下就急于作答，导致回答错误，最终使部分学生在阅读方面产生畏惧心理，所以学校希望通过提升学生的阅读能力，来提升学生各个学科的学习成绩。同时，学校也注意到教育部已经颁布的《中国学生发展核心素养框架》，其中所谈到的六大素养，如人文底蕴、科学精神、学会学习、健康生活、责任担当、实践创新，每一项素养都离不开阅读，因此阅读素养实则是整个学生核心素养体系的基础，是学生发展的重点。因此，丹城中学设立该课题的核心目标，不仅仅是指向功利的学习成绩，更是从学生终身发展的角度出发，提升学生的核心素养。另外，从教师层面来说，丹城中学的教师平均年龄均较大，教师的教学质量意识普遍较强，但是课堂教学过程中以讲授法为核心的局面还是没有得到根本改变。课堂改革需要一个撬点，经调查发现，多数教师愿意借助拓展阅读的方式来带动自己的学科教学改革，提升教学的总体质量。因此，"学科拓展：初中课外阅读的新探索"（为行文方便，以下简称学科拓展阅读课程）便成为全校各个学科教师共同参与和研究的重大课题。

（二）学科拓展阅读课程的总目标与分学科目标

丹城中学学科拓展阅读课程建设的总目标是使学校课程从关注单一的学科素养走向关注更加全面的综合素质，从关注阅读课文和材料走向关注阅读社会和人生，从根本上落实"以学生发展为本"的理念，构建为每一个学生提供多种学习经历的课程体系。在学生方面，学校希望通过学科拓展阅读的逐步推进和实施，使学生掌握更加科学合理的阅读技巧，发展自主阅读和学习的能力与方法，养成良好的阅读习惯；通过广泛联系社会实际，逐渐丰富学生的学习和生活经历，扩大知识面，提升人文精神与科学质量。在教师层面，学校希望教师能形成更强的课程意识和课程开发能力，提升不同学科备课组教师的研究能力，强化教师对课程的执行力，增强教学的有效性，实现教师专业能力的飞跃式发展。

丹城中学学科拓展阅读课程的研究团队分学科进行了顶层设计，包括数学、科学、语文、英语、音乐等，这些学科的教师皆从知识与技能、过程与方法、情感态度与价值观三大维度出发进行设计。

1）数学拓展阅读课程的目标定为：①知识与技能维度，通过对文本、符号、数学推理、图形、图表、图像等内容的阅读，让学生进一步掌握关于数学问题的知识和理论，并掌握相应的数学技能；②过程与方法维度，在数学阅读的基础上解决数学问题，在阅读与合作交流中发展思维，掌握数学阅读的策略与方法，在数学语言之间的转化中体验数学的思想方法；③情感态度与价值观维度，让学生感受数学知识的价值，激发学生学习数学的兴趣，培养学生尊重知识、追求真理的科学态度和创新精神，增强其对知识的应用意识，在知识学习过程中体会其丰富内涵，树立正确的人生观与价值观。

2）科学拓展阅读课程的目标定为：①知识与技能维度，通过对生命科学、物质科学、地球和宇宙科学中部分发现史等内容的阅读，使学生更加全面地掌握科学知识和理论，并掌握相应的科学探究技能；②过程与方法维度，在科学阅读的基础上解决科学问题，在阅读和合作交流中发展思维，掌握科学阅读的策略与方法，在科学发现史的阅读中体验科学家的思维方法，获得综合运用所学知识解决科学问题的方法，培养学生良好的科学思维品质；③情感态度与价值观维度，让学生感受科学知识的价值，激发学生学习科学的兴趣，拓展学生的科学视野，培养学生养成严谨的科学态度和创新精神，增强其对科学知识的应用意识。

3）语文拓展阅读课程的目标定为：①知识与技能维度，了解不同形式的新诗，进一步提高学生的新诗鉴赏和创作能力，提高学生的阅读能力；②过程与方法维度，使学生在新诗阅读中感受新诗创作的过程，掌握鉴赏的方法；③情感态度与价值观维度，提高学生阅读诗歌的兴趣和创作热情，提升人文气质。

（三）学科拓展阅读课程的体系

丹城中学设置了"固干强枝"课程体系（图5-1）。"干"即国家课程标准规定的统一学习的内容（国家课程或基础性课程），在这些课程中渗透阅读指导方法，提升学生自主阅读的能力；"枝"指的是学校根据办学目标和育人理念所开发出的供本校学生自主选择的六大类课程（拓展性课程），这些拓展性课程是发展学生社会参与、自主发展、实践创新等素养的有效途径，学科拓展阅读便是其中最核心的拓展性课程。其中，学科拓展阅读课程主要在初一和初二年级实施，涉及的学科包括语文、数学、英语、科学、音乐、美术、社会等，主要是以数学和科学等理科学科的拓展阅读为主，以语文、社会等文科学科的拓展阅读为辅。学科拓展阅读课程设定在每周五下午的三、四两节，以主题式拓展阅读的方式实施。教师围绕主题开发出体现不同基础要求，又有一定开发性的拓展阅读课，供学生走班选修。截至目前，学校已经开发的学科拓展阅读课程群包括七年级的"朝花夕拾""数学家故事""英汉对读""英语美文鉴赏"等 7 门课程和八年级的"水煮水浒""数的故事""中国时报（英）""英语美文鉴赏"等 7 门课程（表 5-1）。

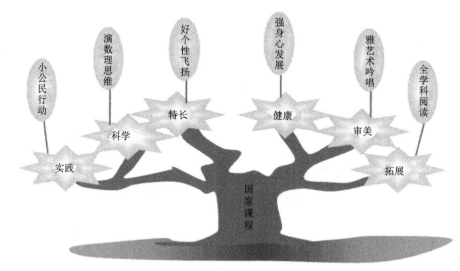

图 5-1　丹城中学的"固干强枝"课程体系

表 5-1　丹城中学学科拓展阅读课程年级安排表

课程群	年段	课程	周课时
学科拓展阅读	七年级	朝花夕拾	2
		数学家故事	2
		英汉对读	2
		英语美文鉴赏	2
		科学家故事	2
		科学发现之旅 I	2
		整理伴我行 I	2
	八年级	水煮水浒	2
		数的故事	2
		中国时报（英）	2
		英语美文鉴赏	2
		思维巡山	2
		科学发现之旅 II	2
		整理伴我行 II	2

（四）学科拓展阅读课程开发的基本过程

在课程开发的过程中，丹城中学采取逐步探索、稳健发展的策略，共分三个阶段来开发。第一个阶段为探索期，主要是确立阅读方向，其策略包括以下几个方面。

1）发放调查问卷。从阅读动机和兴趣、阅读时间、阅读种类、阅读方式等方面对学生进行问卷调查，以了解学生整体的阅读状况，为后期课程开发奠定坚实的基础。

2）推荐经典篇目。每个教研组分年段给学生下发一张表格，从阅读篇目、阅读字数、阅读时间、阅读感言四个方面引导学生养成良好的阅读习惯。

3）拓展阅读途径。结合学校的读书节、科技节的主题，引导学生阅读人文经典和科技经典文本，开展读书竞赛、主题征文等活动，以此来营造学校的书香氛围。

4）展示学科拓展示范性课例。语文学科与阅读有最直接的联系，因此要求语文教研组开发出2—3节课例，供全体教师和专家解剖。

第二个阶段为发展期，重在积累经典课例，其策略包括以下几个方面。

1）确立学科方案。数学、科学、英语和社会四个教研组依据课程开发项目方案，结合学科特质与学生特点制订本学科的拓展阅读方案。

2）转变课堂教学模式。鼓励教师在常态课教学中加大对阅读素养的培育，对教材进行灵活开发和运用，从教材中挖掘贴近学生实际的内容，增强学生的阅读兴趣。

3）基于"一课四研"开发模式开展课例研究，形成精品课堂和经典案例（图5-2），供教师自主开发时参考。

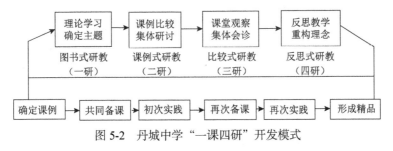

图 5-2　丹城中学"一课四研"开发模式

4）进行集体活动。除学校读书节、科技节活动之外，各教研组每学期至少开展一次学生集体活动，如阅读成果展示、知识竞赛等。此外，教师还须提高课外阅读指导的实效，如布置阅读有关作业，批阅时注重对学生阅读习惯和能力的点拨和评价，与学生交谈时鼓励学生阅读课外书籍，并引用课外书目中的相关内容进行讨论。

第三个阶段为完善期,重点是形成具有校本特色的学科拓展阅读课程,其策略有以下几个方面。

1)搜集资料,充实课程内容。其具体内容包括方案、通知、课例、课件、照片等,以便形成课程内容的完整资料包。

2)展示成果,确定课程开发的核心。每个教研组选择至少两堂课在全校乃至全县展示,把研讨后确立的各类资料(教案、课件、评课记录表、反思札记等)都作为课程的重要成果。

3)补充重组,形成教材初稿。即从课程资料包中补充一些经典课例和其他相关资料,并进行合理分配和重组,搭建教材的基本框架。

4)修改汇编,完成教材编写。各教研组组长和教师认真修改教材初稿后,交教科室统一处理和汇编,最终完成学科拓展阅读课程教材的编写。

二、番头小学"经典阅读德育课程"的顶层设计

(一)经典阅读德育项目的缘起

番头小学原为盐工子弟学校,随着时代的变迁,规模逐渐扩展。2018年,有31个教学班,共计1300名学生。学校坚持"静·和"校园文化的建设,所谓"静",就是静心育人,静待花开,静能养生,静能开悟,静能生慧,静能明道,要想大智大慧,大彻大悟,必须由静做起,宁静是一种气质、一种修养、一种境界。其具体包含六个要素,即课堂倾听静思、课间轻言细语、走路轻声慢步、取物轻拿轻放、吃饭轻嚼慢咽、交往亲和友善。所谓"和",就是和善、和美、和顺、和乐、和合之意,就是说话做事、为人处世要合情、合理、合礼、合法,要做到恰到好处,其本质特征是"和谐",具体则包含五个要素,即"人的和谐是关键""事的和谐是核心""物的和谐是保障""景的和谐是窗口""情的和谐是基础"。

学校期望透过这样的文化,改变传统的以讲授式教学为中心的教育模式,面向每一个学生的发展,充分满足学生多样化发展的需要,促进学生个性心理不断成熟,使他们养成良好的学习、生活、卫生、劳动和锻炼身体的行为习惯,并形成良好的思想与道德品质。但是,学校在落实这一目标的过程中,还缺乏科学化、系统化、规范化的设计,无论在内容、方法还是评价管理体系方面,都有待于进一步进行统整与设计。番头小学的教师发现,经典阅读在学生习惯养成和人格塑造的过程中扮演着重要角色,也可以为丰富学生的精神文化生活,开阔眼界和视野,提升学业成就以及形成良好的价值观、人生观等创造有利的条件,因此决定以经典阅读为突破口,来建设具有校本特色的德育课程。

（二）经典阅读德育校本课程的理念与目标

番头小学以"静待花开"为总体办学理念，旨在培养"学会做人、学会做事、学会学习、学会创新、学会生存、学会发展"的新时代象山人。学校以"宁静致远、和而不同"为校训，以"静躬自察、和融共济"为校风，以"静教求新、和合善诱"为教风，以"静学立行、和乐求真"为学风。在这些育人理念的指引下，学校将经典阅读与德育课程进行整合，以开展书香活动、研发书香课程、创新书香课堂、实施书香评价等作为主要实施路径，带领学生潜心品读古今中外经典美文，积累优美句段和国学经典，发展多层次阅读能力，提升学生的阅读兴趣，并以科学与人文相结合的管理方式，创建和美的书香环境，培植有活力的书香教师团队作为保障，构建起切合学校实际的德育课程，不断提升学校的办学品位，深化学校的内涵发展。

番头小学确立了"静和学子"的核心素养体系，并以此作为课程建设的根本出发点。"静和学子"的核心素养包括"义""智""乐"三个方面。这里的"义"是指做适宜的事情，就是说话做事、为人处世要合情、合理、合礼、合法。这里的"智"是指聪明、有见识，就是要勤学习、善探究、敢质疑和创造。而"乐"则意指欢喜、快活，就是要学生阳光、强健、兴趣多样。番头小学期望通过系列化的课程，以"静""和"的精神养分来培育学生，培养温和善良、彬彬有礼、内外兼修的现代"谦谦君子""窈窕淑女"，即具有君子品格的现代象山公民。

（三）经典阅读德育校本课程的基本结构

番头小学的全校性课程体系被称为"静和课程"，它是一个包含"三群""三层"的课程体系（图5-3）。所谓"三群"，是指三类课程群，分别指向学生的三大类核心素养，即德育课程群（义）、学养课程群（智）和体艺课程群（乐）。所谓"三层"，则指的是每个课程群所对应的三个层次，包括面向全体的基础性课程、面向特定年龄段和个体的拓展性课程。经典阅读德育校本课程无疑是德育课程群中的一部分，该部分以小学生行为规范教育课程化的研究为突破口，强调学科渗透、全员参与和生活体验，除了国家课程和地方课程之外，拓展课程中还包含了经典阅读课程，此外，还有心理健康课程、安全法制课程、专项实践课程和节日活动课程等。番头小学的"静和课程"体系框架如图5-3所示。经典阅读德育课程根据年龄段的要求，又可分为"绘本天地"（一至二年级）、"儿歌童谣"（一至二年级）、"童话世界"（一至六年级）、"国学经典"（三至六年级）、"韵律古诗"（三至六年级）、"名人传奇"（三至六年级）等拓展性课程。

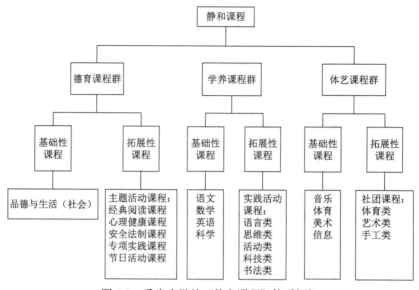

图 5-3 番头小学的"静和课程"体系框架

三、金星学校"悦读 365"经典诵读课程的顶层设计

1. "悦读 365"经典诵读课程的由来、定位与理念

金星学校的"悦读 365"经典诵读课程服务于学校的整体建设目标，即以促进每一位学生的成长与成才为总目标，挖掘、传承和弘扬地域优秀文化，着力提升学生的道德素养、人文素养和科学素养，构建与象山县教育现代化相适应的具有特色的学校文化，创建象山县学校文化建设示范学校。更具体来说，"悦读 365"经典诵读课程属于学校"和善"文化建设的重要组成部分。所谓"和善"，包含多层内涵，在育人理念上是"和合于心，成善于行"，在学校精神上是"和而不同，善与偕行"，在校训中是"和以美德，善以正心"，在校风方面是"和谐奋进，善美致远"，在教风方面是"乐教善教，追求卓越"，在学风方面则是"悦读乐学，勤思善行"。"和善"文化建设体现在多个方面，重点是生活德育（规以德善、读以智善、礼以行善、艺以趣善）、课程建构（悦读 365、健康 365 和书艺 365 等）和"三间管理"（读响晨间、文明课间、休闲午间）等。

"悦读 365"经典诵读课程的主要定位在于使学校形成浓郁的文化氛围，积淀学校的文化精神，并以此濡养学生和成就学生，彰显学生的个性，挖掘学生的潜能，使他们变得博学、儒雅、快乐、阳光、积极，为学生的终身幸福奠定坚实的基础。其课程理念包含五个方面：①教育性。注重继承和弘扬中华民族优秀文化和革命传统，增强学生的民族自尊心和爱国主义情感，同时也体现文化融合及多样性，学习并借鉴外国文化；课程体现时代精神和现代意识，引导学生关注现实、关注人类、关注自然，从而树立合理的世界观、人生观和价值观。②学科性。紧紧围绕学生的阅读素养习得和人类文化感受而展开，引导学生掌握阅读的方法，养成良好的阅读习惯，内容选择具有启发性，引导学生在探究中学会学习。③经典性。文本选择文质兼美，富有文化内涵和时代气息，题材、体裁、风格等丰富多样，各种类别配置得当，难易适中，适合学生阅读和思考。④层次性。注意各学段之间的衔接以及课程内容的阶段性变化，在安排内容时避免烦琐，简化头绪，突出重点，加强情感态度、知识及能力之间的联系与整合，致力于学生整体阅读素养的提高。⑤开放性。在合理安排课程内容的基础上，给予教师自主开发和动态实施的空间，为学生留出自主探索和思考的余地，以满足师生共同发展的需要。

2. "悦读365"经典诵读课程的总目标和阶段性目标

"悦读365"经典诵读课程的总目标是启发学生进行文学和思想的积累与展示。所谓积累，是指积累丰厚的文化底蕴，传承优秀的中华文化，弘扬积极的民族精神；所谓展示，是指进行正确及有情感的诵读，准确合理地展示自己的阅读思考。其具体目标包含三点：①认识并感悟中华文化的博大精深，吸收本民族的传统智慧，同时尊重多样文化，吸收人类优秀文化的精神；②培育热爱祖国语言及文字的情感，养成诵读的好习惯，形成良好的语感；③发展独立阅读和思考的习惯，能初步理解中国古代和近现代经典作品，丰富自己的精神世界。

在总目标之下，"悦读365"经典诵读课程还围绕小学低段、中段、高段分别设置了阶段性目标，以体现相互联系而又循序渐进的特点。例如，在小学低段，学生须达成的目标包括：①感受阅读的乐趣，并养成喜爱阅读的情感；②学会用普通话正确、流利、有感情地朗读文本；③初步了解汉字，有主动识字的意愿，并在阅读中积累词汇；④能诵读浅近的古诗文和近现代作品，展开丰富的想象，感受语言的优美；⑤能背诵古代诗文30篇；⑥学会用自己的语言表达对文本的理解，呈现自己的想法。在小学中段，学生须达成的目标在第二点上有进一步提升，增加了"愿意借助字典、词典和生活积累词汇，并能准确理解生词的意义"；在第五点上要求学生能背诵50篇古代诗文及20篇近现代文章的精选片段；在第六点上则要求学生能用自己的语言重述他人的看法，并进行简要评论。在小学高段，则要求学生能通过想象去描述经典诗歌的意境，体会诗人的情感与思想；能背诵70篇古代诗文及40篇现代诗歌、散文等；能以准确的语言表达自己的意见，并陈述有根据的理由。

四、阅读课程的实施策略与经典案例

（一）资源开发策略

课程实施首先得有内容上的载体，对于阅读课程来说尤其如此，也就是说，必须要有一定的文本，所以课程实施的关键在于设计可用于课堂教学的阅读文本。五所学校皆在不同程度上开发了与项目相关的阅读材料，并在实践中有初步的应用。这些材料的开发在一定意义上具有创造性的特点，因为它们大都是作为课程实施者的教师和行政领导者根据本校文化和学生的实际情况，从无到有进行设计和探索的。尽管不同学校会因师资团队课程开发能力的强弱而呈现出不同质量的课程资源，但是每所学校在开发校本教材或其他资源方面所做的不懈努力，都是值得肯定的。以下我们将选取最有代表性的三所学校进行详细说明。

1. 丹城中学

丹城中学是通过以下六条策略来开发学科拓展阅读课程资源的：①对已有学科教材进行二次开发，挖掘出新的内容。各教研组对教材已有内容进行适当的增、删、减、改、创等，开发出切合学生实际、供学生自由选择的拓展内容。②推荐篇目，借助名著开发新内容。每个教研组分年段给学生下发一张表格，从阅读篇目、阅读字数、阅读时间、阅读感言四个方面引导学生养成良好的阅读习惯。③搭建桥梁，在方法中生出新内容，沟通课堂内外，利用课外阅读中获得的素材解决课内教材中存在的问题，在这个过程中生发出一些方法论层面的新内容。④内容素材须在反映学科本质的前提下，尽可能地贴近学生正在学习的学科内容，以利于学生在已有学习经验的基础上理解拓展阅读的材料。⑤强化阅读的方法性和过程性，选用合适的材料，使学生感悟和习得阅读的方法；设计必要的学科阅读活动，让学生通过自主探索、合作交流、反思巩固等，感悟阅读方法和学科知识相辅相成的关系，从而加深他们对学科知识的理解，形成良好的学科思维习惯、应用意识与问题解决能力。⑥注重整体性，在突出核心内容的基础上，加强内容覆盖的全面性和相互之间的联系，并遵循螺旋上升的原则，如数学阅读主要包含文字语言、符号语言、图像语言等内容，资源开发不仅要涉及这些具体内容，也要突出各种语言之间的相互转化。

例如，数学学科的拓展阅读（即"我的数学我阅读"）就是由背景介绍或引言、问题呈现、阅读指导、解题过程、回顾总结、巩固练习或配套作业、课外阅读链接等多个基本环节所构成（见案例1），其章节内容包括文本阅读、符号阅读、图形阅读、图表阅读、图像阅读、综合性阅读六种形式。文本阅读如"有关方程（或不等式）的应用题""有关新定义问题"等，符号阅读如"利用绝对值的几何意义解题"，图形阅读包括"勾股定理证明方法的分类介绍""有关正多边形的折纸问题"等，图表阅读如"统计问题"，图像阅读如"函数图像问题"，综合性阅读则是指 PISA。

案例 1：图形阅读——勾股定理证明方法的分类介绍

【引言】

勾股定理又称毕达哥拉斯定理或毕氏定理，是一个基本的几何定理。它是直角三角形中相关计算与证明的主要依据，在几何解题中有着重要的应用。勾股定理的证明方法多种多样，概括起来主要分三种类型：①以赵爽的"弦图"为代表，用几何图形的截、割、拼、补，来证明代数式之间的恒等关系。②以欧几里得的证明方法为代表，运用欧氏几何的基本定理进行证明。③以刘徽的"青朱出入图"为代表，证明不需用任何数学符号和文字的"无字证明"。

一、以赵爽的"弦图"为代表，用几何图形的截、割、拼、补，来证明代数式之间的恒等关系

2002 年，世界数学家大会在北京召开，这届大会会标的中央图案正是经过艺术处理的"弦图"，标志着中国古代数学所取得的成就。

 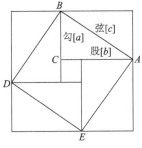 

美国第二十任总统伽菲尔德的证法，被称为"总统证法"。如下图所示，梯形由三个直角三角形组合而成，利用面积公式，列出不同代数关系式，从而证得勾股定理。

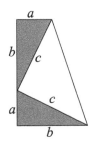

下面据传是当年毕达哥拉斯发现勾股定理时做出的证明。将 4 个全等的直角三角形拼成边长为 $(a+b)$ 的正方形 $ABCD$，使中间留下边长为 c 的一个正方形洞。画出正方形 $ABCD$，移动三角形至图 2 所示的位置，于是留下了边长分别为 a 与 b 的两个正方形洞。则由图 1 和图 2 中的白色部分面积关系可以证明勾股定理。

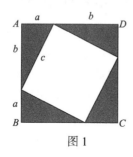 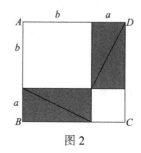

图 1   图 2

【阅读指导】

1）图中正方形 $ABCD$ 的面积能否用不同的代数式来表示？它们之间有何关系？是否可以证明勾股定理？

2）梯形的面积可以用怎样的代数式表示（整体）？用部分和的形式表示，为什么？两个代数式之间有何关系？

3）图 1 与图 2 中的空白面积分别怎样表示？代数式之间有何关系？

【解答过程】

1）由 $(b-a)^2 + 4 \times \dfrac{1}{2}ab = c^2$，得 $a^2 + b^2 = c^2$。

2）利用面积的不同算法列出代数关系式得 $\dfrac{1}{2}(a+b)(b+a) = 2 \cdot \dfrac{1}{2}ab + \dfrac{1}{2}c^2$，从而 $a^2 + b^2 = c^2$。

3）由图 1 和图 2 中的白色部分面积相等，得 $a^2 + b^2 = c^2$。

说明：以赵爽的"弦图"为代表的第一种类型证明方法，利用几何图形的截、割、拼、补，来证明代数式之间的恒等关系，体现了以形证数、形数统一、代数和几何的紧密结合。

二、以欧几里得的证明方法为代表，运用欧氏几何的基本定理进行证明

希腊数学家欧几里得在巨著《几何原本》中给出一个公理化的证明。1955 年，希腊为了纪念 2500 年前古希腊在勾股定理上的贡献，发行了一张邮票，图案是由三个棋盘排列而成。

如图所示，$\triangle ABC$ 是直角三角形，四边形 $ABFG$、四边形

$ACKH$、四边形 $BCED$ 都是正方形，根据图形的面积关系可以证得勾股定理，即 $AB^2+AC^2=BC^2$。

【阅读指导】

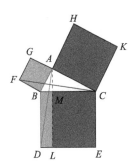

1）过 A 点画一直线 AL 使其垂直于 DE，并交 DE 于 L 点，交 BC 于 M 点。△BCF 与 △BDA 会全等吗？

2）正方形 $ABFG$ 的面积与矩形 $BDLM$ 的面积有何关系？正方形 $ACKH$ 的面积与矩形 $MLEC$ 的面积是何关系？

3）通过面积计算能否证明勾股定理？

【解答过程】

由 $BF=BA$，$\angle FBC=\angle ABD$，$BC=BD$，得 △$BCF \cong$ △BDA，于是，$S_{\triangle BCF}=S_{\triangle BDA}$，可得 $S_{\text{正方形}\,ABFG}=S_{\text{矩形}\,BDLM}$；同理，$S_{\text{正方形}\,ACKH}=S_{\text{矩形}\,MLEC}$。故 $S_{\text{正方形}\,ABFG}+S_{\text{正方形}\,ACKH}=S_{\text{正方形}\,BCED}$，即 $AB^2+AC^2=BC^2$。

说明：通过证明三角形全等，利用三角形面积与长方形面积的关系，得到正方形与矩形面积相等，于是推得 $AB^2+AC^2=BC^2$。以欧几里得的证明方法为代表，运用欧氏几何的基本定理进行证明，反映了勾股定理的几何意义。

三、以刘徽的"青朱出入图"为代表，证明不需用任何数学符号和文字的"无字证明"

第一，约公元 263 年，三国时代魏国的数学家刘徽为古籍《九章算术》做注释时，用"出入相补法"证明了勾股定理。

第二，在印度、阿拉伯和欧洲出现了一种拼图证明，如下图。

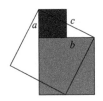

第三，意大利著名画家达·芬奇的证法。

1）在一张长方形的纸板上画两个边长分别为 a、b 的正方形，并连接 BC、FE。

2）沿 $ABCDEF$ 剪下，得两个大小相同的纸板Ⅰ、Ⅱ。请动手做一做。

3）将纸板Ⅱ翻转后与Ⅰ拼成其他的图形。

4）比较两个多边形 ABCDEF 和 A'B'C'D'E'F' 的面积，你能验证勾股定理吗？

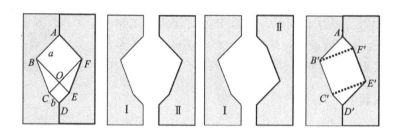

【阅读指导】

在图1、图2中怎样巧妙地将两个小正方形进行合理分割，正好无缝隙、无重叠地拼成大的正方形？意大利著名画家达·芬奇的证法，方法新颖，可以开阔学生的视野、丰富学生的想象，具有一定的操作性，但可能又有一定难度，可以在课堂上稍做介绍，让学生在课后利用充足的时间进行研究。

【解答过程】

可以利用多媒体动态地展示出图形的移动变化，让学生很清楚地发现图中小正方形与较大正方形的面积和与最大正方形的面积之间的等量关系，从而不用运算，单靠移动几块图形就直观地证出了勾股定理，真是"无字的证明"。

说明：以刘徽的"青朱出入图"为代表，证明不需用任何数学符号和文字，更不需进行运算，隐含在图中的勾股定理便清晰地呈现，整个证明单靠移动几个图形而得出，被称为"无字证明"。

【课外阅读链接】

勾股定理，又称毕达哥拉斯定理或毕氏定理，是一个基本的几何定理，传统上认为是由古希腊的毕达哥拉斯所证明。据说毕达哥拉斯证明了这个定理后，即斩了百头牛做庆祝，因此又称"百牛定理"。在中国，《周髀算经》记载了勾股定理的公式与证明，相传是在商代由商高发现，故又有人称之为商高定理；三国时代的赵爽对《周髀算经》内的勾股定理做出了详细注释，又给出了另外一个证明。法国和比利时称其为驴桥定理，埃及称其为埃及三角形。中国古代把直角三角形中较短的直角边叫作勾，较长的直角边叫作股，斜边叫作弦。

一、欧几里得的证法

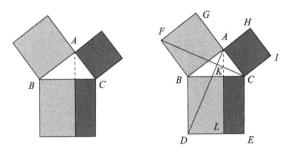

在欧几里得的《几何原本》一书中给出勾股定理的以下证明。设△ABC 为一直角三角形，其中∠BAC 为直角。从 A 点画一直线至对边，使其垂直于对边。延长此线把对边上的正方形一分为二，其面积分别与其余两个正方形的面积相等。

此证明是在欧几里得《几何原本》一书第 1.47 节所提出的，由于这个定理的证明依赖于平行公理，而且从这个定理可以推出平行公理，很多人质疑平行公理是这个定理的必要条件，一直到 19 世纪尝试否定第五公理的非欧几何出现。

二、图形重新排列证法

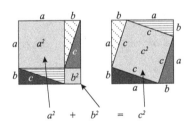

$$a^2 \quad + \quad b^2 \quad = \quad c^2$$

此证明以图形重新排列证明。两个大正方形的面积皆为 $(a+b)^2$。把四个相等的三角形移除后，左方余下面积为 a^2+b^2，右方余下面积为 c^2，两者相等。证毕。

三、古人的方法

如图，将图中的四个直角三角形涂上黑色，将中间的小正方形涂上白色，以弦为边的正方形称为弦实，然后经过拼补搭配，"令出入相补，各从其类"，其肯定了勾、股、弦三者的关系，是符合勾股定理的，即"勾股各自乘，并之为弦实，开方除之，即弦也"。赵爽对勾股定理的证明，显示了我国数学家高超的证题思想，较为简明、直观。

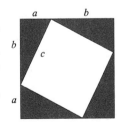

四、邹元治的证明

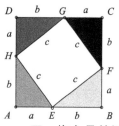

以 a、b 为直角边，以 c 为斜边，做四个全等的直角三角形，则每个直角三角形的面积等于 $\frac{1}{2}ab$，把这四个直角三角形拼成如图所示的形状，使 A、E、B 三点在一条直线上，B、F、C 三点在一条直线上，C、G、D 三点在一条直线上。

五、梅文鼎的证明

做四个全等的直角三角形，设它们的两条直角边边长分别为 a、b，斜边长为 c，把它们拼成如图所示的一个多边形，使 D、E、F 在一条直线上。过 C 做 AC 的延长线交 DF 于点 P。

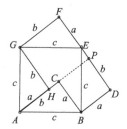

六、辛卜松的证明

设直角三角形两直角边的长分别为 a、b，斜边的长为 c，做边长为 $a+b$ 的正方形 $ABCD$，把正方形 $ABCD$ 划分成左图所示的几个部分，则正方形 $ABCD$ 的面积为 $(a+b)^2 = a^2 + b^2 + 2ab$；把正方形 $ABCD$ 划分成右图所示的几个部分，则正方形 $ABCD$ 的面积为 $(a+b)^2 = 4 \times \frac{1}{2}ab + c^2 = 2ab + c^2$，因为 $a^2 + b^2 + 2ab = 2ab + c^2$，所以 $a^2 + b^2 = c^2$。

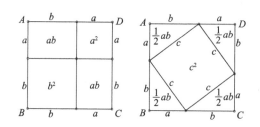

科学学科的拓展阅读（即"科学发现之旅"）则由教学目标、教学用具、引言等几个环节构成（见案例2），其具体章节则包括笔尖下的行星——海王星的发现史、生物分类系统发展简史、青霉素的发现及其应用、光学显微镜的发展历史、细胞学说的故事、空气成分发现史、氮气的发现和用途、酸雨的形成和危害、微生物的发展简史、牛顿第一定律的探索过程、轮船发展历史、电子的发现、原子结构模型的发现史、胰岛素的发现过程、植物激素的发现史、生长素发现史等 16 个专题内容，大都呈现的是科学发现的过程以及科学史，有助于学生更深入地了解科学的本质及其方法。

案例2：青霉素的发现及其应用

【教学目标】

1）回顾课本青霉素的相关知识。

2）了解青霉素。

3）了解青霉素的发现历史。

4）知道青霉素在当下人们生活中的应用。

【教学用具】 阅读材料；课件；视频。

一、引言

青霉素是抗生素的一种，它是从青霉菌培养液中提制的分子中含有青霉烷的、能破坏细菌的细胞壁并在细菌细胞的繁殖期起杀菌作用的一类抗生素，具有极大的药用价值。青霉素的发现曾一时轰动了世界，它是人类文明历史上第一种能够治疗人类疾病的抗生素。

青霉素帮助了无数第二次世界大战中的将军与士兵挽回了生命，它被看作与原子弹、雷达并列的第二次世界大战三大发明之一。1944年，青霉素被中国科学家带回中国，译为"盘尼西林"，是有"一两黄金一支"之说的昂贵且珍贵的药品。青霉素的应用非常广泛，自从青霉素得到发现和大量生产，世界各地千百万的肺炎、脑膜炎、脓肿、败血症等患者的生命也得到了及时的抢救。

二、青霉素的发现

1. 发现青霉素前

20世纪30年代以前，青霉素尚未被发现，人类一直未能掌握一种可以高效治疗细菌性感染的药物。当时的人一旦被检测患了肺结核，毫无疑问的是，他不久之后就会离开人世。为了改变这种局面，科研人员进行了长期探索，但很长的一段时间里都未能取得突破性的进展。

2. 弗莱明的意外发现

亚历山大·弗莱明是长期从事抗菌物质研究的临床细菌学家，青霉素是在他转换研究课题时偶然发现的。1928年的夏天，弗莱明外出度假时，完全忘记了实验室的培养皿中还有生长着的细菌，当他3周后回实验室时，一个与空气意外接触过的金黄色葡萄球菌培养皿中长出了一团青霉菌。凭着敏锐的直觉，细心的弗莱明用放大镜发现这团青霉菌菌落周围的金色葡萄球菌菌落被溶解了。他紧紧地抓住这个细节，一步一步地研究，发现青霉菌能分泌一种物质杀死细菌，他将这种物质命名为"青霉素"，但可惜的是他未能将这种物质提纯用于临床。1929年，弗莱明发表了他对青霉素的研究成果，但这篇论文一直没有受到科学界的重视。

3. 青霉素的再发现

1938年，德国化学家恩斯特·伯利斯·柴恩在旧书堆里突然注意到了弗莱明的那篇论文，激起了他对青霉素提纯的兴趣，于是开始做青霉素的提纯实验。弗莱明一直未能找到提取高纯度青霉素的方法，于是他将点青霉菌菌株一代代地培养下去，并于1939年将这些菌种提供给准备系统研究青霉素的英国病理学家霍华德·弗洛里和生物化学家恩斯特·伯利斯·柴恩。经过一番不懈的努力，弗莱明与恩斯特·伯利斯·柴恩及霍华德·弗洛里三人因对青霉素的研究取得突破而共同获得1945年的诺贝尔生理学或医学奖。

此后，青霉素因其巨大的效用而影响了全世界。

三、青霉素的制备

（一）菌种发酵

首先，将产黄青霉菌接种到固体培养基上，在25℃下培养7—10天，就可以得到青霉菌孢子的培养物。然后，用无菌水将孢子制作成悬浮液，再接种到种子罐内已灭菌的培养基中，然后通入无菌空气，搅拌，在27℃下培养24—28小时。接下来，将种子培养液接种到发酵罐已灭菌的含有苯乙酸前体的培养基中，通入无菌空气，搅拌，在27℃下培养7天。发酵的过程中需要补入苯乙酸前体和适量的培养基。

（二）提纯

青霉素发酵液冷却后过滤。滤液在pH为2—2.5的条件下，在萃取机内用醋酸丁酯进行多级逆流萃取，得到的丁酯萃取液转入pH为7.0—7.2的缓冲液中，然后再转入丁酯中。此丁酯萃取液经活性炭脱色后，加入成盐剂，经共沸蒸馏可得青霉素G钾盐。青霉素G钠盐是将青霉素G钾盐通过离子交换树脂（钠型）而制得的。

四、青霉素的作用及特点

（一）药理药效

绝大多数细菌都是处于外界的渗透压低于细菌体内部的低渗环境中的，它们都会自发地吸收来自外界的水分。为了防止细胞自身因吸水过多而膨胀开裂，细菌便在其细胞壁中合成一种名为肽聚糖的可以抵抗细菌体自发吸水胀破的物质。青霉素的结构恰恰作用于肽聚糖的合成过程中，可以阻断细菌合成肽聚糖的过程，造成细胞壁的缺失，从而导致细菌体失去了抵抗渗透压的能力而胀破，进而对细菌起到杀灭作用。

（二）青霉素的毒性

青霉素作用于细菌的细胞壁，而人体细胞只有细胞膜，无细胞壁，故在一般用量下，青霉素对人体的伤害较小。

青霉素是化疗指数最大的抗生素，但青霉素类抗生素常见的过敏反应在各种药物中却高居首位，其过敏反应发生率最高可达 5%—10%。青霉素的过敏反应多数是皮肤的过敏反应，表现为皮疹、血管性水肿，而最严重的是导致人体过敏性休克，这种情况多数是在注射后数分钟内发生的，其症状为呼吸困难、发绀、血压下降、昏迷、肢体强直，最后惊厥，如果抢救不及时甚至会导致死亡。

青霉素 G 有钾盐、钠盐之分。需要特别注意的是，钾盐不能直接静脉注射，只能静脉滴注，而且在静脉滴注时，也要十分仔细地计算钾离子的量，以避免注入人体形成高血钾而抑制心脏功能，造成死亡。

（三）需特别注意的事项

1）口服或注射给药时不能与碱性药物配伍，以防止青霉素分解失效。

2）青霉素不宜与盐酸四环素、卡那霉素、三磷酸腺苷、辅酶 A 等混合静滴，以避免发生沉降而失效。

3）青霉素一般不要与氯霉素同时使用，因为青霉素为繁殖期杀菌剂，而氯霉素为抑菌剂，同时使用会影响青霉素的抗菌活性而降效。需要同时使用时，可以先用青霉素 2—3 小时后，再用氯霉素。

4）青霉素可以抑制某些肝脏酶的活性。

5）婴儿，肝、肾功能减退者和妊娠末期产妇应在医嘱下谨慎使用，哺乳期妇女忌用。

（四）青霉素的应用

青霉素是从青霉菌培养液中提取的人类历史上第一种用于治疗人类疾病的抗生素。自 1941 年用于临床，青霉素为人类战胜多种传染病提供了有着绝对效力的武器。最初还未能量产的时候，青霉素非常稀缺和昂贵，它仅为第二次世界大战中的盟军将士服务。当时，英美有几百万军人被梅毒和淋病所折磨，为了保持部队的战斗力，英国首相丘吉尔很快就颁布号令："这种新药必须给最好的军队使用。"于是，青霉素很快就使疾病缠身的士兵恢复健康，并鼓舞了士气。1944 年10 月，由美国援助的青霉素终于被运送抵达我国，这是首批由中国政府直接使用的青霉素，也是主要供给军队使用的。第二次世界大战结束后，青霉素的研究更进一步，使得青霉素可以大量生产。此后，青霉素才被广泛用于民众来治疗肺炎、猩红热、白喉、脑膜炎、淋病、产褥热、败血症、梅毒等多种疾病。青霉素在控制感染性疾病方面具有神奇的疗效，并可以发挥巨大作用，更挽救了无数人的生命，使得临床并发症发生率明显降低。人的寿命显著延长，因此青霉素被称为"抗感染的医学卫士""灵丹妙药"。

青霉素是一种高效、低毒、临床应用广泛的重要抗生素。青霉素及其衍生出的各类药物，虽然在治疗疾病上起到了一定的作用，但它同时也有令人尴尬的一面，其过敏反应在各种药物中是高居首位的。所以，我们应当理性看待青霉素的作用，熟悉其药理药效，同时青霉素生产厂家应使其制备流程符合环境友好原则，将青霉素及其衍生物的抗菌功效发挥到最大。

五、问题与思考

1）青霉素是利用_____提取的，这种微生物属于_____，其繁殖方式为_____。

2）结合菌种发酵过程，请你指出青霉菌生存的必要条件。

3）在平时使用青霉素的过程中，应该注意什么？

六、课后作业

青霉素在治疗细菌感染上具有极佳的效果，可是小明去医院主动要求打青霉素的时候被医生拒绝了。请你查阅相关资料并结合上文解释一下原因。

语文学科的拓展阅读（即"你读我赏学新诗"）通常由引言、朗读指导、学习过程、回顾总结、配套作业等五个环节所构成，包括我读于心、我诵于众、我品新诗、我悟理论、学诗概要、新诗语言、新诗构思、新诗模式、新诗十技等专题内容，具体呈现方式可参见案例3。

案例3：我读于心

【引言】

诗歌学习的第一步就是读，"书读百遍，其义自见"。通过第一遍的整体朗读，我们可以初步了解诗歌内容，感受诗歌的韵味；通过对每一句的重复读，我们可以深入了解这首诗歌的语言魅力。同时，一些朗诵技巧的加入，也使得我们在诗歌朗诵时如虎添翼。诗歌朗诵的具体方法虽然千差万别，但在这千差万别中依然有规律可循。

错　　误

郑愁予

我打江南走过

那等在季节里的容颜如莲花的开落

东风不来，三月的柳絮不飞

你的心如小小的寂寞的城

恰若青石的街道向晚

跫音不响，三月的春帷不揭

你的心是小小的窗扉紧掩

我达达的马蹄是美丽的错误

我不是归人，是个过客……

【朗读指导】

1）诗歌朗读切忌脱离题目与作者，读题目与作者是我们走进这首现代诗的第一步，明确结合作者与时代背景才能定下这首诗的朗读基调。

2）通读第一遍时应彻底解决字音、字义问题，只有解决了生字词，才能为后面流畅有感情地朗读打下坚实的基础，例如，《错误》中"跫"（qióng）的读音，以及"春帷不揭"是春天还没到的意思。

3）通读第二遍时，我们就要对诗歌有一个整体的把握。每首诗歌的朗诵节奏也是从理解诗歌内涵而得出来的，能够准确地理解诗歌，对于朗诵无疑是有巨大帮助的。在朗诵时，我们也要随着诗歌所传达出来的感情变化，有不同的朗读节奏。

4）在对诗歌进行整体把握的基础上，朗诵的节奏就要根据诗歌的不同的小节内容来进行具体的变化，而对于没有明显分节的，我们就可以根据诗歌的脉络来进行自我的判断以及区分，如《错误》，我们就可以根据在第二步中分析得出的三个情感走向进行划分，从开头"漫长的期待"，到"惊喜""失望"，最后到"无尽的等待"，那么相应的朗读节奏也发生了变化。

5）最后是诗歌朗读技巧的运用，例如，诗歌朗读时声调的升降、停顿和重音等。

【学习过程】

一、通读第一遍，解决字音，了解作者以及背景

对初一、初二年级的学生来说，《错误》中的生字词不多，只需弄懂个别字词即可流畅地朗读。"跫"读音为 qióng，"春帷不揭"指春天还没到。

《错误》是中国台湾当代诗人郑愁予于 1954 年写作的一首现代诗。全诗以江南小城为中心意象，写出了战争年月闺中思妇等盼归人的情怀，寓意深刻，是现代抒情诗代表作之一。

郑愁予自述该诗源自童年的逃难经历，他上小学时，抗日战争就全面爆发了，父亲从陆军大学受训后一毕业就被送到湖北抗战前线，调去襄阳张自忠的部队，他则跟随着母亲经历过各种逃难，一路上看到很多伤兵。1948 年 12 月，他到江南的一个村落，那里唤起了他童年时期逃难的记忆，有关炮车，有关战马的马蹄声，他把这些冒出的经历艺术化，写成了《错误》。这首诗的主角就是以郑愁予母亲为原型的。

二、通读第二遍，整体把握诗歌

诗人以凄美的笔调为我们讲述了一个动人的爱情故事。暮春三月，东风和煦，柳絮飘舞，在江南一个美丽的小城，一个女子在苦苦等待心上人的归来。她的心宛若孤寂的小城，没有东风，也没有柳絮，她听不到青石街道上有意中人的足音，因而意态慵懒，云鬓不整，心灵也如窗扉紧闭，春帷不揭。浪迹天涯的"我"打这里走过，听到马蹄声，企盼已久的她如莲花般绽开了笑颜，可"我"未入家门，她失意万分，盈盈笑靥又像夏末的莲花迅速地枯萎凋谢了。

全诗不足百字，而故事情节却随着主人公的情感变化一波三折，先是漫长的期待，然后是听到马蹄声的惊喜，最后是失望，再后来又是无尽的等待。言已尽而意无穷，可谓余音袅袅，耐人寻味。

三、分节朗读，感受语言的魅力

先是漫长的期待：我打江南走过/那等在季节里的容颜如莲花的开落/东风不来，三月的柳絮不飞/你的心如小小的寂寞的城/恰若青石的街道向晚/跫音不响，三月的春帷不揭/你的心是小小的窗扉紧掩。

然后是听到马蹄声的惊喜，到来的不是归人的失望：我达达的马蹄是美丽的错误。

最后是无尽的等待：我不是归人，是个过客……

根据情感自然地将诗歌进行了划分，但也要注意有时诗歌的情感的变化并未有明确的划分标志，甚至作者在创作时赋予了一句诗复杂多样的情感，那么在朗读时切忌生分硬割，导致诗歌的整体性被破坏。例如，《错误》中的最后一句"我不是归人，是个过客……"既包含了对马蹄声带来的不是归人而是过客的失望，也包含了由于不是归人，意味着还要继续无尽地等待的遗憾。

四、掌握朗读技巧，感受诗歌韵味

在诗歌朗诵过程中，技巧的加入必不可少。仔细地把握朗读节奏，能够帮助我们更好地体验诗歌的音韵之美。语音的高低、语调的轻重、气息的强弱、节奏的快慢，都是我们在朗读诗歌过程中需要注意的。这些技巧需要同学们在平时的朗诵过程中，有意识地训练，从而熟练地掌握，达到控制自如的程度，才能真正起到提升诗歌朗诵水平的作用，否则将落于技巧的生搬硬套。

五、自由朗读，感受美的诗歌

诗歌是一个整体，每一句话都是环环相扣的。在经过抽丝剥茧的分析之后，必须有充足的练习时间，将分节感受的诗歌重新放入整首诗中进行整体朗诵。在朗诵时，可以同桌或者前后桌相互指导，通过你读我听的方式，指出对方在朗诵过程中的问题，同时针对双方都难以解决的朗读疑惑，及时请教其他同学或老师，最终达到共同进步的目标。

【回顾总结】

1）初一、初二年级的学生在进行现代诗朗诵时，对诗歌作者以及创作背景的知识性积累较少，因此在朗读时常常需要教师先给出相应的资料，才能正确地把握诗歌朗读时的基调。

2）平时学生在朗读技巧方面的练习较少，因此在运用的过程中还比较生涩，个别学生由于小学时接受过诗歌朗诵方面的培训，运用相对熟练。

3）学生普遍由于害羞而使得朗诵的效果大打折扣，少部分还需要多加鼓励，给予更多的信心来克服心理障碍，在更多的人面前大声地朗诵诗歌。

【配套作业】

1）每名学生课后自行选取诗歌并练习，下节课举办歌朗诵会时展示（3分钟内）。

2）选择一首诗歌进行朗诵，并用手机将朗诵视频录下来，下节课课前相互欣赏学习。

一棵开花的树

席慕蓉

如何让你遇见我
在我最美丽的时刻
为这
我已在佛前求了五百年
求佛让我们结一段尘缘
佛于是把我化作一棵树

长在你必经的路旁

阳光下

慎重地开满了花

朵朵都是我前世的盼望

当你走近

请你细听

那颤抖的叶

是我等待的热情

而当你终于无视地走过

在你身后落了一地的

朋友啊

那不是花瓣

那是我凋零的心

再别康桥

徐志摩

轻轻的我走了，正如我轻轻的来；

我轻轻的招手，作别西天的云彩。

那河畔的金柳，是夕阳中的新娘；

波光里的艳影，在我的心头荡漾。

软泥上的青荇，油油的在水底招摇；

在康河的柔波里，

我甘心做一条水草！

那榆荫下的一潭，

不是清泉，是天上虹；

揉碎在浮藻间，沉淀着彩虹似的梦。

寻梦？撑一支长篙，

向青草更青处漫溯，

满载一船星辉，在星辉斑斓里放歌。

但我不能放歌，悄悄是别离的笙箫；

夏虫也为我沉默，沉默是今晚的康桥！

悄悄的我走了，正如我悄悄的来；

我挥一挥衣袖，不带走一片云彩。

2. 石浦小学

石浦小学围绕"诗话童心""我探我秀""亲近李白"三门课程进行了教材开发，其中"诗话童心"在内容上分为三大模块：童诗读写创、童韵展示厅、童心闪闪亮。童诗读写创分为"有趣的问答""七彩的梦想""奇趣大自然""汉字的故事"四个单元；童韵展示厅分为"童诗朗诵会""童诗配画展""诗集制作秀"三个单元；童心闪闪亮分为"感恩赠诗""童心敬老"两个单元。"我探我秀"在内容上则分为五大部分：花草树木、鸟兽鱼虫、实验制作、乡土风情和手工艺品。"亲近李白"在内容上包含五个模块，即"共阅李白人生""广读李白诗文""乐寻李白知音""浅触李白灵魂""畅品李白酒韵"。下面将呈现"诗话童心"第一单元"有趣的问题"中的第一课，作为石浦小学开发校本课程资源的示范案例。

案例4：什么虫儿空中飞

【教学目标】1. 积累问答式童诗；2. 模仿童诗的问答形式仿写问答式童诗。

【教学流程】

一、激趣导入

小朋友们，告诉你们一个好消息，森林里在开展动物总动员活动，你们想不想去看看呀？来，老师马上就带你们去！

二、品读童诗《什么虫儿空中飞》

1）你们知道都有哪些小动物参加了吗？先别着急举手，我先出几个谜语让你们猜一猜，到底有谁参加了？嘘，嘴巴闭好了，竖起耳朵听。

师：什么虫儿空中飞？

什么虫儿树上叫？

什么虫儿路边爬？

什么虫儿草里跳？

出示：蜻蜓　空中　飞

　　　知了　树上　叫

　　　蚂蚁　路边　爬

　　　蚂蚱　草里　跳

2）看老师屏幕上的展示，你们发现了什么？（预设：什么动物在什么地方干什么）

有人把我们刚才的一问一答写成了儿歌，我们来看一看（出示《什么虫儿空中飞》），跟刚才的一问一答相比，有什么不一样啊？（多问多答）儿歌有那么多带问号的句子，你们有信心能读好吗？

3）师生配合读,师问生答。

男女生配合读。

三、畅游动物总动员

1）其实,参加动物总动员的不只是这些小动物,还有不少其他小动物也参与了,动动脑筋想一想,还有谁啊?它们都在什么地方干什么呢?谁能接着往下说,什么虫儿在什么地方干什么?自己问自己答。(展示图片)

预设:什么虫儿墙上爬?壁虎墙上爬。

什么虫儿土里钻?蚯蚓土里钻。

什么虫儿草里跳?螳螂草里跳。

2）参加总动员的小动物们各有各的本领,它们都想在总动员大会上好好表现。你们想不想给动物们加加油啊?好的,我们来给它们编一首本领诗,帮它们加加油吧!

(展示图片)

什么动物会织网?蜘蛛会织网。

什么动物会吐丝?蚕儿会吐丝。

什么动物会采蜜?蜜蜂会采蜜。

我们动物王国里的动物可远远不仅仅是老师找到的这些,还有一些躲起来了,聪明的小朋友也可以找其他躲起来的动物来回答。

3）接下来我们换一种形式,一个同学问,其他同学猜。

(预设)

问:什么动物跑得快?答:马儿跑得快。

问:什么动物会治病?答:啄木鸟会治病。

问:什么鸟儿飞得高?答:老鹰飞得高。

随机板书:织网　　　蜘蛛

吐丝　　　蚕儿

跑得快　　马儿

会治病　　啄木鸟

飞得高　　老鹰

4）我们的本领诗已经完成了,作者就是我们能干的小朋友们。

想不想读一读我们自己编的儿歌?读之前,老师想给小朋友们一个建议,为了让儿歌读起来更正确,我们问的时候统一问"什么动物会织网,什么动物飞得高",好吗?现在就请小朋友们自豪地读一读自己编的儿歌,给我们的小动物们加加油吧!

四、蔬菜园小坐

1）看我们在动物总动员里玩得满头大汗的，蔬菜园的主人邀请我们去坐坐，快跟着老师参观吧！哇，好多新鲜的蔬菜啊，我们继续来玩玩问问答答的小游戏吧！

随机点评：

例：

什么蔬菜红彤彤？

什么蔬菜胖嘟嘟？

什么蔬菜长小刺？

2）随机板书写得好的词语，叫说得好的小朋友起来说一说，编成一首小诗。

五、水果园闲逛

1）在蔬菜园坐了一会儿，有些小朋友坐不住了，你们是不是想去隔壁的水果园采些水果啦？跟着老师去逛逛吧！

2）水果各有各的味道、形状和颜色，小朋友们可得好好介绍介绍它们。不过这次，老师可要提升难度了，看看谁能接受挑战。竖起耳朵听好要求：同桌合作，一个问一个答，来介绍我们的水果，看哪一桌小朋友合作得最好。现在开始准备吧！

3）板书摘录好的句子，请小诗人依序来问问答答。记住了，先把所有的问句都说了，再一一对应回答。

六、小结

除了老师刚才说的动物、蔬菜、水果以外，其实还有很多东西都可以加入我们的问答童诗，比如，海洋里的各种鱼儿，它们也是各有各的本领，各有各的样子；百花园里，花儿争奇斗艳，在它们开放的季节，花儿艳丽的颜色、多姿的形态，叶子奇形怪状，也非常有特点；再如，我们身边的各种桥，这些都能出现在我们的儿歌里，老师相信能干的小朋友肯定能想到更多老师没有提到的东西，希望小朋友们课后可以把自己想到的写成童诗，看看哪位小诗人写得最有趣、写得最有创意。但是我们要注意了，我们要分清类别，想说动物的就全部写动物，想说植物的就全部写植物。

七、学生自由仿写或创作小诗

学生写作，教师巡回指导，写好后，进行面批，再集中讲评。

八、写好的同学自由阅读《海水》

3. 番头小学

番头小学在开发课程资源时遵循了五条基本原则：①图文并茂原则，不仅有传统的文字，且以绘本中的插图、图标、地图、新闻照片等作为阅读的重要素材，也就是考虑到了连续性文本和非连续性文本相结合的必要；②阅读与其他活动相结合的原则，除设计传统的阅读环节外，也设计了操作、体验、表演等其他相关的环节，使经典阅读变得更加适合儿童，更加丰富有趣；③探究性原则，即在文本阅读前创设必要的问题情境，在文本阅读完成后亦设计必要的问题，启发儿童思考和探究，而不仅仅是朗读和背诵；④拓展性原则，要求学生在完成指定文本的阅读任务之外，也布置与此相关的拓展性材料，供儿童在其余时间内深化理解；⑤灵活性原则，即根据不同年龄段孩子的认知水平、经验和兴趣，安排不同文本的阅读，并设置差异化的学习流程。根据这五条原则，番头小学陆续开发了面向低段、中段和高段的课程资源（教材），以下我们将通过截取三个案例来展示番头小学课程资源开发的实际样貌。

案例5：小学低段经典阅读德育教材

爱干净　讲卫生

一、我是小观众

猪八戒吃西瓜

小朋友，你能为大家讲讲这个故事吗？

二、我是小听众

小猪变干净了

1）有一头小猪，长着圆圆的脑袋，大大的耳朵，小小的眼睛，翘翘的鼻子，

胖嘟嘟的身体，真有趣！可是它不爱清洁，常常在泥坑里滚来滚去，全身都是泥。

2）小猪去找朋友玩。它走着，走着，看见前面有一只小白兔，小猪高兴地叫："小白兔，我和你一起玩好吗？"小白兔说："呦！是小猪，看你多脏啊！快去洗洗吧，洗干净了，我再和你玩。"

3）小猪不愿意洗澡，只好走开了。

4）它走着，走着，走到草地上，碰到一只小白鹅。小白鹅，真美丽，红红的帽子，白白的羽毛。小猪高兴地说："小白鹅，我和你一块儿玩好吗？"小白鹅说："哟！是小猪，看你多脏啊！快去洗洗吧，洗干净了，我再和你玩。"

5）小猪看看自己满身都是泥，不好意思了。小白鹅又说："走，我带你到河边洗个澡吧！"

6）小猪和小白鹅来到小河边，小白鹅"扑通"跳进河里，用清清的水泼呀泼，泼在小猪的脸上、身上。小猪用清清的水洗呀洗，洗得干干净净。小白鹅说："小猪变干净了，我们一起玩吧！"

7）小白兔看见小猪变干净了，也走来跟它玩了。小猪跟朋友们玩得可高兴啦！

提问：大家为什么不愿意和小猪玩呢？你愿意和小猪玩吗？

三、我是小裁判（学生扮演裁判，判断是非）

请你来当一回裁判，判断是非对错（打√或×）。

1.   （   ）

2.   （   ）

3.　　　　　　　　　　　　　　　（　　　　　　）

四、我是小行动家

什么情形	怎么做	评价 ★★★★★

案例 6：小学中段经典阅读德育教材

做一个勤奋好学的人

一、我是小观众

出示招聘会现场的图片，说明大家都想在招聘会上找到一份好工作。提问：

1）同学们，看了这些图片，你们有什么想说的？

2）积极思考：称心如意的职位数量有限，那么如何在这人潮涌动的应聘者中脱颖而出呢？

二、我是小听众

同学们，你想了解古时候的人是怎样勤奋好学的吗？跟着老师一起走进故事吧。

凿 壁 借 光

【原文】匡衡勤学而无烛，邻舍有烛而不逮，衡乃穿壁引其光，以书映光而读之。邑人大姓文不识，家富多书，衡乃与其佣作而不求偿。主人怪，问衡，衡曰："愿得主人书遍读之。"主人感叹，资给以书，遂成大学。

【译文】匡衡勤奋好学，但家中没有蜡烛。邻家有蜡烛，但光亮照不到他家，匡衡就在墙壁上凿了洞引来邻家的光亮，让光亮照在书上读书。县里有个大户人家不识字，但家中富有，有很多书。匡衡就到他家去做雇工，但不要报酬。主人感到很奇怪，问他为什么这样，他说："我希望读遍主人家的书。"主人听了，深为感叹，就借给匡衡书（用书资助匡衡），并不要报酬。于是匡衡成了一代的大学问家。

读了这个故事，你又想说什么？

三、我是小读者

不光光是古人勤奋好学的故事流传千古，我们身边也有凭借勤奋在各行各业中取得成功的人，请继续读故事。

孙悟空的火眼金睛和我的近视眼①

孙悟空不止一次地自诩是金刚不坏之体，事实的确如此。他大闹天宫被擒后，任凭天兵天将刀削斧砍，都损害不了一根毫毛。最后，太上老君把他放在炼丹用的八卦炉中狠狠炼了七七四十九天，也没能使他受到伤害，反而炼就了一双火眼金睛。

孙悟空的火眼金睛是在太上老君的丹炉里炼出来的。他的那双眼睛非常神奇，任妖魔鬼怪怎么变化，都能被这双眼睛识破。当电视连续剧《西游记》播出之后，许多朋友对我的这双"火眼金睛"产生了极大的兴趣，特别是小朋友们就更好奇了，纷纷来信问我其中的秘密。

其实我的这双眼睛既没有装什么玻璃、电光片，也没有什么特异之处，要说其中的秘诀，就两个字——苦练。在戏剧舞台上，演员和观众是处于远距离的眼神交流中，没有近景，更没有特定镜头，因此，我的一双近视眼的缺陷还容易掩饰。可上电视就不行了，观众几乎是脸对脸地望着你，目光的聚散，眼神的运用，是一点都瞒不过人的。况且，我的脸现在全用面罩给罩起来，只露一双眼睛在外面。人们都称眼睛是心灵的窗口，其实在一般情况下，心灵的窗口不止眼睛一处，面部任何一个部位的活动都能透露人们的内心活动。可现在，我只剩下唯一的一个窗口了，通过它既要反映出人物的一般内心活动，还要表现出孙悟空的火眼金睛来，这真是难呀！

"猴子，你的眼神不对！再重拍一遍！"导演在摄影机前经常这样提醒我。

我自己也知道自己的眼神有问题，比谁都着急！可急有什么用呢？不用导演说我也在提醒自己。眼睛有问题，是不能把戏拍好的。有位著名电影演员曾说过："一身之戏在于脸，一脸之戏在于眼！"眼里没戏，戏就全没了。我父亲演电影《三打白骨精》时能够博得那样的好评，他的那双神采奕奕的眼睛起了关键作用。今天我面临着这样一个情况，该怎么办？出路只有一条：下苦功去练！

① 六小龄童. 孙悟空的火眼金睛和我的近视眼. (2011-06-23) [2019-11-01]. http://blog.sina.com.cn/s/blog_622a014b0100rzng.html.

清晨起来，我早早地站到岗坡上和屋顶上去望日出。别人望了几眼便要转换一下目光，因为太阳光线太强，刺人眼睛。可是我顾不得这些，一直目不转睛地望着，两眼被刺得酸痛流下泪来，也不肯放弃所追逐的目标。白天，我有意地去看别人打乒乓球，眼睛随着那白色的小球飞快转动。有时，我也去追逐天上的飞鸟，看它们飘忽地来去，一直盯着它们变成一个小黑点为止。夜里，我点燃一根香火，让眼睛紧随着香火上下左右地转动。

每次剧组开拍时，别人都避开聚光灯，因为灯光刺人眼睛。唯独我不但不避，还要去追逐那灯光，一动不动地盯着，直到望得两眼酸痛、流出泪水为止。我掌握一个很关键的窍门：眼睛里一湿润，就显得灵活有神。此外，我还请化妆师在我的眼圈上用金纸贴一条金边。这样，火眼金睛的气魄就出来了。

渐渐地，我的眼睛越来越有神了，可以随着剧情的发展，忽儿黯然神伤，忽儿神采飞扬，忽儿含情脉脉，忽儿怒目圆睁。当孙悟空径直地对着妖怪怒目时，那火眼金睛的光彩真是咄咄逼人！是那样的明亮、有神！

小朋友们，这是大家最喜爱的孙悟空扮演者六小龄童爷爷讲述自己如何练就"火眼金睛"的故事。面对这一难题，他想尽办法攻克难关，才有如此令人印象深刻的荧幕形象。看到这里，你还想说什么呢？

四、我是小标兵

众所周知，勤学历来是我们中华民族的传统美德，古今中外的名人也都曾告诫我们：

> 天才在于学习，知识在于积累。
> 钟不敲不响，人不学不灵。
> 话语只是叶子，行动才是果实。
> 有了知识不去用，等于耕耘不播种。
> 一寸光阴一寸金，寸金难买寸光阴。
> 天才是百分之一的灵感加上百分之九十九的汗水。

我们要选择其中的一句话作为我的座右铭，时时牢记，不断要求自己，做一个勤奋好学的人！

案例7：小学高段经典阅读德育教材
郑 人 买 履

芝麻开门：

寓言充满着生机和智慧，它往往由几个字、一段话或是一则故事构成，今天让我们一起走进《郑人买履》这则寓言小故事！

一起读：

郑 人 买 履

（选自《韩非子》）

郑人有欲买履者，先自度（duó）其足，而置之其坐。至之市而忘操之。已得履，乃曰："吾忘持度（dù）。"反归取之。及反，市罢，遂（suì）不得履。

人曰："何不试之以足？"

曰："宁（nìng）信度，无自信也。"

作者简介：

韩非生于公元前280—前233年，为韩国公子（即国君之子），汉族，战国末期韩国（今河南省新郑）人。师从荀子，是中国古代著名的哲学家、思想家、政论家和散文家，法家的代表人物之一，后世称"韩子"或"韩非子"，中国古代著名法家思想的代表人物。

译文：

有一个想要买鞋的郑国人，他先量好自己脚的尺码，然后把量好的尺码放在他的座位上。等到了集市，他忘了带量好的尺码。他已经挑好了鞋子，才说："我忘记带量好的尺码了。"于是返回家去取尺码。等到他返回集市的时候，集市已经散了，他最终没有买到鞋。有人问："为什么不用你的脚去试试鞋的大小呢？"他说："我宁可相信量好的尺码，也不相信自己的脚。"

一起感悟：

这个郑国人犯了教条主义的错误。他只相信量脚得到的尺码，而不相信自己的脚，不仅闹出了大笑话，而且连鞋子也买不到，成了笑柄。而现实生活中，买鞋子只相信脚码而不相信脚的事，可能是不会有的吧？但类似这样的人，倒确是有的。有的人说话、办事、想问题，只从书本出发，不从实际出发；书本上写到的，他就相信，书本上没有写但实际上存在着的，他就不相信。在这种人看来，只有书本上的才是真理，没写上的就不是真理。这样，思想当然就要僵化，行动就要碰壁。

一起实践：

1）读一读故事，请把这个故事讲给别人听。

2）读一读故事，你有什么想法？这个故事给了你什么启发？

（二）课堂教学策略

1. 以综合实践的方式推进阅读课程的实施

阅读课程虽以阅读为核心，但是阅读不局限于朗读、背诵、记忆等传统的活动，也应拓展至其他与阅读相关的更为丰富多彩的活动，只有这样才能真正激发学生的阅读兴趣。最新公布的《中小学综合实践活动课程指导纲要》规定，中小学的综合实践活动包含考察探究、社会服务、设计制作和职业体验等四大类活动，因此，在阅读课程的实施过程中，教师也可主动引导学生开展研究性学习、服务性学习、操作性学习、体验性学习和其他学习活动，使学生在发展阅读素养的同时，也能发展跨学科的核心素养。石浦小学的"亲近李白"课程便在这方面做了重要探索。

"亲近李白"课程在教学上包括"深度研读""整合实践"两部分。"深度研读"又可分为四个环节，具体如下。

1）读书了解诗人。要深度研读李白的诗文，就要真正走进李白的生活，走进李白的情感世界，了解李白的一生。对小学高段学生来说，阅读介绍李白生平的书籍便是最好的选择。例如，在"李白与酒"模块的学习中，要求学生共读《真唐李白》，并提炼信息，为"聊聊李白"的演讲活动做准备；在微信群里交流"李白给你留下什么印象"，选择一个角度聊一聊；在微信群的交流中提高认识，选择一个适合的角度写好"聊聊李白"的演讲稿；课堂内进行"聊聊李白"演讲活动，当场进行评价，并打分。

2）诵读积累诗文。诵读李白的诗文是"亲近李白"课程的最基本内容，每个模块的目标都会有一定数量的诵读积累要求。"李白与酒"模块的要求则是积累不少于1000字的诗文。"李白与酒"的诗文由学生共同搜集，确定将要研习的诗文后，每个学生或几个学生再选择其中一首自学探究，做好PPT，在班中交流分享，并把自己重点研习的那首诗写成一篇现代文。同时，确定将要研习的诗文后，每天利用晨读时间诵读、积累，并到指定的专人那里背诵，并进行记录。最后，选择大部分诗中的整首或部分诗句进行串联，用于诗歌朗诵。

3）赏析探究诗意。在"李白与酒"的模块中，师生赏析的是李白的酒中情，理解李白"酒仙""诗仙"的称号。李白写酒的诗句到底表达了诗人的什么情意呢？有表达万丈豪情的，有表达悲苦愁绪的，有表达凌云壮志的，有表达闲情逸致的，也有表达离情别意和思念之情的。在课上，教师引导学生说说李白的酒中情，找找写到这些情意的诗句，再谈谈读这些诗句的体会、感受和理解。

4）评论内化诗情。在"李白与酒"的模块中，酒中情赏析过后，教师鼓励有能力的学生先行一步，根据要求写下三篇不同类型的评论性文章：从一首诗评李白的几个方面或一个方面；从很多相关的诗评论李白的某一个方面；从多首诗综合评论李白的多方面。教师在课外选择优秀的习作指导修改，再请学生在课堂上进行写作交流。

第二个部分是"整合实践"，包含以下两个基本环节以及表演、设计、制作等活动。

1）表演活化诗景。"亲近李白"课程的每一个模块都包含有舞台表演的内容设计。其中在"李白与酒"模块中，教师设计的是情景剧表演，穿越时空，再现一段李白的生活场景，体验李白的情感世界。基本程序如下：首先，师生共同选择一首诗。接着是写剧本。教师选择质量较高的一篇指导修改。然后，就可以开始排演。学生导演带着演员进行初步排练，编剧同时修改剧本。

2）手工蕴化诗篇。学生开展关于李白专题的电子小报、手抄报、诗配画、诗集、班级黑板报等比赛活动。为了做好电子小报、手抄报、诗配画、诗集、黑板报，学生必须搜集相关资料，并写下赏析片段或评论文章等原创作品。为了画好诗配画，必须要理解诗意才能画出符合要求的图画来。所以，无论哪一种作品，都是学生用自己喜欢和擅长的形式展示自己探究学习的结果。同时，学生的作品允许合作完成，黑板报更需要合作完成，所以这类活动也培养了学生的合作精神。

2. 开展围绕阅读教学的课堂节活动

为推动课堂教学改革，提升教学效果，树立各级各类学校之间开展集体教研的氛围，象山县历来有开展课堂节的传统，课题组也积极参与到课堂节活动之中。比如，丹城中学参与了 2017 年第六届课堂节活动，主题为"全学科拓展阅读"，邀请全县各初中学校的教务主任、教科主任，语文、数学、英语、科学、社政五大学科教师参与。活动当天，丹城中学首先展示了自己开展阅读课程改革的心路历程，以及全学科拓展阅读的课程大纲，供初中同行参考交流。之后，开展了八节五大学科的拓展阅读课堂教学活动，包括"古诗文中的一元一次方程"、"温度计的发展史"、"历史中的《西游记》——大唐玄奘"、"第三只眼看鲁达"、"水费是怎样计价的"（图 5-4）、"Hou Yi shoots the suns"、"船舶的发展"、"从清明上河图看北宋都市生活"等，并围绕这八节课开展集体评课与研讨，指出拓展性阅读课程的精妙之处以及仍然存在的问题，为后续的优化升级奠定基础。

石浦小学也积极举办课堂节的教学研讨活动，其主题是"诗意寻仙，亲近李白"。首先，学校展示了学生围绕此主题所设计的大量作品，如墨海访仙、巧手掐仙、妙笔探仙、五彩描仙等，引发了不少同行的赞叹。而后由汤朝霞老师执教"酒杯中的李白创意写作交流"示范课，学生在课堂中的表现非常精彩。接着，汤老师就"亲进李白"阅读课程的缘起、实践探索互动和课程纲要撰写等进行了详细介绍，使所有参与者皆能对该课程的建设历程有完整的认识。之后，学生以舞台表演的形式，展示了阅读所带来的收获，包括合唱、舞蹈、朗诵、相声、情景剧等，皆以学生自导自演为主，力图表现他们对李白内心世界的独特理解。最后，则是专家的点评、讲座与集体讨论（图 5-5）。

图 5-4 丹城中学胡庆安执教"水费是怎样计价的"

图 5-5 石浦小学"亲近李白"课堂节系列活动

（三）环境营造策略

要想充分提升学生的阅读素养，光靠课堂教学是远远不够的，还必须在教室、学校以及家庭、社区和全社会范围内营造热爱阅读、从阅读中获得乐趣的氛围。具体而言，环境的塑造可以包括图书资料的购置、图书区角的设计、图书馆的建设、图书节或读书节等相关阅读活动的开展、家校围绕阅读进行的系列活动等。项目中的每所学校在物理环境的创设方面都进行了卓有成效、各具特色的建设。比如，丹城第二小学在建设宁波市特色图书馆和浙江省示范图书馆方面做出了重要成绩，推行了"三个多样化"的相关策略。

1）阅览场地多样化。具体包括建立各班图书角（图5-6），统一购置新书橱，积极拓展藏书来源，成立班级图书管理小组，开展图书借阅登记、检查、评比活动；设立大厅开放式阅览角，如"德居"书吧、柱式图书架、楼梯下方圆形图书架和学生阅读作业区等，大厅各书柜有图书将近4000册，每学期调换一次；设立图书馆阅览室，90个座位可供两个班的学生同时阅读；设立教师办公室阅览区，配置书报架、小书架和阅读茶几等设备。

图5-6 丹城第二小学的图书角

2）开放时间多样化。借书室全天开放，各班语文教师或班主任带学生集体借还图书，中午午休时间安排班级轮流借还图书；阅览室安排13节阅读课，每节课安排两个班级，全校学生每班每周一次，由语文教师带领学生在阅览室阅读，并可以同时出借图书，图书管理员则负责出借、归还等登记工作。大厅每天开放，包括节假日和寒暑假，学校少先队组成大厅图书管理志愿队，组织和维护好大厅图书阅览工作，在节假日和寒暑假也会有学生到学校大厅进行阅读。在固定的集体诵读时间，各班坚持每天晨读十分钟，每节课前诵读两分钟，每周还有1—2次的午间管理课，是自由阅读时间（图5-7）。

图 5-7 丹城第二小学的图书馆阅览室

3）阅读内容多样化。学校出台《丹二小学生阅读书目及阅读要求》，对学生的课外阅读内容进行了分类要求，共分六大类内容。第一类是古诗词，小学生必背古诗 70 首，在小学 6 年、12 个学期中分三轮进行阅读背诵；第二类是成语格言警句，以《语文知识集锦》为主要读本，从三年级起要求日积月累；第三类是传统经典读物，以《三字经》《弟子规》《论语》等为主，分学期定内容，要求学生日有所诵，积少成多；第四类是必读书目，每个年级要求学生在一学期内完成规定书目的阅读，一般为 4—6 本；第五类是推荐书目，每个年级每学期推荐 6—10 本，让学有余力的学生自主选择阅读；第六类是人手一册，每学期推荐一本，要求人手一册，便于教师进行集体指导阅读（表 5-2）。

表 5-2 丹城第二小学给学生的推荐书目

年级		古诗词	成语格言警句	传统经典	必读书目	推荐书目	人手一册
一	一上	1—5 首		《三字经》"人之初"	《三只小猪的真实故事》《走在路上》《逃家小兔》《一年级的小蜜瓜》	《我的野生动物朋友》《猜猜我有多爱你》《小布头奇遇记》《泡泡儿去旅行》《三毛流浪记》《迟到大王》《一本关于颜色的黑书》《大自然的秘密》	《一年级的小蜜瓜》
	一下	6—10 首		《三字经》"及老庄"	《我爸爸》《一年级的小豌豆》《蚯蚓的日记》《小熊温尼·菩》《电话里的童话》	《小巴掌童话百篇》、《爱听故事的大熊》、《田鼠阿佛》、《神奇的动物世界（彩色图文版）》、《列那狐的故事》、《大个子老鼠小个子猫（1—9）》、杨红樱科学童话系列	《一年级的小豌豆》

续表

年级		古诗词	成语格言警句	传统经典	必读书目	推荐书目	人手一册
二	二上	11—20首		《三字经》"经子通"	《安徒生童话》《小猪唏哩呼噜》《豆蔻镇的居民和强盗》《亲爱的笨笨猪》	《神奇校车》系列、《没头脑和不高兴》、《鹅妈妈的故事》、《少儿百科全书》、《阿凡提的故事》、《鼹鼠的月亮河》、《丁丁历险记》（12册）	《豆蔻镇的居民和强盗》
	二下	21—30首		《三字经》"宜勉力"	《格林童话》《了不起的狐狸爸爸》《笨狼的故事》	《宝葫芦的秘密》《爱丽丝漫游仙境》《洋葱头历险记》《小老虎历险记》《雷锋的故事》《科学家的故事》《力力不喜欢女生》	《了不起的狐狸爸爸》
三	三上	31—40首	《语文知识锦集》	《弟子规》总序、"入则孝"	《想当海盗的兔子》《窗边的小豆豆》《克雷洛夫寓言》《柳林风声》	《木偶奇遇记》《会飞的教室》《吹牛大王历险记》《戴小桥和他的哥们儿》《美丽眼睛看世界》《稻草人·古代英雄的石像》《伊索寓言》《南南和胡子伯伯》《中外神话传说》《装在口袋里的爸爸》	《窗边的小豆豆》
	三下	41—50首	《语文知识锦集》	《弟子规》"出则悌"	《查理和巧克力工厂》《乌丢丢的奇遇》《彼得·潘》《长袜子皮皮》《淘气包马小跳》	《苦儿流浪记》《尼尔斯骑鹅旅行记》《葛翠琳专集》《1937·少年夏之秋》《真要命的旅行》《骆驼寻宝记》《一只想飞的猫》《木偶奇遇记》《野风车》《大林和小林》	《彼得·潘》
四	四上	51—60首	《语文知识锦集》	《弟子规》"谨、信"	《绿野仙踪》《一百条裙子》《爱的教育》《吹小号的天鹅》《小鹿斑比》	《郑渊洁童话——舒克和贝塔历险记》《精灵鼠小弟》《小牛顿科学馆》《时代广场的蟋蟀》《爱丽丝漫游奇境记》《寄小读者》《小兵张嘎》《一千零一夜》《安琪拉的灰烬》《卓娅和舒拉的故事》《森林报》	《爱的教育》

续表

年级		古诗词	成语格言警句	传统经典	必读书目	推荐书目	人手一册
四	四下	61—70首	《语文知识锦集》	《弟子规》"泛爱众、亲仁"	《夏洛的网》《亲爱的汉修先生》《椋鸠十动物小说全集》《昆虫记》《海底两万里》	《又丑又高的莎拉》、《八十天环游地球》、《丛林故事》、《长腿叔叔》、《高士其经典科普丛书——菌儿自传》、《探索地球奥秘》、"小香咕新传"系列、《乌鸦人阿凡思》、《杰罗尼摩的欢乐假期》	《昆虫记》

此外，各校为营造良好的阅读氛围，调动家长资源，促进学生养成良好的阅读习惯，还开展了全校性的阅读节日活动和家校合作活动。例如，番头小学每年都会开展持续一个月的读书节活动，为不同年级设置多样化的阅读活动，如2017年，在全校范围内进行"书香伴我行"的征文活动，要求各班布置独具特色的读书角，并利用借阅或自助等形式充实阅读。学校鼓励各班利用中午午休、自由读写课的时间诵读古诗、《弟子规》及其他经典美文，并通过分层评选"阅读之星"等形式来激励学生快乐读书、共享阅读乐趣。其后，一至三年级开展征集名言、制作书签评比活动，还进行讲故事比赛和诵读比赛，四至六年级则开展背诵或默写优秀古诗词名篇的"古诗词积累"大赛，每一年级评选出"古诗词积累小能手"，最后则进行年度书香班级的评比。

丹城中学在开展"基于学科拓展的学生阅读"时，主要采取三个方面的策略来开展家校合作的阅读活动，其目的在于通过亲子共读、问题趣读、交流分享等方式，实现家校携手共同营造浓厚的阅读氛围，提升学生的阅读素养，使他们养成自主读书、独立思考的习惯，进而改变家长在阅读方面的教养方式，构建更加和谐的亲子关系。其一，填写"亲子阅读卡"。学校教研组推荐具体书目，家长和孩子共读相关书籍，并从推荐理由、精彩瞬间、共读收获、共读感想四个方面填写"亲子阅读卡"。其二，参加亲子阅读班会。各班每学期都开设一次以亲子阅读为主题的班会，或交流亲子阅读的经验，或讲述亲子阅读的动人故事，或倾诉亲子阅读的困难。其三，评选亲子阅读先进家庭。学校根据回收的"亲子阅读卡"以及各个家庭参与亲子阅读主题班会的表现情况，每学期评选出十佳亲子阅读先进家庭，以资鼓励。

丹城第二小学致力于开展四方面的家校合作阅读活动：①好书推荐有妙招，即把学生喜欢阅读的以及适合学生阅读的经典书籍推荐给更多的学生，激发学生的阅读兴趣，为此开展的活动有"写写我最喜欢的一本书"、"美文共赏"版面制作比赛、"好书推荐故事会"演讲比赛和"好书推荐卡片"制作、图书漂流、"跳蚤书市"等。其中,"跳蚤书市"最有特色,一是家长参与度高,各班热心家长利用各种资源,搭展台、做标语、打广告、拉赞助,活动现场精彩不断;二是成果归公,各班学生捐献的图书,被同学购买后的资金不归个人所有,而是归班级共有,再由班主任或家委会出面统一购置图书,作为班级图书角的公共图书,供全班学生借阅。②心得交流抒真情,包括专题黑板报刊出、阅读笔记积累、网络读书论坛等。特别值得一提的是书香家庭评比中的"亲子共读,分享交流"活动,许多家长积极响应,与孩子共读一本书,有相互探讨交流的,也有各读各书,然后再彼此交流的。③现场竞技展风采,目的是激发学生阅读的动力,检阅学生阅读的效果,具体包括"创意无限"书签制作比赛、"阅读之星"评比、"我的小书房"摄影比赛、"我与孩子的读书故事"征文大赛、"书海争霸"、知识擂台赛、书签设计制作比赛、"课前一诵,周周背两首"诵读比赛等。特别是书签设计制作比赛活动,学生、家长、教师一起参与,学校评出书签最佳创意奖、最佳设计奖、最佳制作奖,又以获奖书签为蓝本,设计两套学校书签,主要图案就是学生的设计,统一印制,作为奖品,激发学生阅读的兴趣。丹城第二小学读书节活动如图5-8所示。

图 5-8　丹城第二小学读书节活动

(四)学生评价策略

课程评价是整个课程开发的最后环节,也是检验课程实施效果的最关键的环节,它一般包括对课程本身的评价、对学生的评价和对教师的评价。对于阅读项目来说,检验效果的最核心范畴便是学生的阅读素养,无论采用怎样的阅读策略,学生各方面的阅读能力是否有所提高,阅读兴趣是否增长,阅读习惯是否养成或改善,乃至学业成就是否有整体或局部的提升,等等,都是检验阅读课程实施效果的关键。因此,本部分将从学生评价这个主要层面出发,考察阅读课程的实施效果。

1. 学生评价的理念与原则

学生评价的首要目的是理解课程在促进学生发展方面的实际效果,从而来倒逼课堂教学和整个课程设计方案的改革。综合项目学校在学生评价方面的实施情况，我们认为学生评价应遵循如下几条基本原则：①激励性原则。评价本身应以正面的肯定与激励为主，而不是诊断学生所犯的"错误"并进行批评与校正。阅读课程的出发点在于使学生体验到阅读的乐趣，只有使他们感受到阅读过后获得了精神上的愉悦与进步，才能巩固和强化这种兴趣，推动他们保持阅读的习惯。②整体性原则。对学生的评价，不仅应考虑其最终的阅读素养是否提高，也应考虑其在阅读课程的学习过程中所积累的各种成果，也就是将量化评价和质性评价，过程评价和结果评价，知识、技能、情感态度与价值观等评价维度或方式都整合起来。③多样化原则。进行评价的依据在于各种学习的证据，这种证据的类型不应局限于纸笔测验，且应包括学生的习作、表演、绘画、演讲、手工制品、设计草案、计划书、总结书、过程性的照片及视频等。多样化原则还体现在评价方法以及主体的多样化，诸如自我评、同伴评、教师评、家长评，以及个人评、小组评、班级评等都可以囊括其中，从多个层面反映学生成长的情况。

2. 学生评价的策略与方法

（1）番头小学

番头小学的学生在阅读活动中的表现以及在各种阅读竞赛中所获得的成绩皆可作为衡量学生阅读素养发展情况的证据，这就要求教师要及时对学生在参加班级等阅读活动中所取得的优异成绩，以及在各类阅读竞赛中获得的奖项情况进行统计，同时也要对学生在阅读学习活动中表现出来的兴趣、态度和具体变化情况进行详细的描述性记录。此外，番头小学还设计了"孝悌'五一'自律行动评价表"（表 5-3），要求学生对自己在行为规范、集体观念、文明习惯、学习态度、学习习惯等方面进行自我评价，辅以小组评价和家长评价，这种评价贯穿于整个德育活动之中。

表 5-3　孝悌"五一"自律行动评价表

"五一"	行为要求	评价方式	
		自评	组评/家长评
劳动（始于"一背上书包"）	1）自己穿衣、戴红领巾和校徽，自己背书包		
	2）认真做值日		
	3）认真完成班级岗位工作		
	4）能做力所能及的小家务		
文明（始于"说出一声问候"）	5）孝敬父母，能主动向老师和长辈问好		
	6）会用礼貌用语，不吵架		

续表

"五一"	行为要求	评价方式	
		自评	组评/家长评
文明（始于"说出一声问候"）	7）上下楼梯靠右，安静，不奔跑		
	8）排队有序，不推不挤		
	9）关心同学，他人有困难能帮助，对他人的帮助能及时感谢		
卫生（始于"整理一张课桌"）	10）会整理书包，人离位，凳归位，不刻画课桌椅，保持整洁		
	11）不丢果皮、纸屑、包装袋等垃圾，看见能捡起		
	12）勤剪指甲，勤洗头，注意个人卫生		
健康（始于"做好一节操"）	13）做好"两操"，态度认真，动作到位		
	14）上好"两课"，积极参加体育活动		
	15）不挑食，安静吃，饭吃完，尽量不剩菜		
学习（始于"打开一本书"）	16）打开课本，自觉晨读		
	17）认真听讲，不开小差，不做小动作		
	18）独立完成作业，字迹工整，注意作业姿势		
	19）不懂会问，有错及时订正		
	20）能每天看课外书，做到专心		

（2）石浦小学

石浦小学在"亲近李白"阅读项目中采用了如下有效的评价策略：①即时评价策略。无论哪项阅读活动，能当场评分的绝不拖延，以便给学生及时的反馈和指引。比如，在"聊聊李白"的讲述活动中，学生和教师当场评价，直接给出最后评分，这有助于增强学生学习的积极性，尽一切努力做最好的自己。再如，对学生评论性文章的评价，一开始就给他们下发评价标准，让学生根据这些标准写评论文，写完文章后，根据评价标准再次修改和评价自己的文章，并对指定小组里的其他同学进行评价。这样的评价是与修改同时进行的，可以取得事半功倍的效果。②多元激励策略。阅读活动中，有些任务通过努力是每位学生都能完成的，比如，搜集资料、展示资料等，有些任务可以通过数量来弥补质量的不足，如作文、手工制作等；有些任务是集体性的，只要态度认真端正，多数学生都能取得相似的成绩，如朗诵。因此，只要学生努力，每个人都会取得好的成绩，事实上，每位学生都得到了鼓励，从而更有信心来参加阅读活动。然而，对于那些在能力方面相对突出的学生，则给予其更多展示自我、挑战自我的机会，从而来激励他们进一步成长。③公平策略。学生可以参与写剧本、写诗歌、朗诵、串联词、做导演、做演员等一切活动，机会面向所有学生。要想教师能够采用自己的剧本，那就自己先动手写起来，而后由师生来共同评判；想要做导演或演员的，那就用自己的实力来向大家证明你是合适的。作文、手抄报、诗集等的评价，也是由学生和教师一起来进行，学生亦是评价者，并在评价别人作品的过程中学会反思和成长。

（3）丹城中学

在"你读我赏学新诗"这门阅读拓展课程中，丹城中学的教研组采用了自我评价、同伴互评和导师评价相结合的方式，并对定性评价和定量评价做了整合。学生自我评价是对学生的阅读表现进行评价，分 A、B、C 三个基本档次，分别表示优秀、良好和尚需努力。同伴互评则是指学生对合作伙伴的阅读表现进行综合评价，采取先定量后定性的办法，分成三个档次，分别以 10 分、8 分和 5 分来表示优秀、良好和尚需努力。"优秀"一般占 20%—50%（最少 1 人），"良好"一般占 30%—70%，"尚需努力"一般占 5%—20%，而后将得分从高到低排列，选出前 30%的 A 等、前 60%的 B 等和后 10%的 C 等。导师评价则是指导教师对学生的阅读表现进行评分，包括出勤 10%、课堂阅读表现 20%、小组阅读活动 20%、阅读作业完成质量 30%和发表获奖作品 20%等。打分按 A 等（30%）、B 等（60%）和 C 等（10%）进行排列，分别表示优秀、良好和尚需努力。最后，将自我评价、同伴互评和导师评价进行整合，作为对学生的总体评价。

数学和科学拓展阅读的评价则注重对学生阅读过程的评价，包括学生在课堂上参与数学及科学阅读活动的兴趣及态度、对数学和科学阅读的信心、独立思考的习惯、合作交流的意识等。尤其要关注学生的思维是否在阅读过程中得到了发展，对阅读策略和方法的掌握达到何种程度等，当然也要注意他们对数学和科学阅读的兴趣，以及借助阅读是否有建立起对数学和科学本质的认识，养成数学和科学探究的基本精神。此外，也强调通过学习学生是否形成了对不同文本的阅读能力，以及提取关键信息、分析关键信息和应用知识解决实际问题的能力等。

第三节　阅读课程建设的实践成效

一、学生发展成效

阅读课程的实施，最大以及最根本的成效则应体现在学生阅读素养的发展与提高上，但国内目前还没有开发出信效度皆高、为教育界广泛认可的阅读测评体系。五所学校虽与高校建立了专业共同体，但受专业的限制，未能在三年内研发出这样的测评体系。尽管如此，各校依然竭尽全力从各种角度说明学生在这段时间内阅读素养的总体发展情况。此外，阅读素养本身是具有弥散性的，它是最基础的素养，因此对学生其他素养及能力的发展也有重大意义，特别是写作能力和口头表达能力，进而对学生学业成就的整体表现也有积极影响。下面，我们将呈现三年内五所学校学生的相关成绩，作为项目成效的关键表征之一。

（一）丹城中学

2015—2018 年，丹城中学的学生获得的阅读相关奖项和荣誉众多，例如，在宁波市 2015 年度初中生阅读活动中，获二等奖 1 名、三等奖 2 名；在宁波市 2017 年度初中生阅读竞赛中，获三等奖 1 名；在宁波市 2015 年度初中生阅读竞赛（象山赛区）中，获一等奖 1 名、二等奖 2 名、三等奖 3 名；在宁波市 2016 年度初中生阅读竞赛（象山赛区）中，获二等奖 3 名、三等奖 2 名；在宁波市 2017 年度初中生阅读竞赛（象山赛区）中，获二等奖 1 名、三等奖 5 名；在"少年向上，真善美伴我行"读书征文活动中，获二等奖 1 名、三等奖 1 名；在"老师您好·我的好老师"征文活动中，获三等奖 1 名；在"红旗飘飘·引我成长"读书征文比赛中，获一等奖 1 名、二等奖 1 名、三等奖 2 名；在"阳光校园·我们是好伙伴"读书征文活动中，获二等奖 1 名、三等奖 4 名；在象山县第十二届"书香伴我行"读书征文（初中组）活动中，获三等奖 1 名；在象山县 2015 优秀童谣创作大赛中，获二等奖 1 名、三等奖 1 名；在象山县第五届青少年科普征文大赛中，获一等奖 1 名、二等奖 1 名、三等奖 3 名；在中小学校园法律故事征文比赛中，获三等奖 2 名；在象山县第七届青少年科普征文中，获一等奖 1 名、二等奖 4 名、三等奖 1 名；在第四届青少年中华美文朗诵比赛（中学组）中，获二等奖 2 名、三等奖 2 名；在 2017 年度宁波市中小学生中华经典诵读比赛中，获三等奖 1 名、优胜奖 1 名，等等。

（二）丹城第二小学

三年期间，丹城第二小学学生共获得相关成果近 600 项，最有代表性的成果包括参加第十五届"1+1"全国小学生读写大赛，共获金奖 12 项、银奖 17 项、铜奖 17 项，在第十六届上则获得金奖 18 项、银奖 15 项、铜奖 20 项；在《今日象山》上发表的作品达 31 篇，在《师生》杂志上发表的作品达 48 篇；在全国万校小学生创新作文大赛（浙江赛区）中，获一、二、三等奖各 1 项；在县第十一届

"书香校园"征文活动中，获一等奖 1 名、二等奖 2 名、三等奖 2 名；在《语文报》暑假读报知识大赛中，获二等奖 3 名、三等奖 10 名、优胜奖 22 名；在"阳光校园·我们是好伙伴"读书征文活动中，获一等奖 1 名、二等奖 1 名、三等奖 3 名；在"红旗飘飘·引我成长"读书征文比赛中，获一等奖 1 名、二等奖 2 名、三等奖 2 名，等等。

（三）石浦小学

石浦小学学生在各级各类报刊发表和各级征文比赛中获奖作文有 400 余篇，在县市级各类征文比赛活动中，获奖级别较高，人数较多，其中县征文类获奖共 50 余人次，市级获奖 10 人次。在县级书法类比赛中，也有 30 余名学生获奖，在全县名列前茅。同时，在诵读方面也取得了一定成绩，四组学生在县级诵读比赛中获奖，两组学生在市级比赛中获奖，有两组进入县级诵读决赛。

（四）番头小学

番头小学在"书香伴我行"读书征文比赛中，获二等奖 1 名、三等奖 8 名；在"中文在线杯"读书征文活动中，获二等奖 1 名；在"爱阅读·爱书城"征文比赛中，获三等奖 1 名、鼓励奖 1 名；在中小学书香征文比赛中，获三等奖 1 名；在县科普征文比赛中，获一等奖 1 名、二等奖 3 名、三等奖 3 名；在"让阳光照耀我们成长——做五好小公民"征文比赛中，获二等奖 1 名；在冰心作文赛中，获市优秀奖 5 名；在"阳光校园·我们是好伙伴"读书征文活动中，获三等奖 2 名；在"红旗飘飘·引我成长"读书征文比赛中，获二等奖 1 名、三等奖 1 名；在"争当新时代好队员"读书征文比赛中，获三等奖 1 名，等等。

（五）金星学校

金星学校在县级"中文在线杯"读书征文活动中，分别获一等奖 1 名、三等奖 1 名；在县级"老师您好，我的好老师"征文活动中，获三等奖 4 名；在县级书香征文活动中，获三等奖 3 名；在县级中学生作文竞赛中，获三等奖 2 名；在县教育局组织的"阳光校园·我们是好伙伴"读书征文活动中，获三等奖 3 名；在县中小学"红旗飘飘·引我成长"读书征文比赛中，获三等奖 2 名；1 名学生获县"新时代好少年"称号。

二、教师发展成效

指向阅读素养的阅读课程建设，对五校教师提出了重大挑战。在传统意义上，教师只是把阅读视为语文教学的一个组成部分，并没有把它作为一种课程来进行深入、科学的开发，更没有把它提升至跨学科、终身性的高度，因而学生阅读素养的提高成效有限。项目设立之后，对于阅读，课题组要求以课程的方式来设计与实践，并且与班级、学校全局性的课程建设整合起来实施，教师便陷入了困境之中。但是，在经过三年的磨炼与探索之后，教师对阅读本质有了更深入的理解，对阅读和其他学习活动（如写作、口头表达、计算、实验）以及和其他学科（如科学、数学、音乐等）之间的关系也有了深刻的认识，在阅读课程的开发能力方面也有了较大提高。尽管教师的成长之路还很漫长，但这三年的辛苦耕耘和尝试也实实在在地推动了教师自身的专业发展。以下我们将整合五所学校的相关数据，从科研课题立项/获奖、论文获奖、精品课程立项等三个方面，来呈现五所学校教师在三年内的发展情况，以作为项目整体成效的关键表征之二。下面将分别介绍各所学校教师的总体发展情况，然后把最有代表性的成果以表的形式进行具体呈现。

（一）丹城中学

三年来，共有 100 多位教师获得市级教学和科研各类奖项，其中与阅读课程建设相关的如下：仇加良校长获得 2015 年度"学校发展性督导评估综合优秀校长"称号；象山县学科教学优秀论文一等奖 8 名、二等奖 5 名、三等奖 4 名；象山县中学教坛新秀一等奖 1 名、三等奖 1 名；象山县"百名优秀教师" 2 名；宁波市优秀教师 1 名；象山县名优教师带徒活动优秀导师 2 名；"工匠精神"征文比赛优胜奖 1 名；县级拓展性精品课程 9 项，2 项课题分别被浙江省教育科学规划小组办公室和浙江省教育行政干部培训中心立项，2 项课题被宁波市教育科学规划领导小组办公室立项，8 项课题被象山县教育科学规划领导小组办公室立项；教师发表在国家级期刊上的论文 1 篇、省级期刊上的论文 11 篇、市级期刊上的论文 4 篇，等等。

（二）丹城第二小学

丹城第二小学取得的与阅读相关的成就如下：县级立项课题或获奖项目 15 项，市级立项课题或获奖项目 4 项；全国青少年五好小公民"老师您好·我的好老师"征文活动指导二等奖 1 项（部级）；全国"童心接力中国梦·中华文化我传承"图文创作大赛优秀辅导奖 1 项（部级）；"阳光校园·我们是好伙伴"读书征文活动指导二等奖 1 项（部级）；全国万校小学生创新作文大赛（浙江赛区）优秀指导奖 1 项（省级）；县第十一届"书香校园"征文活动指导奖一等奖 1 名、二等奖 4 名、三等奖 8 名；县教育教学优秀论文评比一等奖 1 名、二等奖 6 名、三等奖 18 名；第十五届"1+1"全国小学生读写大赛指导奖和《语文报》暑假读报知识大赛指导奖 7 名，第十六届"1+1"全国小学生读写大赛全能指导奖 3 名、优秀指导奖 1 名；象山县第十三届小学"教坛新秀"评选二等奖 3 名；宁波市"我的教改试验"征文评选二等奖 1 名、三等奖 1 名；参加县级公开课的教师有 10 名，参加县级讲座的教师有 2 名；在《新课程》《语文报》《现代教育报》《小学数学慢阅读》等发表论文 9 篇。

（三）石浦小学

叶育苗主持的"诗话童心""我探我秀"分别入选县、市级精品课程；2017 年 12 月，陈苏哲、汤朝霞负责的"亲近李白"课程在县级展示活动中取得成功；叶育苗、邵琼、汤朝霞在语言文字方面的课题研究 3 项，分别获得市、县级的二、三等奖；相关教师的论文获县级奖项的近 60 篇，获市级奖项的有 8 篇；黄海航在 2017 年"浙江之星"全省中小学阅读指导课评选活动中获三等奖，在市"书香校园"阅读指导课例评选活动中获一等奖，另有 3 位教师的阅读指导课例获得县二、三等奖；黄海航、陈超男、周丹妮三位教师获得县"教坛新秀"语文学科一等奖；黄海航获宁波市"教坛新秀"称号；陈苏哲、马重庆、吴海红 3 位教师在县教师现场粉笔字比赛中获奖。

（四）番头小学

三年来，番头小学共有 14 位教师评上小学"教坛新秀"；县论文案例评比共获一等奖 1 名、二等奖 4 名、三等奖 22 名；优质课评比获一等奖 3 名、二等奖 4 名；共有 10 名教师参加县级公开课，2 名教师进行县级讲座；有 2 名教师在《新课程》等国家级刊物上发表高水平论文。

（五）金星学校

三年来，金星学校共有 100 多位教师获得县、市级教学和科研各类奖项，其中史基宏校长在象山县"立三大课堂"首期校长论坛论文评比活动中获三等奖；参与"中文在线杯"读书征文活动作文指导，获一等奖 1 名；2015 年全员研教"我的研教故事"征文二等奖 2 名、三等奖 3 名；2015 年象山县中小学主题班会活动方案设计评比三等奖 1 名；2016 年县名优教师带徒活动成果评比一等奖 1 名；2016 年优秀德育案例三等奖 2 名；2015—2017 年学科教学优秀论文与案例评比一等奖 4 名、二等奖 6 名、三等奖 16 名；小学"教坛新秀"活动获三等奖 5 名，中学"教坛新秀"活动获二等奖 2 名、二等奖 1 名、三等奖 4 名；象山县优秀教师 1 名；象山县第九届园丁奖 1 名；象山县优秀德育工作者 1 名；石铺镇优秀教师 5 名。

部分学校相关教师科研立项/获奖情况，如表 5-4 所示。

表 5-4　部分学校相关教师科研立项/获奖情况表

学校	主持人	科研项目名称	立项级别	立项机构	获奖等第	立项/获奖时间
石浦小学	邵琼	小学第一学段"主题式"童诗教学的实践研究	市级	宁波市教育局教研室	二等奖	2018 年 3 月
	李燕薇	以"省思"推进小学高段学生自我教育的实践研究	市级	宁波市教育局教研室	三等奖	2015 年 11 月
	叶育苗	小学低中段"有序构段"教学的实践研究	市级	宁波市教育局教研室	三等奖	2015 年 12 月
	汤朝霞	情趣——阅读世界的先导实践研究	市级	宁波市教育局教研室	三等奖	2015 年 12 月
	邵琼	课程整合视野下的低段语文绿色评价的实践与研究	市级	宁波市教育局教研室	三等奖	2017 年 1 月
	叶育苗	基于核心素养的小学中段生态作文教学研究	县级	象山县教育局教科研中心	二等奖	2017 年 3 月
	李燕薇	小学中高段学生"省思"教育的实践研究	县级	象山县教育局教科研中心	三等奖	2016 年 3 月
	汤朝霞	基于单元整组的小学语文习作教学的策略研究	县级	象山县教育局教科研中心	三等奖	2017 年 3 月
丹城中学	仇加良	初三分层走班制教学模式的构建与实践	县级	象山县教育局教科研中心		2017 年 2 月
	韦法初	初中语文拓展性课程"水煮水浒"的开发研究	县级	象山县教育局教科研中心		2017 年 2 月
	韦法初	初中语文现代文阅读理解错题资源有效利用的实践研究	县级	浙江省教育行政干部培训中心		2015 年 12 月
	韦法初	说明文"原意追索"教学的实践研究	市级	宁波市教育科学规划领导小组办公室		2016 年 6 月
	韦法初	"水煮水浒":拓展性课程指向深度阅读的路径研究	市级	宁波市教育局教研室		2018 年 5 月
	何海红	指向学生科学素养的拓展阅读研究	县级	象山县教育科学规划领导小组办公室		2018 年 2 月
	赖玺艳	初中数学阅读教学有效拓展的实践研究	县级	象山县教育科学规划领导小组办公室		2018 年 2 月
	薛文洁	初二英语拓展阅读的实践研究	县级	象山县教育科学规划领导小组办公室		2018 年 2 月

续表

学校	主持人	科研项目名称	立项级别	立项机构	获奖等第	立项/获奖时间
丹城中学	周颖波	初中历史细节阅读拓展在教学中的运用研究	县级	象山县教育科学规划领导小组办公室		2018年2月
丹城第二小学	王青女	小学生课内海量阅读语言运用实践的策略探究研究方案	县级	象山县教育局教科研中心	三等奖	2017年3月
	郑萱伊	小学语文海量阅读的方法和习惯	县级	象山县教育局教科研中心		2016年2月
	陶卫琴	"成长足迹"语文综合性学习活动的实践研究	县级	象山县教育局教科研中心	二等奖	2017年3月
	杨国平	读童谣、广识字、学创作的实践研究	县级	象山县教育局教科研中心	三等奖	2018年3月
番头小学		海娃娃讲渔故事	县级	象山县教育局教科研中心	三等奖	2016年2月
		经典引路,推进德育校本课程建设	县级	象山县教育局教科研中心		2016年2月

五所学校相关教师代表性论文获奖情况，如表 5-5 所示。

表 5-5 五所学校相关教师代表性论文获奖情况表

学校	教师	论文题目	获奖荣誉名称	获奖等第	获奖级别	颁奖机构
石浦小学	汤朝霞	课题研究，让阅读之树枝繁叶茂	市第五届教育科研管理研究会征文	一等奖	市级	宁波市教育局教研室
	邵琼、叶育苗	跟着"主题"走，让童诗教学绽放异彩——小学第一学段"主题式"童诗教学的实践研究	宁波市小学语文教学论文	一等奖	市级	宁波市教育局教研室
	邵琼	多元整合，让绿色评价展新姿——课程整合视野下的低段语文的绿色评价的实践研究	宁波市小学语文教学论文	一等奖	市级	宁波市教育局教研室
	陈苏哲	构建"李白"微课程，点亮"诗歌"新阅读	宁波市小学语文教学论文	二等奖	市级	宁波市教育局教研室
	叶育苗	基于核心素养的小学语文拓展性课程开发初探	宁波市中小学地方课程、校本课程论文评比	三等奖	市级	宁波市教育局教研室
	邵琼	心创新 新评价 欣阅读	教学评价优秀论文	一等奖	县级	象山县教育局教科研中心

学校	教师	论文题目	获奖荣誉名称	获奖等第	获奖级别	颁奖机构
金星学校	蔡海成		教育科学优秀论文	一等奖	县级	象山县教育局教科研中心
	冯志龙		名优教师带徒活动成果评比	一等奖	县级	象山县教育局教科研中心
	陈明		"中文在线杯"读书征文活动作文指导奖	一等奖	县级	象山县教育局教科研中心
	翁宇峰		第十三届中学"教坛新秀"	一等奖	县级	象山县教育局教科研中心
	史基宏		教育科学优秀论文（学科类）	三等奖	县级	象山县教育局教科研中心
丹城第二小学	袁娉婷		全国青少年五好小公民"老师您好·我的好老师"征文活动比赛	二等奖	部级	教育部关心下一代工作委员会
	张海红		全国"童心接力中国梦·中华文化我传承"图文创作大赛	优秀辅导奖	部级	全国少年儿童"双有"教育活动组委会
	叶美云		全国万校小学生创新作文大赛（浙江赛区）	优秀指导师奖	省级	浙江赛区组委会
	仇淑敏		"阳光校园·我们是好伙伴"读书征文活动指导奖	二等奖	部级	教育部关心下一代工作委员会
丹城中学	韦法初	原意追索：说明性文章教学的一种有效途径		一等奖	市级	宁波市教育局
	邱小梦	听读说写"渗"教名著——浅议初中语文拓展性阅读教学论		二等奖	市级	宁波市教育局
	郑瑾	你的问题你做主		三等奖	市级	宁波市教育局
番头小学	冯惠洋	浅谈小学语文阅读教学中优化小习作的策略探究		一等奖	省级	《文化创新比较研究》刊物
	冯惠洋	以语文课堂为支点，探究如何培养口语交际能力		一等奖	省级	《课外语文》学术教育编辑部

学校	教师	论文题目	获奖荣誉名称	获奖等第	获奖级别	颁奖机构
番头小学	黄旭璟		教育教学优秀论文（案例）	二等奖	县级	象山县教育局教科研中心

部分学校的精品课程立项情况，如表 5-6 所示。

表 5-6　部分学校精品课程立项汇总表

学校	教师	精品课程名称	课程级别	立项机构
石浦小学	叶育苗	我探我秀	宁波市精品课程	宁波市教育局教研室
	叶育苗	诗话童心	象山县精品课程	象山县教育局教科研中心
丹城中学	王葵红	我省我学	浙江省精品课程	浙江省教育厅
	胡奇观	数学阅读	象山县精品课程	象山县教育局教科研中心
	韦法初	你读我赏学新诗	象山县精品课程	象山县教育局教科研中心
	何海红	科学发现之旅	象山县精品课程	象山县教育局教科研中心
	韦法初	水煮水浒	象山县精品课程	象山县教育局教科研中心

三、学校发展成效

　　阅读素养是学生综合素养的核心，阅读课程则是学校整体课程建设的核心，特别是对五校来说更是如此。因此，透过阅读课程的建设，全校课程体系的顶层设计得到了确立、优化和完善。原先学校在寻找自己的特色发展之路时，总是会有意或无意地选择一些"花里胡哨"或与别的学校相似度过高却不符合本校实际的亮点，最终不仅难以凸显自身的特色，也无法对本校师生发展产生推动作用。但阅读不仅天然地蕴含在现有课程之中，而且对语文及其他学科课程的发展均有重要的推进作用，学校以此为特色，不仅相对容易推进，教师不会感到过多的额外负担，且对师生的发展意义显著。从表面上看，阅读似乎是一个很普通的主题，但是当它与素养连接起来，并且以不同角度加以推进时，同样能彰显出学校的发展特色。五所学校虽然都以阅读为最终的指向，但其切入点各有千秋及特色，如丹城第二小学是从海量阅读的角度推进阅读课程改革的；丹城中学是从多学科的拓展阅读这个新颖的视角开展阅读项目研究的；石浦小学则以读写结合为背景优势，开发出具有鲜明的综合实践特色的阅读课程；番头小学将阅读课程置于"静和"课程的总旗帜之下，并且与德育美妙地结合；金星学校则借助经典阅读课程推进语文教学改革，同时也为学校德育课程的建设和校园文化建设做出了重要贡献。此外，通过阅读课程的建设，学校的硬件和软件环境都得到了显著改善（尤其体现在书香校园的建设上），整体的实力也有了显著提升，不仅增强了校长作为课程领导者的核心素养，形成和建设了一个具有课程开发能力的专业共同体，而且在全校范围内营造了一种爱阅读、乐阅读、勤阅读、善阅读的氛围，从而为学业成就的整体发展奠定了坚实基础。三年来，五所学校所获荣誉如表 5-7 所示。

表 5-7　五所学校所获荣誉列表

学校	荣誉名称	获奖名次	获奖级别	颁奖机构
丹城中学	浙江省"我爱诵诗文"第十届青少年中华经典诗文诵读大赛	三等奖	省级	浙江省青少年中华经典诗文诵读活动组委会
	宁波市青少年中华经典诗文诵读比赛中学集体组	一等奖	市级	宁波市语言文字工作委员会办公室
	义务段学校课程改革顶层设计优秀方案	一等奖	县级	象山县教育局普教科
	学校发展性督导评估综合先进学校		县级	象山县教育局办公室
	象山县校本研修优秀学校		县级	象山县教育局组织人事科
	象山县首批教改先进学校		县级	象山县教育局办公室
丹城第二小学	全国万校小学生创新作文大赛浙江赛区	优秀组织奖	省级	浙江赛区组委会
	宁波市十佳校园阅读推广案例		市级	宁波市教育局
	第十一届"书香校园"征文活动	优秀组织奖	县级	象山县教育局
	义务段学校课程改革顶层设计优秀方案	二等奖	县级	象山县教育局
石浦小学	义务段学校课程改革顶层设计优秀方案	二等奖	县级	象山县教育局
	象山县校本研修优秀学校		县级	象山县教育局
	宁波市中小学中华经典诵读比赛	三等奖	市级	宁波市教育局
番头小学	象山县优秀小学语文教研组		县级	象山县教育局
	义务段学校课程改革顶层设计优秀方案	三等奖	县级	象山县教育局
金星学校	象山县示范家长学校		县级	象山县教育局；象山县妇女联合会
	浙江省健康促进学校		县级	象山县教育局；象山县爱卫办
	宁波市文明校园		市级	宁波市教育局

第六章

象山变革：基于深度学习的
教学模式变革

　　象山基础教育创新工程中的"教学模式变革与实施"课题组在象山县教育局教科研中心张正菲主任、戴铭红老师、单森权老师，杭州师范大学教育学院孙德芳教授的指引下，参与项目的学校（象山港书院、丹城第三小学、爵溪学校、墙头学校、象山县外国语学校、林海学校、城南学校）在诸位校长的带领下，积极思考、勇于探索、锐意改革，教学变革效果明显，成绩突出，学校发生了新变化、学生有了新发展、教师能力有了新提升。

　　1）凝聚共识，确立教学模式变革方向。在各校校长的领导下，在象山县教育局教科研中心张正菲主任、戴铭红老师、单森权老师和杭州师范大学专家的引导下（图6-1），各校确立了自己的教学模式。

图 6-1　孙德芳教授在丹城第三小学指导

变革的方向，尤其是确定了各校以教学变革为核心，以点带面全面地引领学校整体发展的变革思路。象山港书院的"整理教学"的深化，丹城第三小学的"三环课堂"的学与教的变革，爵溪学校的"学查展评"，墙头学校的"主题研修"，象山县外国语学校的"五步达标"，林海学校的"三段五式"，城南学校的"分层提质"作业设计，都紧紧围绕一个核心——学生真实真正的发展，同时，确立教学改革的另一重心是在促进学生发展的同时，保障教师的同步发展。

最终，大家在凝聚共识的基础上，确立教学模式变革方向是指向师生共同发展的教学模式变革的实践研究。

2）积聚力量，激发教学模式变革动力。教学模式变革是学校的一项系统工程。要想完成这项工程，既需要顶层的理论引领，需要调动一线教师的积极性与主动性，更需要通过实践进行学习。本课题组立足于教学模式的变革一定是多方深度参与，共同努力来实现自我突破的战略理念，来思考教学、审视课堂、洞悉学生。首先，理论引领有以杭州师范大学为代表的专家组成员；其次，有具有丰富实践经验的教研队伍（张正菲、戴铭红、单森权）；再次，有一线优秀的校长队伍参与进来；最后，各校的骨干教师也是课题研究的中坚力量。我们通过创建微信群，邀请全国知名专家，集聚多方力量，发挥各自优势，形成研究共同体，在研究中思考、在研究中成长，共同推动课堂教学方式的变革（图6-2—图6-4）。

图6-2　孙德芳教授在爵溪学校指导

图 6-3　孙德芳教授在象山港书院做专题报告

图 6-4　孙德芳教授在墙头学校指导

3）多元融合，尝试多样的教学改革指导方式。鉴于教学模式变革与实践项目涉及的学校较多，参与教师较广，项目内容各不相同，课题组积极探索，尝试指导方式的多样化与多元化，比如，现场指导与线上指导相结合，理论指导与实践指导相结合，课堂教学变革与教师专业发展相结合，等等。

4）共享智慧，挖掘教学模式的深度变革。教学模式改革是事关学校发展的重大命题，在项目推进的过程中，大家不断探讨研究，深挖教学改革中的重点、难点，寻找课堂教学改革的突破点。比如，象山港书院从原来的单一的知识整理，逐步深化与提升，对整理课的"广度""厚度""深度"进行挖掘；开拓整理的领域，把学生整理的习惯迁移到教学之外，由学科整理延伸到生活、思想与行为的整理。丹城第三小学将"'三环课堂'理念下的学与教的方式改变研究"深化为"指向学科学习力的课堂活动设计研究"。象山县外国语学校将"五步达标教学模式的实践与研究"深化为以"和乐"教育思想为核心，以"课程改革提质工程""外语体艺特色创建工程""全员育人立德树人创新工程""教师专业发展提升工程"四大工程为平台，以建和乐团队、做和乐德育、开和乐课堂、设和乐课程、育和乐学子为具体工作目标。

5）分享喜悦，品味教学模式变革成果。通过课堂教学改革模式的深入推进，各所学校在不同的方面都有了新的变化与发展，教学质量明显提升，教师发展明显，科研成果突出，社会影响力和美誉度不断提升。比如，爵溪学校的翁宗元校长被评为宁波市名校长，象山港书院的方利民校长、王葵红老师被评为象山县正高级中学教师，丹城第三小学、墙头学校、象山港书院的课题获省级项目立项；林海学校的学生在全县运动会上取得佳绩，等等。

第一节　从"整理教学"到"日省课程"：
象山港书院的教学深化

象山港书院通过历时 5 年的探索，将最初的整理课题逐渐做"大"、做"深"、做"实"，并将其发展成"日省教学"课程，通过探索，构建了以"超越自我"为核心的日省教学校本课程；探索出了以"扎实有效"为基准的资源运用策略；创新了以"优化认知"为目的的整理方法；建立了以"真实成长"为导向的学生评价体系。

一、日省教学课程化的路径

（一）以"超越自我"为核心，构建日省教学校本课程

1．编辑课程纲要

为了让教师真正理解日省课的意义，认识日省课的课程性质，象山港书院多次组织教师进行研讨、分析，共同制定了《书院日省课指导纲要》，对日省课的性质、定位、教学任务、各学段教学目标、教学内容和课时安排及教学评价都做出了全面的规定。

2．改变现行课时

为了达到日日清、周周清、月月清的教学目的，以及根据艾宾浩斯的记忆遗忘曲线规律和初中生的注意力一般持续集中 10−30 分钟的特点，各年级实验班每周开设了五节日省课，约占总课时量的 12%。日省课是兼具学科课程和实践课程特点的课程形态，属于浙江省义务教育阶段课程设置及课时安排规定的五节综合实践活动、地方课程与学校课程的范畴，所以，开设的日省课没有增加学生的课业和学业负担。

3．规范教学流程

经过长时间的实践和完善，学校将日省课教学流程提炼为如图6-5所示的流程。

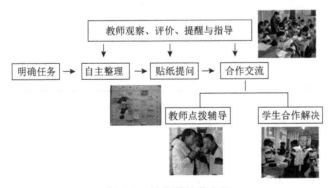

图6-5 日省课教学流程

1）明确任务。教师会建议学生整理哪一部分内容，以及应掌握的重点，按不同学生，分基础和提高两个层面。

2）自主整理。学生课前整理学习用品，上课时整理前两天学过的内容。整个

整理活动可以由学生独立完成，可以由同桌、小组自由合作完成，也可以结对完成。教师起巡视、指导和示范作用。时间为 30 分钟左右。

3）贴纸提问。全校统一用红、黄、蓝、绿、白贴分别代表语文、数学、英语、科学、历史与政治学科。学生将自己不清楚的或有待探究的问题写在指定颜色的纸上，并贴在相应的地方。为方便起见，学生可以贴在自己桌子的右上角，也可以贴在各班自制的"信息传递栏"相应的属于自己的空格内。这些信息传递的本质是给教师和同学发出寻求帮助的信息。

4）合作交流。教师在巡视过程中，对于学生提出的疑问进行解答，对共性问题进行点拨和指导，对学生整理过程中存在的问题进行管理。同时，鼓励学生根据自己的能力选择帮助对象，共同解决问题。时间要控制在 10 分钟内。

（二）以"扎实有效"为基准，探索整理资源运用策略

以"扎实有效"为基准，探索整理资源运用策略，具体流程如图 6-6 所示。

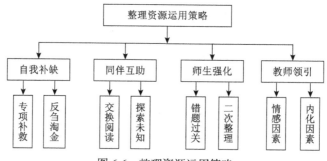

图 6-6　整理资源运用策略

1）自我补缺。学生要经常在空闲时间拿出"整理本"进行"反刍"，从中淘"金"，其中"专项补救"能最大限度地减少学习中的失误与盲点。

2）同伴互助。通过交换阅读、相互交流，学生可以从别人的错误中吸取教训，从别人优秀的作品中吸取精华，从中得到启发。而且，学生之间分享交流各自在课外了解到的知识，能促使他们相互竞争、相互学习，努力探索未知领域。

3）师生强化。给自己或同学出一份错题过关卷，然后针对没有过关的错题，再"集中火力"进行二次整理。

4）教师领引。从情感因素的角度来看，教师要及时了解学生的学习态度，掌握学生的学习情感现状，在此基础上与学生及时沟通或调整教学情感目标。从知识内化因素的角度来看，如学生出现能力性错误，教师可在课堂教学中进行集中讲解，或作为以后的教学资源，调整原来的教学设计等。

（三）以"优化认知"为目的，摸索多样的整理方法

在这一部分，主要是对"知识""错题""学法""问题"四个方面的主要整理方法进行探索，明确不同整理方法的特点、适用范围等（表6-1）。

表6-1　整理方法

方法或类型		说明或适用范围	举例
知识整理	思维导图法	适合新授课或一个单元后的整理。从知识特点来说，此法适合于知识头绪较多、离散性强，知识之间存在并列关系的课程	
	板块法	适合第一轮复习的整理	可按"政治经济""民族关系""对外关系""文化、科技"等板块对唐朝、汉朝时期的相关内容进行整理
	阅读融合法	语文个性化学习的方法	
	纵横对比法	教材的"目录"可起到以点带面、纲举目张的作用。适用于开学上新课前与总复习时的知识整理	**第一单元　承担责任　服务社会** **第一课　责任与角色同在** 我对谁负责　谁对我负责 **第二课　在承担责任中成长** 承担关爱集体的责任 承担对社会的责任 做一个负责任的公民
	替代法	英语个性化的方法	如现在完成进行时 have/has been doing sth.中主语、动词（词组）、时间等都可进行替代
错题整理	按题型分	属低层次的整理，适合初一学生	如选择题、计算题、综合分析题等
	按知识点分	属低层次的整理，适合初二学生	如数列、函数、解析几何、代数等
	按原因分	适合初三学生第一轮复习的整理	如概念模糊类、粗心大意类、知识干扰类、技巧类等
	按思想分	适合初三学生第二轮复习的整理	如分类讨论思想、数形结合思想、转化思想、函数与方程的思想等
学法整理	补充法	适合课堂上未记录，步骤或表述不足而加以添补、追加	
	归类法	按照一定的标准，对知识进行分类	"转折点"类 1）鸦片战争：是中国历史的转折点，是中国近代史的开端 2）抗日战争胜利：中华民族由危亡走向振兴的历史转折点 3）遵义会议：是中国共产党历史上一个生死攸关的转折点

续表

	方法或类型	说明或适用范围	举例
学法整理	比较法	把有关知识加以对比，以确定它们之间异同的思维方法	
	概念辨析法	对一些很容易混淆的概念进行辨别、分析	如地形、地形区、地势、地形部位等，或山脉、山峰、山顶等
问题整理	假问题	学生不会提问造成的	梵蒂冈为什么是国家？威尼斯有飞机吗？
	错误性问题	学生知识性错误造成的	企鹅为什么在南极洲而不在北极洲？（根本没有北极洲）
	模棱两可的问题	主要是因教师在课堂上没讲透造成的	西经20°是东半球还是西半球？
	难题	超过学生的认知能力、教师在课堂上没讲透等	大于0且小于180°的角可以有3种表示方法，那么大于180°的角该如何表示呢？是不是也有3种表示方法？太阳直射最热，而一天中直射的时间是12点，为什么最热的时候不是12点而是下午2点？
	课外拓展题	适合课外阅读量多、好奇心、求知欲强的学生	浪是怎么形成的？地球公转为什么一直指向北极星？星体间有万有引力，为什么不靠拢？
	异想天开题	适合初中生的好奇心	世界气候变暖后，威尼斯会成为第一个被水淹没的城市吗？人的祖先只有一个，为什么会有不同的人种？

（四）以"真实成长"为导向，建立学生评价体系

日省教学努力追求以学生"真实成长"为导向，注重评价内容多维化、评价主体多元化、评价方式多样化，构建了以评促育、以评促行的评价体系（图6-7、表6-2和表6-3）。

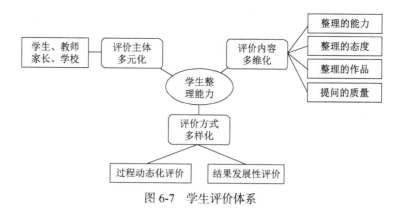

图6-7　学生评价体系

表 6-2　象山港书院对学生整理能力的评价表

学生_____　　　　时间_____

评价项目	考核方式	评分
参与日省课态度（5分）	课堂观察	
掌握整理方法程度（10分）	看整理本	
提出问题的质和量（5分）	看问题贴	
帮助同学的意识（5分）	课堂观察	
请教教师的习惯（5分）	课堂观察	
整理本上呈现方式及量的积累（10分）	看整理本	
撰写整理心得（4分）	看《日省报》	
介绍整理方法（3分）	看记录本	
小结	____分	

表 6-3　学生自评表

A级标志	B级标志	周一	周二	周三	周四	周五
学习习惯（7分）	用具整理（4分）					
	课堂纪律（3分）					
学习态度（8分）	参与程度（4分）					
	完成任务（4分）					
学习表现（7分）	帮助他人（3分）					
	主动提问（4分）					
错题反思（8分）	正确率（4分）					
	创新解法（4分）					
合计						

1）教师评价。其主要是指从日省课态度、掌握整理方法程度、提出问题的质和量、帮助同学的意识等方面对学生进行评价。

2）学生自评。其是指自己从在日省课时的投入度、参与的持久度、课堂纪律、提出问题是否有创意、帮助同学的热度和效度，以及是否学会聆听、学会尊重、学会合作等方面进行评价。

3）学生互评。其主要是指谁能及时解答我的问题榜，帮我解答问题，以及解答的效果；谁能指导我整理方法；谁能交流"整理本"，实现资源共享等。对帮助过自己的同学，用"小红旗""加分数"的形式贴在其相应的评价表内。

4）家长评价。家长记录孩子在家整理知识和文具及孩子自己房间的真实性、主动性、清洁度等情况；家长每月把评好的分数记录在家校联系本上。

最后，每月以教师评价 50%、学生自评 30%、学生互评 10%、家长评价 10%的标准，得出每名学生的综合评定等级。

二、日省教学课程化的效果与反思

（一）实践效果

1. 提炼了个性化学习策略

课题组围绕认知策略和调控策略两个维度，形成了六方面联动的个性化学习策略（图 6-8）。

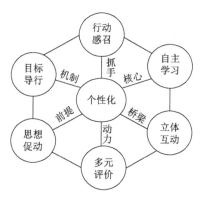

图 6-8　个性化学习策略

1）思想促动。通过每周一次的民主评议，肯定成绩，指出问题，进而增强学生学习的信心和动机，鞭策学生不断努力。

2）目标导行。根据自己的特点和班级的特色，设立个性化的个人目标与班级目标，使每个学生明确自己努力的方向，并时刻指导自己的行为。

3）行动感召。通过榜样带动、互相勉励，培养学生坚持的习惯和毅力。

4）自主学习。学生自主经历模仿、创作、纠正、突破四个过程。允许学生采取不同的学习方法和整理方法，例如，对于偏向沉思的学生，选择独立整理；对于偏向交流的学生，选择合作整理；对于偏向指引的学生，教师帮其整理。对于同一类知识，学生也可以选择自己喜欢的方法进行整理。

5）立体互动。通过生生互动、师生互动、师师互动，形成立体的教育网络。

6）多元评价。建立以学生为主体，注重评价内容多维化、评价主体多元化、评价过程动态化的评价体系。

2. 养成了良好的反省习惯

在教师的指导下、家长的督促下，学生从反省到自我反省，是一个从不自觉到自觉的过程。在这一过程中，学生经历了意志和耐力的磨炼，逐步形成了反省意识，养成了反省的习惯。以下是课题组对七年级常态班和对照班学生进行的前测与后测对比表（表6-4）。

表 6-4　反省习惯对比

项目		每天反省	经常反省	偶尔反省	从不反省	卡方检验	差异显著性
701 班（对照班）	前测	2	23	21	4	$\chi^2=2.26$ $p<0.05$	差异 不显著
	后测	6	22	19	3		
702 班（对照班）	前测	4	16	27	3	$\chi^2=1.49$ $p>0.05$	无效
	后测	2	21	24	3		
703 班（实验班）	前测	3	16	31	0	$\chi^2=27.60$ $p<0.001$	差异非常 显著
	后测	23	18	9	0		
704 班（实验班）	前测	3	15	30	2	$\chi^2=46.06$ $p<0.001$	差异非常 显著
	后测	26	22	2	0		

学校实施"日省教学"一年后，七年级实验班学生的反省习惯明显优于研究前和对照班学生。同时，采用学校自编问卷，对 200 名学生进行随机调研发现：92.7%的学生认为自己遇到难题不会轻易放弃，而会积极思考或求助其他同学；73.2%的学生认为自己的问题意识增强了；85.1%的初一学生、95.5%的初二学生认为外界不会影响自己的心情和学习注意力，其能够成为监控和管理自己学习的独立学者，这说明学生的自我调节能力通过整理教学逐渐得到了提高。

3. 提高了学生的学习效度

日省课的具体操作，既体现了知识的高度精加工、图式化，又包含了科学思想和科学方法，它成为学生学习能力提升的最大平台。初一学生周致朴在"日省教学"师生论坛中说：

记得一位书院学长曾这样告诉我："我们学校的日省课，是我受益最大的一节自主学习课。"听完学长的话，我当时很不以为然。经过一段时间，我渐渐体会到整理的意义所在，体会到学长的那番肺腑之言！……整理，可以使我们扫描脑中的知识点和思路，遇歧途则纠正，遇坎坷则克服。脑中印象模糊时，对照书本强化；书上内容匮乏时，用笔记去补足；笔记过于简略或难以理解时，向老师请教。

日省教学的作用不仅仅局限于初中，对高中学生学习的影响也较大。例如，考上清华大学的一名学生在介绍学习心得时说：

聊到中学生活，我要感谢书院开展的日省课。这让我在高中学习中获益匪浅。虽然高中的学科多、容量大，但我们会及时疏理、反思，可以做到游刃有余。

根据 2017 年象山县义务教育段教学质量监测分析结果，象山港书院八年级学生的学业水平、学习动力、学习能力、师生关系、教师教学方式五个指数均高于全县均值（图 6-9）。这表明象山港书院的学生已形成了较强的学习力。

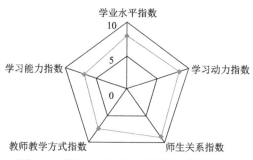

图 6-9　学校八年级学生各指标雷达分析图

4. 形成了健康的学习心理

日省教学利用集体力量和强大的制度的影响，把学生反省的习惯迁移到教学之外。学生会反思自己的生活、思想与行为，从而养成了包括品德在内的行为习惯、人际交往、自我管理的意识，在教学中无痕地进行德育渗透。据调查，78.2%的学生愿意与教师沟通（实施日省教学之前这一比例只有 34.7%），56.2%的学生愿意帮助其他同学。通过同伴互助，学生学会了取长补短，学会了团结协作。学生也明白了怎样通过适当的途径去解决问题、克服困难，掌握了解决问题的途径和方法，也消除了以往面对困难的畏惧、畏难心理，乐观、自信的精神风貌成了其健康学习心理的有力保证。

5. 改变了传统课堂的教与学

实施日省教学以前，学校课堂的主宰是教师，学什么、怎样学、学多深、学多快、学多少，都由教师掌控，学生完全处在被动接受的学习状态。现在，教师能最大限度地满足学生自主发展的需要，发挥学生自主探究的能动性；尽可能做到让学生在"主动"中发展，在"合作"中增知，在"探究"中创新。

6. 促进了学校的内涵发展

日省教学强调主体性、差异性、发展性及创新性，教学理念深入人心，得到领导、专家和广大一线教师的充分认同。该课题获得县科研成果一等奖后，研究成果开始在全县重点推广，共举办成果交流会、推广报告会、现场研讨会、讲座等 33 次，受众达 1400 人以上，对县、市外的兄弟学校也产生了一定的影响。例如，宁波华茂外国语学校、宁波四眼碶中学、奉化锦屏中学、慈溪新世纪实验学校等兄弟学校也慕名前来参观。2014 年 5 月，课题组成员王葵红还在湖南长沙举办的全国高效课堂创新成果研讨会上进行展示。各级报纸、杂志、网站等媒体进行了专题介绍，多篇文章在省级、国家级杂志上发表，丽水市教育教学研究院、镇海教育信息网和象山教育信息网多次宣传，在全国范围内产生了很大影响。

（二）成果创新

1）视角的先进性。日省教学是几门学科教师协同教学，创造性地将日省课与现行国家学科课程有机整合起来，克服了分科课程的缺陷，为进一步深化课程改革找到了突破口。

2）功能的全面性。日省教学注重学习过程，注重对学生活跃的思维方式的培养，注重对学生自主学习习惯的培养，注重对学生合作精神的培养。它是一种自主性极强、探究性明显、建构性突出的个体学习策略，当每一个学生都能自觉自主地去梳理知识体系结构、探究事物的内在关系，从而按自己的思维方式重新建构自己的学习结果的时候，建构主义的理论就成为活生生的实践，培养可持续发展的潜质的愿景也成为可以预见的蓝图。其功能着眼于学生发展，体现了全人教育。

3）推广的普适性。日省教学推广应用的门槛较低，不受学校所处的地域、办学规模、学校性质、层次高低、教师素质、生源等诸多因素的限制。

（三）反思跟进

实践证明，这个项目值得研究和深入，而且研究空间还很大。下一阶段，我们将进一步研究其他学科课堂教学应该以怎样的"转身"来和日省课程达成协同，进一步探索从学业整理到生活整理，甚至到生涯规划，实现从日省教学到日省教育的转型。

第二节　从"三环目标"到"活动设计"：
丹城第三小学的教学变革

经过三年的"设标·达标·验标"三环目标教学改革实践，丹城第三小学虽然仍存在学习目标不集中、学习活动零碎、学生学习能力得不到提升的问题，但在"当堂达标"教学上已取得阶段性成果。在此基础上，聚焦"学习过程"研究，探索"基于核心目标的深度学习活动设计和实施"策略，通过解决"学什么""怎么学"的问题，促进学生走向深度学习，既有理论上的整体构建，又有实践上的策略探究和课例积累，对一线教师具体教学工作具有实际指导意义。

一、学习活动设计过程

（一）确立促进学科素养提升的核心目标

1. 把握核心目标的特征

在新授课中，为保证学生有充分的学习体验时间，课题组只选择一个核心目标作为学生深度学习活动的主题。核心目标具有独特性、包容性、一致性三个特征。

1）独特性。一堂课只有一个核心目标，而这个核心目标也只适用于这堂课。教师首先要针对教学内容梳理知识点，并对知识点进行分析，然后确定教学重难点，并从教学重难点中提炼出核心目标。

2）包容性。核心目标不是单一的目标，而是多元的目标。核心目标的制定就以是知识、技能、方法目标为本体性内容，把能力培养以及情感态度和价值观的体验与形成等多维学科素养培养目标附在本体性内容上加以融合。图6-10为四年级语文上《迷人的张家界》的核心目标设计图。

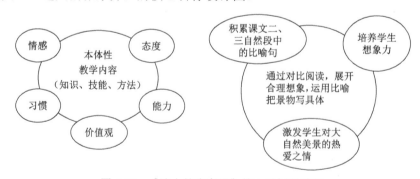

图6-10　《迷人的张家界》核心目标设计图

3）一致性。核心目标应与上位的学科培养目标保持一致，还应与下位的课堂教学实施保持一致。核心目标是深度学习活动的出发点，也是深度学习活动的评价方向，贯彻于整个学习活动过程中，保证了学生学习的一致性。

2. 解析核心目标的选定

明晰学科特点、教本特点、学生特点是确定核心教学内容的前提，也是我们选择核心目标的基本条件。

1）指向学科素养。核心目标要指向学科核心素养。我们认为，学科核心素养生成的本源是知识，对学生而言，对基础知识的理解和基本技能的形成是学科核心素养生成的前提和条件，是学科核心素养的一级水平，将其称为知识理解水平。课题组将学科核心素养的二级水平称为知识迁移水平。知识迁移是指学习者把理解的知识、形成的基本技能迁移到不同的情境中去，促进新知识的学习或解决不同情境中的问题。我们将学科核心素养的三级水平称为知识创新水平。知识创新是指学习者能够生成超越教材规定内容的知识，或者对问题进行推广与变式，得到一个新的问题，能够提出和发现新的问题，形成学科思维。依据这种界定，知识理解、知识迁移、知识创新就是发展学生学科核心素养的三级教学目标。

2）全面解读教材。课题组从三方面解读教材。除了分析教材的知识结构，提炼重难点以外，还要深入解读教材，先读懂编者的意图，了解教材在本册本单元中所处的位置，厘清新旧知识之间的联系。同时，要明确课标要求，紧扣年段特点制定核心目标，如图 6-11 所示。

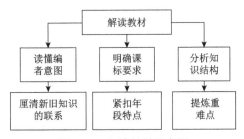

图 6-11　解读教材示意图

课题组分年段组织教师解读教材，制定核心目标的专项研讨，并对各学科、各年段、各单元的教学要点、单元目标进行系统提炼，装订成册，为教师精确设定核心目标提供支持。

3）分析学生学情。这主要是围绕核心学习内容设计预学单或组织学情前测，了解学生的学习起点，在学生最近发展区内确立核心目标。比如，数学学科中的教学"认识几分之几"，学生已经学习过"把一个物体平均分成几份，取其中一份表示几分之一"这样的分数，如果要做学情前测的话，那么目的如下：①了解学生的知识基础，如学生是否能认读分数、知道分数的意义；②了解学生的学习方法，如学生是否能运用涂色、折纸等方法表示分数。教学"认识人民币"时，因为学生在之前没有任何关于人民币的学习经验，因此学情前测的目的就主要放在生活经验上了，看学生能认识哪些人民币，是否能运用人民币进行简单的购买活动。因此，对于不同的内容，前测的目的和内容也是不同的。

在课题实践中，很多教师通过设计预学单来了解学生的学习起点。

3. 规范核心目标的表述

在实现目标的整个教学过程中，目标本体性内容应是可操作的，在目标的达成与否、达到何种程度上又是可检测的，这样的核心目标才是有效的。我们提出核心目标的表述要"精到"，必须注意这样三方面的表述结构：①目标的主语是学生，明确"学的主体"；②要把这堂课要采用的学习方法表述清楚，明确"学的路径"；③要把学习内容的达成程度表述清楚，明确"学的结果"。

在确立核心目标过程中，教师心中要有目标表述的水平分类基本框架，明确学习结果是什么。对于学生的学习结果，用尽可能清晰的、便于理解及可操作的行为动词进行描述，主要是按结果性目标和体验性目标来描述。结果性目标主要用于对知识与技能目标领域的刻画，而体验性目标则主要用于反映过程与方法、情感态度与价值观等目标领域的要求。无论是结果性目标还是体验性目标，都要尽可能地用便于理解、便于操作和评估的行为动词来描述。按水平从低到高，可以将学习目标分为几类，具体如表 6-5 所示。

表 6-5　学习目标分类表

目标水平		行为动词
知识性目标	了解水平：再认或回忆知识；识别、辨认事实或证据；举出例子；描述对象的基本特征	说出、背诵、辨认、回忆、选出、举例、列举、复述、描述、识别、再认等
	理解水平：把握内在逻辑联系；与已有知识建立联系；进行解释、推断、区分、扩展；提供证据；收集、整理信息等	解释、说明、阐明、比较、分类、归纳、概述、概括、判断、区别、提供、把……转换、猜测、预测、估计、推断、检索、收集、整理等
	应用水平：在新的情境中使用抽象的概念、原则；进行总结、推广；建立不同情境下的合理联系等	应用、使用、质疑、辩护、设计、解决、撰写、拟定、检验、计划、总结、推广、证明、评价等
技能性目标	模仿水平：在原型示范和具体指导下完成操作；对所提供的对象进行模拟、修改等	模拟、重复、再现、模仿、例证、临摹、扩展、缩写等
	独立操作水平：独立完成操作；进行调整与改进；尝试与已有技能建立联系等	完成、表现、制定、解决、拟定、安装、绘制、测量、尝试、试验等
	迁移水平：在新的情境下运用已有技能；理解同一技能在不同情境中的适用性等	联系、转换、灵活运用、举一反三、触类旁通等
体验性目标	经历（感受）水平：从事并经历一项活动的全过程，获得感性认识	亲历、体验、感受、交流、讨论、观察、（实地）考察、参观等
	反应（认同）水平：在经历的基础上获得并表达感受、态度和价值判断；做出相应的反应等	认可、接受、关注、借鉴、欣赏、拒绝、摈弃等
	领悟（内化）水平：建立稳定的态度、一贯的行为习惯和个性化的价值观等	形成、具有、养成、确立、树立、热爱、坚持、追求等

（二）设计关注学生思维发展的活动路线

1. 规划五个学习活动问题

要让教师真正将课堂还给学生，实现以学为核心的教学转变，需要具体的途径、方法和策略。备课时，课题组对"深度学习活动"进行了五个方面的系统规划（图6-12）。

1）在哪里？——要预估学生的起点基础与活动中可能会生成的资源。

2）去哪里？——要预估学生的起点基础与目标达成之间的距离，规划学习活动。

3）怎么去？——要设计活动路线，规划路线中每一个板块活动的素材及要求。

4）怎样活动？——要围绕活动主题，考虑好每个板块的活动策略及活动方式。

5）怎么样？——设计反馈系统，检验活动成效，促使学生进行反思和总结。

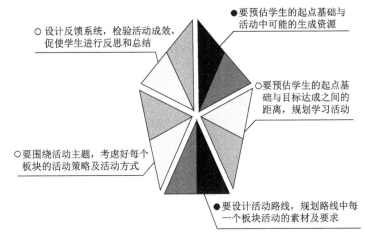

图 6-12　五个学习问题图

2. 制定四步学习活动路线

"怎么去"是设计深度学习活动的关键。为了给予教师一种促成学生深度学习的简易学习方式，我们依据学生对新知识建构的认知规律和学生思维活动过程，制定四步学习活动路线：感知发现—探究验证—迁移运用—评价反思。每一步骤对应的设计要领及学生思维活动形式如表6-6所示。

表 6-6　设计要领及思维活动形式

学习活动路线	设计要领	思维活动形式
1. 感知发现	学生走进了指向核心目标的学习活动情境中，与新知识进行初步接触，同时明确学习目标。我们一定坚持让学生去观察，通过新旧认知冲突，激发学生的探究热情。每个学生心中怀有一个"探究问题"	提取、观测、认出、记起、界定、说明、识别、记住、获悉、形容

续表

学习活动路线	设计要领	思维活动形式
2. 探究验证	学生对新知已有初步认识，尝试运用已有的认识去解决问题，验证新知。在解决问题的过程中，通过生本互动、生生互动、师生互动不断完善、建构，形成各自新的认识和观点	分类、综合、总结、重组、整合、象征、归纳、匹配、重述、比较、对照、纠错、分级、调查、抽象、理解、形容、联想、仿造、排序、剖析、分割、演绎、推理、估计、批评、决策、判断、诠释、辨别
3. 迁移运用	学生已经解开心中的"探究问题"，开始进行泛化和迁移，应用于解决实际问题中。通过对实际问题的解决，建立知识之间的联系，提高学生的知识、技能、策略水平，促进知识技能的正向迁移	决策、问题解决、顺应、迁移、预测、综合、形象化、创造、详述、发明、联想、运用
4. 评价反思	学生对整个学习活动进行整理总结，促使对新知的认识从动作认知向分析抽象循序渐进。学生是评价的主体，针对明确的评价规则，展开自我反思，以个人的方式吸收信息，促进内化，形成知识关联，完成新知建构	吸收、结合、领悟、整合、反思、观点获得、回顾重点、效能、效验、情感反应、动力

　　学生的学习过程不能仅仅停留在记忆和操练中逐渐熟练，更应该有内化和整理的空间。只有让学生经历深度学习过程，才能真正从"教过"走向"学会"。为了每堂课都有明确的深度学习活动路线，课题组把要求落实到的教师的备课中。以科学课中的"摩擦力"为例，其学习活动路线设计图如图 6-13 所示。

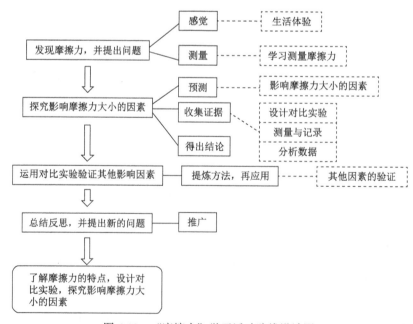

图 6-13　"摩擦力"学习活动路线设计图

数学课"小数的产生和意义"的学习活动路线设计图如图 6-14 所示。

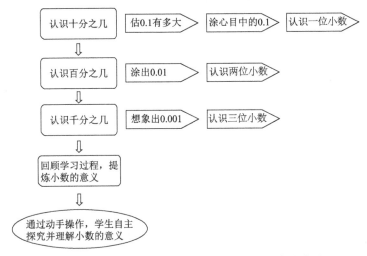

图 6-14 "小数的产生和意义"学习活动路线设计图

3. 遵循三个学习活动原则

在四步学习活动板块设计中，每个板块"怎样活动"？在进行具体活动时，要注意活动内容、形式和组织必须都能促进学生进行深度学习，要遵循三个学习活动原则：①活动内容要有空间性，这是学生进行深度学习的前提；②活动形式要有开放性，这是学生进行深度学习的基础；③活动组织要有明确性，这是学生进行深度学习的保障。

1）活动内容要有空间性。所谓具有空间性的活动内容，即学习活动要具有思维空间，这需要学生经过一定的思考、努力才能解决。教学的内容源于教材，学习活动的内容源于教师的设计。

例如，数学六年级下册"确定位置"（图 6-15）一课中，在学生已经掌握例题的情况下，教师设计了这样的一个学习活动——如果现在船 2 愿意前往营救遇险船只，那么你能为船 2 指出遇险船只在它的什么位置吗？这是改变观察点的实践运用，对于学生来说具有很大的思维空间，一下子就让学生陷入了思考、争论之中，学生的深度思维就此展开了。

2）活动形式要有开放性。要促进学生进行深度学习，就必须选择开放性的活动形式。学生成为学习活动的主要执行者，有利于学生积极参与学习活动，可以让学生更好地经历思维的过程，是学生进行深度学习的基础。

例如，人教版数学四年级下册"三角形三边关系"一课，在短短的一节课，要让学生从抽象的几何图形中得出三角形三边的关系，并加以运用，并非易事。因此，教师设计了"搭三角形"的活动，让学生搭任意三角形并完成表格，然后分"不能围成""能围成"两类讨论，这样的设计开放、大气。

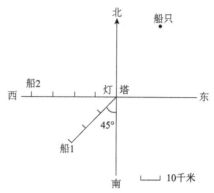

图 6-15 "确定位置"学习活动设计

在这样连续性的操作、猜想、验证的探究空间中，对操作材料反复运用，对操作资源多重开发，对操作结论进行刨根问底式的探究，学生不但获得了空间观念的发展，思维水平也在碰撞和激荡中得到有效提升。在这个案例中，学生自主探索的过程就是深度学习的过程，同时，在接下来的学生交流过程中，学生与学生之间的互动更是一种深度的交流、对话和学习。

3）活动组织要有明确性。除了活动内容和形式的选择之外，活动的组织同样会影响学生的学习。学习活动的组织包括学习活动的布置、组织活动的有序展开与学生活动之后的展示交流。首先，活动布置的要求要明确。教师要确保每一位学生理解要求，一些关键词句，需要教师进行讲解，还要将要求保留在学生看得到的地方，以便学生能在活动过程中，时刻对照要求进行学习活动。其次，展示交流目标要明确。学生活动之后的展示交流是学生思维发展最为重要的时候，教师作为组织者，要有明确的目标意识，有意识地选择学生的作业进行展示，让学生尽量做到充分交流，不同的想法、不同的结果都能使学生产生思维的碰撞，这是学生进行深度学习的重要环节。

例如，语文二年级上册《云房子》一课中，教师在学生想象的基础上，创设了"小小设计师"活动，学生动手创画属于自己的云房子。创画结束，学生将自己的作品贴在了黑板上，运用"有的像……有的像……还有的像……"句式汇报作品，汇报结束后，学生进行互评。

这种形式可以让学生的思维相互碰撞，在不断理解、推翻、产生新的理解这样一个过程中进行学习。组织是学习活动得以实施的重要保障，教师组织的明确性更是学生进行深度学习的保障。

（三）实施促进学生进行深度学习活动的指导

1. 探索学习活动指导策略

经过两年的实践，我们总结了有效落实每个学习活动板块的指导策略。在核心目标达成过程中，学生进行深度学习的活动路线、教师提供活动支持及活动指导策略三者之间的关系，如图 6-16 所示。

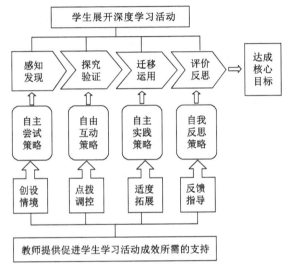

图 6-16　学习的活动路线、教师提供活动支持及活动指导策略三者之间的关系

（1）自主尝试策略

策略解读：在"感知发现"板块中，教师一定要坚持让学生自主尝试，在这个环节中，"尝试"是手段，"问题"是目的，"经验"是内在的发力因素。联系学生旧知，根据学生已有基础，创设符合学生心理特征和认知规律的问题情境，是学生进行自主尝试的前提条件。

操作贴士：首先，问题情境创设要做到能够激活学生的认知，贴近学生的学习起点，使已有经历和学习内容产生连接；其次，力求做到形式多样、生动形象、富有趣味性，以激发学生的好奇心和求知欲，为后续活动打下基础；最后，问题情境创设必须指向核心目标，帮助学生明确学习方向，激发学生探究新知的欲望。

案例分析：

数学三年级上册"几分之一"一课的"感知发现"板块指导设计

分饼情境：分 1 张饼

◆回顾"平均分"的概念

1）打开课件：这里有 1 张饼。有两名小朋友都想吃，你会怎么分？

2）其他同学呢？你们都是怎么分的？

3）是的，大家都把这张饼分成了一样大的 2 块，也就是我们说的平均分。（板书）

◆引出"分数"的概念

1）一张饼可以用数字几表示？点击课件：1 是我们以前学过的整数。（副板书：整数）

2）那现在把一张饼平均分成这样的 2 块，其中的 1 块还能用 1 表示吗？

学生回答：不能，这样 1 张和 1 块就没法区分了。

3）你觉得可以怎么表示？用自己的方式表示在纸上。

4）生活中常常会出现平均分后的其中 1 块不能再用我们以前学过的整数表示了，这时就需要用一种新的数——分数，来表示。（板书：分数）

分析：从案例中可见，教师运用学生生活中常遇到的"分饼问题"创设问题情境，激发学生的学习兴趣，提出了"一张饼有两个小朋友想吃，会怎么分"的问题，激活旧知——"平均分"的概念；提出了"把一张饼平均分成这样的 2 块，其中的 1 块可以怎么表示"的问题，遵循学生思维发展的规律，有针对性地把学生引向最近发展区，使学生的思维能充分而有效地展开，学生自主尝试用自己的方式表示平均分。

（2）自由互动策略

策略解读：在"探究验证"板块中，我们一定要坚持让学生自由互动，让学生在开放的互动环境中充分交流、互相补充自己或小组对知识的理解，让新知识"发芽"。

操作贴士：教师要提供多种学习方式支持学生的自主学习，促使学生经历学习过程。

教师还应善于调控，当课堂互动不积极时，教师应做出及时有效的组织调整；当学生的思维在互动中"脱轨"时，教师应及时指明思维的内容和路径，促进学生回到探究"核心学习内容"的轨道上来。

案例分析：

科学四年级上册"溶解的快与慢"一课中的"探究验证"板块指导设计

环节一：设计实验方案

【教师活动】提问：第一个猜想我们已经验证了，那么现在我们来看第二个猜想和第三个猜想，我们怎样来设计实验？下面请各小组讨论一下，想想我们要控制哪些条件？哪个小组考虑得最周全，可以获得奖励！（出示PPT）

【学生活动1】小组讨论。

【学生活动2】全班交流。①学生积极思考。②回答预设：不同条件是一个加热水，一个不加热水；相同条件是同时放入食盐，食盐的量相同……（其他小组补充……）

【教师活动】经过刚才的讨论和交流，我们已经把实验二和实验三的方案设计出来了，下面我们就开始分工合作，1、2、3小组验证猜想二，4、5、6、7小组验证猜想三，请各组材料员来领取你们需要的材料。动手开始实验吧！

环节二：学生实验

【学生活动3】小组实验并及时记录实验现象。

环节三：交流汇报总结

【学生活动4】①汇报实验二和实验三的现象；②总结猜想二和猜想三的正确性；③得出实验结论；④提出实验中发现的其他问题。

【教师活动】聆听评价并出示PPT。

分析：从案例片段展示中可见，教师给了学生足够的时间。学生有序开展自主探究活动：讨论实验方案，进行实验活动，得出实验结论。在"小组合作""实验操作"环节中，学生经历了探究"加热、碾碎是否能加快物体溶解"的深度学习全过程，自主学习能力得到发展。学生在学习活动中所进行的互动，如图6-17所示。

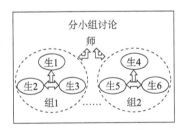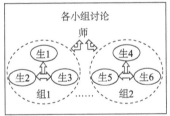

图6-17　学习互动

多元的互动类型，开放的互动空间，轻松的互动氛围，促进了深度学习的发生。回顾教师在这个过程中的教学行为，如组织教学、推进环节、点拨指导，可以说其准确地将自己定位为组织者、引导者。

（3）自主实践策略

策略解读："迁移运用"板块是学生运用新知识、技能和方法解决问题的过程，是学生对前面的认知冲突寻找解释的过程，也是学生自主实践的过程。

操作贴士：教师针对核心目标，设计具有一定挑战性的迁移变式训练，对知识点加以深化、综合和提高，使学习活动向纵深延伸。在设计和指导拓展环节，教师应该把握好拓展训练的"度"，力求做到"趣""近""小"。"趣"就是符合学生的兴趣；"近"是要和本节课的核心目标紧密联系；"小"是指目标不要太高。

案例分析：

语文五年级上册《高尔基和他的儿子》"迁移应用"板块指导设计

第一步：出示练笔——的确，"给"永远比"拿"愉快。还记得……（请用自己亲身经历的一则事例来说话）

第二步：学生动笔，教师巡视，及时点拨。

第三步：片段赏析。

第四步：总结。我们就是在不知不觉间真切地体会着高尔基信中的这句哲理——"给，永远比拿愉快"。（学生齐读）

分析：通过练笔，联系自身的经历理解"给，永远比拿愉快"这句话的含义是对这篇课文所设定的核心目标。教师所设计的拓展练习紧扣核心目标，留给学生自己擦拭思想的时空，让学生用自己的亲身经历，生动地诠释"给，永远比拿愉快"这一哲理。学生在具体练笔中记录了自己生活中"让苹果""让书"的故事，实现了意言兼得。这样的拓展练习顺应了核心学习内容脉络的生长，满足了学生学习的需要，激起了学生实践的热情。

（4）自我反思策略

策略解读：在"评价反思"板块中，学生是评价的主体，教师要把"归纳总结"的权利让给学生，使其通过自我反思来促进知识内化。美国著名教育心理学家梅里尔教授指出，教师应该提供机会让学习者互相讨论所学的东西，质疑不同的观点，这样学习者本身就起到了教师的作用。在学生完成迁移练习后，通过细致的讨论、互相质疑以及合理的辩护，对拓展内容做出深刻反思，完善自己的认知结构，增强运用新知识和技能的灵活性。

操作贴士：教师应该注意反馈的主体是学生，教师开发可操作的评分规则，让学生作为评价主体参与到评价活动中去。教师帮助他们查找错误产生的原因，引导学生进行反思，自己得出正确的结论。

案例分析：

语文五年级上册《红树林》"评价反思"板块指导设计

师：（指着板书上的写赏析的方法）现在老师也请你来写一写赏析。画出一句你喜欢的句子，抓住词语，展开想象，不要忘记关注作者的表达方式哦！

（学生自主写赏析，教师巡回指导。写好后，挑选两名学生的赏析进行展示评价）

师：大家能根据我们学到的写赏析的方法，来评一评这两名同学的赏析写得怎样吗？三种方法全都运用的，能得到三颗星。

生1：两位同学都抓住了重点词语，展开想象。

生2：下面一位同学不但展开想象，还写出了这句话运用了比喻的修辞手法。关注了这句话的表达方式，我觉得下面一位同学能得到三颗星。

师：下面请每位同学给自己的赏析来打打分。抓住重点词语写赏析的同学，请举手，给自己加一颗星（学生在自己的练习旁加星）。在写赏析的时候，展开想象，写出了自己观赏美景时的感受的，请举手，再给自己加一颗星（学生再画星）。哪些同学在写赏析时点出了句子所运用的表达方式？请举手的同学都给自己加一颗星。

分析：在上面的案例中，学生经历了写赏析、评赏析、修改赏析的过程，写赏析的方法在评价反思中不断得到强化。学生不但明白了怎样写赏析，而且开始思考怎样才能写好赏析。同时，在开展互评赏析的过程中，学生思维的深刻性得到发展。教师只需要根据练习的总体情况，抓住具有共性的问题，有针对性地对写赏析的方法进行归纳，指导学生掌握一般规律，充分发挥主导作用。

2. 提炼学习活动的有效方式

美国缅因州的国家训练实验室研究的学习金字塔（图6-18），以图片和数字形式展示了在采用不同学习方式的情况下，两周之后学习者的学习保持率。很显然，主动学习的保持率较高。只有有效调动学生使用各种学习方式，优化组合各种学习方式，才能有效促进学生的学习。这一理论与深度学习不谋而合。围绕核心目标，有效地运用学习方式，积极主动、独立地思考，与同伴讨论问题，将所学知识教授他人，都有助于学生对新知的有效掌握，即能很好地达到深度学习这一目的。

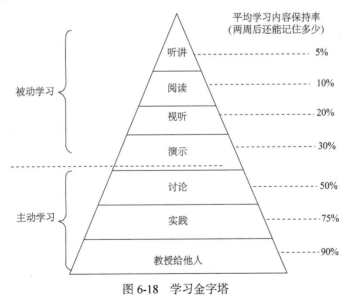

图6-18　学习金字塔

因此，除了探索纵向的指导策略，课题组还进行了横向的学习活动有效形式的研究（表 6-7）。

表 6-7 横向学习活动形式表

活动形式	说明	案例
动手实践	实践操作学习活动符合学生的生理、心理特点和认知水平，学生只有亲历知识的发现过程，才能真正理解和掌握	科学拓展性课程"载沉载浮"一课，核心目标为制作一个能承载尽可能多的不沉的装置 ● "探究验证"板块设计：小组完成制作，先完工先测试。教师像一位采访者，说：你们对自己组的成绩满意度如何？觉得还可以改进的地方有哪些呢？有的组告诉教师，制作的技术不过关，漏水；当然，也有部分组发现在装置结构和材料类似的情况下，测试成绩也存在明显差异，那是因为堆放重物的方式方法不同引起的。30 分钟之后，学生意犹未尽，一直在不断地调整，有的组还要求重新做。教师告诉他们时间上暂时不允许，目前重在总结经验；之后，教师组织全班学生交流，并分享经验 ● 分析：在这个教学环节，让学生明白通往成功的路上，不是盲目地动手，而是伴随思考和合作。在限定材料、装置大小的情况下，仍然出现成绩上较大的差异，这是学生之前没有预料到的，而这种差异也正是学生发奋努力、深入探究的动力。有了深入探究的动力，也就激发了学生的创造力
辅助游戏	全班参与的游戏，能调动学生的积极性，看似打乱了课堂秩序，却给教学过程注入了新的活力。游戏的设置必须遵循以下几个原则：为课堂教学的有效性服务；游戏内容符合学生的年龄特征；必须尽可能地做到全班参与	三年级学习动物单词的英语课，核心目标为掌握课文中的英语单词 ● "迁移运用"板块设计：课中充分利用了英文绘本 *Brown Bear, Brown Bear, What Do You See?* 辅助进行词汇教学。简洁重复的英语句型，配上鲜明活泼的插图，使词汇运用变成充满趣味的互动游戏，想象与创意无限延伸。课堂上，在 "Brown Bear, Brown Bear, What do you see?" 的疑问中，学生戴上头饰，开始了奇妙的动物园之旅，一只只的动物翩然而出，每翻一页就是一种新的动物、一份新的心情。随着动物的不断登场，富有韵律的句型反复出现 学生都能熟练地回答 "I see a red bird looking at me"。除了简单的问答句型外，学生也轻松复习运用了 bear、bird、duck、horse、frog、cat、dog 等多个关于动物的英文单词 ● 分析：在小学英语词汇教学中，如何加强词汇教学的直观性、增强词汇教学的趣味性，如何利用语境，突出词汇教学的整体性，显得尤为重要。英文绘本的介入打破了词汇教学的尴尬局面，学生在由绘本创设的一系列连续的游戏情境中，轻松习得语言，丰富了内心情感
合作交流	实践证明，单独的行为参与不利于学生高层次思维能力的发展，只有积极的情感体验和思维交流的碰撞，才能促进学生素质的全面提高。在小组合作学习中，学生用自己的经验来学习，从自己的经验出发，在合作中探索、补充和发展	人教版数学四年级下册"三角形三边关系"一课，核心目标是让学生通过猜测、想象、操作、实验，在经历探究数学的过程中，知道三角形任意两边之和大于第三边 ● "探究验证"板块设计：请你从这些小棒中找出不能围成三角形的三根小棒，请看操作要求： （齐读） 1）想一想你是怎样找的？ 2）你找到了几组这样的围不成三角形的三根小棒？并记录在表格中。 3）小组交流并完成"我们的发现"。 不能围成三角形的三根小棒的统计 <table><tr><td>短边（厘米）</td><td>短边（厘米）</td><td>长边（厘米）</td><td>我们的发现</td></tr><tr><td></td><td></td><td></td><td></td></tr><tr><td></td><td></td><td></td><td></td></tr><tr><td></td><td></td><td></td><td></td></tr></table>

活动形式	说明	案例
合作交流		4）动手操作。教师指导。 5）汇报（每组选派两名代表，一人讲解，一人演示）。 ●分析："如果两根小棒的长度加起来小于或等于第三根小棒的长度，那么就不能围成一个三角形。"这个问题的研究在这堂课中是非常有必要的，符合学生认知特点和学习需求。在组合多的情况下，小组合作的形式能够将更多的数据展示在学生面前，从而能够给予学生自主探究、自主发现的空间
引用媒体	多媒体成为重要的课堂教学资源，运用多媒体逼真、生动的画面、动听悦耳的音响，来创造教学文化情境，促使教学内容具体化、清晰化，使学生思维活跃，兴趣盎然地参与其中，主动思考，从而提高教学质量，优化学习过程，增强学习效果	部编教材二年级上语文《雪孩子》一课，核心目标设定为：能够借助视频动画，抓住关键词，简要看图复述课文 ●"探究验证"板块设计： 1）雪孩子看着小白兔家着火了，真的是恨不得飞过去啊！那当雪孩子冲进屋里的时候，他又是怎么做的呢？请大家轻声朗读第8自然段，圈出雪孩子救小白兔的动词。（课件16："小白兔，小白兔！你在哪里？"雪孩子冲进屋里，冒着呛人的烟、烫人的火，找啊，找啊，终于找到了小白兔。他连忙把小白兔抱起来，跑到屋外） 根据学生汇报，在课件上圈出下列词语：冲进、冒着、找、找到、抱、跑。 2）你看，这么勇敢的雪孩子，就是从这一连串的动词中看出来的，现在我们再来自己读一读这段话，读出你心目中的雪孩子。 3）就这样，雪孩子勇敢地救出了小白兔。让我们走进故事中，看雪孩子精彩的救人画面吧。 现在谁能来看着动画，借关键词为雪孩子精彩的救人故事配音？ ●分析：视频动画还原了雪孩子救小白兔的情景，激发了孩子们讲故事的热情，在这个环节中，孩子们成了小小配音员，运用关键词把雪孩子救小白兔的过程完整地讲述了出来。在这里，多媒体的优势得以体现，很容易就突破了教学重难点

3. 建立学习活动评价机制

评价学生的学习活动是一个三向体系，其中教师需要评价学生对核心目标的掌握情况，学生作为学习者需要评价自己和他们的同伴，而教师需要评价自己的课堂，以确保学生经历深度学习过程。

（1）评价设计与核心目标保持一致

基于核心目标的学习活动评价设计镶嵌于学习活动之中，评价任务既是检测核心目标是否达成的工具，又是促进学生学习，推进教学进程的手段。设计评价，首先要有明确的评价目标。评价目标应该是对核心目标的进一步细化。其次，必须开发可操作的评价规则。好的评价规则应该具备三方面的特点：与目标一致、学生明白、结果可信。在实践中，我们需要厘清评价三要素（评价目标、评价情境、评分规则）之间的链式关系：评价目标需要在一定的评价情境中落实；评价情境中的任务要与评价目标匹配；评分规则源于目标，是目标在内容和表现维度上的具体化。学生作为评价主体参与评价的整个过程，真正成为学习的主人。

我们可以用表 6-8 来清晰地展示一堂课的评价设计。

表 6-8　一堂课的评价设计

学习内容	评价目标	评价情境	评分规则
语文三年级下《想别人没想到的》	能抓住关键词揣摩人物心理,并有条理地复述故事	好一招以少胜多啊!这是一个多么有趣又充满智慧的故事啊,想不想把这个故事回家分享给爸爸和妈妈听?我们现在可以先来练习一下	☆☆☆:抓住重点,说清楚故事内容 ☆☆☆☆:要讲得有趣生动,还要加上 3 名徒弟的想法 ☆☆☆☆☆:最后还能加上自己从故事中获得的启示

（2）评价实践与课堂小结紧密结合

那么,学生该如何评价自己是否掌握了核心目标呢?学生应当能用自己的话语来解释和详尽阐述所学到的东西,或者来解释和详尽阐述如何去表现技能。他们应当对内容或技能有一个全面的、深刻的理解,并灵活运用。

学生对自己核心目标的达成评价发生在课程结尾时,学生解释自己所学东西、展示自己所学东西或总结自己所学东西,这个阶段是一个特别重要的整理反思过程,能促进学生进行深度学习。对于低年级学生,教师运用练习反馈的形式将学生自我评价与课堂小结相结合,具体方法已在"自我反思策略"中举例说明。对于中、高年级学生,教师尝试让学生书写个人学习反思。下面是科学三年级下"磁极的相互作用"一课的学习反思设计。

（　　　　　　　）的个人学习反思

核心目标：__分辨出未标出两极的磁铁的南、北极__

1. 课前你对这一主题的了解程度

我了解很多

我了解一点

我几乎不了解

2. 请核对在课上你学习这一主题所运用的方法

听老师讲授

做过一个关于这个主题的实验或游戏

和同学讨论过它

做过关于它的练习

3. 你如何知道你对核心目标的掌握是正确的?

自己按评价规则比对

同伴互评

教师检查反馈

4. 你所学内容最令人感兴趣的方面是什么？ _____

_____

_____

5. 关于这个主题，你还想进一步学习什么？ _____

（3）评价成效依据课堂观察反馈改进

为了帮助学生展开深度学习，教师必须能够反思自己的课程和采取的策略是否对学生起到了作用。教师需要就当天课的核心目标询问自己下面这些问题。

1）这一课中，是什么起了很好的作用呢？谁因为我的策略而取得了成功呢？我欣赏这一课的地方有哪些呢？

2）这一课中，什么没有起到很好的作用？这一课中谁没有取得成功呢？为什么？我可以做些什么来帮助这名学生明天能掌握它呢？

3）学生学到的东西能否进行迁移、应用和拓展？

4）为了确保全体学生更好地理解，在课上我可以做些什么不一样的事情呢？

5）我为这一课中所组织开展的每项学习活动选择适当的思维活动了吗？

同时，这些追问需要借助一些访谈以及观察与分析工具，引出学生的话语、行为系统和思维轨迹，综合起来进行考察与分析（表 6-9）。

表 6-9　课堂自主学习活动分类观察表——数学课"几分之一"

教学内容：三年级上"几分之一"　　班级：304 班　　学生数：41 人

上课教师：王敏　　观察者：方俐　　观察日期：2017 年 10 月 27 日

活动板块	自主活动内容	学生行为描述
感知发现	用自己的方式表示平均分成的一块饼	每名学生独立在纸上尝试表示平均分成的其中一份。个别学生回答
	在长方形纸上表示 1/2	每名学生折长方形纸，折出几种不同的图案，均能表示 1/2。个别学生上台展示
探究验证	判断练习	每名学生自由读题判断。个别学生回答
	合作进行折纸活动	每名学生均动手折纸，折完后每个人均有在小组内交流的机会
迁移运用	巩固练习	每名学生动手练习
评价反思	反馈总结	练习后反馈。反馈后，小组内批改订正

二、研究成效

（一）学生学习过程得以展开

在课题实践过程中，课题组遵循学生的学习特点，重视学生在学习过程中的体验。在学习活动中，学生的知识建构呈现流程如下：产生问题—探究获取—迁移运用—反思内化。隐性的知识建构蕴藏在显性的板块学习中，学生的学习活动经历了自主尝试—自由互动—自主实践—自我反思的过程。学生有了充分的学习体验时间，学习便真实发生。

在学校进行的数学课"面积单位"的新老教师同课异构活动中，课题组对两堂课中为达成核心目标学生所进行的学习活动进行了观察，并对学生自主活动时间、互动形式、核心目标达成度进行了统计分析，结果如表 6-10 所示。

表 6-10　课堂观察——数学课"面积单位"

执教者	学生自主活动时间	互动形式		核心目标达成度/%
		师生互动次数	生生互动次数	
参与课程改革实验的老教师	14 分 20 秒	16	6	92
新调入教师	7 分 25 秒	54	1	65

从观察结果可见，在实验教师的课堂中，学生的自主活动时间大大增加，学生有整块的时间进行学习体验。特别明显的是，非实验教师课堂中的师生互动达54 次，形式多为教师提问、学生回答的单向互动。在实验教师的课堂中，这样的单向互动次数明显减少，师生互动形式更丰富，包括教师指导、评价反馈。同时，生生互动的机会增多，同桌交流、互评互学、小组合作，多角度的生生交流促进了知识建构，促进了学生开展深度学习。

（二）学生的学习效度得到优化

基于核心目标的深度学习活动在实现知识传递给人的同时，能够尽可能地培养学生的独立、创新、自主、批判思考的能力。在活动中，鼓励和重视每一位学生积极参与课堂学习，营造安全、有归属感、忙碌的学习环境。在课堂活动中，学生有着明确的学习目标，有着充足的学习活动体验时间，学生的学习内驱力增强。

（三）教师的目标意识普遍增强

这里所提的"目标意识"包括"合理确立核心目标""学习活动保持与目标一

致"两方面的意识。集体备课时，教师第一步教学研究的重点就是"确立核心目标"，要求上课教师清楚地知道学生的起点，并根据整个学科内容的序列澄清关键的学习内容，再指明经过教学后希望学生学到什么。

（四）教师的教学方式发生改变

通过对"基于核心目标的深度学习活动"设计与指导的实践研究，教师对学生的学习内涵加深了理解，开始使用教学载体，开展多形式的学习指导，使课堂学习变得生动。针对课程改革学科教师的教学方式，课题组在五年级随机抽样 100 名学生进行调查。调查结果显示：教师的教学方式有了极大的变化，讲解的时间在减少，小组合作经常化，课堂练习时间有保障，课堂中学生的体验活动也在逐渐变多。

（五）学校的教研成效更加显著

"基于核心目标的深度学习活动"课题项目推进工作，整体规划，层层推进，有着系统的操作策略，有着成型的研修模式，有着融入日常管理的制度保障，使课堂改进在日常工作中得以深度互动。研修活动成为教师与课堂的一种对话，在深层次的对话中，教师不再停留于"听中学"，更多的在于"做中学"。研修活动促进了教师不断地反思，从不同的角度去看问题。

自课题立项以来，象山港书院教师共开县级公开课 20 余堂，县级讲座 12 次，发表论文多篇。其中，论文《让数学思想方法浸润课堂——以"组合图形的面积"教学为例》于 2017 年 1 月发表于《文理导航》，论文《例谈阅读课堂核心活动的设计策略》《借操作之力 促思维生长——对有效利用操作活动结果的思考》分别获 2016 年度县论文评比一等奖。有四位教师被评为县名优教师，其中语文名师两名，数学骨干教师两名。另外，象山港书院被评为 2015—2016 学年校本研修优秀学校。

三、研究结论与进一步思考

（一）研究结论

本课题的研究达到了预期的目标，同时，我们得出了如下结论。

1. 充足的课堂活动时间是开展深度学习活动的基本条件

"基于核心目标的深度学习活动"是一个相对完整的学习过程，在课堂中教师必须保障学生的活动时间。学习内容集中指向核心目标，在一定程度上保证了学生的学习时间。学生的知识学习经历了新知识习得阶段、知识的巩固和转化阶段、知识的迁移和应用阶段。学生是学习的主人，在设计过程中，教师要清楚每个板块中学生所处的学习阶段，最大限度地保障学生体验活动时间，让学生在学科学习中既有个体独立思考，又有团队交流分享，促进学生主动学习。

2. 活动策略多样化是成功进行深度学习的关键成分

课题组构建的"深度学习活动线路"是在深度学习理论的支撑下，提炼出的一种学习方式，但并非公式。我们的学习活动板块在一定范围内具有代表性和示范性，但不是放之四海而皆准的。

（二）进一步思考

1. 推广课题理念，需要分主题、分学科、分年段展开进一步研究

本课题研究是改进学习方式的研究，是教学框架改革的研究，从理论到实践，再到切实改变教师的教学现状，不是一朝一夕的事。要推广课题理念，在各学科中，我们除了开展"核心目标的确立""指向核心目标的学习活动设计""基于核心目标的学习活动指导"等分主题研教推进外，还根据学习内容的不同、学科特点的不同开展课题研究。因为从不同角度展开研究，才能促使课题理念更接地气。

2. 本课题研究与拓展性课程开发理念相契合，同样适用于拓展性课程中的学习活动指导

本课题研究主要是针对新授课的学习活动。如果学校仅仅研究课堂内的学科教学，视野明显狭窄。"基于核心目标的深度学习活动"设计与指导策略是否同样适用于拓展性课程中的学习活动指导？如何改进？这可以成为我们下一步研究的方向。

课题研究是"深入"的过程，更应该是"浅出"的过程，让课程改革理念成为教师课堂教学的技术支持，让形式真正服务于内容，是我们不懈的追求。在我们理想的教学过程中，没有教师的机械讲解，取而代之的是学生喜闻乐见的实践活动，学生全过程参与、全身心体验、全方位展示，其兴趣得到激发、情感得到交流、能力得到提升。作为一线教育工作者，我们将为达到理想的深度学习过程而努力！

第三节 从"学查展评"到"和合课程"：爵溪学校的跨越发展

"和"就是和谐，和睦，祥和。"合"就是联合，合作，融合。和是目标、

标准，合是途径、方法、手段。在开展具体活动的过程中，教师应遵循学生的身心发展规律，以团队合作为具体组织形式，营造和谐有序的教学氛围。爵溪学校构建了注重师生成长的"和合"课堂，实施激发生命活力的"和合"德育，使学生、教师与学校都得到优质、均衡、和谐的发展，形成和谐生长的教育生态环境。

爵溪学校根据学校的办学理念与校园文化，结合"和合"的校本课程目标，提出三项九类"和合"校本课程结构，具体如图 6-19 所示。

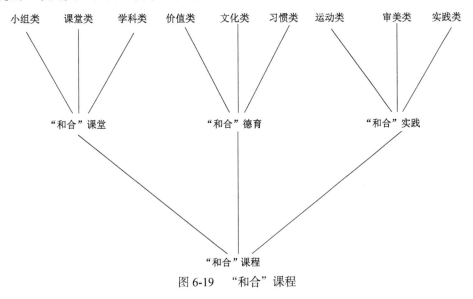

图 6-19 "和合"课程

根据图 6-19 可知，爵溪学校的三项九类"和合"校本课程结构，在内容上分为"和合"课堂、"和合"德育、"和合"实践三大项目。"和合"课堂分为小组类、课堂类、学科类，"和合"德育分为价值类、文化类、习惯类，"和合"实践分为运动类、审美类、实践类。三项九类"和合"校本课程相互联系、相互补充，形成了既注重素质，又注重个性发展与创新能力培养的课程结构。

教师是课程的创造者、开发者和实施者。传统的课程观认为课程就是教材，甚至就是教科书，这无形中窄化了教学途径，僵化了教学面孔，制约了学生的全面发展，制约了学生综合能力的提高。所以，我们要通过各级培训，盘活教师资源，让教师成为"和合"校本课程开发的主力军。通过盘活教师资源，我们初步形成了爵溪学校三项九类"和合"校本课程体系，具体如表 6-11所示。

表 6-11 象山县爵溪学校三项九类"和合"校本课程体系

"和合"校本课程	九类课程群	一级课程	示例
"和合"课堂	小组类	小组建设	分组、小组培训
		小组评价	课堂评价、课间评价
		小组文化	组名、组号、布置
	课堂类	自学跟踪课型	预习课、学情分析课
		合作展示课型	展示课、小组合作学习课
		复习提升课型	习题课、复习课
	学科类	趣味阅读与写作	我爱演讲（精品）、宋词欣赏、世界电影史、西方艺术史、外国短篇小说赏析、时文阅读、三十六计故事、诗歌欣赏、古诗文阅读、历史小故事、《三国演义》、社会文明与数学发展史、影响世界的人和事、中国古代文化史话
		趣味数学与生活	数学思维与方法（精品）、宇宙奥秘、数学史拾趣、数学实验、数学解题探究
		趣味英语与口语	趣味英语、科普英语
"和合"德育	价值类	社会主义核心价值观	廉政文化、主题班（队）会
	文化类	中华传统文化与地域文化	《三字经》《弟子规》、走进爵溪（精品）、学说爵溪话、爵溪旅游、爵溪针织、爵溪渔业
	习惯类	学习习惯与生活习惯	安全、卫生、法制、健康教育
"和合"实践	运动类	传统体育	毽球飞扬（精品）、足球、篮球、健身操、排球、象棋、乒乓球、围棋
		体育节	田径运动会、毽球节
	审美类	美术	墙画、水彩画、素描、"赵体"书法、板画、国画、篆刻入门
		文化艺术节	合唱节、六一儿童节文艺会演
	实践类	假日学校	社会实践、劳动课
		亲子读书	读书节
		家校合作	家访、家长读书会

一、"和合"特色课程实施举措

（一）深化"和合"课堂教学改革

1. 完善课堂结构

爵溪学校在以前的基础上，进一步完善"和合"课堂的结构，充实"和合"

课堂"以学为中心"的内涵，举行亮点展示课、"和合课堂"常态课比赛，立足自主学习，激发学生的兴趣，展示学习成果，提高学习效率，让学生真正成为课堂的主人，让教师真正成为课堂教学的引导者。

2. 加强课堂研讨

各个教研组扎实有效地开展研讨课、展示课、汇报课，活动氛围浓厚。初中语文教研组结合县优质课比赛，集体磨课达到 8 次，在优质课比赛中取得县一等奖。初中数学组承办"县第四届初中数学名优教师带徒集体活动"，中小学体育组承办"县中小学体育新教师教研活动"，取得了较好效果。

3. 开发精品课程

爵溪学校积极开发精品课程，汇编成册的《乡土爵溪》《悠悠瀛海古韵，绵绵船城文化》，语文教师已经将其作为拓展性教材。同时，教师积极参加县精品课程评选，其中"布一样的精彩——布衣坊""一键钟情""走进爵溪"被评为县级优秀精品课程。学校趁热打铁，把精品课程、县级论文案例及第八届学校教师论坛的文章编辑成书，以便今后可用。

4. 帮扶教师成长

爵溪学校继续实施师徒结对活动，聘任部分教师作为指导教师，帮带新分配的在编教师和 3 年内的代课教师。在学期末，根据学员所带班级的成绩、师徒结对活动次数等情况评出优秀对子。为滋润教师心灵，朱校长做了"教师心理调适与性格修养——以人文养护心灵"的专题讲座，结合身边实例，启发教师需要感恩、承担责任、保持敬畏和学会放下，全方面养护教师心灵，促进教师成长。

5. 提升科研水平

为了提高教师的科研能力，激发广大教师的写作热情，学校邀请象山县第二中学吕增峰老师做了"从'门外汉'到'追梦人'——我的课题之路"的专项讲座。其从什么是课题、课题报告如何写、课题研究的意义等多个层面进行讲解，使课题这个高大上的东西变得非常接地气，也让教师意识到课题对教学的帮助作用之大。

6. 提高教研层次

爵溪学校深入进行课堂教研活动主题化、系列化研究，围绕年段教研主题进行教研活动。同时，成立研教团队和名师工作室，以此来促进教师教研能力的提高。

（二）优化"和合"德育课程建设

1. 实施德育校本课程

爵溪学校开设了"我与爵溪"校本课程，在三年级开展校本课程实践后，学校开始更大面积地铺开，并组织进行班级文化巡展。每个班级将爵溪文化的某一部分内容（爵溪简况、自然环境、近海环境、文物古迹、爵溪风情、趣闻轶事、城镇建设、民俗民风、斗争故事、民间传说等）作为班级文化来进行学习，让每个班级都成为爵溪的文化名片，让爵溪的文化内涵滋养每个学生的心田。

2. 举行班主任论坛

为了展现各个年级的班主任风采，做好对新班主任的帮扶工作，爵溪学校努力搭建班主任交流平台，特举行了第九届教师教育论坛。该次论坛以"小组合作，自主管理"为主题，探讨班级文化建设。经年级推荐，共有9位教师参加此次论坛，每位教师都能结合自身的班主任工作经验，对班级文化建设进行积极思考。

3. 提高师生自主能力

爵溪学校继续强化班级自主管理模式，推行班级事务承包责任制，把班内的"大小事务"具体落实到班里每名学生身上，突出学生的主体地位，形成"人人有事做、事事有人管、时时有事做"的良好氛围。同时，学校继续落实教师扁平化管理，由年级组长牵头，把年级工作分配给每名教师，利用课间进行不定期检查，透明地将年段班级、师生的优缺点反馈在每个年级的黑板上，并协调整改，增强每位教师和学生的主人翁意识。

4. 营建家校合作环境

爵溪学校开展了以"不忘初心，合作共赢"为主题的家长会，邀请宁波市心理咨询师张益萍老师做了以"父母如何处理孩子的情绪"为主题的心理健康专题讲座，有力促进了师生及家长之间的紧密联系。同时，学校发挥社会德育的功能，通过聘请"五老"人员兼职德育辅导员，邀请家庭教育巡讲团，创办"假日学校"等形式，进行授课。另外，学校积极探索家校关系，努力提高家长的育儿能力，完成"创建'和合'家校关系的有效途径"课题申报，探究家校合作的新路子。

5. 营造安全校园氛围

爵溪学校建立了安全保卫工作领导责任制和责任追究制，与保安人员签订相关安全责任合同，将安全保卫工作列入考核内容中，严格执行责任追究制度。

同时，建立学校安全保卫工作的各项规章制度，并根据安全保卫工作形势的发展，不断完善和充实。另外，学校将安全教育工作作为对教职员工考核的重要内容，实行一票否决制度，贯彻"谁主管，谁负责"的原则，做到职责明确，责任到人。

（三）强化"和合"实践特色项目

1. 体育运动蓬勃发展

爵溪学校组织学生参加全国青少年毽球锦标赛，成绩喜人。同时，学校加快发展和普及校园足球精神，促使学校成为全国校园足球特色学校。另外，学校组织学生参加县中小学校园篮球赛及田径运动会，举办第十一届"不忘初心，健康第一"学校运动会，赛出了风格，赛出了水平。

2. 音乐、美术活动多样

爵溪学校积极参加宁波市第十五届中小学生艺术节合唱比赛、美术（书法）比赛、课堂乐器合奏比赛等，举行为期三天的校园"三独"比赛，组织"爵溪是我家"书画作品展示活动，充分展现了学生的艺术风采。同时，学校还承办了宁波市美术教研活动，市美术教研员做了"美术教育教学质量测评的评价维度"的讲座，教师受益匪浅。

3. 课余生活节目丰富

爵溪学校全力营造"和合"的校园环境，丰富师生课余生活，举行足球射门、运球上篮等教师趣味运动会，举办教职工才艺大赛，组织北塘学校送教活动和退休教师返校日活动，开展秋季户外登山比赛，开展"象上吧·青年"主题团日活动。

二、"和合"特色课程实施成效

（一）激发学生活力，实现欣欣向荣

爵溪学校学生在各类比赛中取得佳绩，2017 年，获得全国青少年毽球锦标赛一等奖、浙江省中小学生艺术节绘画比赛三等奖、宁波市青少年科技创新大赛一等奖、宁波市 2017 年度初中生阅读竞赛三等奖等 29 项荣誉。

（二）引领教师成长，实现百花齐放

爵溪学校教师在各类比赛中获奖无数。在论文评比中，13 人次在 2017 学年获县优秀论文奖，1 人获得宁波市第七届"说说我的课题研究故事"主题征文比

赛一等奖；在教坛新秀评比中，17 人次获奖，其中 2 人次获得教坛新秀一等奖；在县优质课比赛中，2 人次获得一等奖；在 2017 年度象山县义务教育拓展性精品课程评选中，"布一样的精彩——布艺坊""一键钟情""走进爵溪"等课程荣获优秀奖。同时，3 位教师通过高一级的职称评选，教师所获荣誉达到了历年之最，发展性项目的成效可见一斑。

（三）创建学校特色，实现齐驱并进

爵溪学校 2017 年通过国家级青少年校园足球特色学校验收工作，获得宁波市"五好"关工委称号，荣获浙江省中小学生艺术节绘画三等奖、宁波市第六届青少年科学嘉年华第一名、宁波市第十五届中小学生美术（书法）比赛（小学）二等奖、宁波市第十五届中小学生美术（书法）比赛（初中）三等奖、宁波市第十五届中小学生艺术节合唱比赛（小学）三等奖、象山县中小学"音乐节"器乐合奏专场比赛一等奖等 19 项荣誉。学校特色建设有声有色地发展，这也是学校发展性项目成果的体现。

在总结学校发展性项目取得成绩的同时，爵溪学校也应意识到自身存在的不足，如薄弱学科的攻坚任务任重道远，师生的流动问题仍制约着学校的发展，但是学校将秉持"和谐共进，融合发展"的理念继续前进，"撸起袖子加油干"，为将其办成另一类实验学校而努力奋斗。

第四节　从"圈层互动"到"共享共生"：
墙头学校的思路转换

农村学校办学规模小，师资力量弱，使得教研活动开展难、拓展性课程开发难、教师绩效考评难。为走出办学困境，寻求变革之道，象山县几所农村学校——墙头学校、西周中学、东陈中学、殷夫中学、荔港学校，遵循平等互助、资源共享、优势互补的原则与宗旨，自发组成了一个民间的、自治的"农村学校圈层"（图 6-20）。通过"圈层互动"，各校共同商讨教育教学有关事宜，在管理共进、资源共享、信息互通、教学研究、师资融合、文化濡染等领域均做了有益的探索，超越了惯常的几所学校之间单一的"联考"模式，取得显著成效。《东南商报》教育专版以《象山县 4 村校校际联盟破解难题》进行了专题报道。实践证明，农村学校这种"圈层互动、共享共生"的研教形态解决了农村学校规模小、师资力量弱等发展难题。圈层以"一圈五层四平台"为思路展开研究，即一所农村学校组建的圈子，从联合教研、联合考评、联合检测、联合培训、联合研讨等五个

层面开展互动，搭建网络、交流、共享、提升等四个平台，实现共同发展，尝试破解农村学校发展难题，值得借鉴和推广。

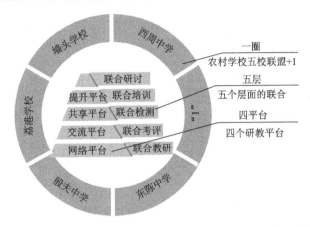

图 6-20　农村学校"圈层互动""共享共生"研教新形态示意图

一、自觉自主，组建研教圈层

（一）志同道合，达成共同愿景

　　圈层是以内在的精神契合、共同的目标追求作为纽带，将校与校联合在一起的平台。共同愿景能把圈层成员学校凝聚在一起，相互切磋、协商，并建立相互依赖的归属感。几所学校本着地域相近、实力相当、志同道合等原则自愿加盟研教圈层。经过讨论协商，其确立了合作、竞争、互助、开放、创新的愿景，以"促进圈层内每一所学校的发展，共享共生"为目标，并在教师能力提升、教育教学质量提升及规范化管理、特色项目创建等方面达成合作共识。

（二）互为平等，构建圈层机制

　　灵活的圈层机制，是圈层运作的有效保障。圈层成立理事会，各校轮值担任理事会主席，相互平等，相互尊重。由轮值主席负责召开圈层峰会，讨论确定活动内容，安排活动，各圈层学校分工合作，使各学校将优势结合起来，改变了过去相互排斥、分散的局面，避免了资源的重复浪费。其组织形式自由开放，按规定圈层内各校可以退出或邀请新的伙伴加入。当然,各分会并不一定就是图6-21所示的,其形成、发展和解散都是由成员学校的需求决定的。

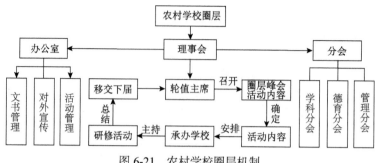

图 6-21 农村学校圈层机制

（三）互商契约，制定草根章程

理事会共同讨论并制定平等互惠、合作共赢、利益与责任均担的圈层章程，对圈层的性质、宗旨、活动内容、权利与义务、组织机构、保障机制等进行约定。圈层没有外来干涉和行政命令，没有强制纪律和处罚手段，看似严密又相对开放，完全依靠成员的自觉自主运行。

重大问题，如圈层规划、年度计划和经费事宜，需在理事会上审议通过，由办公室组织实施。成员学校的个性需求，通过各学校申请，由圈层办公室协调支持。各种活动的方案与计划、具体步骤及实施内容都由圈层协商制定。

（四）互知长短，制订联合计划

有的放矢，才能对症下药。墙头学校根据共同愿景和共同目标，展开前期调查，了解圈层内每所学校的办学优势与发展需求（表6-12），召开研讨会，制定发展规划。

表 6-12 学校的办学优势与发展需求

学校	办学优势	发展需求
西周中学	社团工作、教师培养等	校园文化建设、培优工作等
殷夫中学	培优工作、课外作业质量监控等	特色创建、德育工作等
东陈中学	心理健康教育、学科调研等	课程开发、特色创建等
墙头学校	德育工作、校园文化建设等	课程开发、教师培养等
荔港学校	课程开发、特色创建等	心理健康教育、教师培养等

二、互动互助，探索研教内容

（一）互帮互助，联合教研

墙头学校以各学科教师为单位，开展不同学科、不同年段、不同主题的教研活动，加大圈层内的教研力度，提高教研活动的有效性，如合作互补式备课、同题探究式磨课、即席诊断式评课、专家引领式思课等多种形式的教研活动。教研内容统摄整个教学环节，包括从课前目标设定到课后作业批改等一系列过程，如教学计划的制订、学年度重点和难点的把握、课堂教学有效性探究、试卷命题、练习的质量探究等。

原则上，每所学校每个学科每学期开展一次较大规模的主题教研活动。学校之间如有重大的主题教研活动，互派教师参与，相互学习和借鉴，以提高教师课堂教学技能和技巧，提高课堂教学的有效性，增进教师间的交流，更新教育教学理念。有的活动，并不强行要求圈层内所有学校参与，为避免加重负担，各学校可根据实际情况和自身需求，自愿选择是否参与，活动形式灵活自由。

（二）公平公正，联合考评

以往的教师评价，弹性较大，操作过程中往往有人情因素在内，缺乏说服力。为了提升学校常规检查与课堂教学能力等级考核等教师评价的公信力，确保其公平、公正、科学，必须邀请第三方参加。各学校定期邀请圈层内学校派出骨干教师，参与校内课堂等级考核和备课等教学常规检查。

（三）群策群力，联合检测

农村学校，一个年级只有1—2个班，由一名教师教课，独自埋头教学往往很难把握教学进度，很难看到教学效果。联合检测是关注学生学习过程与结果，检验教师教学效果的手段之一。当然，检测的成绩只是一种数据，各学校要从联合检测的分析中了解学生的优点与不足，发现学生普遍存在的问题，将数据转化为对教师有用的信息，使这些数据成为教师发展的催化剂。

墙头学校每学期召开圈层峰会，确定本学期检测次数与检测内容范围，然后将命题任务分解到各学校，各学校基本统一教学进度，定期联合检测。每次联合检测后，由承办学校负责汇总分析，并反馈检测结果。

（四）骨干引领，联合培训

墙头学校与教科研中心培训处取得联系，根据圈层学校教师的需求开设培训项目，可以由圈层学校内名师、骨干教师开设，也可以聘请专家开设。

（五）思维碰撞，联合研讨

圈层内的主题研讨活动，为学校之间或教师之间提供了思维碰撞和交流的机会，大家在研讨中争鸣、反思、学习（表6-13）。

表 6-13 学校交流活动记录

活动内容	活动举例
联合教研	2016 年 11 月，圈层学校课堂节，每所学校承担一个学科，每所学校每个学科派一名教师上展示课 2016 年 12 月 7 日，圈层数学展示活动在殷夫中学举行，特级教师参与指导 2016 年 12 月 20 日，圈层内科学教学研讨活动在墙头学校举行
联合考评	2016 年 1 月，圈层内学校参与墙头学校教学常规检查 2016 年 10 月，圈层内学校参与东陈中学课堂等级考核
联合检测	圈层内学校每月举行一次教学质量分析会 2015 年 11 月，墙头学校校长（县名校长）在西周中学举行班主任培训
联合培训	2016 年 2 月，墙头学校邀请科学命题专家童益松进行讲座，圈层学校科学学科教师参加 2016 年 3 月，荔港学校邀请市社会学科名师王葵红上复习示范课，全体社会学科教师参加 2016 年 3 月 23 日，圈层教学质量分析会在西周中学召开 2016 年 4 月，西周中学举办特级教师带徒活动，各相关学科教师参加 2017 年 3 月 3 日，举行圈层英语试卷命题分析会议，教研员参与指导
联合研讨	2015 年 12 月，墙头学校举行校园文化建设研讨会，圈层学校校长、副校长参加 2016 年 5 月 5 日，圈层课题研讨活动在墙头学校举行，普教科科长、教科研中心主任参加研讨活动 2017 年 4 月，圈层内学校在西周中学举行拓展性课程开发研讨 ……

三、共享共生，搭建研教平台

（一）利用信息技术，搭建网络平台

利用网络互动的圈层学校之间的交流，更具开放性、互动性、共享性。基于网络的交流在时空上可以分离，既可以是同步的沟通，也可以是异步的交流，圈层学校之间进行教学资源、信息资源的互换，摆脱了传统研教时间和空间的约束。其信息形式多样，交互内容多样，既可以是文字、图片、视频等，也可以是教学设计、试卷命题、教学资源、教学信息等。这种交流可以促进圈层学校之间的信息交流，让每个成员都相互共享各自的经验和智慧，了解不同的信息，掌握解决问题的不同方法，从而有效地促进教师专业发展（图 6-22）。

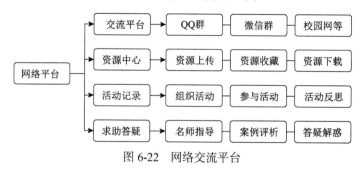

图 6-22 网络交流平台

（二）发挥多边互动，搭建交流平台

墙头学校为圈层学校搭建交流、对话、沟通、协助等交互性活动的平台，如教学沙龙、班主任论坛、课堂节、优秀教师展示等，交流思想，碰撞思维，促进教师成长。不同类型的活动，是为满足不同教师的需求，也为教师提供了展示自身能力的平台。教师可以利用这一平台进行合作和交流，讨论个体无法解决的难题，解决困难，也可以在这个平台进行教学上的争鸣、协商，不断实践，不断反思，不断学习，共同成长。

（三）集中优质资源，搭建共享平台

资料的共享、课程的共享、信息的共享、专家资源的共享，对于优质资源缺乏的农村学校来说，显得尤为重要。圈层平台的搭建，实现了圈层内资源的交换和整合，每个成员在为圈层共享资源时，又获得自身发展所需的资源，相互受益，互惠互利。

（四）实施重点培养，搭建提升平台

在圈层活动中，需要有能够引领和组织教师开展团队活动的领导者，学校科研骨干的成败关系到研教活动的成败，进而会影响到圈层建设的成败，因此，学校一定要培养一批"领头羊"教师。每所学校挑选出一批学科能力或者组织能力相对较强的教师，根据他们的需要进行相关的培训，并提供锻炼平台，让他们担任学校"干事"，在实践中提升他们的领导能力。

四、多方支持，摸索研教保障

（一）完善激励机制

只有形成激励机制，才能持久有效地发挥作用，为圈层建设提供动力支持，以达到建设圈层的预期目标。激励机制有多种形式，除了最常见的奖励激励，还有目标激励、支持激励、荣誉激励、榜样激励、数据激励等。

（二）形成共存文化

圈层成员之间相互受益、互惠互利，付出和回报大致平衡。每个成员既是分享的索取者，又是分享的贡献者，分享与责任同在，个性和需求能够异质共存，形成了一种合作、坦诚、和而不同、基于合作而又超越合作的共存文化。

（三）牵手教育科研

圈层的研究内容来源于教育教学实践，可以从已有研究中寻找灵感，直接结

合本校实际进行移植性研究，也可以从已有研究中发掘新的研究点，寻找实践研究的空白处展开合作研究，使研究呈现专题化。因此，可以说教育科研使草根的圈层活动走向正轨。

（四）探索"5+1"模式

圈层内五所同质学校联合，由于自身水平的限制，容易造成闭关自守的局面，这就需要寻求外部的援助，即探索"5+1"模式。圈层寻求县内某一学科力量最强的学校的帮助，指导研教活动，提升研教活动实效。县教育局等也给予支持，如圈层内公开课享受县级公开课待遇、专家支持、教研员专业引领等。只有让教师感觉到圈层平台对自身发展有利，圈层才能持续发展，才能长盛不衰。

五、研究成效

（一）建立了圈层研教的新形态

教育行政部门推行的自上而下的结对、联盟等组织，具有强制性，整个过程要接受上级的检查，学校的主动性和积极性较差。然而，圈层的建立是自下而上的、自觉自主的、非行政性的，成员基于共同的愿景，全身心地投入圈层活动，积极主动。圈层以其合作、竞争、互助、开放，不靠外部纪律约束，而靠自我协调运行，构建了圈层成员之间共享共生的生态群，各种活动从应付式走向实效，解决了农村学校规模小、师资力量弱的发展困境。

（二）促进了圈层教师专业成长

圈层的建立改善了教师的教育教学实践，促进了教研团队和教师的共同发展，激励教师找到新的增长点，教师自我提高意愿增强。其原来安于现状，不愿参评高级教师，现在争着上研讨课，争着评高级职称。仅仅2017年一年，圈层内的学校就有12人评上高级职称。同时，教师的教学水平、命题能力、科研能力、课程开发能力提高。自圈层组建以来，学校的课题、论文、教师竞赛获奖率比以前明显上升。墙头学校的"玩转风筝""创意废纸"被评为市、县拓展性精品课程，西周中学的"综合材料艺术""悦纳自我素质拓展活动""初中——翱飞的季节"，殷夫中学的"走进殷夫"，以及东陈中学的"初中，青春如歌的时节"等，被评为县拓展性精品课程。

（三）提升了圈层学校管理效能

圈层内活动的常态化实施，使各校办学情况彼此公开，一览无余，各校相互学习之风油然而生，如东陈中学的课堂调研、墙头学校的校园文化建设、荔港学校的后进生管理等，自然渗透到各校日常工作中，有效促进了管理效能的提高。另外，第三方考核提升了学校常规检查与课堂教学等级考核的公信力。

（四）形成了圈层活动推广效应

象山县教育局多次在全县教育工作大会上推广农村学校圈层的做法。县教育局等对圈层活动大力支持，教研员多次指导研教活动，在评选县名师骨干方面给予政策上的倾斜，圈层内公开课享受县级公开课待遇。县内其他农村学校也纷纷效仿，经验已经辐射到小学，目前，类似的联盟已发展到 3 个，分别是环西沪港小学发展共同体、南区五校联盟、西区农村初中联盟。同时，圈层活动也得到媒体的关注，《东南商报》、宁波教科网、浙江在线、《象山报》等都做了相关报道。

第五节　从"五步达标"到"五学课堂"：象山县外国语学校的系统变革

象山县外国语学校从办学理念与学校的实际出发，结合县教育局对学校的具体要求，将课堂改革、课程改革进行整合，将课堂的改革作为学校课程改革的一个重要组成部分来进行筹划，分阶段落实每一项任务，并将任务转化为实际行动。

一、以教学改革推动学校整体发展

（一）明确办学目标

象山县外国语学校继承百年老校风范，坚持德育为先、教学为本、英语为强的办学宗旨，以德促全、以质求生、以特立强，全体教师恪守"人人都能快乐成功"的办学理念。人人包含着学生、教师，快乐就是要实现教得快乐、学得快乐、生活得快乐。成功就是在学生的学习成绩、核心素养，以及教师的自身业务、生活品质等方面的提升，实现和谐发展。其核心就是"和"与"乐"。

学校提出了"和乐"的教育思想，"和"与"乐"合在一起，其内涵就是人与社会的和谐共存，人与人的和善相处，人与自然的和美融洽，人自身的和悦发展。其主要内容就是共爱、生命、平等。共爱，就是爱一切，爱社会，爱自然，爱他人，做一个身心和谐发展的人；生命，就是做一个尊重生命、爱护生命、健康快乐的人；平等，就是做一个与人和谐相处，师生平等，焕发精彩的人。"和乐"教育的核心思想就是教会学生做人，让教师与学生一起学会做一个有意义、有内涵、有思想的人。

当教育的本质指向育人的时候，教育方向肯定是正确的，所以必须要坚持做下去。

（二）学校课程的顶层设计

围绕着办学目标与办学理念，象山县外国语学校对"和乐"课程进行了顶层设计，包括打造"和乐"课堂、体验"和乐"德育、建设"和乐"团队、评选"和乐"学子等一系列课程。学校将"和乐"课程分为基础性课程与拓展性课程，拓展性课程分为和谐课程（人与社会的和谐相处）、和善课程（人与人的和善相处）、和美课程（人与自然的融洽共存）及和悦课程（人的体育、艺术素养的整体发展，也包括基础类课程中的拓展性课程）。每一个课程群中都有很多具体的课程设置。其实，和谐课程、和善课程、和美课程都是"和乐"德育课程的组成部分。象山县外国语学校对学校基础性课程中的"安全教育读本"、"走进宁波"地方课程、"生活与实践"、"浙江潮"等内容的整体整合和合理安排，使每周的班队课、综合实践课、晨读教育等内容具体化。

（三）"和悦"课程内容与组织

象山县外国语学校对拓展性课程中的"和悦"课程进行有效的设计，根据教师的实际情况与硬件设施设备，以及每一名教师申报开设的课程，编写校本课程大纲，上交年级组，会同教导处进行校本课程开设的审核，最后确定上课教师。另外，邀请社会上一些教乐器的教师以及其他专业教师进入学校上课辅导，也邀请象山县老年大学学员来校对学生进行艺术指导。同时，学校实现了一至八年级的全员选课走班制度，初中 18 个班，小学 66 个班，每周四下午两节课，有记录、有检查、有内容、有评比、有考核。

拓展性课程在课堂的组织形式、课堂内容、学生的课堂活动方式、课堂的考评组织等方面都与基础性课堂有很大的区别，有效地促进了学生综合素质的提升，更是实现了课程育人的目标。

二、从"五步达标"到"五学课堂"的推进

象山县外国语学校在内容不变、学生不变的情况下，深化课程改革，抓实课堂效益，促进师生的全面发展，打造"和乐"课堂品牌。

孙德芳教授告诉我们：为什么要进行课程改革？课程改革的指向仅仅是改变学习方法吗？更要紧的是在课堂中树立一种积极向上的品质，具备一种在课堂中不断挑战自我的良好精神状态。因为课堂状态决定着学习、生活的状态，也将影响以后孩子的生活状态，这就需要在课堂中让学生成为中心。课堂改革的核心问题、目标就是教会学生做人。

课程改革就是要通过改变教师的思想观念，改革教学模式，改进教学方法，实施课堂教学改革，千方百计地激发学生自主学习的热情，开发学生的潜能，把课堂时间还给学生，把课堂空间还给学生，把提问权利还给学生，把评议权利还给学生，把学习过程还给学生，促使学生在课堂上动脑、动口、动手，培养学生自主学习的意识和能力，激发学生自觉学习的内驱动力。因此，课程改革的策略就是调动内因。

完善"五步达标"，即引导自学、学导结合、展示反馈、运用测评、课外拓展，改变以教师为中心的传统教学模式，坚持以人为本，形成和谐、快乐、完美的教学生态。课堂中，培养学生自律、自主、自信的能力，促进学生思维、表达、绘画、表演等各种能力的发展；培养学生的自主探知能力，通过小组活动，培养学生交际、合作、处事的能力；培养学生有序表达的能力，沉着稳健的性格，自信有礼的交际能力，人与人之间友好交往的能力，从而促进学生自我激励、自我成长、自我完善，为以后走上社会提供强有力的支持。同时，学校应适应新形势和新课程改革的需要，增强教科研意识，激发教师的教学改革兴趣和热情，使全体师生在教学改革中快乐成长。

将"五步达标"课堂的具体实施步骤分解，需要分学期进行重点研究，每一学期用各种方法研究其中的一个步骤、环节，每一步都需要让教师能够理解和掌握，然后再进行第二步的研究。只有这样，才能让教师真正理解"五步达标"课堂改革的实质。

象山县外国语学校将 2016 学年第一学期"五步达标"的第一步（引导自学）与第四步（运用测评）定为课堂研究重点，对预习内容的呈现方式、自学内容的层次安排、自学内容的数量、自学方式、检测内容、检测时间、检测方式和检测效果等方面加以研究与实践。

（一）借助"丹山"课堂节系列活动来推进课程改革实践

1）结合梁高英副校长的名师带徒活动，进行课堂自学、反馈检测环节的研讨。2016 年 11 月 22—23 日，象山县外国语学校围绕自学、反馈两个环节在全校开展研讨。在小学语文"如何指向于写"的问题研讨活动中，探讨如何进行写的课前尝试，如何当堂进行写的质量检测。学校邀请来自江苏等地的教师到学校上课，进行引导，开启了对"五步达标"课堂环节的研究。

2）进行"五步达标"课堂教学改革专题研讨活动。2016 年 12 月 14—16 日，学校进行了全校性的课堂教学研究。学校组织各教研组长就相关理论和要求进行培训，然后教研组长组织本教研组的教师学习并交流相关要求与程序，集体磨课，推出一人上课。

四年级语文组、六年级语文组、八年级语文组各推选一名教师展示，旨在探讨不同年级的学生如何进行语文课堂自学，比较自学内容、要求、时间，以及课内检测的内容、方式等方面的区别，通过比较思考各个年级自学与检测的不同要求。

三年级、五年级、七年级数学组各推选一名教师展示，七、八年级英语组各推选一人展示，上午上课，下午交流，以学科为单位，进行研究。

3）进行教学开放日活动，展示"五步达标"课堂中要求学生在家自学对孩子产生的影响。

4）举行"自学、反馈"教学论坛。在本学期结束时，组织教师进行教学论坛。小学英语、小学数学、小学语文、中学科学、中学语文各一人参与论坛，使全体教师对"五步达标"课堂有了一个比较清晰的了解。另外，组织教师进行"自学、反馈"主题论文、案例的撰写评比。

经过长达两个月的研究，教师基本上掌握了自学、反馈检测的课堂教学的环节。

（二）借力省特级教师进行专项活动，推进课堂研究

为了进一步深化"五步达标"课堂，提高本校教师的课堂组织能力，提升一课一得的教学效果，学校组织了以"基于主练习，提升五步达标课堂实效"为主题的校级小学语文教研活动。小学语文省特级教师、正教授级、奉化区实验小学郭昶校长莅临指导。学校的四位教师上课，主要是对课堂主要内容的确定与训练检测实现一课一得。然后，郭校长对每一课进行点评，然后同课异构重点示范，从更高的层次来确定课堂自学的内容和课堂检测的方法，对象山县外国语学校的小学语文教师来说，收获很多，启发很大。

（三）走出去了解其他学校是如何进行有效自学与检测、展示的，更重要的是要学会如何组织学习小组

学校组织 20 名各科骨干教师赴天台县始丰中学和天台县始丰小学实地考察"小组合作"，包括小组展示、班级文化、课前预习与课中展示。教师带着问题、带着思考与困惑去寻找答案，看他们是如何进行课前自学、课内展示与当堂检测的。回到学校的第一时间，所有参与听课的教师一起谈收获与思考以及自己的反思。

在接下来的时间里，初中部各个学科的教师都进行了两节课的研究，率先进行关于小组合作方式的课前预习、课中展示的课堂研讨。初中部的教师反馈感受还是比较深的，认为必须要改变自己的课堂，这样学生才能够自己解决很多学习上的事情。

另外，学校教师分两次赴爵溪学校实地考察，把爵溪学校小组合作学习的策略拿到象山县外国语学校进行交流探讨。多种形式的学习，促进了学校教师对小学合作的思考和实践。

（四）通过课堂了解来推进课堂改革

象山县外国语学校邀请象山县教育局教科研中心的专家对九年级各科教师的课堂进行把脉诊断，根据"五步达标"课堂的要求，指出问题所在，提出解决措施。

2016年9月—2017年5月，校长室对一至九年级的各科教师进行随堂听课，对每一节课进行了点评和反馈，根据"五步达标"课堂模式进行研讨，要求教师减少说话的时间，增加课堂内学生的互动，提升学生的动手、动口、动脑能力。

课堂改革就是让学生成为课堂的主人，特别是要让一些成绩中下等学生成为课堂中重要的被关注对象，只有这样，才能使学生在课堂中收获快乐。因此，课堂改革就是要求教师将课堂育人作为常态，保证成绩中下等学生的发展，使学校的育人功能真正得以完善。

随着社会的进步，社会越来越需要有创新能力和自主能力的人才，而在我们传统的课堂中，还有为数不少的课堂教学气氛沉闷、方法简单、容量狭小、过程花哨等无效或低效的状况，"如何让课堂活起来，让学生动起来"一直是大家思考的主题。因此，从2015学年起，象山县外国语学校就把"五步达标"课堂的实践和研究作为教学改革项目。

原先"五步达标"中的"标"指国家教育目标、各科课程目标、课堂教学目标，"五步"是指"引导自学、学导结合、展示反馈、运用测评、课外拓展"。2017年，在翁宗元校长和各位专家的论证下，象山县外国语学校开始把目光从教师转向学生，从关注教师的教转向关注学生的学，提出了"预学、导学、展学、评学、拓学"的"五学"课堂。同时，为了帮助教师进行更有针对性的研究，不断细化每个环节，每个环节中都设置了指向型的细节思考。比如，预学环节，就需要思考这些细节：①自学内容是什么？是口头布置还是书面布置？能否体现重点和难点？是否能够从作业本中借鉴？②自学内容什么时候做？③课堂怎么引入？怎样将自学情况与课堂新授有机结合？概念的提炼和操作细节的细化不但提升了课题的质量，而且为课题的实施进一步指明了方向。

为了帮助教师更准确地掌握操作步骤，了解操作环节，更是为了把课题在全校各学科范围内轰轰烈烈地开展起来，2016年10月，校长室深入三、四年级听课，要求语文、数学、英语教师率先尝试展开"五学"课堂的实践，并对语文、数学、英语等学科所有教师的课堂进行详尽反馈；12月，邀请特级教师郭昶老师来校指导小学语文作文"五学"课堂研究。2017 年 1 月，带领相关骨干教师赴宁波万里学校学习"小组合作"；2 月，进行"五学"课堂教学论坛，并修改教师"常规考核方案"，明确提出课堂要有"五学"模式；3 月，成立以校长为组长的中小学课堂研究小组，并具体布置相关任务；4 月，展开"五学"课堂研讨活动；6 月，撰写相关论文、案例。一系列活动的开展，更新了教师的观念，营造了良好的教学氛围，更是大大提高了教师的专业水平。2017 年，学校共开研讨课 56 节；100%的班级都有小组；教师获奖 154 人次，在县教坛新秀评比中，用"五学"课堂演绎的雷文艳老师获得了评委专家的高度认可，当之无愧地获得了一等奖。

从"五步"到"五学"，变的是理念，不变的是模式。2017 年，在深入研究的基础上，象山县外国语学校开始把"五学"从"课堂"延伸到了"课程"。小学语文教研组率先在周四下午的走班课中开出"拓展作文"课程。所谓"拓展作文"，指的就是在走班选课时间，针对走班选课学生，立足语文新课程标准目标和精神，围绕小学语文教材内容和学生理解难点而开展的一系列作文教学活动。它的课堂模式就是典型的"五学"课堂：第一步，预学，即获知任务；第二步，导学，即学习方法；第三步，展学，即运用练习；第四步，评学，即评价反馈；第五步，拓学，即强化提升。"拓展作文"是"五学"课堂的具体体现。为了顺利推进"拓展作文"的研究，2017 年第一学期，教师共进行了 3 次理论培训、3 次实践演练，并且为了获求更多的理论支撑，阅读了大量的书籍。2017 年，学生获奖 119 人次，学校被评为"宁波市冰心作文"优秀组织单位。

"五学课堂"实践极大地改变了教师的理念。教师理念的转变，直接反映在课堂教学中，就是教学方式的改变，教师把课堂还给学生，把话语权还给学生后，课堂民主了、和谐了，学生的参与程度提高了，自信心提升了，兴趣提高了；小组合作竞赛的开展，改变了以往学生个人展示的弊端，促进了班级集体文化建设。课堂模式与理念的共振，凝聚、激励、熏陶着师生对高效课堂的共同追求。从学生调查问卷的反馈信息可以发现，调查班级中 95.5%的班级开展小组合作竞赛，41%的学生认为学习小组对学习帮助很大，84%的学生喜欢教师采用小组合作、课堂互动等授课形式，85%的学生认为班级采用学习小组合作竞赛以后，自己的学习成绩有所提高，学习积极性也大大提高。在抽测中，五年级美术、四年级音乐更是史无前例地获得了象山县第一名，学生各方面素养大幅度提高。

"五学课堂"更是提高了校本教研的针对性。随着研究的深入开展，我们深刻体会到，以模式为平台创新课堂教学实践，针对性强，没有花架子，教师认可度高；项目的过程性管理，有效地助推教师追寻高效课堂，同时有效地促进了教师专业的成长。教师能主动学习新的理论知识，运用理论指导实践，并在实践中加深对理论的理解，教学水平及实践反思能力都得到了提高，在循环反复的研讨过程中，逐步形成团结、合作、信任、支持的群体氛围，加快了教研与课堂的整合，这对象山县外国语学校的教师来说无疑是最具实效的。项目开展以来，得到了教师的大力支持、理解和参与。老教师支持、参与，中年教师出谋划策，年轻教师积极尝试，"五学课堂"的研究提高了校本研修的针对性。

第六节　从"三段五式"到"教师发展"：
林海学校的变革载体

根据《林海学校"三段五式课堂教学模式"三年规划（2015 年 9 月至 2018年 8 月）》《林海学校 2015—2018 学年"三段五式课堂教学模式"发展性项目评估指标》，2015—2018 年，"三段五式课堂教学模式"又一次被列为林海学校的发展性项目，这意味着"三段五式"课程改革进入了发展性项目的第二轮。按理说，"三段五式"课堂教学模式的探讨与实践应该更加纵深化，然而实际的现状是，由于小学部教师流动性过大，代课教师逐年增多，加上新教师多，部分课程改革骨干调离，课程改革的深入推进受到很大影响。面对着这一系列的不利因素，突破课程改革师资的困境就成了当务之急。

一、模式介绍

"三段五式"课堂模式遵循"先学后教，以学定教，以学促教，能学不教"的基本原则，以改进教与学的方式为宗旨，实现了课堂空间的变革，为学生营造出一个具有能动性、自主性、合作性的生动和谐的课堂文化场，充分激发学生的求知欲和展示欲，使其在教师的引导下主动学习、主动发展，力争实现"把时间和空间还给学生，把兴趣和爱好还给学生，把快乐和成功带给学生"的目标。

"三段"是指"自学、互动、训练"三大阶段；"五式"是指导学流程中要运用"自学指导、合作探究、精讲点拨、练习达标、拓展提高"五大招式。这里的"式"可理解为变式。自学、互动、训练三大课堂核心元素的设计，将自主、合作、探究的课程改革理念转化为高效课堂的实际生产力；全方位、多层次落实"教与学""师与生"日常行动规范，既有章可循，又创新求活；"三段五式"课堂的开发与实施、文化的构筑与打造，为实现素质教育、均衡教育的理想提供了坚实的课程和文化保障。

对于"三段"，可以灵活处理。有了模式，不等于每堂课都一成不变地套用这种模式，现在学校仅是提供了一些基本的原则和步骤，每一个步骤都有它的依据和适用的范围，教师在实践的过程中根据学科课型和生情灵活变通，进而形成更为具体的学科教学模式。操作时，要求教师要把握"三段"的精髓，灵活运用"五式"。

"三段五式"既保证了课堂导学的紧张有序，又彰显出开放性课堂的生动活泼。新课堂空间的创设是对传统教学空间布局的一次革命性变革，"三段"彻底改变了传统的教学方式和学习方式，"五式"导学质量预控彰显了学校强烈的追求质量的意识。

二、实施目标

（一）总体目标

1）课堂操控。教师灵活使用，综合运用，体现高效。学生自主参与，合作探究，深度发展。

2）课堂研究。采用项目推进、经验分享、完善课题、成果精编、推广普及的方式。

（二）具体目标

1）构造"林海学校三段五式课堂教学模式"下的自主课堂。其中，课堂操控是关键，教师要确定"学查结合、暴露质疑、展评统一"课堂教学基本模式的操作流程，让理念落地，转化为课堂教学行为，只有这样，才能让理念"鱼游大海"，并显现出理论的价值。

2）开展灵活务实的教师培训。

三、实施内容

（一）大力加强课程改革工作顶层设计

2016 年，因校长调动交流，林海学校的课程改革领导小组调整为以校长为组长、资深教学副校长主管的模式，教科室继续牵头，定期召开课程改革领导小组会议，加大对课程改革的谋划和督导力度。同时，继续实行行政领导推门听课制度，坚持"重实际、重研究、重指导、重提高"的原则，深入课堂听课，座谈讨论，加强与教师的交流互动，从而进行有效的监督、监控及检查与指导，提高教师的课堂教学效率。2016 年，顾校长全学年听课 71 节，其中在本校听课 65 节，参与了每个学科组的教研活动。

学校要求三至九年级教师都要进行课堂教学模式的探索，但重点要抓三年级和七年级，因为它们是小学和初中两个阶段课程改革的起始年级，包括三年级语文、数学两门学科，七年级语文、数学、英语和科学四门学科。同时，规定在学校课堂等级考核课中，所有教师都运用"三段五式"课堂教学模式开课。同时，课程改革工作要突出以下两个抓手。

1. 编写导学案

在第一轮发展性项目建设中，学校出台了《林海学校"三段五式"导学案的编写及使用制度》，编辑了《丹海苑——合作学习课堂教学精品导学案汇编》，提供了具有学科特色的导学案样板。在第二轮发展性项目建设伊始，学校利用名师工作室成立的契机，开展听评课活动。三年级语文和数学教师从不会、不敢编写导学案，到慢慢地在导师的指导下，成立备课组，对每一个教学目标达成共识，分任务开展导学案的"模编"，然后交给导师审核，逐渐学会了编写，基本形成了"导学案"备课的基本模式，即提前备课、集体研讨、轮流主备、优化学案、师生共用。这样的备导学案的过程，不但转变了教师的教学理念，也提高了教师的整体素质和业务水平，更是转变了学生的学习方式，使得导学案起到了应有的作用。现在学校小学部三到六年级的语文、数学学科，初中部七到九年级的语文、数学、英语、科学、社会五门学科，导学案使用实现了常规化，数学和科学两门学科的导学案已经初具学科特色。另外，学校还以学科为单位，进一步完善了导学案资源库。

2. 加强小组建设

1）要求小组建设规范化。学校要求制订适合生情的生活菜单和学习菜单，并按照菜单内容执行，强调小组建设规范化，有组名、组训、组规，组员分工且按照组规进行小组管理。学校还利用《林海学校评分量化表》，对各合作小组进行"节节评""日日评""月月评"，每月对最佳小组和优秀组员进行表彰，期末开展综合评定，安排其外出参加社会实践活动。

2）加强小组文化建设。学校对小组文化进行了预查和复查，并对各班进行了等级评定，还增加了对班级精神文化——班级文化核心内容的建设，通过开展一些有意义的活动，来增进学生之间的情意，增强学生对班集体的认同感和归属感。

为了更好地了解班级课程改革的开展情况，为学校下一阶段课程改革工作寻求着力点，学校坚持在每年的5月和11月组织走进课改起始年级课堂专题调研和反馈活动，实事求是地调整工作重点，组织骨干了解每位教师、每个班级的教学情况。

（二）着力搞好课程改革师资校本培训

1）缺少专家引领，学校就挖掘"草根"专家，加强课程改革师资校本培训，促进学校课程改革工作呈良性发展。教科室继续利用校本培训材料《林海学校三段五式课堂教改入门手册》，抓好对新教师和三年级语文和数学教师的岗前培训。学校还从实际出发，提炼、总结课程改革先进教师和班级的典型做法，连续开展了多期"草根"课程改革专题讲座，从多个维度和层面解读林海学校"三段五式"课堂教学模式，更好地着眼于学校教育和教学实践中的"问题解决"，力求实现教育和课程改革成果的快速转化与共享。

2）校内名师工作室完成扩容，努力打造本校"名师工作室"校本培训品牌。2017年，学校为第三期校级名师工作室举行了结对签约仪式，计划以三年为周期，以提升学校教师素质和专业化水平为目标，采用结对重点学科年段和师徒结对两种形式同时开展。学校以校级名师工作室为载体，开展课堂教学展示、课程改革示范课观摩、"名师"跟踪听课。

3）名师蹲点年级组和教研组，抓好新进教师常规教学、课程改革专项培训，多次指导教师开设汇报课、研究课、课程改革展示课。通过交流和研讨，加强了对教师教学能力的指导，对课堂驾驭能力欠缺的教师给予特别关注，使他们迅速提高自己的教学水平，从而提高课堂教学质量。教研组内全员互助研修，以"三段五式课堂模式的实践和研究"课题为引领，结合全员研教活动，加强学科教研组建设，抓好隔周一次的教研组活动，建立理论学习和集体备课制度。其根据提前确立的研修主题，围绕"课改模式""展示""学案编写"等进行课程改革主题教研，利用好《"三段五式"课堂模式操作指南》《林海学校"三段五式"课堂评价表》，把教学模式的科学运用作为课堂教学评价标准，加以引导和规范。同时，开展集体备课、示范观摩、听课评课、同课异构等活动，形成合力，解决一些学科课程改革上的难点，突破一些瓶颈，在实践中探索适合各学科的"三段五式"课堂教学模式，提倡在日常教学中能根据不同内容选择不同的课型创造性地运用"三段五式"，要求教师充分利用学校文件传输协议（file transfer protocol，FTP）中的导学案资源库，实现教学资源共享。

4）开展校本多维学习活动。学校延续"赠书"的传统，2016年，花费近5000元购买书籍，向教师赠送《教育评价的30种新探索》一书，并组织教师撰写读书心得，向课程改革领导小组成员和教研组长赠送《立场》一书。2017年，学校利用寒假和校读书月，积极开展教师读书活动，以年级组为单位向教师赠送关于智慧教育、中小学核心素养、拓展性课程建设等9本各不相同的教育书籍，并组织教师撰写读书心得，精心组织策划好"我的教育观"教师论坛活动，利用每周二的教师会议时间在校内持续开展3个月，全体在编的一线教师全员参加，由校内的县名优教师开讲。

5）加大"走出去、请进来"的培训力度。开展校本课程开发与教学培训，书法培训，电子白板、微课制作等信息技术应用培训；加大对智慧教育的应用力度，继续使用浙江教育云和宁波智慧教育两个平台资源；开展"一师一优课"的晒课活动；新购了"21世纪教育网"等网络教育资源；引入了"学之路"智慧办公应用平台和"优教信使"教学平台。2016年，仅校内就组织教师学习达97次。学校还组织教师外出考察10余次，组织了中小学语文、数学、英语等主要学科教师参加了杭州"千课万人"教学观摩活动，组织教师到爵溪学校、余姚市河姆渡小学等参加课程改革成果展示系列活动，同时邀请省特级教师来学校讲座，培训经费达 13.6 万余元，积极打造属于本校特有的研修特色和优势。

（三）积极融合智慧教育教学手段

信息技术的快速发展，为教育教学提供了高效而又智慧的技术手段。课件、教案、试题、练习、视频、仿真实验、拓展资源、微课等应用层出不穷，一线教师都想学习、使用。然而，由于技术、时间、精力和经验的限制，很多教师很难把这些应用整合在一起，得心应手地加以调用。也有许多在课件、教案、试题等方面做得比较专业的网站，却需要注册、缴费、选择下载、编辑、整合后才能使用。偶尔要上一堂公开课，这样折腾几回还行，要每天在常态课下使用，就很麻烦了。

林海学校在 2017 年 4 月底的"2017'互联网+'智慧互动课堂教育教学应用论坛暨中国联通智慧教育平台推介会"上寻觅到"优教·同步学习网"，它能够整合上面提到的各类应用，为教师的日常备课、授课和训练辅导提供好用、高效、智慧的各类资源。这无形中就为该校面临的师资困境打开了一扇窗！

与联通公司和郑州威科姆科技股份有限公司签约后，林海学校着手开展"优教·同步学习网"试用工作，挑选确定 201、202、303、304 这四个班作为实验班级，召集全体行政和四个实验班的各学科教师，邀请威科姆科技股份有限公司的技术人员来学校开展应用培训，讲解"优教·同步学习网"的相关功能，为实验班级教室安装"答题信号"接收器，在班级电脑上安装"优教班班通客户端"；指导教师在手机上安装"优教信使"APP，在自己的电脑上安装"优教助手"。随后，学校督促各位教师积极使用"优教·同步学习网"来备课、上课、批改作业，逐步熟悉网站上的各项功能，相互交流使用感受和心得。其中，304 班的语文教师赖斐斐、数学教师朱佳莉使用得最频繁，也最有心得。她们不仅在课内使用，也在课外作业布置、朗读作业评价等方面开展探索，并且在暑假作业检查和交流等方面都做了尝试。试用的教师都认为，"优教·同步学习网"的功能强大、资源丰富、使用方便，非常适合年轻教师的常规教学和作业训练，这为进一步推广使用"优教·同步学习网"增强了说服力。

新学年开学后，学校要求各年级的各学科教师在学科教学中尽可能使用"优教·同步学习网"或者"宁波市智慧教育平台"中的"教学助手"，还有"21 世纪教育网"里的资源。学校又邀请威科姆科技股份有限公司的技术人员为全校教师开展了专项操作培训，要求每个班的计算机上安装"优教·班班通"客户端；每一位教师下载安装"优教信使"APP，在自己的计算机上安装"优教助手"。同时，还让朱佳莉老师现身说法，分享了她和赖斐斐老师的使用经验和心得，引领大家使用。同时，要求各班踊跃申请安装"答题信号"接收器，开展"答题"训练，并利用大数据建立起学生个性化的"错题集"。

在这个教学应用网站里，有各类学科的"同步备课""随堂训练""课后作业"等模块资源，"同步备课"里有教案设计、课前预习、课堂教学、随堂训练、课后作业、拓展提升、电子教材等各个栏目，选取合适的资源下载、修改编辑后放入"教学云盘"，就可以进行"授课预览"。

要上课时，教师就提前来到授课教室，登录"优教·班班通"授课平台，找到"我的授课班级""授课章节"，进入"我的高效课堂"，打开"我的课件"，进行自己早已备好的课堂教学。有时，也会在"同步备课"中找到"随堂训练"，指导学生使用"答题器"开展专项训练，根据统计的"错误"数据，进行分析解答，逐步建立起学生个性化的"错题集"。

单元复习或者临近期末的时候，也可以在"同步备课"中找到"随堂训练"，打开"在线组卷"，通过自己的分析和筛选，为学生的复习设计出高效的习题。尤其是其中的"拍照导题"更是方便。结合学校往年教师自制的导学案资源库和根据大数据建立的学生个性化"错题集"，不但能保证备课质量，教师的备课负担也大大减轻了。

（四）重点培养学生的学习和生活习惯

1. 加强学生自主生活能力培养

与各类德育主题教育相结合，林海学校加强对学生出操、就餐、集会、太极拳、纪律、卫生、阅读等各方面自主能力的培养。

1）实行小组内部自我管理。班级管理以小组为单位进行。根据《中小学生守则》《中小学生日常行为规范》等规章制度，在学生充分讨论的基础上，把学业成绩（课堂发言、各科作业情况、平时测验和检查、阶段性检测、各种竞赛成绩等）、日常行为表现、社会实践等内容具体地量化为可以操作的细则，制订生活菜单，由合作小组组长和班委干部负责具体的评分工作。

2）实行小组班级管理，也称为"小组轮流治班"，就是以小组的自然编号为序，每组轮流管理班级。轮到管理班级的小组，组长即是班级本周的班长，由其组织本组成员分别对本班本周的学习、纪律、卫生、就餐管理等方面进行管理。对于管理业绩成效，由全班同学为这个组打分，每学期评选"优秀治班小组"，由班级给予奖励。

2. 加强学生自主学习能力培养

林海学校加强对学生的预习、独学、对学、群学、反思等学习习惯的培养，使学生拥有充分的独立学习时间和能力，转变学生学习方式，形成常态的合作学习，开展有效的、体现基于学生需求的差异化学习的随堂练习。同时，学校试行学科关键能力的分项等级评价、多维学习目标的真实性评价和体现课程性质的过程性评价。课程改革各班要做到：①有课前准备、有人检查，提高学生学习效率；②培养学生整理导学案的能力，创建导学案专用袋；③提高板书、作业的书写清晰率；④根据个别差异、智力差异，对学生进行分析归类，采取区别难度、区别方法、区别要求和目标的方法进行教学，特别要加强对优秀学生和学习有困难的学生的个别指导；⑤学生能自主管理小组、班级。

3. 开展小组合作团队评价建设

为推进小组合作顺利而高效地开展，林海学校从合理分组、小组长的培训、小组内的考核评价、组内帮教等方面做了大量细致的工作，要求小组讨论中有学生质疑、提问，对问题进行细致、深入的挖掘和剖析，让学生在探究新知识的过程中，实现知识的生成和情感的升华，提升课堂实效。学校专门请县小学语文骨干、校课程改革骨干、名班主任张振苗老师为小组长和三年级班主任做小组建设专题培训，强调小组建设要在规范化的基础上达到科学化、主题化。依据教师指导，各小组从到校、卫生、午休、纪律到课堂的参与、学习状态、作业等都要根据班规制定本组的组规，并进行小组反思。每个班级继续利用下发的《小组建设评分量化表》对各合作小组进行"节节评""日日评""月月评"，每月对最佳小组和优秀组员进行表彰，期末开展综合评定。同时，学校实行捆绑式评价、发展性评价、竞争性评价三结合。为表彰每学年合作小组活动中涌现出来的先进学生，同时激励更多的学生踊跃参与到学校课堂教学改革活动中来，学校特在每学年开学伊始组织走进象山影视城、石浦老街、中国渔村、招宝山国防教育基地、宁波科学探索中心、奉化滕头村、溪口等活动，2017年，他们走进了宁波博物馆、海洋世界开展社会实践活动。

四、实施成效

（一）促进学生发展，全面提升素质

课程改革改变的不仅是课堂，更让学校真正关注到了每一位学生的成长，不仅是让学生学会知识，更主要的是培养学生的能力。在日常的学习生活中，教师把管理权更多地交给了学生自己，依托生活菜单和学习菜单，夯实课前检查制度和自主管理制度；以小组形式开展太极拳的练习和展示……通过小组合作和竞争，使学生的责任心、上进心、自信心等得以提升，学生的自我教育和管理能力得以增强。从学生问卷调查结果，我们得知：80%的学生认同这种"利用导学案引导学生学习"的学习方式。随着年级的升高，学生的能力随之增强，喜欢学习小组合作讨论这种

方式的学生比例也明显递增，七年级有85%的学生喜欢这种学习方式。

学校重视学生的全面发展，加强素质教育。现在的林海学校校园，学生社团遍地开花，学生在县级各项比赛的获奖名次也较往年有所提升。2015年，有61人次在县级以上体育、艺术、科技、征文类竞赛中获奖，2016年，增加到了101人次，占全校学生数的10.9%。其中，高迎凤等学生的口风琴合奏在宁波市第十四届中小学生艺术节课堂乐器合奏比赛初中组中获二等奖；在县第十三届中小学生艺术节中取得了前所未有的好成绩，分别获得了农村组小学独舞一等奖、小学独奏一等奖、小学合唱一等奖、初中独唱三等奖、初中合奏二等奖，还获得了团体三等奖；在2016年"县中小学生乒乓球锦标赛"中获得"初中组团体第四名"，并获得"体育道德风尚奖"；在"县第十二届中小学生棋类比赛"中获得"初中组中国象棋第五名""小学甲组中国象棋第八名"；在2017智力七巧板竞赛中，获低段组团体三等奖；在象山县第十三届中小学生棋类比赛中，获初中组（国际象棋）第八名、初中组（围棋）第八名；在2017年象山县中小学生"音乐节"合唱专场比赛中，中小学分别获三等奖和二等奖。

（二）加快教师发展，提升教科研能力

林海学校小学部三到六年级的语文、数学学科导学案使用率达90%，初中七到九年级的语文、数学、英语、科学、社会五门学科，导学案使用常规化，多门学科导学案已经初具学科特色。在学校课堂等级考核课中，所有教师都运用"三段五式"课堂教学模式开课。

教师在业务竞赛活动、论文、课题成果获奖（发表）的数量与质量上有一定提升。学校组织教师从"新教学理念对教学的撞击"角度，积极撰写课程改革学习心得、教学反思和研教故事，共54人次参与撰写，占教师总数的95%以上。在象山县2015年度学科教学优秀论文评比活动中，林海学校20篇参评论文中有11篇获奖。其中，教师史松林获县一等奖，3位教师获县二等奖，7位教师获县三等奖。在2015学年"薄弱教研论文"评比中，教师袁铭灿的三篇文章分别获二、三等奖，张振苗、赖斐斐分别获教学管理组三等奖和中小学写字组三等奖。2016学年，共有教师42人次在县级以上各类业务竞赛、教育教学论文评比中获奖，获奖率达到77.8%。部分教师参加了象山县2016年度学科教学优秀论文评比、2016学年"薄弱教研论文"评比、"我的教改试验"科研征文和2017年宁波市"读书与成长"教育征文评选活动等多个论文评比活动和课题申报活动，有9篇论文案例在市、县获奖。2017学年，16位教师的论文在省、市县获奖，其中史松林老师的论文获得省一等奖。

课程改革年级所有教师都参加校级以上课程改革课题研究，注重小组合作评价、导学案编制、学生学习习惯养成、各层面学生提升转化、校本课程开发等方面

教研课题的研究，广泛开展教师个人课题、微型课题研究，运用小团体滚动式教研形式，发动教师积极探索解决学科疑难问题，促进学科教学水平的提高。朱佳莉执笔的《选、品、仿：指向于德性成长的绘本故事教育的实践研究》，张昕执笔的《针对回族随迁儿童的班级融合教育探索》，史松林执笔的《小组合作竞争在校园太极拳教学中的应用研究》，获县 2016 年度教育科研优秀成果三等奖。蔡赛赛执笔的《隐性课程视角下对小学德育方法的探索》获宁波市第七届德育专项个人课题三等奖。朱佳莉的《小组合作加强中段学生自控力的实践研究》获宁波市第八届德育专项个人课题立项（编号：08XS05）。顾逢生、蔡赛赛、许瑛的课题获县立项。《体艺类拓展课程开发模式的研究》参与 2017 年度宁波市教科规划课题申报选题论证。

另外，潘琴红老师被评为高级教师和县骨干教师。张若希老师被评为一级教师，并获教坛新秀一等奖。许瑛老师获教坛新秀二等奖。

（三）助推学校发展，提升办学水平

课程改革，改到深处是文化。课程改革本身就是对学校文化的挑战，同时也要求学校进行文化重建。林海学校从学校文化、班级文化和小组文化三个层次下功夫，努力建设既有深厚底蕴，又充满生机活力、健康向上、丰富多彩、特色鲜明的文化，全面提升师生的素质，不断优化育人环境，确保课堂教学改革持久深入。学校在 2015 年度县美丽校园评比中获得了"尚美校园"荣誉称号，本次评比中凸显了全校师生以及家长的爱校热情和强大的凝聚力，这是最为宝贵的。学校还被评为 5A 级平安校园、县先进团队组织、县"五好"关工委、县体育传统项目学校、县羽毛球训练基地等。同时，林海学校的课程改革方案获象山县义务教育段学校课程改革顶层设计优秀方案二等奖。

同时，中小学各学科教学质量总体稳步提升，2015 学年，九年级信息技术测试优秀率位居全县第 10 名，平均分位居全县第 16 名，进步明显；在 2015 年县中小学生艺术素养检测中，林海学校的初中音乐获第 12 名；第一学期四年级抽测成绩中，在全县农村组语文排名第 4，数学排名第 7；小学语文、数学、英语在农村 18 所学校联考中成绩整体优异，名列中上等，有的甚至名列前茅；第一学期初中期末成绩，七年级整体都比较好。2016 学年，林海学校在国家学生体质健康测试初中抽测中获全县第二名。在 2016 年县中小学生艺术素养检测中，林海学校的初中音乐荣获全县第 10 名；小学四年级语文在全县抽测中获第 13 名；八年级六门学科总分在全县排第 12 名。2017 年中考，林海学校九年级共 30 名考生，有 4 人进入全县前 800 名，5 人考入象山县第三中学。六年级毕业统考，王育红老师教的英语，学生平均分居全县第 1 名。张振苗、翁益敏两人教的语文，学生平均分列全县第 8 名。2017 年，九年级音乐抽测，袁铭灿老师教的音乐，在全县排第 4

名。其他年级和学科，总体位于全县中上水平，特别是后 20%学生比例大幅降低，这与林海学校坚持"三段五式"课堂教学改革是分不开的。

林海学校的"太极拳比赛"、"三独文艺会演"、"拓展性课程展示"、假日学校活动等，先后在象山电视台、《今日象山》、象山港网站等得到宣传。在教学科研方面，林海学校还编辑了《林海课改简报》。课程改革的成果虽然不可能在短时间显现，但是从这些成绩的取得，我们至少能看出林海学校现在很注重学生全面素质的提高，教师努力使学校的教育更加适合学生，使每一个孩子在学校中都能有个性、健康快乐地成长与发展。

五、存在的问题和整改措施

1）学校生源质量有待提升且不稳定。多数外来学生家庭学习环境差，学生学习习惯差，学生家长工作不固定，造成外来学生流动性大，所以必须要积极开展教育教学资源、教学质量监测、学生成长档案等方面的信息化管理探索。

2）"优教·同步学习网"还有许多板块的应用，有待去深入实践，如"家校互动""学科教研""本地资源"等。学校应先从教师个体的熟练应用，逐渐向教研组、家长推进；先从日常的备课、上课、训练的熟练应用，逐步向集体备课、公开课研讨、家庭作业、课前预习等各个方面推进；从本校的熟练应用，逐渐向区域校际联盟推广。

3）要做好课题"'三段五式'课堂模式的实践研究"结题工作和新课题申报工作。

第七节　从"分层提质"到"因材施教"：城南学校的个性作业

根据《"分层提质"作业校本化探索》三年发展规划，城南学校提出了通过开发"1+1"校本作业，实现作业分层，以及提高学生作业内在质量和教师作业设计能力的目标。

一、学校个性作业设计的实践

"1+1"校本作业，是指相关学科在使用 1 本省编作业本的基础上，再开发每课时 1 份适量的具有巩固性和拓展性的书面课后作业。作业分层是手段，核心是提高作业质量。因此，具体在作业管理中，城南学校主要坚持了以下几点做法。

（一）完善管理机制，推进分层作业管理的实施

1. 加强学生管理，奠定分层作业管理的基础

实现学生完成作业质量提升的目标，促进学生的学习，需要内因与外因的共同作用。从学生角度看，可以采取各种手段落实学生作业规范。因此，学校在第一学年的基础上，进一步加强对学生的管理，针对各年级特别是七年级学生召开了各类动员会、座谈会，组织学生学习作业规范，开展优秀作业规范生的评比等，激励学生提高作业的实效，从而为分层作业管理奠定基础。

2. 实行倒逼机制，促进分层作业设计的推进

在实施过程中，学校发现教师对于分层作业设计不主动，推进困难。为解决这一矛盾，学校结合各年级的现状，改变了作业教学组织形式，在七年级，针对数学和英语学科实施了分层作业走班辅导，对于九年级，在分层作业的基础上实施了"分层走班"课堂教学，实行倒逼机制，促使教师在分层教学、分层辅导的组织形式下不得不进行作业的分层设计。

3. 坚持评价机制，实现分层作业管理的落实

作业管理评价是推进"分层提质"行动的重要手段，学校通过施行"三监"评价，即部门调研监督评价、年级组统计监督评价、家长和学生举报监督评价，全方位地进行作业改革监控，促使作业改革落到实处。部门调研监督评价主要是指学校教导处、教科室不定期地进行调研，建立优秀校本作业评选标准，进行优秀校本作业评选，实现监督评价；年级组统计监督评价是指由年级组定期进行作业时间调查统计，进行监督评价；家长和学生举报监督评价主要是学校面向家长和学生，通过问卷调查等方式，对教师的分层作业情况进行监督评价。

（二）重视作业设计，突出分层作业管理的重点

分层作业关键是作业设计，作业设计情况反映了作业自身的质量，也会直接影响到学生的作业时间、作业兴趣、作业负担乃至学业成绩等。因此，如何科学地进行分层作业设计，提升教师的作业设计能力则是分层作业管理的重点。学校具体做了以下几方面的工作。

1. 整体规划，保证分层作业设计的科学性

作业设计主要包括作业目标、作业难度、作业类型、作业的科学性、作业的结构性和作业的来源等。针对不同的学生，学校确定了不同的作业目标、作业难度和作业数量，还在作业的批改方式、反馈方式等方面提出了不同的要求。作业

设计整体规划是分层作业可行性与科学性的重要保证。

2. 教学研讨，提高教师分层作业设计的能力

作业开发与设计是为学生的学习服务的，作业质量的提高有赖于教师作业开发与设计的能力。教学研讨，特别是针对作业开发与设计的研讨，是提高教师作业开发设计能力的有效保障。学校把作业设计确定为2016学年全员研教活动的核心主题，组织教师上研教课，进行作业设计课例的评比，撰写作业设计的论文等。通过研讨，确定作业设计的分层目标、分层标准，选择合适的作业类型，评估作业难度，实现科学设计、合理分层。

3. 集体备课，落实分层作业设计的常规

如果说教学研讨关注的是分层作业设计中的关键性问题、难点问题，那么集体备课解决的则是分层作业设计中的细节问题、常规问题。落实集体备课制度，通过集体备课来进行分层作业设计，关系到每天作业的落实，是分层作业管理的关键环节。

4. 作业反思，解决分层作业设计的后续问题

课前的作业开发与设计是有效教学的前提，但学生课后完成作业的情况是改进作业开发与设计的最有价值的资源。因此，学校通过组织教师进行作业反思，来解决分层作业设计中的后续问题，例如，利用错题资源反思教学目标的达成情况，思考课堂教学与作业设计是否匹配，作业设计的目标是否符合不同学生的实际，从而改进作业设计。

（三）重视作业统计与分析，提升分层作业管理的效果

作业讲评是教师根据学生作业情况进行跟进的重要措施，作业统计与分析是教师通过作业诊断学生学习情况和教学效果的重要途径。根据相关统计，教师往往将批改作业、讲评作业与检查作业订正情况作为重要工作，将其作为提升作业效果的重要途径，而对作业的统计与分析则重视不够。

因此，学校要求教师根据学生的认知发展规律，以及对作业质量本身的反思，重视梳理学生作业中出现的错误，统计错误率，思考学生作业错误产生的原因，根据学生作业完成情况，调整教学内容与方法，编写或选择与错题相似的作业题，加强变式训练等。

如果说学生得到教师更多的关注和帮助有助于提高学习成绩，那么整体而言，学习成绩靠后的学生是在作业各个环节中更应该被教师关注的群体。因此，学校要求教师作业讲评要在统计与分析的基础上，分清群体问题和个体问题，尤其要

重视对成绩靠后学生的个别辅导，从而提升分层作业的效果。

二、个性化作业设计的实践效果

根据调查分析，分层作业管理使城南学校师生在作业的教与学方面发生了明显的变化。由于实现了作业分层，对于不同的学生，作业的数量和难度有所不同，既没有加重学困生的作业负担，又能够满足学优生的提高需求，学生抄作业或无效作业的现象大为减少，初步树立了作业质量意识。教师也从学生的变化中获得了信心，认识到了分层作业的必要性，积极研讨，认真反思，坚持分层设计作业，提高了作业设计的质量。

分层作业管理作为"分层走班"教学改革的重要组成部分，在具体操作过程中还有许多问题需要进一步思考与探讨，通过实践也获得了一些有益的经验和启示。

1）作业分层要从学校的实际出发。一所学校，各个年级的情况会有所不同，分层作业的管理形式也应有所区别。如果学生情况较为平衡，就应坚持稳定为主，作业分层设计，课外个别辅导；如果学生学习水平两极分化严重，就需要在作业分层设计的基础上进行走班辅导；如果毕业班面临中考的压力，也可以考虑在分层作业的基础上，进行"分层走班"教学。

2）作业分层要解决好学生的思想认识问题。学生的思想认识问题，特别是学困生的想法是影响分层作业效果的重要因素，要让他们认识到分层作业并不是降低学习要求，而是要强化落实学科基本知识与技能，以宽容与帮助来提振学困生的学习信心，培养其良好的学习习惯。

3）分层作业管理要把握灵活性原则。作业分层是为了不分，归根结底是为了促进学生的学习。因此，应避免为了作业分层而分层，作业分层的效果不够理想，就应及时停止作业分层，不能一条道走到黑。

三、学生个性化作业设计的方向："分层走班"教学

为促进教师分层作业的设计，学校实行了倒逼机制，在实践过程中，认识到了"分层走班"的重要性和必要性。分层作业只是解决了学生学习过程中的局部问题，而"分层走班"教学则可以解决因学生个体差异性所带来的更多问题。

（一）基本原则

1）坚持学生立场。树立"以生为本"的教育理念，一切从学生发展出发，尊重学生的意愿，在教师的指导下，经家长认可，让学生自主选择适合自己的学习环境和学习方式。

2）落实因材施教。面向不同学习基础与潜能的学生进行因材施教，在部分学

科提供适切的学习资料和有针对性的教学指导，增加学生选择学习的机会，满足学生个性化的需要。

3）创新教学管理。探索行政班和教学班并行的教学管理模式，在师资与资源配置上，适当向学习能力相对薄弱的学生倾斜。

4）促进自主成长。帮助学生认识自己，正确定位，找到适合自己的学习方式，唤醒学生自主成长的意识，培养学生自主学习的能力与自主管理的习惯，提高其学习的自信心。

（二）实施策略

1. 分层对象和学科

七年级、八年级学生（数学和英语）和九年级学生（数学、科学、英语、语文）。

2. 分层操作

1）宣传认同。召开家长会、学生会和教师会，向家长、学生、教师认真解读分层走班教学的目的、意义及分层依据、操作办法，让各方面认同"分层走班"教学在促进学生有意义学习、个体发展方面的积极作用，认同学校在分层教学实施中的科学性、可行性、可操作性，为"分层走班"教学的顺利实施铺平道路。

2）分层设计。在保持行政班不变的前提下，依据学科特点和学生的数学、英语两门学科学习的实际情况，以及学生学习的最近发展区的情况，设置 A 班（提升班）、B 班（培优班）两个层次。七年级的方式是：A 班和 B 班各是两班，在上数学、英语课时，原相邻的两个行政班的人数原则上按 1∶1 的比例分别到 A、B 班学习，进行有针对性的"走班"分层次教学。九年级的方式是：A 班共 2 班，B 班只有 1 班，在上语文、英语、数学、科学时，在 3 个班中进行有针对性的"走班"分层次教学（是否真正实施，还要根据每个年级的实际情况而定）。

3. 具体分层办法

1）在基本尊重学生自主选择的基础上，综合评价，并确定学生的层次。一般来说，学校按以下方面操作：根据学生的现有学习水平、学习潜力、学习兴趣、教师评价、学生自评等五个方面进行综合评价。学生现有的学习水平主要以学习成绩为主要标准，具体操作是将学生以往的成绩都换算成标准分，根据标准分划分为提升和培优两个层次。学习潜力包括接受知识的快慢、知识的应用能力等。学习兴趣是指确定层次时还要考虑学生的兴趣程度。教师评价主要是从学生的成绩、作业、课堂表现等几方面综合评价学生。学生自评并不是盲目地让学生给自己打分，而是在"走班"前把每个层次水平的目标、教学内容、教学方式、对学生的要求等告知学生，让他们结合自己的情况进行自我评判。根据上述五个方面的评判分 A、B 两个层次，也就形成了分层"走班"后的两个班级。

2）教师安排。由原行政班数学、英语学科任课教师自愿申报 A、B 层次教学任务，学校审核确定，原则上确保 A、B 层次班级师资相同。"走班"学科教学班的日常管理由任课教师具体负责，教学内容由备课组长负责，备课组内教师实行分层备课、分层教学。

3）名单确定。学生在充分理解分层"走班"教学意义的基础上，结合学习成绩、兴趣爱好、发展目标，在教师、家长的指导下，自主选择 A、B 层次班级，根据学生报名名单进行汇总，然后编排班级。

4. 教学要求

（1）教学目标分层

学校要求教师针对不同层次学生的实际情况，确立适当的目标，例如，对于 B 层次的学生，在给予基础知识方面的指导外，还要加强提高拓展，开阔视野，多思考，甚至对于书本较易掌握、容易理解的内容可以布置给学生自学，课后再加一些思考题等。对于 A 层次的学生来说，也可以适当地培养学生的自学能力，围绕几个问题展开预习，有针对性地听课，教学中以加强基础知识的学习为主，适当地增加难点少的思考题和拓展题。

（2）教学过程分层

教学过程分层是分层教学中极为重要的一个环节，也是课堂教学中最难操作的部分。

对于 B 层次的学生，教师在教学中应注意启发其思考和探索，掌握基础知识、基本学习方法，并归纳出一般的规律与结论，再引导学生变更问题，帮助学生进行变式探求。

对于 A 层次的学生，要深入了解他们存在的问题和困难，帮助他们解答疑难问题，激发他们主动学习的兴趣，让他们始终保持强烈的求知欲。

课堂教学是分层教学的核心，针对不同层次的学生，教师可采取不同的课堂教学策略。

（3）练习作业分层

分层布置练习、作业是分层教学中的一个重要环节。

学校要求教师要根据不同层次的学生，布置不同的作业，使各层次学生得以提高和发展，同时，有效作业也能减轻学生的负担。

教师设计一些难易不一、梯度不一的习题，不仅在量上，更要在思维上满足不同层次学生的不同需求，让不同层次的学生有差异地发展，实现各自的教学目标。

（4）辅导分层

根据不同层次的学生的学习方法、思维方式已有差异，教师辅导学生时，应重在改进学生的学习方法，提升学生的思维能力。教师在调整课程和教学内容的同时，必须采取"个别辅导，分类推进"的办法。具体说，就是对学优生，要在掌握"双基"（基础知识与基础能力）的前提下，适当增加学习难度和广度；对大部分中等生，重点要掌握"双基"；对于学困生，要采取学生多练习、教师多批改、集中进行训练的办法，促使学生基本掌握"双基"。

（5）评价分层

针对分层次教学的特点，对学生的考试要采用不同的试卷，难度不同，学生可以选择适合自己水平的试卷，无论选择何种难度的试卷，均给出相应的等级，让所有学生都能体验到成功的快乐，通过评价来促进学生的发展。

（三）教学管理

1）组织建设。相对于行政班而言，"分层走班"的班级称为教学班，班内设若干个班委，分别来自不同的行政班，负责各自行政班学生的班务；每个教学班分层学科均设若干个科代表，负责收发原行政班同一层面学生的作业，以及与教师的信息交流等工作；数学、英语、语文、科学学科教师分别担任 A 层、B 层的班主任，做好新教学班级的管理工作；学生的其他日常组织管理工作仍然由原行政班的班主任负责。

2）动态管理。对新教学班的学生实行动态管理，每半学期，根据学生的实际情况，结合班主任和任课教师意见及学生意愿，实行"微调"，成绩进步的学生可以升层，成绩退步的学生可以降层。

3）座次安排。教学班的学生要在指定班级的指定位置听课，由教学班的班主任安排好各班的座次，以便于管理。

4）学情反馈。每个教学班内各行政班的学生的出勤情况、听课状况由教学班的班主任负责，做好记录，并及时向行政班的班主任反馈，使行政班的班主任及时了解学生情况，更有效地开展工作。

5）分层管理，统一规范。搞好分层班的教育教学管理是常规教学得以顺利进行的重要保证。特别是在"分层走班"教学初期，教学班与行政班要注意协调，统一要求，形成规范，养成习惯。

（四）保障措施

1）加强组织领导和教学督导。学校成立"分层走班管理领导小组""分层走班教学督导小组"，加强对分层"走班"的组织实施、管理协调，保障"分层走班"的顺利开展，加强教学督导，及时反馈教学信息，及时收集和处理师生意见，提高"分层走班"质量。

2）设立教学班班主任，制定教学班考核办法。在行政班的基础上，增设教学班班主任，对"走班"学生进行分组管理，安排固定座次，每节课，教学班班主任都要查人报单；成立教学班班委会，制定教学班考核办法，从纪律、卫生、节约、安全、公物爱护等方面对教学班和学生加以量化考核。

3）加强学生管理。"分层走班"后的教学班学生来自不同行政班，每个行政班选定一名科代表，科代表负责管理本班同学的上课纪律，负责作业的收缴，反映学生的学习状态、对课堂教学的意见等，协助任课教师和班主任做好本班的管理工作。

4）科学选班，动态管理。"走班"学生每一学期调整两次，依照该学期的期中、期末成绩，按照一定比例折算成单科成绩，根据排序重新划分层次，层次划分成绩按原班额人数由学校确定。

第七章

象山行动：普通高中的新挑战、新方案、新方向

时代驱使教育创新。人类进入 21 世纪，社会进入人工智能时代，教育也随之发生了深刻变革。国家与省级教育部门连续推出有关学校课程、教学以及高考等方面的改革举措，对于处在基础教育与高等教育衔接点的普通高中教育来说也不例外。这意味着处于普通高中教育阶段的学校需要探索解决问题的新方案，而这样的新方案又可能昭示着普通高中教育新的发展方向。2015 年，象山县教育局为有效推进县域范围内的教育改革，考虑与杭州师范大学教育学院合作，采取借智办学战略，共同实施象山县基础教育创新工程，以 U-G-S（university-government-school）方式共同推进改革行动。由象山县内所有的普通高中学校共同参与的高中项目组，是该"创新工程"的一个子项目群体。其所含五所学校——浙江省象山中学、象山县第二中学、象山县第三中学、象山县西周中学和宁波滨海学校（以下分别简称象山中学、象山二中、象山三中、西周中学以及滨海学校），各自独立开展行动，共同应对普通高中教育变革需求。

第一节　项目取向：直面当前普通高中教育的新挑战

高中组各校项目具体行动主题的选择以及推进路径的设想，是在直面当前所面临的三大挑战基础上孕育出来的。

一、普通高中学校面临的三大挑战

当前普通高中面临的挑战之一，是需要继续深化学校的课程改革。浙江省普通高中的课程改革起始于 2006 年。几年下来，课程改革较好地推进了先进教育理

念的传播，增强了学校的课程意识，催生了一些教与学方式方法的创新，但是改革并没有很好地改变教学过度应试、学生课业负担过重的局面，新课程理念还远未转化为学校办学和教师教学的自觉行动。2012 年，为贯彻落实《国家中长期教育改革和发展规划纲要（2010—2020 年）》《浙江省中长期教育改革和发展规划纲要（2010—2020 年）》《教育部关于深化基础教育课程改革 进一步推进素质教育的意见》，浙江省教育厅发布了《浙江省深化普通高中课程改革方案》，要求本着多样化原则、选择性原则、可持续发展原则和循序渐进原则，在课程结构、课程总量、实施方法以及评价方式等方面进一步完善普通高中课程。其中，该方案在调整学分与评价制度之外，特别要求增加知识拓展类、职业技能类、兴趣特长类和社会实践类四类选修课程；要求加强选课走班制度，通过建立和实施普通高中学生发展指导制度，加强人生规划教育，鼓励学生根据兴趣特长和人生规划来制订个人的修习计划，还要求关注学生学习过程，优化课堂教学模式，提升课堂教学品质。[①]

深化课程改革，不仅涉及学校对课程本质的理解，还涉及学校课程结构体系的调整，这意味着学校可能要开发一些新的课程（群），或是淘汰一些既有的课程（群），或是调整课程体系不同部分之间的关系和比例，同时也涉及课程实施层面的变革，比如，实施方式的改变，不仅关涉教师在课程变革中的地位与角色的定位，也关涉他们在这一过程中表现出来的专业能力等。因此，深化课程改革的相关政策给普通高中学校日常课程与教学所带来的影响不容小觑。这种影响意味着学校可以将课程改革作为突破口，从而实现普通高中育人模式的转变。

普通高中面临的挑战之二，是要应对高考制度的变革。2014 年，浙江省开始试点以扩大教育选择性为核心理念的新高考制度[②]，其设计初衷旨在支持学生以兴趣和特长为基础，打破"唯高考分数论"，实现其个性化的发展。除语文、数学、英语外，学生另须在思想政治、历史、地理、物理、化学、生物、技术（含信息技术和通用技术）七门学科中选择三门学科作为选考科目[③]，即所谓的"7 选 3"。"选择性"是新高考制度的亮点，其背后的应然假设是：学生通过生涯指导和生涯决策选择了适合自己发展的学科，学校能够井然有序地基于学生的选择而提供相应的课程与教学，高校能够通过高考选拔到相应的、有一定基础的学生。那么，这样的改变给普通高中学校带来了什么呢？

事实上，"7 选 3"的提出，一方面给学校的课程体系提出了新的课题，即原

① 浙江省教育厅. 浙江省教育厅关于深化普通高中课程改革的通知[EB/OL].http://www.zjedu.gov.cn/news/21024.html（2012-06-12）[2018-03-26].

② 新华网. 浙江发布新高考方案 扩大教育选择性为核心理念[EB/OL]. http://news.ifeng.com/a/20140919/42029874_0.shtml [2014-09-19][2018-03-26].

③ 浙江省教育厅. 浙江省教育厅关于印发浙江省普通高中学业水平考试实施办法和浙江省普通高校招生选考科目考试实施办法的通知[EB/OL]. http://jyt.zj.gov.cn/art/2014/11/13/art_1532984_27488005.html （2014-11-13）[2017-08-25].

来的一部分必修课选修化了，那么学校的课程建设需要随之跟上。另一方面，"7选3"一共有几十种组合，如果学校根据学生的选择结果来组班，最终会形成什么样的教学班级，具有不确定性，这将在很大程度上打破原有的以固定行政班为基础的教学秩序，使选课走班的面扩大到每一个学生，那么学校在可能的资源条件下如何组织教学，就成为首要的问题。并且，"7选3"如何选？这个问题又涉及学校其他方面，尤其是对学生的选科选考指导。所以，在新高考制度之下，鉴于"7选3"的现实需要，学生发展指导或者说生涯指导就显得尤为重要，因为这关系到学生对高中毕业后生活的规划以及其一生的发展。为此，2015年5月，浙江省教育厅专门制定并印发了《浙江省教育厅关于加强普通高中学生生涯规划教育的指导意见》。该文件指出，学业规划的一个重要方面就是"学生根据自我兴趣特长、学业水平、专业性向、生涯发展意向，科学安排高中三年的课程修习计划"，明确自己的学考、选考意愿。[①]应该说，这一文件从政策层面明确了对学生的选科选考指导在普通高中学校中的重要地位，使得普通高中学校必须把这项工作提上议事日程。

普通高中面临的挑战之三，是要与时俱进地将育人的根本目标凸显出来。全球化、知识经济和信息技术的突飞猛进已然是当今世界的时代特征，更是未来世界的时代特征。这样的时代充满了不确定性，包括社会上各种职业的兴盛与消逝。在这个时代中，学校所关注的既不是"内部有效性"——校内资源的有效配置，也不是"交互有效性"——利益相关者的满意度，而是"未来有效性"，即当前所培养的学生能否很好地在未来的世界中生存与发展。[②]从20世纪90年代开始，经济合作与发展组织、欧盟、美国等国际性组织和发达国家就陆续开展了关于"核心素养"的研究，并提出了不同的核心素养框架，用以说明人类在全球竞争的信息时代中、在复杂的生活和工作环境中得以生存的素养需求，并力图将之落实于基础教育之中。受这一国际趋势的影响，2016年9月，我国正式发布了"中国学生发展核心素养"体系，以科学性、时代性和民族性为基本原则，以培养"全面发展的人"为核心，分为文化基础、自主发展、社会参与三个方面；综合表现为人文底蕴、科学精神、学会学习、健康生活、责任担当、实践创新六大素养，具体细化为国家认同等18个基本要点。根据这一总体框架，可针对学生的年龄特点进一步提出各学段学生的具体表现要求。[③]

对核心素养体系的重视、酝酿与出台，使我国的普通高中教育又掀起了新的变革浪潮。事实上，当我国的核心素养体系尚处酝酿过程之时，教育部就于2014

---

① 浙江省教育厅. 浙江省教育厅关于加强普通高中学生生涯规划教育的指导意见[EB/OL]. http://jyt.zj.gov.cn/art/2015/5/22/art_1532973_27485157.html (2015-05-22)[2016-10-11]

② Cheng Y C. Future developments of educational research in the Asia-Pacific Region: Paradigm shifts, reforms, and practice[J]. Educational Research for Policy & Practice, 2007, 6(2):71-85

③《中国学生发展核心素养》总体框架正式发布[J]. 中小学信息技术教育，2016，（10）：34.

年3月发布了《教育部关于全面深化课程改革 落实立德树人根本任务的意见》，要求"研究制订学生发展核心素养体系和学业质量标准。要根据学生的成长规律和社会对人才的需求，把对学生德智体美全面发展总体要求和社会主义核心价值观的有关内容具体化、细化，深入回答'培养什么人、怎样培养人'的问题"。该文件进一步要求，要"依据学生发展核心素养体系，进一步明确各学段、各学科具体的育人目标和任务，完善高校和中小学课程教学有关标准"，并且"教育部将在总体设计的基础上，先行启动普通高中课程修订工作"。①

在我们看来，上述三大挑战对于普通高中学校的实践来说是相互关联的，因此普通高中培养学生核心素养的育人目标，当前主要是通过基于核心素养的课程变革而实现，以推进学校的育人模式从学校课程体系的目标层面开始发生改变。同时，这种育人模式的转变需要高中课程改革与高考综合改革的统筹衔接，这样才能推动"教""考""招"形成育人合力，才有可能落实育人模式的转变。回顾象山县五所普通高中学校"创新工程"的实践之路，可以毫不含糊地说，各校的"创新工程"项目在规划之初，就以整合应对上述三大挑战为出发点，在项目推进过程中始终坚守着所探寻方案须应对三大挑战的初衷，并以此不断检视和评估本校"创新工程"项目的实施状况以及成效。

二、选择应对挑战的行动主题

上文述及，厘清普通高中所面临的时代挑战，是高中组的五所学校在选择项目主题时首先要考虑的问题。在此基础上，五所学校均考察了本校的发展历史、现有基础、未来愿景等实际情况，反复审议本校"创新工程"项目的具体行动主题，力图使"创新工程"项目的实施能够对学校的发展起到切实的助推作用。因而，伴随着项目的行动研究进程，各校对于项目主题的选择经历了一个边推进边完善的过程（表7-1）。

表7-1　象山县普通高中学校"创新工程"项目主题选择情况

学校	初选的主题	调整的主题	确定的主题	主题选择过程的特点
象山中学	基于海洋文化传承和发展的普通高中特色课程群建设	基于"需求侧"分析的学生多元培养路径	学生责任担当素养提升的课程化实践研究	不断聚焦学生问题，同时结合学校课程建设的既有基础
象山二中	实施自主分层教学，建设象山二中教育新特色	高中自主分层教学实践	新高考背景下普通高中差异教学实践研究	在既有成果的基础上，进一步谋求理论与实践层面的深化

---

① 中华人民共和国教育部. 教育部关于全面深化课程改革 落实立德树人根本任务的意见[EB/OL].
http://old.moe.gov.cn//publicfiles/business/htmlfiles/moe/s7054/201404/167226.html（2014-03-30）[2016-01-25].

学校	初选的主题	调整的主题	确定的主题	主题选择过程的特点
象山三中	"分层分类分项"的教学组织模式	教学组织形式重构	新高考背景下教学组织形式重构与实施研究	实现教学组织形式的重建，并聚焦重建后学生的新问题而继续拓展
西周中学	学生职业生涯规划的引导	学校生涯规划教育的实施	普通高中推进体验式生涯教育的实践研究	凸显学生生涯教育的校本意义，探索生涯教育开展的校本实践
滨海学校	学校课程方案设计	基于学生生涯发展的普通高中课程改革	基于学生生涯发展的学校课程方案构建与实施研究	进一步明晰学生生涯发展的办学定位，创建学校课程体系特色

从表 7-1 看，五所学校在应对共同的时代挑战中，基于不同的校情选择了不同的行动主题，这些行动主题无疑是其在推进学校变革过程中最为关注的方面，或是亟须破解的瓶颈，同时也将是其今后一个时期内在进一步深化改革中起引领作用的风向标。

虽然不同的选题赋予了高中组的"创新工程"项目较为浓厚的个性化色彩，客观上使得对于项目的指导，必须分别对各校进行一对一的深度对话，但是这些主题却也为高中组各校从不同角度探寻不同的应对方案提供了可能。并且，各校在项目推进路径的考虑上有着比较一致的做法。

三、寻求推进路径的理性思考

象山县教育局于 2012 年在县域内推动"学校发展性项目"，三年为一个周期。对于第二个周期的普通高中教育"学校发展性项目"，各校均依托象山县基础教育创新工程，旨在提高"学校发展性项目"的实效。这就决定了该工程中的高中组项目务必实现问题解决、力图创新、务实有效等目标。为此，高中组在寻求项目推进路径时，形成了一些共同的理性思考，具体表现在以下几个方面。

1）研究现实校情，将之作为选择适当主题的又一重要基础。例如，象山中学作为象山县域的龙头学校，是一所以向高校输送高质量生源为主的现代化学术型普通高中，其教育质量关系到整个象山县教育事业的发展。社会责任和教育使命注定了象山中学应具有更强的担当意识，因此学校在坚持"纳四海之才，扬梦想之帆，育博雅之人，启幸福之航"办学理念的前提下，将提升学生的责任担当素养确定为学校新时期教育教学的重要内容，旨在把象山中学学子培养成为未来的卓越人才。

象山二中在 70 多年的办学历程中逐步砥砺出了"立德、立功、立言"的"立三"校训。2009 年，该校开启以"学为中心"的探索，形成了具有本土化特色的"三自主"教学模式，2014 年，又开始在"三自主"的基础上，进一步探索"高中自主分层教学"，而该校的"创新工程"项目就是在这样的基础上延续和发展起来的。

象山三中以"求仁致知，和谐共进"为办学理念，把"自主，自律，自强"的"三自教育"作为新时期的办学特色，以开放包容的胸怀应对包括高考改革在内的各项挑战。面对第二梯队的生源现状，学校通过对教学组织形式的变革探索和实践完善，实现有限教育资源的合理配置，促使学生获得最优发展，促进学校"三自教育"内涵的提升。

西周中学是一所融初中、普高为一体的农村完全中学。由于地理位置和历史原因，其高中生源为县内普高最低分数线录取的一批学生，他们来自象山县各个乡镇，也包括部分在本地读初中的外地学生，高考后有约 3/4 的学生选择高职院校。未来就业环境纷繁复杂，多元的选择同时意味着迷茫与挑战，面对这样的社会职业环境，如何提升学生的生涯选择与决策能力，已成当务之急。因此，学校希望为学生提供更多的体验与思考情境，使其在实践中收获生涯发展的经验，从而助益于学生生涯选择与决策能力的培养。

滨海学校在近 20 年的发展过程中，体育、音乐和美术等学科的教学与管理取得了一定的成绩，也积累了一定的经验。学校发现，聚焦生源现状、另辟蹊径铸就学校品牌，是学校进一步发展的不二选择。适逢近几年县教育局出台特定的招生政策，于是学校从学生高中后的出路考虑，最终将体艺特色作为学生生涯发展的现实通道以及学校发展的特色定位，并据此构建与实施了基于学生生涯发展的学校课程体系新方案。

2）凝练核心理念，将之作为各校推进项目开展的顶层引领。各校在确定项目的主题之后，均梳理了本校推进"创新工程"项目的核心理念，为项目的整体设计以及系统推进提供了内在支持（表 7-2）。

表 7-2　各校推进"创新工程"项目的核心理念

学校	核心理念
象山中学	1）以调查学生素养现状为出发点，设计项目整体框架 2）以实施责任担当课程为突破口，推动项目有序实施 3）以强化活动体验感悟为切入点，提高项目实施成效
象山二中	1）实施差异教学，应充分了解蕴含的教育理念 2）实施差异教学，应创新解读所赋予的时代内涵 3）实施差异教学，应重新探索合理的实施路径
象山三中	1）教学组织形式变革是教育改革的集中体现 2）教学组织形式重构须与新高考制度相适应 3）教育变革的实践需以学生发展指导作为保障

续表

学校	核心理念
西周中学	1）聚焦核心素养，焕发生涯教育生命力 2）基于库伯模型，实施体验式学习过程 3）选择课程路径，探索校本化体验模式
滨海学校	1）促进学生生涯发展是办学目标的集中体现 2）重构学校课程体系是落实发展的必由之路 3）践行体艺特色教育是基于校情的合理方向

上述核心理念的界定，是各校确定行动主题之后的首要任务，受到了各项目组成员的高度重视。他们以务实的精神对项目路径做了反复论证，并在此基础上确定了明确的目标和相关的内容，以及可操作的部署，也为后续推进设计了路线图和时间表。

3）关注相关理论，将之作为各校项目实施的重要基石。创新即变革原有模式，推进适应新变化的新行动，但这也不能凭空臆想，需要基于一定的教育理论。象山中学把课题置于"中国学生发展核心素养"体系提出的六大素养框架之内，并渗透课程论的基本概念，既把象山中学学子的责任担当素养提高到培养未来杰出人才、卓越领军人物的高度，又在学校层面寻找适切的培养途径。象山二中的差异教学研究不仅以差异教学理论为基础，而且追溯了我国古代教育家孔子所提出的"有教无类""因材施教"的主张，并融合了全纳教育思想、多元智能理论以及掌握学习理论，坚持主体性原则、个性发展原则和成功性原则，从学生的学、教师的教和学校制度三个层面开展实践探索。象山三中的学生发展指导实践基于"综合性学生发展指导模式"以及导师制等理论，从学业指导、生活指导和职业指导三个方面探索对学生的指导工作如何开展。西周中学在实施生涯教育过程中，运用库伯的体验式学习循环模型，通过创设生涯问题或活动情景，提供适宜的生涯探索项目与讨论式的对话机会，让学生参与到生涯探索活动之中，加强学生的生涯体验。滨海学校课程方案的制订，则遵循了课程开发的基本范式与基本步骤。

4）确定推进方式，包括项目的研究方法以及各方的沟通合作。"创新工程"项目有以下四个特点：一是周期长，从2015年8月开始的前期接触算起，大约历时三年；二是同时作为"学校发展性项目"，年年有目标管理考核；三是全局性，倾学校之力，关乎学校发展；四是创新性，旨在解决今后一段时间内学校面临的主要问题。鉴于此，相关人员达成共识，在行动中边摸索，边改进，边完善，主要以行动研究法作为项目的主要研究方法。在项目推进过程中，高中组项目负责人深入现场进行交流指导，以前后两次的间隔作为一个小周期，交流和指导即为对前一阶段工作的反思和后一阶段行动的计划；每学期即为一个大周期，着重在

"实践的理论化"与"理论的实践化"之间实现对接。学校会对项目推进工作相应地做较全面的梳理，并形成书面小结（图7-1）。

基础教育创新工程阶段小结

学校		联系	
项目名称			

1.前期工作回顾：

2.取得成果概述：

3.前期工作自评：

4.后续工作设想：

5.未来合作建设：

图7-1 高中组基础教育"创新工程"项目阶段小结表

第二节 实践推进：形成解决现实问题的新方案

"创新工程"项目的推进过程使五所普通高中学校的项目组成员与杭州师范大学高中组项目负责人，以及象山县教育局教科研中心的联络员一起，形成了由三方机构人员组成的"U-G-S"专业学习共同体。三方通过定期的现场交流和不定期的网络交流，展开了持续性的、逐步深入的、线上线下相结合的专业研讨，力求使实践方案能够对于挑战产生积极而有价值的回应。因此，"创新工程"项目的推进过程，既是这些方案从无到有的产生过程，也是这些方案从有到优的实施过程。

虽然具体到每所学校，项目推进速度有先后、快慢之分，但是总的来说，都始终贯穿着"有想法、出做法、给说法"的原则，基本上经历了"寻—动—做—思"四个阶段。

1）"寻"的阶段（2016年1—4月）。继"创新工程"项目启动仪式之后，指导教师在深入了解各校校情、研究诉求、已有基础以及初步计划的基础上，根据校情和学校的不同需求，帮助各校分析项目的选题及可行性，帮助各校深入厘清选题中的相关核心概念与研究思路，凝练研究方向。

2）"动"的阶段（2016年5—9月）。这一阶段，指导教师帮助各校进一步聚焦行动方向，并在此基础上探究后续的工作焦点及行动计划，确定后续项目研究行动中的重点或者突破点。有部分学校能及时总结阶段性成果，为项目的后续发展奠定了较好的基础。

3）"做"的阶段（2016年10月—2017年12月）。这一阶段，基本上各校都在学校层面全面推开了项目的实践行动，指导教师帮助各校在行动中调整研究部署、反思推进过程，并及时总结成果。

4）"思"的阶段（2018年1—6月）。这一阶段中，指导教师帮助各校全面总结项目的推进实践，同时各校进一步整理项目素材，提炼项目的最终成果。

同时，根据各校推进"创新工程"项目的具体实践，我们也可以归纳出象山县五所普通高中学校在项目实施过程中的一些相似特征，主要表现在行动目标、行动任务以及行动路径等方面。

一、从行动目标看，涵育核心素养，助力终身发展

回观五所普通高中的整个创新行动，尽管行动主题各不相同，行动路线也有差异，但学校在行动过程中始终不忘初心，以生为本，即不是以帮助本校学生选择好理想的专业并进入高等学校为近期目标，而是旨在助力学生实现人生的第一个重要转变，就是旨在提升学生的素养，为其终身发展奠基。五所学校的不同行动主题仅表示各校基于不同学情、校情考虑之后的不同聚焦，它们均直接或间接地指向同样的育人目标，只是从不同角度进行了不同的实践探索罢了。具体来说，各校项目有所侧重地体现在以下三个方面。

（一）素养为先，重在行为

在这一点上，最显而易见的是象山中学的项目。该项目有两个不同层面的目标：第一层面的目标（即初级目标）定位于学生的道德认知和行为，让学生成为一个诚信负责、有志向和抱负的自觉学习者，为培养健全的人格做准备。以前学生对相关的道德认知比较抽象、单一，该项目的实施让学生认识到责任担当不是一个空洞的概念，而是实实在在做人的基本素质。在高中阶段，责任担当不仅涉及他们个人的生涯规划，还涉及与他人的相处之道，同时这既是将来自己立足社会的根本，也是一种强有力的社会竞争能力。第二层面的目标（即高级目标）是作为对象山中学学子的更高要求提出来的，就是要让象山中学学生

成为把自己的前途与国家富强联系在一起的建设者、服务者和贡献者，让学生更好地认识到学习是艰苦的创造性劳动，光凭兴趣或外部的压力难以长久支撑，对于学习的持续动力来自对国家发展的责任感和担当精神。为此，学校对象山中学学子的责任担当素养进行了重新解读，赋予了其新的内涵，提出了更高的要求。

象山中学的项目试图通过课程化路径，将上述两个层面的目标落实于学生的行为中。其所开发的"有责任·会担当"主干课程是一门为提升学生的责任担当素养而对其实施有计划、有组织、有目的教育引导活动的课程。该主干课程将"有责任"视为学生行为的出发点，将"会担当"作为学生行为的归宿，明确提出以下课程目标：①学生全面了解责任的内涵、分类，理解责任担当于己、于人的重要意义；②在学习典型案例和社会实践的基础上，学生的责任担当辨识能力和实践能力得到提高；③通过反思和感悟，学生在行动中体现出有责任、能担当的精神风貌。

西周中学从素养教育的角度定位学校的生涯教育，认为生涯教育的目标是提高学生的生涯管理素养。他们认为，学生不能只躲在"象牙塔"中"两耳不闻窗外事，一心只读圣贤书"，还要对内充分地进行自我探索，对外了解社会发展趋势与国家的人才需求，要能够将个人需求与社会需求、国家需求有机地结合起来，从而对自己的生涯发展方向做出恰当的选择与决策。学校认为，生涯教育不仅仅是使学生在面对高考时会选考、选专业，还要使学生在整个高中学习阶段学会自我管理，这种会选择、会自我管理的能力将会帮助他们从容面对未来一生发展的不确定性。学校还认为，有效的生涯教育是素养教育落地的一个重要方面，这就需要加强对培养生涯管理素养的有效方式——于特定情境中的体验式生涯教育的探索。为此，西周中学的项目试图通过开展分层次、有递进、持续性的体验式生涯教育，帮助学生更好地做好选考科目选择、自我发展、专业及院校选择，从而搭建好高中与高校之间的通道。

西周中学的体验式生涯教育也以学生行为的相应变化为落脚点。2017年底，学校生涯指导中心运用孙仲山编制的《职业成熟度量表》（2011年）对学生进行调查，并利用 SPSS19.0 进行分析。所得数据表明，通过系统的生涯规划教育，学生对职业世界有了初步的认识，能主动通过生涯人物访谈、网络招聘网站、社会实践等方式进一步收集职业信息，对未来理想职业的职业环境、职业待遇、工作要求、升职路径等信息有了更加清晰的认识。同时，学校在体验活动过程中，结合运用 SWOT[①]法了解自身现状与职业要求的差距，以理想职业指导当前的行为，从而为获取理想职业针对性地完善个性、培养兴趣、提升能力，合理选择选考科目。这种学生主动构建生涯的能力就是生涯管理素养的重要内容，在一定的生涯构建行为中体现出来。

---

① 即优势（strength，S）、劣势（weakness，W），机会（opportunity，O）、威胁（threat，T）。

（二）学会选择，关注方法

为了让学生学会主动选择，学校在实践中通过不同的探索，各有侧重地寻求着可能的路径。西周中学认识到，学生高中生涯的选考选择、学业水平、职业兴趣等不尽相同，如何跟踪指导、系统提升，自然成为高中生涯教育的题中之意。其认为依靠被动的课堂学习是难以达到生涯教育的目标的，只有在生涯教育中设计能让学生充分思考与体验的活动，倡导体验式学习，才能有高度的情感唤起，才能有效地强化、监控和调整学生的学习行为，从而使学生获得积极的、深层次的体验，达到学会选择、自我规划的目的，以促进学生更多元、更长远地发展。

为了帮助学生进行自我分析，从而了解自身的潜力，为了使其在理论学习中感知多元发展、在社会实践中感受压力与动力，西周中学在开展体验式生涯教育过程中，还以 SWOT 法为线索，引导学生通过多样性的体验形式，加深对自我的探索和对外界的认识，分析自身的优势、劣势、机遇和挑战。学生在参加多样化的体验活动过程时，自觉利用 SWOT 法，形成个性化的生涯规划过程，从而进一步明确了当下行动的方向。

滨海学校在项目实施过程中，视生涯教育为体艺特色教育不可或缺的一部分。学校认为，体艺特色教育在于发展学生的特长，需要学生进行较准确的自我了解、自我规划和自主选择。在实践中，滨海学校探索出了生涯教育的"三三三"模式（表 7-3）。

表 7-3 滨海学校生涯教育的"三三三"模式

生涯教育的"三阶段"	生涯教育的"三过程"	生涯教育的"三设计"
1）了解自我阶段。深刻了解自己、认识自己，看清自身的优势和不足	1）兴趣发展过程，包括兴趣挖掘和兴趣生长	1）让学生对自己今后想做什么、能做什么，开始有思考、有想法
2）了解职业阶段。完成两项任务：任务一是初定职业生涯发展大方向；任务二是寻找自己的专业兴趣方向	2）特长成长过程，针对体艺特长班学生，以及兴趣爱好获得长足进步，并有向专业发展可能的学生	2）关注职业大方向，进行二次职业方向的选择，完成于高考选考学科确认之时
3）决策职业方向阶段。最终逐步缩小专业方向范围，为填报高考志愿奠定基础	3）职业体验过程，学生修习与职业技能或职业体验相关的课程	3）专业方向的确认，即完成从方向感到具体专业的确认

（三）重视个性，多元发展

高中阶段是学生个性发展的重要阶段，个体的差异性不仅是其发展的基本前提，也是寻求适切教育方式的重要基础。象山三中根据"7 选 3"高考方案，在充分调查学生意愿的基础上，结合学校师资状况，分为文史、理工、体艺三大领域，然后淡化学科，进行了菜单式设计，分类为七种班别，进而采取了一些有差异的教育策略，如教学目标分层、教学方法分层、课外辅导分层、课外作业分层以及学习评价分层。学校实施分项、分类、分层教学时，并没有把分数作为唯一的依据进行简单化区分，而是在遵循学生意愿的基础上，充分分析其学习潜力和变化态势，是一种双向的、动态的分层。如此一来，学生的自尊受到保护，从而大大激发了学生的学习兴趣，促使学生确定自己所追求的目标，并尽力实现。当学生从自己的学习中体验到成功或得到肯定时，就会产生满足感，增强自信心，从而升华情感，将此转化为学习的动力，形成良性循环。除此以外，象山三中还着眼于在学生发展过程中教师如何为学生提供最为有效的支持，建立了全员导师制，与新教学组织形式的运行齐头并进，对本校学生当下及未来的发展进行必要的指导（表 7-4），从而使之成为采取新的教学组织形式的有力保障。

表 7-4　象山三中学生发展指导三个学段的指导重点及领域

学段	指导重点	具体指导领域		
		学业管理	职业生涯	生活技能
"分"前	以"适应"为支点	学会适应	生涯探索	生活适应
"分"中	以"人格"为支点	学会选科	生涯体验	人际交往
"分"后	以"成年"为支点	学会学习	生涯规划	行为指导

注：本表三个学段是根据高考方案来划分的，须与高考方案同步调整

　　象山二中从本校学生个体差异显著的现状出发，认为差异教学不仅能弥补教学上的不足，而且能够开辟一条特色课程改革之路。象山二中的差异教学发生在课堂外和课堂内两个场域。课堂外的差异教学包括组织管理、课程建设（包括微课）、教学设计和选课指导等。这些主要是外围的、预备的工作，真正的差异教学发生在课堂内。课堂内的差异教学需要优化课堂组织结构，改革课堂教学生态，开展学法指导以引导学生反思，创设学生体验过程以提高思维质量，充分激发学生学习的积极性和主动性。该校的差异教学吸取了个别化教学、分层教学、小组教学等多种教学模式的宝贵经验，并灵活地选择和运用，围绕着"最大限度地满足学生的学习需要"这一宗旨，通过正视学生差异，尊重学生个性特点，谋求学生的多元化发展，进而提升学校的办学特色与内涵。

　　滨海学校对学生发展的考虑基于学校的历史积淀和生源现状——中考成绩处在象山县本地第三层次，也就是处于升入普通高中学生群体的末端。面对这样的学生群体，学校既没有一味地试图通过提高文化课成绩去与第一层次、第二层次的学生相比，也没有消极地任由学生延续初中阶段的学习情形，而是另辟蹊径去

谋求发展——在总结前几年体艺教育经验的基础上，借浙江省高考改革的东风，重构学校课程方案，有的放矢地实施体艺特色教育，助力有体艺特长的学生进入体艺方向的高校深造。2016—2017年，学校通过实施体艺特色课程，美术、音乐类本科录取率迅速提高，录取本科人数累计达到100多人，其中被中国美术学院（6人）、浙江美术学院（16人）等全国重点院校录取的学生数量有了很大的突破，为音乐、体育类学院输送了不少人才。并且，从体艺特长专项比赛来看，学校也取得了不俗的成绩，如在2016学年中，学校乒乓球队荣获浙江省第七届中学生乒乓球联赛（宁波赛区）男子团体第三名。

二、从行动任务看，重构课程教学，转变育人模式

一直以来，课程与教学都是学校工作的基石，学校的课程与教学很大程度上决定着学校的发展方式和发展方向。因为说到底，学校的发展主要体现为学生的培养与成长，而它的主要支撑则是学校的课程与教学，所以课程与教学是学校发展的永恒主题之一。故而，在一定程度上我们可以说，学校的影响力取决于课程与教学的影响力，学校的创造力取决于课程与教学的创造力，学校的生命力取决于课程与教学的生命力。新形势下，普通高中的影响力、创造力和生命力还与学生的生涯发展息息相关，生涯教育与传统的课程与教学一起成为普通高中变革的三大重要维度，它们体现着学校特色创建的过程，更是教育教学质量提升的过程。

（一）主抓学校课程建设，夯实变革基石

象山五校的"创新工程"，首先以变革学校课程作为重要使命。

在"博学多能、修德立身"的办学理念的指导下，基于学校自身发展中的相对优势，以及对生源状况的评估和对区域教育特点的考量，滨海学校的特色发展方向开始向学生体艺特长的培养转型。学校提出了"求真、明德、尚美、强体"的课程建设思想，重新定位学校课程体系的目标，将各类课程（或课程模块群）加以重组，构建了学校课程的新体系（图7-2）。

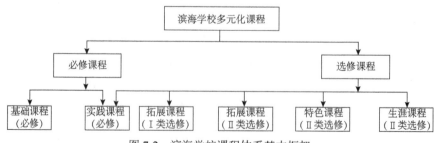

图7-2 滨海学校课程体系基本框架

　　象山中学为了落实对学生责任担当素养的提升，对责任担当素养的课程体系建设做了统筹规划，从而保证整个学校的责任担当素养教育有章可循、有规可依、循序渐进、逐层展开。提升学生责任担当素养的课程体系分为显性课程和隐性课程两大部分（图7-3）。其中，显性课程不仅包括前文述及主干课程"有责任·会担当"，还包括特色选修课程、学科渗透以及活动课程。这里的特色选修课程主要是突出象山的地域特色和海洋文化，也充分利用了学校课程建设的既有优秀成果。学科渗透课程指的是在诸多学科教学中适当地开发并渗透责任担当教育的内容。活动课程则指将社会实践活动、校园文化活动、学生社团活动等进行课程化建设。隐性课程则主要指学校在制度建设、环境营造和教师的榜样示范等方面围绕责任担当主题所做的努力。

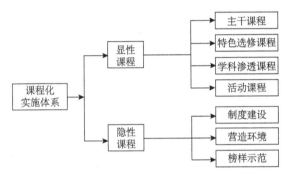

图 7-3　象山中学"创新工程"项目的课程体系

　　西周中学在实施体验式生涯教育过程中，充分挖掘现有教育资源，整合既有各种活动，开发完成了生涯教育系列课程（图7-4），并形成了配套的教案与教材。面向高一年级学生开发的"SWOT：高中生生涯探索与体验"生涯教育校本课程，内容包括解读生涯、生涯规划及SWOT分析法，引导学生对相关知识有较全面的认识，初步思考自己的生涯发展与规划；面向高二年级开发的生涯教育校本课程"'悦纳自我，提升自我'中学生素质拓展训练"，由"表现自我之旅""探索自我之旅""挑战自我之旅""再现自我之旅"等四部分组成，以期更好地为高三阶段奠定基础；面向高三学生开发的"职业世界面面观"课程，将高三年级的生涯教育视角转向外部认识与探索，借助网上优秀的职业介绍纪实影像和生涯人物访谈等资源，帮助学生更好地认识专业与职业，初步考虑自己的专业方向和职业理想。另外，由于该校学生的特殊性，高职提前招生成为学生进入大学的又一重要途径，因此将高职提前招生的内容也融入课程之中。

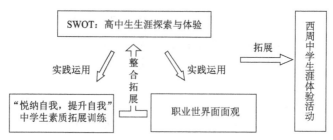

图 7-4　西周中学系列化的生涯教育课程

（二）重构教学组织形式，在"根上"发生变化

课程建设在实施层面表现为教学模式的创新、教学体系的完善，而这些在象山"创新工程"项目的高中组学校中，是从教学组织形式的变革开始的。

象山三中率先以重构教学组织形式来回应高考改革。学校认识到，传统的"班级授课制"在同一的教学进度、教学内容与教学手段下，不能很好地照顾到具有较大差异性的学生，不能很好地帮助学生认清自己的特长。在浙江省新高考的"7选3"背景之下，如果不改变传统的教学模式，势必无法满足学生自主选考的需求；若仍坚持"齐步走"的教学方式、"一刀切"的教学要求、"同一标准"的教学评价，将会造成学生学习效果不佳、学生个性发展受阻、学校教学秩序混乱等结果。因此，学校迫切需要寻找一种能保障学生自主选择权、促进学生个性特长充分发展的教学组织形式。

基于上述认识，象山三中的探索从学习领域分项、教学组班分类、教学水平分层三个维度出发，试图在实践中重构一种灵活的、有特色的、弹性的教学组织方式——"3723"教学组织形式（图 7-5）。该校的教学变革发生在此教学组织形

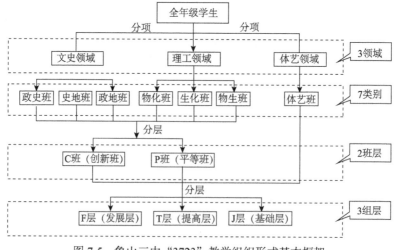

图 7-5　象山三中"3723"教学组织形式基本框架

式的建立之上，他们不断总结在此新教学组织形式实施中所出现的新问题，进而重新考量教师的教与学生的学，基于解决这些新问题而进一步探索适合这一新的教学组织形式的学校管理方式，使项目形成"链式"推进之势。

象山二中针对学生基础薄弱、个体差异显著的特点，发现差异教学不仅能弥补教学上的不足，而且能够开辟一条学校的特色课程改革之路。根据新高考的特点与要求，象山二中将新高考背景下的差异教学界定为：在深化课程改革及高考改革的背景下，以尊重学生的禀赋差异为基础，根据既有水平、兴趣和风格，实行差异化的生涯规划、课程设置、教学内容与方法、评价体系等，达到所有人通过教育实现自我发展与进步的终极目的。其具体内涵包括以下三个层面：①学生层面。差异教学体现在水平与垂直两个维度。水平维度的差异教学主要表现为基于学生个性差异、目标差异、职业倾向差异而教学，垂直维度的差异教学主要表现为基于学生的知识差异、能力差异、态度差异而教学。②教师层面。差异教学体现在有差异的教学目标、有差异的教学方法与内容和有差异的作业及练习等方面。③学校层面。差异教学包括差异化的课程设计、差异化的教学管理以及差异化的教学评价。

在具体实施过程中，差异教学在很大程度上是通过课堂中教学组织形式的灵活变化而实现的。为了给学生提供合适的学习活动，更好地实施差异教学，象山二中采用弹性分组策略。在实际操作过程中，教师在充分了解学生的优势、弱点、需要和个人经验的基础上，对学生进行动态分组。分组不仅基于学生的学业成绩，还基于学生的兴趣和学习风格，小组的成员和规模不断变化，各小组学习的材料和主题时同时异，各小组活动的时间和要求也各不相同。

1）小组规模。根据小组成员的数量，弹性分组可分为 8 人以上、8 人、6 人、4 人四类。"弹性"二字反映了分组的随机性。在时间有限的情况下，教师可以选择人数较少的分组方式，比如，在时间允许的情况下，让相邻的两个学生迅速交换一下意见，或者让前后两排的学生围坐在一起完成适当的任务，如果想要就一个主题进行更深入、充分的讨论，则可以让相邻的两个组交流一下各自的讨论结果。

2）分组原则。根据分组依据的不同，可分为兴趣组、多元智能组、准备状态组。弹性分组，可以适应学生不同的准备状态，成为差异教学中一种非常有效的方法。

3）分组形式。根据分组决定权的不同，弹性分组可分为由教师决定的分组、由学生选择的小组和随机分组三种。教师可以通过观察、问卷和测验收集到的学生的个人信息、课堂教学的实施情况和学生对知识的掌握程度对学生进行弹性分组，还可根据教学内容的需要对学生进行同质或异质分组，其中还包括对一些特别情况进行的妥善处理。

相比一般的分组形式，弹性分组在保护学生的自尊心、提供安全的学习环境、促进学生的合作共赢方面具有更大的优越性，这是象山二中在课堂中实施差异教学的重要组织形式。

（三）开展学生生涯教育，探索校本实施空间

"开展普通高中生涯教育是贯彻选择性教育思想，促使学生全面而有个性发展，实施素质教育的重要组成部分，旨在促使学生认识自我条件，发现自我兴趣特长，明确自我发展方向，从而指导学生积极主动地进行高中三年学习，并为下一阶段学习、生活与工作做好必要的准备，帮助学生实现自我发展理想和成人成才。"[①]所以，在现实背景下，普高学校的生涯教育不可回避，因此五校在不同程度上以不同的方式涉及了学生生涯教育，这是有其合理性的。

西周中学直接以生涯教育作为行动主题，主要有以下动因：①随着社会经济的转型发展，学生未来的就业环境日益复杂，因而如何提升学生的生涯选择能力成为必须要考虑的问题。②一方面，"7选3"选考模式和"专业导向"的考录模式改变了过去单一的"总分匹配"模式，迫使学生对生涯进行规划思考；另一方面，普通高中开展生涯教育可供参考的现实经验并不多，需要在实践中探索。③该校高中部学生来自象山县各地，普遍存在迷茫状态。所以，学校需要通过一定的方式唤醒学生的学习热情，以促进学生更全面、更长远的发展。

滨海学校作为一所民办学校，更关注把学生的发展与学校自身的发展相联系。因此，在"创新工程"项目中关注并融入生涯教育是必然的。从现实校情出发，该校教育者更加关注学生的职业生涯规划，由此认为生涯教育旨在帮助个人具备工作所需的技巧，使他们在社会变迁中将所从事的工作作为个人整体生活的一部分，并能在其中展现意义与收获。学校认为，这些"适应技巧"的形成正是"博学多能"所要解决的问题，所以学校确定了相应的生涯教育目标：通过高中三年课程的学习，学生初步实现了解自我、认识自我和发展自我，即从自我觉察到生涯认知，逐步具有生涯规划的决策能力；初步形成积极向上的"三观"和人生态度，对自己未来的生活与工作充满信心和憧憬；逐步发现和挖掘自身的爱好与特长，并在自身爱好与特长方面有长足的发展，甚至演化为将来的专业发展方向；促进学生在社区服务、社会实践和职业技能等课程的学习与实践过程中，寻找能给自己带来快乐感与成就感的职业体验，并开始对自己的职业与发展进行朦胧的设计和预准备。

象山三中生涯教育的着力点是指导，该校探索以生活技能发展指导为基础、学业发展指导为重点、职业生涯发展指导为目标，对学生进行全方位、多角度、有层次的多元化指导。其宏观目的是促进学生的多元个性发展，中观目的是应对高考方案的变革，微观目的是保障"3723"教学组织形式的顺利实施。学校多层

---

① 浙江省教育厅. 浙江省教育厅关于加强普通高中学生生涯规划教育的指导意见[EB/OL]. http://jyt.zj.gov.cn/art/2015/5/22/art_1532973_27485157.html（2015-05-22）[2016-10-11]

次的指导团队、多样化的指导形式和分重点的指导内容伴随学生整个高中三年。学校为每一位学生配发了"学生发展指导手册"——《我的高中生涯》，学生接受的所有辅导会即时被记录到该手册中。导师领导小组对导师的辅导效果进行定期检查和验收。该校通过学生发展指导，帮助学生不断认识自我、完善自我，做好高中三年的成长规划，从而使得这些存在个性差异、学习基础不同、家庭教育和影响迥异的学生都尽可能地得到充分的发展，最大限度地满足个别化的要求，保障教育教学改革的深化。

与象山三中相似，象山二中在实施差异教学的过程中确立学生的主体地位，努力尊重学生的发展意愿，提高学生的自我认知，培养高中生初步的生涯意识和生涯能力，为未来人生做好准备。因此，学校也把生涯规划作为"创新工程"项目的研究重点之一，并作为开展差异教学的一个重要支持。学校把学生的自我认知分为三个方面，即学习风格、多元智力、个性特点，在学生自我认定的基础上，学校开展的生涯教育主要包括三个方面的内容，即决策能力辅导、个人价值观辅导和升学就业辅导。

象山中学则把提升学生责任担当素养的教育过程作为生涯教育的过程。学校认为，生涯教育的根本目的就是塑造学生完善的人格，学生责任担当素养的提升与生涯教育是完全融合在一起的；一个人只有在工作、学习和生活中认识到自己应该承担的责任并自觉践行，才能体现其作为人的社会价值。因此，责任担当是人类的特征，是追求个人幸福和人格完善的基础，是一个人成熟成才的重要标志。学校在"创新工程"项目的推进中，开展了搜集象山中学校友的成功案例、回溯他们典型的成长足迹等活动，这些实际上就是生涯教育活动。这样的生涯考察与探访活动有助于增强学生的责任意识和担当精神，帮助学生切实履行当下作为象山中学学子的责任，为日后成为积极向上、有益于社会、勇于担当的优秀公民而奠基。

三、从行动路径看，坚持全校联动，跟进特色管理

在高中组的"创新工程"项目中，行动目标是项目推进的方向，行动任务是项目推进的聚焦领域，行动路径则是项目推进的手段和方式。从根本上讲，各校的项目推进均牵涉学校工作的各个部门，是一次基于不同层面整体推进的行动研究过程。同时，在此基础上，各校又设法在行动中探索新的学生管理方式，以保证在聚焦的行动领域实现既定的行动目标。具体来说，它主要体现在以下几个方面。

（一）构建课程群，实现结构式整体推进

象山普通高中"创新工程"项目主抓学校课程建设的行动任务，在象山中学、

滨海学校和西周中学，主要是通过构建有序的课程群，形成一定的结构性课程体系而实现的一种整体推进。

象山中学的课程群分布在显性课程和隐形课程两大脉络之中。显性课程是直接的、外显的推进维度。其中，"有责任·会担当"课程依据责任担当认知—责任担当情感—责任担当行为的上升路径，整体呈现螺旋上升态势；特色选修课程是由 19 门选修课程组成的课程包；学科教学渗透是鼓励教师将教材中所隐含的责任担当教育因素挖掘出来，提炼升华，达到思想性与科学性的有机统一；活动课程则是整合了学校、年级、班级和学生团委、学生会以及社团的课程资源，按照"参与+反思→感悟"的思路来设计并实施。其总体思路是：高一年级包括入学之初的军事训练、人生规划教育、孝亲敬长教育，高二年级是步入正轨后进行责任实践能力教育，高三年级包括确立自信、励志教育、成人教育等，其中高二年级是整个课程实施承前启后的关键一环。由这四部分构成的显性课程，既有学科课程和活动课程形态，也有跨学科的主题课程，其结构性是相当明显的。

象山中学的隐性课程则是一种间接、内隐的推进维度，是通过受教育者无意识的、非特定心理反应发生作用的教育影响，补充和拓展显性课程所不能及的教育功能。学校着力挖掘学校隐性的、潜在的责任担当教育资源，充分发挥隐性课程对学生责任担当素养提升的作用。①制度建设。学校制度对维护学校秩序、规范学生行为具有强制作用，完善和实行自治的学生管理制度，可消除学生的侥幸心理，明确违纪应承担的后果，教育学生加强自我约束、自我担当。②氛围营造。学校非常重视利用宣传栏、黑板报和电子屏幕等工具宣传与责任担当相关的内容，突出责任担当主题，同时定期开展各种形式的评比活动，轮流刊出《责任担当》小报，宣传和表扬身边有责任、会担当的人与事，并且将与责任担当相关的要求融入宿舍及食堂等公共场所的管理之中，让学生感受到责任担当就在身边、就在当下，比如，做好一次清洁卫生，不浪费一粒粮食，就是责任担当的体现。③教师的表率作用。象山中学是一所历史悠久的中学，有一群敬业爱岗、乐于奉献的教师，象山中学教师的人格魅力、对学生的责任心、对教学的认真负责态度等，对提升学生责任担当素养具有极大的影响，学生在教师身边耳濡目染，亦有助于提升他们的责任担当素养。

西周中学在体验式生涯教育过程中的课程群构建与象山中学的显性课程部分比较类似：①开设生涯课程。一类是由学校生涯指导中心开发完成的分高一、高二、高三三册的生涯教育必修课程，由生涯指导中心教师或班主任实施教学，进行教学研讨，并逐步调整完善；另一类是生涯教育选修课程，又分为两小类，分别是知识感悟类和技能体验类，前者强调知识与理论的学习，后者主要培养的是学生的各项技能，尤以通用技能为主。②学科教学渗透。一方面，各学科新增"生涯发展目标"，并纳入备课常规检查；另一方面，指导各教研组生成教研主题，以学科兴趣、学科素养、职业挂钩等方向设计主题。教研组主题活动一个月开展一次，并要做好相关记录。③实施实践体验活动课程。一方面，增强真实情境中的体验，这主要依托当地丰富的社会实践资源，通过建立相应的校外实践基地而进行，同时学校也组织学生在暑期参加职业岗位实践，结合体验式学习过程，加强学生对体验的反思与提炼，并通过网络平台进行分享或汇编成册，作为成果；另一方面，借助情境模拟体验，这主要是通过学生社团活动等方式，创设类似于现实的模拟情境，开展多样化的体验活动，以寻找解决生涯问题的线索和途径。

再看滨海学校，其结构性的课程群整体推进突出体现在体艺课程的实施上。新的课程方案以普惠性、递进性和层次性三个层次并行的方式，创新了体艺特色课程群的构建路径：①普惠性的体艺特色课程是面向全体学生的，为的是使每一名滨海学生掌握 1—2 项体艺特长或爱好，在体艺方面都有不同程度的发展与成长——无论该学生将来是否会走上体艺专业发展之路。学校在安排这类课程时，一是开展全体学生参与的体艺活动，如大课间开展全校学生学习太极拳活动，还有体育节活动、艺术节活动等；二是在艺术必修课的基础上，每周每班另外增加一节体艺公共课，2016 学年度增加了 1 节"速写"课程，在全校学生中普及绘画知识，提高学生的绘画素养；三是在高一、高二年级设置一定数量的体艺类选修课，供学生选择修习，以适应不同学生的爱好或特长。②递进性的体艺特色课程的目的是保证学生的体艺特长或爱好能够获得稳定的发展和提升。学校把原有的体艺特色课程开发成系列课程，课程内容由浅及深，由低到高，从入门到初级，再到中级或高级。由于一个年级选报不同等级的（同一门）体艺课程人数较少，常会影响课程的开设，学校尝试将高一、高二年级的校本特色选修课程安排在同一时间，以便更多学生可根据自身的已有水平选择修习不同层次的体艺特长课程。这样便可实现不同水平的同一门课程同时开设，确保了学生在体艺特长方面能够实现递进式成长。③层次性的体艺特色课程是指体艺特色课程包括兴趣发展和专业发展两个层次。兴趣发展层次的课程主要针对普通班学生设置，一般在高二年级结束前全部完成。兴趣发展层次的课程具有多样性、基础性的特点，并根据学生兴趣水平的等级情况逐级开发更高级的课程内容，以适应学生不同层次兴趣水平的发展要求。专业发展层次主要针对体艺特长生的培养。该层次的课程设置又分成专业基础课程和专业提升课程，其中专业基础课程安排在高一年级和高二年级，专业提升课程则由学校与杭州的高校或专业培训机构联合开发，借力高校或培训机构的专业培训师资，结合学校特长生的专业水平，量身订制适合学生专业水平的课程内容与培训方案，为学生高三参加术科高考并取得优秀成绩奠定基础。

（二）带动全学科，形成全员化主体参与

这是以两种迥然不同的特征呈现的。

1）特征一：以项目的整体性带动每一门学科的变革。无论是象山二中的差异教学还是象山三中的分层教学，都是由全体教师参与的全校性教学改革行动。学校根据学生现有的学习基础、能力水平和潜力倾向，依照"尊重差异与选择，动态反馈与递进"的原则实施教学，没有一位教师能置身事外而"独善其身"。

象山二中的差异教学是在全体教师参与下、发生在所有学科的一种教学改革实践，这可以从图 7-6 中看出，即不仅是每一个学科的教师都要尝试差异教学——从备课、上课、课后辅导和考核等环节对此做出相应的思考与实践，而且在学校的教学管理、教学资源的创建、学习环境的创设等方面都需要采取相应的变革措施。

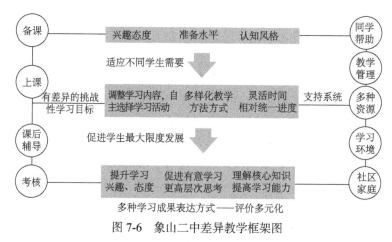

图 7-6　象山二中差异教学框架图

象山三中在重构"3723"教学组织形式的基础上淡化学科概念，凸显领域意识，实施分层教学，把水平相近的学生群体组成教学班。在分层组班之后，教师尊重学生的差异，制订特定的教学计划，对不同层次和水平的班级实施不同的教学，即前文提及的教学目标分层、教学方法分层、课外辅导分层、课外作业分层与学生评价分层等。在教师恰当的分层教学之下，不同层次水平的学生都能在自己的最近发展区内得以不断提升。在学校的实际操作过程中，学生所在的层次也并不是一成不变的，学生可以根据分层标准，在学期的期中、期末申请调整层次，学校会结合学生学习的情况和学科备课组的意见进行调整。

2）特征二：以项目的关联性带动每一门学科的变革。随着课程改革的深化，传统以学科为特征的课程概念已发生了根本性的变化，大课程的概念得以确立。

同时，学科的教育功能不再局限于学科知识本身，而是可以通过学科融合挖掘课程资源、拓展教育功能。例如，象山中学的责任担当教育和西周中学的生涯教育，由于各学科中都有其可利用的元素，因而两校都把"学科渗透"作为其中课程建设的一个重要维度。

象山中学各学科组经常开展主题研教活动，深入挖掘教材中的责任担当元素，探索总结各学科的渗透方法和途径。在实际操作时，主要挖掘教材中"人""事""理"三个方面的责任担当教育元素，然后以"责任担当"为主题重新设计和组织教学。挖掘"人"的元素——教材中既有古代的志士仁人，也有现代的英雄模范；既有文化名人，也有科学巨匠，这些人物都是责任担当教育的典型，他们会对学生产生极强的感化作用；挖掘"事"的元素——教材中蕴含着丰富的有关古今中外社会变革的历史事件、科学进步的历程以及文化艺术发展的责任担当事例，紧紧抓住这些事例，让学生去了解、感受、思考责任；挖掘"理"的元素——教材中蕴含着丰富的人们对自然界、社会和人类自身规律的认识，蕴含着丰富的有关责任担当的哲理，引导学生掌握这些规律，并运用这些道理分析和解释现实中的责任意识与担当精神。

同样，西周中学也践行着与象山中学相似的"学科教学渗透"路径。新高考选考科目的选择与未来的专业选择范围相匹配，这便意味着每一个选考科目都有其生涯教育的内涵和任务，以学科为分类标准对高中生实施生涯教育是不可回避的一部分。故此，学校鼓励教师在学科教学中渗透生涯教育，将学科涉及的专业范围与职业能力、工作内容相挂钩，从而在基于课堂实践的学科教学中渗透生涯教育校本教研活动。

（三）实行导师制，达成多维度发展性指导

在"创新工程"项目中，学校教师的地位和作用发生了改变，他们不再仅仅是学科教师，而是成了每个学生成长发展中切切实实的一位引导者；他们不再对某一个班级的很多学生负责，而是每个人对某几名学生的成长深度跟进。导师制在师生之间建立了一种"导学"关系，针对学生的个性差异而因材施教，指导学生的思想、学习与生活。学校的导师制从制度上规定教师具有育人的责任，使教师在从事教学科研以外，把对学生进行思想、学习、心理等方面的教育和指导作为其工作的另一部分。各校无一例外地实行导师制，成立了生涯教育指导中心或学生发展指导研究中心等一些类似机构，构建了由全部教师参与的分别承担某一特定指导任务的导师团队。

在象山三中，为保障"3723"教学组织形式的顺利实施，以及促进学生个性发展，在新的教学组织形式建立起来之后，学校实行了学生发展指导研究中心领导下的"全员导师制"。学生发展指导研究中心是"全员导师制"的领导部门，职

责是面向全体学生进行发展指导的部署与落实，同时承担导师的培训、检查和考核工作。学生发展指导研究中心的具体任务为：确定导师，开展导师的培训工作，对导师工作进行检查跟进和效果验收，组织针对学生的专题讲座，开展对个别学生的辅导、咨询工作，收集、整理学生的个案，以及建立学生的心理档案、升学信息资源库。象山三中导师团队的结构如图7-7所示。

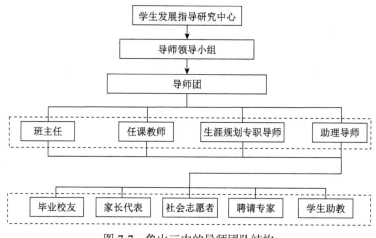

图 7-7　象山三中的导师团队结构

象山三中的导师制以"引导学生发现自己的长处，激发学生发展的可能性，在新高考背景下有更好的高中生涯和发展可能"为总的指导思想，初步构建了具有学校特色的"四类导师、三大领域、九项专题、一个中心"的学生发展指导模式。四类导师即任课教师、生涯规划专职教师、班主任以及助理导师；三大领域即生活技能发展指导（包括行为指导、学校生活适应指导、卫生健康指导、人际交往指导）、学业发展指导（包括学困生指导、资优生指导、学习方法指导、选课指导、选科指导）、职业生涯发展指导（包括职业指导、升学指导、生涯规划指导）；九项专题即生活适应、行为指导、人际交往、学习适应、学会学习、选考指导、生涯探索、生涯体验、生涯规划；一个中心即塑造以自强不息为核心的象山三中精神，努力培育自主、自律、自强的"卓越三中人"。

象山三中还实行学生导师选择制，选前要填写"导师选择申请表"（表7-5），允许学生自由选择三位导师作为自己的候选导师，由学生发展指导研究中心最终确定由三位候选导师的其中一位作为该生的导师。在三位候选导师都满额的情况下，学生发展指导研究中心将进行调剂。

一般要求所申请导师是自己所选学科的任课教师，因此随着选课的改变，导师也将随之更换，这种导师选择制有助于师生建立较为密切的关系，也有助于产生好的指导效果。

表 7-5 导师选择申请表

姓名		性别		班级	
学习简历（高一至现在）					
选课情况	原来				
	现在				
选择导师志愿	第一志愿	导师姓名：		导师签字：	
	第二志愿	导师姓名：		导师签字：	
	第三志愿	导师姓名：		导师签字：	
*是否服从分配					
目前的最大困惑，想得到哪方面的指导					
学生签字：					
备注：					

* 如果所选 3 个志愿的导师名额已满，是否服从分配

为确保体验式生涯教育有序、有效地推进，西周中学也实行了两大举措：①运行生涯指导中心。学校在心理咨询室的基础上，添置书籍、生涯管理软件等硬件设备，以建设生涯指导中心；明确该中心的工作职责，建立生涯导师值班咨询制度；生涯指导中心与政教处共同设计生涯档案，通过班主任进行填写指导；生涯指导中心制订生涯测评计划，完成全校学生的生涯测评工作；建立全体学生的生涯发展电子档案。②实施生涯导师制。政教处制定生涯导师相关制度，明确导师的职责与工作要求，确定考评制度。教师将生涯导师制配套学生成长记录册开展工作，帮助学生做好学习、生活、心理等各方面的跟踪指导。生涯导师制度从学生进入高中阶段起实施，倡导师生结对的稳定性，保障生涯教育过程中学生体验的引导和关键目标的达成。

两校的导师制有一些相似之处，例如，导师要保持与学生的经常接触，坚持定期或不定期地与学生进行谈心和交流，及时帮助他们解决学习、生活和职业规划方面的困扰；每个学生也要定期向导师说明自己近期的情况，彼此之间建立起相互理解、相互信任的关系；固定行政班的班主任和学科教师都是导师组的成员，学校要求对学生的指导是全面和全程的。

（四）建立档案袋，实现全程式自主管理

档案袋主要以最原始的材料即时、真实地记录学生成长过程中的关键事件和

成长故事，收集学生认为能够证明自己学业进步、创新精神和知识技能的成果，可以包括计划、中间过程的草稿、最终的成果、教师及他人的评价，以及其他相关资料等。它既是客观、公正地评价学生成长状况的主要依据，更是实现师生良性互动、构筑师生实时交流的载体，是促进学生深刻反省、提高自主管理能力，最终实现自主发展的理想方式。

为了便于全面、快捷地了解每名在校学生，象山二中在学生自我认知与生涯规划的基础上，为每名学生建立了差异档案，其基本的结构组成与具体的内容举例如图 7-8 所示。差异档案包含学生心理测试的全部内容与生涯规划书，同时也详细记录了学生的成长轨迹，如学习记录、优秀作品、记录自己学习活动的照片、项目作业、师生对话等。

图 7-8　象山二中差异档案的结构及内容举例

学校把差异档案装订成册，在学生一入学就下发给学生。学生不断更新自己的差异档案，记录整个高中阶段的成长历程。教师可以通过审阅差异档案来更准确地了解自己的学生，还可以通过差异档案和学生进行自由沟通。比如，每次考试后，教师让学生做好学习反思，教师可以通过学生的反思，在学法方面对学生进行指导（表 7-6）。又如，当学生遇到困惑时，可以通过师生对话，为学生答疑解惑。

表 7-6　差异档案中的自我反思及教师建议

	序号	原因									改进措施
		审题不清	记忆错误	方法错误	规范缺失	概念不清	计算失误	公式记错	确实不会	其他	
自我反思	1	√		√		√					
	2		√	√	√	√	√				
	3	√		√			√				
	4	√			√		√	√			
	5		√					√			
	6	√					√		√		
	7		√				√				
	8	√	√		√	√		√	√		
	9	√	√								
	10	√		√		√					
	11		√	√	√						

	序号	加强训练	总结方法	多想多问	加强整理	认真听讲	其他建议
教师建议	1		√	√	√		注意养成良好的学习习惯
	2	√	√	√		√	提高平时作业的质量
	3	√		√	√		多做笔记
	4	√			√	√	及时订正
	5	√	√	√	√		加强基本知识的记忆
	6		√	√			如果我不在，请多问其他同学
	7	√	√				自己买一本习题集，做起来
	8		√		√		整理笔记时要注意方法，不仅要记基本解法，还要记方法
	9	√		√	√		提高预习效率
	10	√	√				要独立完成作业，不要看其他人的答案
	11			√	√		多进行限时训练

　　象山三中根据学生在校三年的发展历程设计和制作了本校的学生发展指导手册——《我的高中生涯》（图 7-9）。其内容包括"校长寄语""学校概况""我的基本情况""我眼中的自己""我是三中人""我的选课意向""我的选课改变""我与导师的对话""我走过的一学期""我与导师交流频次"等。该手册记录了学生在导师指导下三年的生活、学习及成长的点滴。学校要求导师参加相关培训，不断地提高自身的综合素质，尽快适应导师的工作要求，并要求导师跟对接的学生制订"一对一"的指导方案加以跟进，同时将指导的过程记录到《我的高中生涯》之中。导师领导小组对导师的辅导效果进行定期检查。根据学生在"分"前、"分"中、"分"后的不同需求，导师需要分别设置不同的侧重点实施对学生发展的指导。

　　西周中学经历多次研讨，旨在让档案袋更有操作价值、纪念意义和教育意义，设计制作了《西中学子生涯成长记录册》（图 7-10）。整个记录册包括以下几方面的内容：①个人信息一览，包括一般信息、成长经历回顾、自我评价、中学期待等；②自我探索与规划，包括学期初及期中的计划、分析和总结；③导师交流记录，包括指导进度表和学习成绩记录表；④暑期生涯体验各类表格、生涯素养发展与参与活动纪实；⑤生涯导师工作评价表和结对申请表；⑥活动参与、学科学习、自我管理的生涯体验记录表；⑦提前招生规划表；⑧同学录和教师寄语。记录册伴随学生三年，配合导师制工作。借助它，学生不断记录自己的成长历程，促进自身生涯的体验与反思，并最终使它成为一个具有纪念价值的物件。

图 7-9　象山三中《我的高中生涯》封面　　图 7-10　《西中学子生涯成长记录册》封面

第三节　成效反思：奠定象山普通高中教育发展的新方向

经过近三年"创新工程"项目的实施，象山县域内五所普通高中分别经历了契合本校发展的变革探索之旅，在这个过程中，各校的发展方向逐步明确。同时，综合各校的变革探索之旅，教育者对于当前普通高中的变革趋势更加清晰。各校项目的初步成效显示，当前普通高中的发展更凸显出校际差异的一面，同时也表明不同的学校依然关注着共同的发展主题。

一、各有侧重，形成新常态

当前，普通高中的发展不再呈现整齐划一之势，而是要试图寻找最适合本校发展实际的道路，从而彰显学校的特色，实现学校与学校之间的差异化发展，体现出学校的个性。

（一）责任担当——助力龙头学校新进程

象山中学作为象山普通高中的第一梯队，在回应家长需求、社会期望之时，提出了对学生责任担当教育的理念，认为这是学校教育的必要内容，是促进学生学习的有效途径，也是对象山中学学生提出更高素养目标的体现。在研究这个项目的过程中，该校领导高度重视，各处室大力支持、协同推进，不仅体现了象山地区龙头学校应有的担当，也使学校发展呈现出了新的气象。

1）学校德育拥有了时代"灵魂"。象山中学在深入研究当前学生存在的各种问题之后，认为当前的许多问题都牵涉学生的责任担当与素养，因此需要从根本上对学生进行责任担当教育。实施该项目以后，学校对德育工作重新进行了定位，剔除了重复无效的德育活动，对一些德育活动进行了整合与拓展。这样一来，学校的德育活动有了主线，形成了以"责任担当素养提升"为目标的系统工程。可以说，这样的主题使学校德育具有了富有时代性的"灵魂"。

2）学校课程体系更具特色。自新课程改革以来，学校课程建设一直走在前列，"创新工程"项目使学校围绕"责任担当"这个主题，借助学校在课程建设方面已经具有的优势，清晰地构建起提升学生责任担当和素养的课程体系。同时，学校还将德育活动课程化，构建德育的活动课程，使学校德育活动的目标更加明确、内容更加丰富、实施更加有力，让学校的德育活动进一步走向规范化、有序化，充分发挥课程的育人功能。

3）落实了素养提升的行动载体。在该项目推进过程中，学校非常注重项目的落地问题。学校深入实践，广开言路，形成了一系列结合学校实际、适合学生特点的载体，既包含计划、安排等抽象载体，也包括实实在在的有形载体，比如，"我心目中的象中学子"征文比赛、环境保护社会调查、"感动象中"人物评选、象中讲坛、成人仪式、走进工厂和乡贤工作室等。载体的形成，使责任担当和素养提升工程成功"着陆"，大大增强了项目的实效性，不仅学生在高中三年有了明确的个人素养提升的目标，而且学生的责任担当素养也有了较为明显的提升。在象山中学，争做"有责任、会担当的卓越象中人"已经成为学生的共识。

（二）差异教学——赋予"立三"校训新内涵

象山二中不仅探索出了一条差异教学之路，正视并尊重个体差异，谋求并实现差异发展，而且在实施差异教学的过程中，强调学生自主学习，指导学生自我规划，在新背景下践行"立德、立功、立言"的"立三"校训。通过该项目的推进，学校取得的成果远比预期的大，产生了积极的联动效应。在这期间，学校还被评为"浙江省教育科研先进集体"，成为象山县唯一的"甬派教育科研培训中心"，也是宁波市的十大"甬派教育科研培训中心"之一。通过项目的实施，目前，我们有以下发现。

1）"照顾差异"已成为教学常态。教师在教学中充分照顾到学生实际学习程度的差异，组织好各种不同的活动，安排好教学时间，适时进行个别辅导，确保每个学生都能跟上进度，同时不浪费学有余力学生的时间。同时，在进行差异教学的过程中，学校教师不断探索相关的微课制作。其所开发的系列学习资源已经完成四大系列、六个专题的微课 500 余个，几乎涵盖高中所有学科，可以满足从新授课到习题课、复习课、拓展课的不同需求，从而满足不同层次学生的学习需求。

2）评价学生用"多把尺子度量"。实施差异教学使教师发现，其实班级中不缺少"聪明"的学生，应给予所有学生心理上的支持，乐于挖掘每一名学生的优势，并给予充分的肯定和欣赏，使学生树立自尊、自信，使每个学生都相信自己是唯一的、优秀的。

3）实现平等基础上的深度沟通。学校差异教学的实施，使得师生之间沟通的主要内容不再局限于考试成绩，而是立足差异，更加关注学生个体的进步，从而使沟通的内容更加全面。这种良好的师生关系为学生的差异化成长奠定了良好的基础。

（三）"3723"架构——彰显应对高考新主张

在努力应对新高考的过程中，象山三种构建并实施了"3723"教学组织形式，辅以多样化、分阶段、分重点的学生发展指导，集中彰显了象山三中的教育智慧。

1）"3723"架构被证明是新高考下适宜的教学组织形式。一项对学生的民意调查显示，学校"3723"的教学组织形式既做到了尊重所有学生的选择，又尽可能使走班的科目和走班的范围与学校既有的各类资源相匹配。被调查者对目前学校的教学组织形式表示充分理解和赞同。

2）"分项、分类、分层"的方式已取得实际成效。"分项"教学让学生清楚地认识到了自己的个性特点和自己对未来职业（专业）的方向定位，"分类"教学让学生更加明确自己的学科特长，"分层"教学帮助学生明确了自己的目标定向。采用"分项、分类、分层"的方式，学生的学习能力得到认可，各领域、各类别、各层次的学生都有机会参与课程计划，体验到完成能力所及的事情的成功的喜悦，使学生在学习过程中认识自我、建立自我，渴望成功、体验成功，增强了学生的学习动机，激发了学生学习的热情及对更大成功的追求，从而形成良性循环。

3）学生发展指导有力地保障了"3723"教学的顺利实施。为了使"3723"教学组织形式下的学生发展指导更契合象山三中学生的需求，学校分别针对本校学生在高中不同学段面临的共性发展任务或可能遇到的困难和问题展开了调查研究，确定了学业发展、职业生涯发展和生活技能发展三个领域的学生发展指导，促使学生较好地完成了新高考背景下人生的第一次重大选择，成就了 2017 年学校卓有成效的育人业绩。

（四）体验式学习——演绎生涯教育新样本

西周中学体验式生涯教育的创新行动，以库伯的体验学习循环模型为基础，形成了象山县域范围内独具经验的生涯教育样本。

1）三大系统夯实了生涯教育基石。学校在推进体验式生涯教育的过程中，着力打造生涯课程、生涯指导、生涯支持三大系统。这里的生涯支持系统是指由人员支持系统、信息支持系统和活动支持系统三个组成部分构成的整体。学校逐步形成了积极的生涯教育观、多样化的课程体系内容、多元化的学生生涯指导、综合性的生涯教育支持资源，助力学生对未来进行科学合理的规划。

2）全域化的体验式学习丰富了生涯教育内容。学校主要采用情境模拟体验、精神代入式体验和社会实践式体验三种方式，全方位、多途径地推进各种生涯体验活动，包括课堂活动、校园活动、社会实践活动和学生个体性的活动等。全域化的生涯体验能让学生体验身边的事物，在认识外部世界的同时认识自我，让学生在不断得到新的经历、新的体验的过程中提升其生涯成熟度。

3）全程化生涯指导加深了体验及反思的深度。体验不能等同于经历，不能浮于表面、流于形式，而重在内在的观察与思考，以及抽象概念的形成与总结。对于高中生来说，在生涯体验过程中，很难做到完全自觉、能动地去完成体验与思考两个关键性的阶段，这就需要指导教师提供有力的支持和重要的引导。为此，学校的生涯导师结合心理测评，做好体验活动前的方向指导；根据生涯发展不同阶段，做好体验活动过程中的方法指导；在 SWOT 分析的基础上，做好体验活动后的决策指导，形成了一种全程化的陪伴。

（五）体艺特色——确立未来发展新思路

滨海学校新的课程方案不仅充分体现了省教育厅有关课程改革的总原则和相应要求，结合了中国学生发展核心素养指标体系的相关内容，融合了浙江省高考改革方案的设计理念和具体细则，还将前些年初步形成的体艺教育特色以课程的方式固化下来，使课程方案更有利于促进本校学生的生涯发展。该方案实施至今，已初步显现出一些预期的效果。

1）学生的课程选修更趋理性。①学生对Ⅰ类选修课的选择更加认真和慎重，主要表现为：2016 级学生在对高考科目进行选择时，一部分学生在自身基础相对较好的学科和兴趣度更高的学科之间选择了后者；在回避重点高中学生选择较多的优势学科和与自身职业方向相关的学科之间，一部分学生也开始考虑后者。②学生对Ⅱ类选修课的选择趋于严肃，主要表现为：一是开始思考计划性；二是开始考虑方向性。③学生对待Ⅱ类选修课的态度发生明显好转。虽然学校开设的Ⅱ类选修课与高考成绩关系不大，但对学生专业发展的影响或生涯选择意义深远，学生逃课现象明显减少，课堂纪律明显好转，课堂效果也较过去有了明显改善。

2）体艺特色的教育氛围基本形成。①校园文化建设正在逐步突出体艺色彩，体育节、艺术节活动成为学校固化的风景线，体艺活动成为常态，且丰富多彩，学生参与活动的人数超过九成；②体艺特色选修课变为学生选修课中的"必修课"，成为学生的热选课程；③具有体艺特长的学生比例逐步提升，体艺赛事获奖等第逐年提高；④体艺课程与体艺活动管理制度趋于完善。

3）为学生打开了升学的又一现实通道。学校课程体系重构和实施之后的首届毕业生，也是浙江省新高考方案实施以后的首届考生。由于体艺特色类课程和相应的生涯规划类课程发挥了一定作用，该校毕业生的生涯发展相较之前增加了新的出路，主要表现在以下两个方面：①通过高三年段开设职业体验类课程，使一部分学生选择了自己感兴趣的高职类提前招生院校；②体艺特长生在高考中获得大丰收，为一部分学生打通了体艺生涯发展之路。

二、不忘初心，铸就共同主题

（一）特色化：打破同质化倾向

"长期以来，高中学校在人才培养模式与培养目标方面，基本上采用的是整齐划一的做法，一方面是因为高考选拔模式使然，另一方面，也是课程设置与教学方式单一所致。这导致普通高中在教学中忽视学生个性与能力的培养，把升学当成了唯一奋斗目标。显然，这与社会的日益国际化、与社会对人才的需求极不协调。"[①]象山普通高中系统的各所学校在实施"创新工程项目"期间所体现出来的各有侧重的新常态，不仅反映了普通高中应对当前教育挑战的共同取向，更是消除了既往普通高中发展的同质化现象。这样的特色化发展行动，不仅为满足不同潜质学生的发展需求提供了更大的可能性和空间，也是对创新人才培养多元途径的一种实践探索。

1）象山中学。直指学生的素养发展，学校将"中国学生发展核心素养"体系中的责任担当素养进行校本化解读，并且结合学校既有的课程优势，以课程化的路径加以涵育。这一选题力图跳出仅从知识、技能层面关注学生素养培养的局限，重视从情感、态度、价值观层面对教育进行关注，以新的视角探寻学生成人成才之路。

2）象山二中。学校寻求素养教育与差异教学的共轭关系，在了解与研究差异、正视与尊重差异的基础上，改变传统的课程与教学实施，试图通过建立差异档案、提供课程超市、优化教学组织结构、开发差异化学习资源等措施，促进学生的差异化发展。

3）象山三中。学校试图创建新形势下与学校现有资源相匹配的选课走班形式，同时解决好由教学组织形式改变而带来的学生管理问题，一方面谋求新的教学组织形式能在学校中稳妥地得以实施，另一方面谋求在采用新的教学组织形式的情况下，学生有更好的发展。

4）西周中学。学校基于对本校学生毕业后出路的强烈关注，旨在推动学生更好地进行生涯规划，在强化体验式学习的基础上，力图为学生提供更多的生涯体验机会，促进学生对体验进行反思，从而实现学生作为"整体的人"对于生涯教育活动的参与。

5）滨海学校。学校立足于重构学校的课程方案，对原有的课程结构做出调整，并对课程内容进行完善，旨在为学生提供更好的生涯发展平台，力图通过新课程方案的实施，拓展满足学生发展需求的渠道，更切实地为学生今后的发展奠定基础。

（二）以人为本：回归教育本真

象山县各所普通高中虽然力图在学校发展的道路上走出各自的特色，但是从上述对各校"创新工程"项目行动的简要概括中，我们也不难发现，学生的发展始终被置于各校思考学校发展之路的中心。从高中组的"创新工程"项目，我们可以看到，象山县普通高中试图探索可行的现实途径，从学生未来

---

① 马玉霞，柴红森. 普通高中特色化课程改革实践意义分析. 基础教育课程，2018，（7）：23-29.

的学习生活、职业生活和公民生活等不同维度帮助学生做好准备。这样的努力，在 2018 年 1 月教育部发布新的普通高中课程方案及各学科课程新的标准之时得到了呼应。

教育部新发布的普通高中课程方案明确了普通高中作为基础教育的学段性质，并且强调普通高中教育的任务是促进学生全面而有个性地发展，为学生适应社会生活、高等教育和职业发展做准备，为学生的终身发展奠定基础，同时要求以进一步提升学生综合素质，着力发展核心素养，使学生具有理想信念和社会责任感，具有科学文化素养和终身学习能力，具有自主发展能力和沟通合作能力。①普通高中的性质、任务和目标在新的课程方案中得到如此厘清，这对我国普高学校的发展来说无疑是一个极大的利好，因为这样的定位势必要求普通高中的发展突破传统的窠臼而顺应时代的要求。可喜的是，象山县各所普通高中实际上已经在这样的方向上向前迈进，着力探索着普通高中的育人模式如何从"育分"向"育人"进行转变。

从普通高中的性质、任务和目标可见，一方面，实现每个高中生全面而有个性的发展，为每个高中生的终身发展奠定基础，是普通高中教育内在价值的基本规定；另一方面，普通高中直接连接高等教育、职业世界与社会生活，因而它还必须发挥相应的工具价值，普通高中教育的三类工具价值——大学准备、职业准备和社会公民生活准备，必须彼此关联、相互融合。同时，普通高中教育的内在价值与工具价值之间应该是相互作用、相互依存，彼此间动态转化且融为一体的。因此，在普通高中阶段，不仅需要让每个高中生经历健康、快乐而富有创造性的高中生活，而且要在课程、教学、学习、评价、管理等诸方面实现高中教育与大学教育的成功连接，要通过建立学术性科目与职业世界的内在联系，使学生发现学术知识的意义，提升其参与和驾驭职业世界的能力，要让每个高中生将主动的学习者与负责任的公民两种角色融为一体，使其学会为社会服务，并在服务中学习。②这是时代赋予我国普通高中的新的使命。象山县普通高中"创新工程"项目的实施表明，在实现这一使命的过程中，学校的课程与教学变革是主要的抓手和突破口，评价与管理的变革以及生涯教育的深入开展是重要的保障，全校范围内各个层面的联动是不可或缺的支持力量。

不忘初心，为了学生的发展；砥砺前行，为了学校的发展。愿行进于普通高中教育变革之路上的象山县普通高中拥有更好的明天！③

---

① 中华人民共和国教育部. 教育部关于印发《普通高中课程方案和语文等学科课程标准（2017 年版）》的通知[EB/OL]. http://www.moe.gov.cn/srcsite/A26/s8001/201801/t20180115_324647.html（2018-01-05）[2018-03-08].
② 张华. 深刻理解普通高中教育的性质、定位与发展方向[J]. 人民教育，2018，（3）：40-42.
③ 本章建立在各校项目结题报告的基础之上，各校项目详情请参阅高中组结题报告集《新挑战 新方案 新方向——象山普高的教育创新行动》。

第八章

象山探索：农村学校自然
小班化教学变革

自然小班化是当前我国农村基础教育面临的一个具有普遍性的教育问题。具体而言，自然小班化是指农村中小学由于生源减少和流失造成的班级学生人数少于 30 人的现象。与一般意义上的"小班化"的不同之处在于，自然小班化是农村学校被动经历的生源减少，而非为了提高教育教学质量而主动缩减班级规模的过程。农村中小学的"自然小班化"问题也是教育改革的契机。在乡村振兴和新农村建设的背景下，重申乡村教育的新使命，利用小班化的有利条件提升乡村学校的教育教学质量，成为摆在农村中小学面前的主要任务。象山县一些农村中小学在自然小班化的背景下，积极进行的小班化教学改革实践，即是当前乡村中小学在自然小班化背景下谋求乡村教育振兴的案例。

第一节 自然小班化：一个值得关切的
乡村教育问题

根据《中国农村教育发展报告 2017》的调查数据，义务教育在校生 2/3 在县域，农村仍然是中国义务教育的主体。[①]当前的中国农村教育取得了一些有目共睹的成就，如学前教育持续发展、义务教育均衡化水平有序提升、高中阶段普职教育稳步推进等。但与此同时，农村教育中的有些问题也不容回避，如师资力量薄弱，代课教师占比高，优秀教师流失严重；教育硬件设施不能满足教育的要求；家长的教育能力和观念较为落后，家校合作能力差；义务教育阶

---

① 邬志辉. 中国农村教育发展报告2017[EB/OL]. http://www.jyb.cn/zcg/xwy/wzxw/201712/t20171223_900288.html（2017-12-23）[2018-08-10].

段生源持续流失等。生源的持续流失，导致了许多农村学校的消失和自然小班化的形成。

一、生源流失与自然小班化的形成

随着我国城镇化的持续发展，农村劳动力向城镇和大城市的流动逐年增加。伴随着这一发展趋势，带来了农村义务教育适龄人口数量的持续降低。"义务教育学龄人口持续向城镇集中，义务教育城镇化率从 2001 年的 38.2%增长到 2016 年的 75.01%······但 2016 年仅比 2015 增长 1.21 个百分点，增速明显放缓。乡村学校数量持续减少，城镇学校数量缓慢增加。乡村小学数量由 2012 年的 15.50 万所减少到 2016 年的 10.64 万所，减少了 31.35%；乡村普通初中由 2012 年的 1.94 万所减少到 2016 年的 1.62 万所，减少了 16.49%。镇区小学由 2012 年的 4.74 万所减少到 2016 年 4.46 万所，减少了 5.91%。"[①]

农村生源的持续流失不仅带来了乡村学校的减少，也使得现存学校出现了自然小班化的现象。以本项目所在的宁波市象山县的两所小学为例，可以窥见这一生源流失的趋势。

2008—2017 年荔港学校学生人数统计如表 8-1 所示。

表 8-1　2008—2017 年荔港学校学生人数统计　　　　单位：人

项目	2008 年	2009 年	2010 年	2011 年	2012 年	2013 年	2014 年	2015 年	2016 年	2017 年
初一学生	276	378	281	256	237	312	309	238	275	261
初二学生	321	253	354	252	235	201	285	283	224	253
初三学生	431	270	213	322	227	208	182	261	265	182
总人数	1028	901	848	830	699	721	776	782	764	696

2008—2017 年泗洲头镇中心小学（以下简称泗洲头小学）学生人数统计如表 8-2 所示。

表 8-2　2008—2017 年泗洲头小学学生人数统计　　　　单位：人

项目	2008 年	2009 年	2010 年	2011 年	2012 年	2013 年	2014 年	2015 年	2016 年	2017 年
一年级	68	65	54	56	52	72	53	42	34	53
二年级	66	64	63	51	57	56	66	51	42	30
三年级	73	76	65	61	55	58	55	68	52	42
四年级	70	72	76	64	62	69	60	60	65	56

---

① 邬志辉. 中国农村教育发展报告2017[EB/OL] . http://www.jyb.cn/zcg/xwy/wzxw/201712/t20171223_900288.html（2017-12-23）[2018-08-10].

续表

项目	2008 年	2009 年	2010 年	2011 年	2012 年	2013 年	2014 年	2015 年	2016 年	2017 年
五年级	73	68	70	76	61	86	69	61	62	68
六年级	74	73	67	75	78	85	90	69	60	64
总人数	424	418	395	383	365	426	393	351	315	313

由以上统计数据明显可见，荔港学校在校生人数从 2008 年的 1028 人，减少到 2017 年的 696 人，学生总人数减少了 32.3%。其中一个明显特征是初一学生人数在十年间变化不大，但是，在初一到初三的学习过程中，学生持续流失，如 2008 级的初一学生数为 276 人，到初二为 253 人，到初三时减少到 213 人。其中的因素多元，如本地生源学生转学到教学质量相对更好的初中，外来务工子女随父母工作变动离开或回乡就读等。泗洲头小学在校生总数也从 2008 年的 424 人减少到 2017 年的 313 人。班级平均班额从 40 人左右逐步减少到 30 人左右，每年都在递减，自然形成了小班。

生源的流失过程实际上也是一个社会流动过程，在一定程度上产生了筛选效应。流失学生的家长往往是较为重视子女教育，愿意投入精力和资源追求优质教育。相对而言，留在农村学校的学生的家长忽视了教育或教育观念落后，对子女的教育期望值低，教育能力也比较薄弱。其中，更有大量学生属于留守儿童。直面农村中小学生源流失问题，也就是直面如何有效促进社会相对弱势群体的教育公平问题，其重要性不言而喻。因此，生源流失带来的自然小班化也为农村中小学提供了改革教学模式、提升教育质量的契机。

二、乡村振兴与乡村教育的新使命

从当前振兴乡村的国家宏观政策背景下来看待乡村教育的改革，其更有着非同寻常的紧迫性和重要性。十九大报告明确提出实施乡村振兴战略，加快推进农业农村现代化。"推动城乡义务教育一体化发展，高度重视农村义务教育……努力让每个孩子都能享有公平而有质量的教育。"[1]但是，当前我们的农村义务教育发展尚面临巨大挑战。《中国农村发展报告——新时代乡村全面振兴之路》中的调查研究发现，我国城乡教育面临县域义务教育尚未均衡发展，城乡学生接受义务教育机会差距显著，义务教育经费投入、师资水平、物质资源配置等城乡差距显著，以及城乡教育机会与资源配置差距较大等现实性问题。[2]这些问题的解决，需要强

---

① 习近平：决胜全面建成小康社会 夺取新时代中国特色社会主义伟大胜利——在中国共产党第十九次全国代表大会上的报告[EB/OL]. http://www.xinhuanet.com//2017-10/27/c_1121867529.htm（2017-10-18）[2019-10-20].
② 魏后凯，闫坤. 中国农村发展报告——新时代乡村全面振兴之路[M]. 北京：中国社会科学出版社，2018.

化政府在促进城乡教育公平发展中的保障作用，加强农村师资队伍建设中的激励作用，鼓励地方探索与创新，推动农村教育水平整体提升。

乡村振兴中，乡村教育的振兴应该成为核心，需要政府层面在师资力量、经费投入、基础设施建设和物质资源的配置中起到杠杆作用。此外，学校自身也应该积极求变，在乡村振兴过程中发挥文化中心的作用，以优质教育促进乡村振兴。因此，在乡村振兴的背景下，乡村学校的改革发展担负了新的使命：为弱势群体提供优质教育，促进社会教育公平；以优质特色教育吸引乡村建设所需人才，促进优质生源向乡村学校"回流"。象山县四所农村小学在生源流失造成的自然小班化背景下进行的教学改革，正是在教育方面为建设美丽乡村所做的一种努力。

第二节　他山之石：国内外小班化教学改革的实践

小班化教学的理论建构与实践探索在国内外都已有先例。从国外的"缩小班级规模运动"到我国的"小班化教育"改革，小班化教育的理论、价值取向和实践操作模式逐渐丰富。在象山县启动自然小班化背景下的教学改革之初，课题组所做的主要工作是系统梳理和学习国内外关于小班化教育的理论建构和实践探索。小班化教育是从认识到行为的全面变革，而非传统课堂教学的加减法，教师需要更新自己的教育价值取向和观念，构建新的课堂教学系统并付诸实践。"体现小班化教育理论价值的前提是：教师自觉地将理论转化为自己的内在认识，并付之于行为转变。"[1]小班化教学改革需要从理论和实践的学习开始。

一、国外小班化教学改革实践探索与经验

国外小班化教育研究可以分为三个阶段。第一代研究关注的是班额和学生成绩的关系。这些研究成果影响力大，但忽视了教学方法对班额的影响，因而研究结论差异较大。第二代研究主要探讨班额与教师及学生行为的关系，发现教师在学生人数减少的情况下，并不愿意改变原有的教学方法。第三代研究关注的是教师如何充分利用不同班额进行有效教学。

（一）美国小班化教育的经验

早在20世纪30年代，美国的Whitney和Willey就以学生的学习能力和成绩为指标，尽可能地控制有关变量，以明确分析班级规模对教学的影响，得出了小班教学优于大班的结论。进入20世纪70年代末期，美国学者Glass和Smith运

---

① 董蓓菲. 小班化教育的中国模式——实现教学过程公平的理论与实践[M]. 上海：上海教育出版社，2014：1.

用元分析法，收集了近 80 份有关班级规模和学生学业成绩关系的研究材料，这些材料涉及各类学校的 90 多万名学生，这些学生分布在各个年龄段，且在规模大小不一的班级内学习。通过对这些学生的学业成绩和班级规模所做的 100 多项比较，他们提出了著名的格拉斯-史密斯曲线，认为班级规模将使学生的学业成绩、情感因素发展受益。①随着班级规模的扩大，学生的学业成绩在下降，最能使学生学业成绩受益的班级规模应该是 20 人以下。

以他们二人的早期研究成果为基础，20 世纪 80 年代以来，美国各地开展了一系列小班化教学改革实践，其中比较有代表意义的小班化教学改革实践包括田纳西州的 STAR（student teacher achievement ratio）项目、威斯康星州的学生成就保证计划（student achievement guarantee in education，SAGE）项目和加利福尼亚州的缩小班级规模（class size reduction，CSR）项目，这些实践项目积极有效地推动了美国联邦政府小班化教学改革的全面启动。

1. STAR 小班化教学实践

1985 年，美国田纳西州开始了为期四年的 STAR 小班化教学实践，实践的重点在于探求生师比和学生学业成绩的关系，共有 11 600 多名学生、1300 多名教师和 79 所小学参与了该项实践。研究者利用随机分配的方法，将 1985 年入学的学前班学生或 1986 年入学的小学一年级（K-1）学生分成三个实践组进行实践，分别是 13—17 人的小班、22—25 人的普通班以及 22—25 人并额外配备一名助教的普通班。在经过为期三年的实践和跟踪调查分析后，研究者发现，小班化教学实践组学生的学业成绩明显优于另外两组学生的学业成绩；在小班化教学实践组内学习过 3—4 年的学生，即使进入普通化四年级大班后，仍然可以保持学业成绩优势；配备助教的普通班学生的学业成绩优于未配备助教普通班学生的成绩。该实验具备一个可控实验的重要特征，因此得出的结论具有一定的权威性和说服力。鉴于 STAR 实验的成功，田纳西州随后又出台了一系列的小班化教育改革计划与法案。

1）持续效果计划（lasting benefits study，LBS）。尽管小班有利于学生学业成绩的提高，然而，要真正推进小班政策的制定，必须回答这样一个问题：其效果是否具有持久性？为此，自 1989 年开始，田纳西州又开展了 LBS。研究表明，回到普通班后（四年级），小班学生的所有学科成绩仍优于大班学生，且行为表现更好。

2）挑战计划（project challenge）。如何消除不同经济背景下学生学业成绩的鸿沟，一直困扰着田纳西州教育主管部门。为此，在 STAR 计划结束之后，自 1990 年始，该州又针对全州经济比较落后的 16 个学区的 K-3 年级进行了小班化教学改

---

① 钟昱. 美国小班化教育探析[D]. 重庆：西南师范大学，2004：6.

革，并以该学期在全州成绩测试中的名次变动来测量其效果。研究表明，实施改革学区的二年级学生的阅读和数学成绩排名已由全州的第 99 名和 85 名提升到了 78 名和 57 名，小班化教学的效果再次得到证明。

哈佛大学研究员 Mosteller 对田纳西州的 STAR 实验的评价是"到目前为止，教育实验中最重要的控制实验"，"最大、最持久、最严格控制的研究"[①]。在田纳西州的 STAR 实验研究以后，小班化教育的确有利于学生发展的结论开始被美国大多数人所接受。不仅如此，田纳西州的 STAR 实验也对世界上很多国家实施小班化教育政策起到了提供科学依据的作用，影响深远。

2. 威斯康星州的 SAGE 小班化教学实践

SAGE 是美国威斯康星州于 1996—1997 学年度开始实施的为期五年的小班化教学实践项目。该项目涉及威斯康星州 21 个学区，30 余所贫困社区或非洲裔人群社区中的学校参与了最初的实践。实践的初衷在于通过降低幼儿园到三年级班级的生师比例和减小班额的方式，来研究小班化教学中的个性化教学，包括把师生比降低到 1：15，加大实践班课程难度，改进实践班教学绩效测评标准和加强实践班教师专业发展等。研究者发现：①SAGE 计划中的一年级学生比对照组在数学、阅读、语言艺术等方面都要出色；②在 SAGE 计划的小班中，非洲裔学生和白人学生成绩的差距逐步缩小，与此同时，大班中这类差异却在扩大；③升至二年级后，小班学生的成绩领先于对照学校中同年级学生的成绩，但二者的差距没有进一步拉大。威斯康星州的实验再一次证明了小班化教育的成果。[②]

3. 加利福尼亚州的 CSR 教学实践

加利福尼亚州的 CSR 教学实践始于 1996—1997 学年，是一项为期三年的志愿激励性小班化教学实践项目。在 1996 年美国各类主要学业成绩测试中倒数第一的排名，刺激了该州实施小班化教学实践。该项目要求参与实践的学校从一年级或学前班开始将实践班的班额降低到 20 人或 20 人以下，经过一学年的实践后，依次推广到更高年级。同时，其提供了两套学额降低方案供实践学校选择：方案一，生均 650 美元的全日制实践班；方案二，生均 325 美元的半日制实践班。1997—1998 学年，该州政府进一步推广了该项目，并斥资近 3 亿美元将该实践扩展到四年级，其中近 1.5 亿美元作为一次性设备和设施投入，使得生均费用微增到近 670 美元。随后，州政府在 1998—1999 学年继续增加实践经费投入，使得生均实践经费增加到 800 美元，并吸引近 98.5%的有资格学校参与到实践中来，9.4

---

① Finn J D. Class Size and Students at Risk: What is known? What is next? A Commissioned Paper [J]. Academic Achievement, 1998，19:15.

② 钟昱. 美国小班化教育探析[D]. 重庆：西南师范大学，2004：12.

万所教室配备了该实践项目的设施和设备。实践取得了令人信服的结果：在阅读、语文、数学和其他基本技能方面，参与小班化教学的实践班学生的学业成绩远远高于普通班学生。

但是，加利福尼亚州政府在小班化实验之初缺乏先期调研和必要准备，导致改革受挫。其一，经费严重不足。尽管一升再升，从第一年的生均 650 美元增加到第三年的 832 美元，但是，仍然远远落后于实际需要。其二，合格教师严重不足。突如其来的大量教师需求，使加州教师教育机构陷入尴尬境地：一方面不得不满足新教师数量，另一方面又不得不保证新教师质量。为了完成改革，一些学校开始大量招聘不合格教师，导致教育质量下滑。其三，教室严重不足。一些教室紧缺学校不得不将特殊教育课室、儿童保健室、艺术课室、图书馆、计算机室等临时或永久性地改作教室，或购买可移动教室。而新近研究发现，可移动教室含有高致癌物质，会大大提高人体得癌症的几率。①

4. 美国小班化教学实践的经验分析

美国的小班化教育改革虽然取得了一些成就，也证明了小班化教学在提高学生学业成绩和情感能力方面的效果，但是，不容忽视的是，这仍然是一项充满争议的改革。许多学者从成本效益或单一从缩减班级规模、减少师生比的角度研究小班化教育的效果，往往会得出小班化教育无效或并无优势的结论。但是，综观美国关于小班化教育改革的实践，有一些经验值得我们在改革中吸取。

1）小班化教育应在基础教育低段尽早实施。STAR 计划及其后续研究表明，小班化教学效果在幼儿园和一年级最好，因此在儿童入学的第一年（幼儿园或一年级）就应该实现小班化教学。换句话说，小班改革更多的是一种预防性而不是治疗性措施。

2）不能用降低师生比代替缩小班级规模。尽管美国小班化教育的具体要求在各州并不相同，但是，大量实验证明，当班级人数少于 20 人时，小班化教育效果更显著。因此，不能用生师比改革代替真正的小班化教学改革，助手班的效果远不及小班，即是说两名甚至是三名教师同时为 40 名学生上课的"协同教学"不能替代 20 人的小班教学。

3）小班化教育对弱势群体儿童的效果更明显。小班化教育对弱势群体学生更有利，因此在教育资源紧缺的情况下，小班改革可以有所倾斜和侧重，优先考虑处境不利或有特殊需要的儿童。

4）教师小班化教学能力的提升是小班化教育取得成效的焦点。综观美国的小

---

① 陶青. 小班化教学的政策建议——对美国经验的分析[J]. 广西师范大学学报（哲学社会科学版），2011，47（1）：118-122.

班化教育改革，可以发现小班化教育改革是一项系统工程，仅仅缩小班级规模并不会自动地带来教育质量的提升。因此，当前美国的小班化教育改革开始在缩小班级规模的同时，注重教师的专业发展、评价改革和管理改革并举。其中，"提高教师专业水平就成为未来小班化教育研究和改革关注的中心。面对小班教师并不一定会转变其教学理念与教学策略的问题，必须通过有效的教师专业训练，提升教师小班教学的信念与能力，以发挥小班教学的优势"[①]。

（二）英国的小班化教育实践与研究

英国工党一直是缩小班级规模政策的积极推行者。1997 年，新工党执政开始，就把缩减班级规模作为其执政的五项承诺之一。执政期间，工党政府通过立法强制小学 5—7 岁学生所在的班级人数不得超过 30 人。1999 年，教育部长布朗奇声称，政府试图缩减幼儿班人数的努力已经收效，英格兰已有 10 万名 5—7 岁的幼儿班班级人数减少至 30 人以下，同时，政府拨款 6200 万英镑给全国各小学以达成小班化目标，另外还有 5.6 亿英镑经费分配给学校，用于增聘教师和兴建 60 间教室来应对小班化而增加的班级数。在达到班额 30 人的目标后，工党在 2001 年大选中更是承诺把 5—7 岁儿童的班级人数缩减至 25 人。[②]

可以说，英国缩减班级规模是教师组织、社会民众的共同诉求，也是政府政策主要的价值取向。但是，在小班化教育政策的实践过程中，英国政府也经历并正在面临着一些问题。2014 年，英国教育部公布的数据显示，过去四年中，有 93 665 名英国小学生在人数超过法律规定上限 30 人的班级中读书。其中，近 1.5 万名学生在超过 40 人的班级上课，6000 人在 50 人的班级学习，还有 2500 人挤在 60 人的超级大班中。英国《每日邮报》援引专家的观点称，英国人口增长过快以及不当的移民政策是小学人数膨胀的主要原因。英国全国校长协会和女教师工会（National Association of Schoolmasters Union of Women Teachers，NASUWT）秘书长克里斯·济慈则指出，教师资源短缺造成的影响不容忽视。"NASUWT 对班级人数的增加并不感到惊讶。"济慈指出，"4 年来，大量教师辞职，学校不得不将学生合并进大班，不少学校面临潜在的招聘危机"。她还直言："在人数过多的情况下，根本无法保障教学质量。让这么多学生挤在一个班级是政府没有尽到责任的表现。""没有老师会认为大班教育更有利于孩子成长，教师和学生之间更好的比例，意味着更出色的教学效果。而在大班，灵活的教学方式往往受到限制，孩子们会感到无聊。"英国《赫尔每日邮报》援引英国教师协会负责人约翰·基林

---

① 邵光华，仲建维，徐建平. 优质公平视域下的小班化教育研究[M]. 杭州：浙江大学出版社，2013：57.

② 邵光华，仲建维，徐建平. 优质公平视域下的小班化教育研究[M]. 杭州：浙江大学出版社，2013：59.

的话："大班教学会带来负面影响毋庸置疑，学校已感到压力越来越大。"[1]2017 年，英国教师工会的统计数据显示，英国目前的小学生人数超过 100 万人。因为学校资金不足，2017 年，多数学校无法新增班级，导致班级人数普遍超过了 36 人。[2]以上事实说明，英国政府的小班化教育政策实施缺乏前瞻规划和充足的师资设施支持，因此，出现了现实中"有法不依"的局面。这对其他国家小班化教育的实施而言也是值得吸取的教训。但是，从发展上看，英国政府推进小班化教育的趋势并未改变，加之教师工会的施压，英国小班化教育政策的实施效果令人期待。

在小班化教育研究中，英国伦敦大学教育学院心理教育学彼特·布莱奇福德教授的研究成果有广泛的影响。在充分分析包括田纳西州 STAR 计划在内的已有关于小班化教育效果的研究设计存在的问题的基础上，彼特·布莱奇福德运用量化研究和质性研究相结合的研究方法，得出了在小班化教育研究领域广受赞誉的研究结论。该研究涉及九个地方教育当局的 7000 名儿童，从他们 4 岁入学开始历时三年。该研究不仅关注班额与学业成绩的关系，而且将研究的内容拓展到教室内关键的教学过程。研究中收集的资料数据包括每一年学生的学业成绩，每一名儿童的基本信息（是否享受免费午餐、种族、性别等），教室内的分组活动，教师问卷，对所选择班级的个案研究，教师对时间分配的估计，以及系统的课堂观察和学生行为等级评定等。

彼特·布莱奇福德教授的研究发现，班级规模与学生的学业成绩密切相关。班级规模越小，学生的数学和语文成绩越好。其中，入学成绩最差的学生在小班中的语文成绩提升最为明显。还有研究者通过对比 20 人以下的小班和 30 人以上的大班后发现，班额影响着课堂教学的进行：孩子与教师在小班里有更多接触；小班里的教学时间较多；教师在小班里给学生较多的个别照顾；孩子在小班里有更多机会提问和回答问题；教师在小班里给学生的回应更迅速、有效，也更能关注学生的个别情况[3]；当小班学生进入大班后，受益大大减少。大班额倾向于更多的学生分组或更大的小组规模，与小班相比，其提供的教育环境较为低效。[4]

如果小学教育并不仅仅是向孩子灌输知识，那么，控制班级人数是很重要的。班级规模越小，每个孩子得到的关注就越多，孩子的分析和思考能力得到培养的机会也就越多。

（三）加拿大的小班化教育改革实践

20 世纪 90 年代，加拿大政府为了提升在国际上的整体竞争力，对国内的教

---

① 转引自谢雨. 英国小学班级人数膨胀严重[N]. 青年参考，2014-08-27.
② 白梦佳. 英国教师工会数据显示小学班级人数普遍超标[N]. 中国教育报，2017-09-15.
③ 邵光华，仲建维，徐建平. 优质公平视域下的小班化教育研究[M]. 杭州：浙江大学出版社，2013：60.
④ Elliott J. The class size debate: Is small better?[J]. British Educational Research Journal, 2006, 32(5): 755-756.

育质量进行了新的审视和反思，并据此制定了面向 21 世纪的国家教育发展战略。在此基础上，其提出了一系列提高学校教学质量的策略，包括学校"校舍建设"、"教育质量和责任"评价项目、"班级规模"（primary class size, PCS）项目等。其中，旨在缩减班级规模的改革，因其前瞻性规划和保障措施取得了良好的教育效益。加拿大教育部的调查数据显示，自 2003 年以来，各省的生师比例持续下降（表 8-3），这也从一定程度上显示了小班化教育取得的成效。

表 8-3　加拿大各省生师比的变化

项目	一位教育者所对应的学生数（人）	
	2000—2001 年	2008—2009 年
阿尔伯塔省	18.2	16.5
努纳武特地区	17.6	14.0
不列颠哥伦比亚省	16.8	16.4
西北地区	16.8	13.4
新不伦瑞克省	16.7	13.6
新斯科舍省	16.5	13.6
萨斯喀彻温省	16.5	10.6
安大略省	16.0	13.8
爱德华王子岛省	15.9	13.5
马尼托巴省	15.0	13.9
魁北克省	14.6	13.0
纽芬兰与拉布拉多省	13.7	12.1
育空地区	12.0	10.1

资料来源：加拿大统计局网站. http: // www150. statcan. gc. ca/n1/ pub/ 81-595-m/81-595-m2013099-eng.htm

　　加拿大早期影响较大的班级规模研究为阿尔伯塔省埃德蒙顿市于 1999 年进行的班级规模研究。该研究由阿尔伯塔教育学院设计，主要针对一些班级规模过大学区的学校进行班级缩减工程，目的是检验班级规模对一年级学生成长以及学业成就的影响。赫奇斯、凡恩、阿基里斯等认为，该工程的最重要特点是将班级规模缩小与教师专业发展项目紧密结合，这样能够使教师专业发展与班级规模缩减之间相互配合和促进，保证项目的顺利进展和实施，并取得成效。

　　在加拿大各省缩减班级规模的改革实践中，安大略省因人口众多、基础教育发达，制定的缩减班级规模的项目，从具体的实施方案到实施步骤，再到实施结果，都相对科学有效，并取得了显著成效。20 世纪 90 年代末期，进步保守党宣布安大略省政府承担所有的教育经费，并对班级人数进行了政策规定，要求在小学阶段班级学生人数不超过 25 人，初中阶段班级学生人数不超过 22 人。2003 年，自由党执政以后，政府尤其重视学校教学质量的提高以及班级规模限制，要求到 2008 年实现在幼儿园到小学三年级班级人数平均控制在 20 人以下，生师比为 20：1 的目标。从 2004 年开始，安大略省范围内开始实施班级缩减计划。

内勒（Naylor）对安大略省自 2004 年始实施班级规模缩减项目以来所取得的成效进行了综合分析，认为实施效果显著。截止到 2007 年，安大略省 65% 的班级人数实现了 20 人及 20 人以下的目标，学生数在 23 人及以上的班级只占 6%，并预测在 2007—2008 年，班级人数在 20 人及以下的班级将达到 90%。教育质量及问责办公室在对学生的学业成绩进行考核时，发现学生的学业成绩有了显著的进步，成绩提高率由 2002—2003 年的 54% 提高到 2005—2006 年的 64%。2010 年 4 月，关于小班额的有效性报告表明，安大略省班级规模缩减为学生学业成绩的提高提供了极大的帮助，特别是对于贫困地区（high-poverty）和薄弱学校（at-risk school）的学生，并具体说明了最大的收获是学生在数学和阅读方面的进步。另外，其还强调缩减后的班级里，教师能够很好地实现与学生的互动和交流，更好地理解学生，帮助学生解决各种困难，特别是学生的个别需要能得到了教师的充分了解。[①]

但是，即便在安大略省内部，各学区之间实施班级规模缩减计划的效果也是差异明显。Mascall 和 Leung 对安大略省两个学区实施班级规模缩减项目的对比研究发现，学区的"资源承载力"（resources capacity）影响着小班化教育的实施效果。所谓资源承载力，是指运用资源促进积极变革取得成功的程度，它不仅取决于可获得资源的数量，也取决于资源的质量，如资源的适用性以及教育者运用资源的能力。人力资源、时间、资金、设施、教育资料、专门知识，以及这些因素之间的相互关系都是构成资源承载力的要素。研究发现，资源承载力强的学区，能够更好地将缩减班级规模的改革与已有改革或实践联系起来，从而有效地促进教与学质量的提升；相反，资源承载力差的学区，只能被动地应对班级规模缩减，教学效果提升不明显。因此，在安大略省，即便每个学区的小学班级规模都已经缩减到了 20 人以下，但是它对教师和学生的影响却并非如所期望的那样都是积极的。[②]

二、国内小班化教学改革历史与经验

通过翻译介绍欧美国家小班化教学的研究成果，以及在我国少数沿海发达城

---

① 王冬梅. 加拿大安大略省小学班级规模缩减项目研究[D]. 重庆：西南大学，2013：10.

② Mascall B, Leung J. District resource capacity and the effects of educational policy: The case of Primary Class Size reduction in Ontario[J]. Leadership and Policy in Schools, 2012(11): 311-324.

市进行的小班化教学实验，我国从 20 世纪 90 年代中期开始探索适合本土的小班化教学模式。1996 年，上海市教育委员会组织专家率先开展了"小班化教育"的可行性研究。此次研究先在 10 所小学进行试点，至 2000 年已初具规模，有 280 所小学推行了"小班化教育"。进入 21 世纪以后，南京、杭州、大连等地开展了小班化教学改革。从总体发展历程来看，20 世纪 90 年代末期到 2010 年是我国小班化教学改革实践发展的黄金时期。此后，我国一些地区的小班化教学日益面临巨大的困境和压力，主要原因是人口出生率的变化带来的本地学龄人口的增加、外来务工人员子女就学的需求骤增以及学校数量不足等。种种因素导致发达地区的小班化教学急剧萎缩或全面恢复成传统大班。综观我国近 20 年以来的小班化教学改革实验，如下问题值得关注。

1）仅仅缩小班级规模并不能带来教育质量的必然提高。《国家中长期教育改革和发展规划纲要（2010—2020 年）》中提出了"深化课程与教学方法改革，推行小班教学"的改革方向，将小班化教学作为深化课程与教学改革，提升教育质量，促进教育公平的措施之一。在这一政策的导向下，许多市县级教育行政部门出台了一些关于促进削减班级规模，实施小班化教学的规定。但是，学者的研究发现，仅仅将班级规模缩减到小班的标准，并不会带来教育质量的提升。"无论是小学还是中学，我们都找不到任何证据可以证明班级规模是学业表现的重要决定因素。各种经济学研究也发现缩减班级规模的影响极小。这些研究表明，班级规模仅仅是影响学生学业成绩的一个因素，而且只是一种可能性因素，最多是一个背景因素或是一个条件性因素，而不可能是决定因素；如果其余因素不改变，班级规模缩减的效应也将不复存在。"[①]因此，地方实施小班化教育改革，不能仅仅着眼于缩小班级规模。

由此可推知，自然小班化不会带来教师教育教学行为的主动改变。不可否认，我国大多数地区实施小班化教育是在出生率降低带来的入学人口数量减少的背景下提出的改革策略，也就是说，自然小班化是政策实施的背景之一，但是，我国的实践证明，如果没有专业力量介入或政策的积极支持，教师的教学行为不会转变。在小班条件下运用大班集体教学的策略和方法不会实现小班化的利好效应。小班额并不会自然产生人们所期望的教育成效，因为小班额还不是学生学业成就提高、情意发展的必然条件和充分条件。因此，在实现了自然小班化教学的地区和实施小班化教学的学校，还必须对教育教学活动进行相应的改革，创造小班教学需要的其他条件，如师资短缺的弥补与培训、新型的有效教学策略的使用等，唯有这样小班化教学才能达到预想的结果。

2）在小班化背景下，政府部门和学校系统的改革努力是小班化教育取得效果的保障。综观我国实施小班化教育改革取得良好成效的地区，一个共同的特征是

---

① 吴永军. 当前深化小班化教学的若干政策问题再思考[J]. 教育发展研究，2016，（15）：69-75.

在政策层面有系统的围绕小班化教育的一系列支持和保障措施。南京市小班化教育在全国后来居上，取得令人瞩目的成绩，就是一个成功案例。2001 年 2 月，南京市教育局颁发《关于在我市小学开展小班化教育试点工作的通知》，4 月份就开办了第一期"小班化教育"师资岗前培训班。在师资培训和外出上海考察的基础上，其确定了 14 所小学作为试点，平均班额为 24 人。在小班化教育实施过程中，南京市政府给予系统的政策支持，先后出台了大量政策文件。例如，2009 年，为解决经费问题，南京市教育局和市政府联合颁发了《南京市"小班化"教育专项经费管理办法（试行）》。为了规范小班化教育学校的办学行为、管理行为以及教师教学行为，南京市教育局出台了《南京市小学小班化教育办学水平综合评估方案（试行）》。2012 年，南京市教育局出台了《南京市小班化教育行动计划（2012—2015）》，全面规范了南京小班化教育的发展指标、经费投入、管理、教师配置和教师队伍建设等。

借助科研力量提供智力支持，是南京小班化教育的一大特色。2008 年，南京市教育局教研室与南京师范大学合作成立了南京市小班化教育研究所，整合了南京师范大学教授、市教育局教研员、实验学校校长、骨干教师等专业力量。南京市小班化教育研究所也成为南京市小班化教育与国内外进行学术交流的平台。在政策支持、专业引领和有效执行的系统合力下，南京小班化教育成为小班化教育改革实践中的"南京样本"。2014 年，南京市小班化教育研究所的"多元化互动体验：小班化教学模式的研究与实践"获得首届基础教育国家级教学成果奖二等奖。可以说，小班化教育中的"南京样本"就是政府部门、科研机构和学校系统合力作用的典范。

3）就小班化教育的核心价值及理念而言，人们普遍把促进学生个性发展、培养符合 21 世纪富有个性的创新型人才作为其核心价值。实际上，从某种意义上讲，小班化教育的产生就是"个性化教育"的产物。20 世纪 50 年代末以后，世界各国兴起一股"个性化教育"思潮，教育改革提倡尊重全面和谐发展的个性，尤其强调尊重具有特殊倾向、志趣、需要和才能的个性，为贯彻个性化教育原则，其中的主要举措就是制度化、系统化地实施小班化教学。[①]也有研究者从小班化教学理想的角度，提出"小班化教育课堂教学旨在通过学生的学习活动学会既重做事又重做人，对人生有明确的方向感和坚定的信念"[②]。总之，小班化教育的核心价值在于通过师生与生生之间的互动，提供适合每个学生的个性化、差异化和高质量的教育。其特质在于以学习者为中心、高品质的小组学习、多元化的教学活动

① 吴永军. 我国小班化教育：成绩、困境与展望[J]. 课程·教材·教法，2014，34（2）：25-31.
② 邵光华，仲建维，徐建平. 优质公平视域下的小班化教育研究[M]. 杭州：浙江大学出版社，2013：139.

和个别化的学习支持。①

4）关于小班化教学的理论研究丰富。小班化教育的核心在于课程与教学的变革。在理论研究和实践中，关于小班化教学的理论基础、原则、模式和策略的研究也逐渐丰富。关于小班化教学的理论基础，我国学者主要是从哲学、心理学两个方面展开研究的。就小班化教学的哲学基础研究而言，学者一方面结合小班化教学实践中存在的误区，从小班化教学的成绩决定论以及研究领域的唯经济决定论，指出人的发展应是小班化教学的终极追求；另一方面，从人性的多维关系出发，分析了小班化教学实践中人被片面化、单一化和实体化的倾向，提出应遵循关系性原则、批判性原则和整体性原则，以从根本上避免这些危害。就小班化教学的心理学基础而言，有学者从人际交往心理学的视角，分析了传统教学组织形式的弊端，认为小班化教学由于强调师与生之间、教与学之间、书本与方法之间等多方面因素的和谐互动，关注每个受教育者，从而使学生平均得到的教育与关爱的时间和精力增加。有学者从学生智力发展的角度，结合加德纳的多元智能理论，认为大班教学侧重的是培养学生的语言和数理逻辑智力，很难兼顾其他智力的培养；小班化教学为学生多方面智力的发展创造了条件，使教师能在教学过程中有的放矢地加以引导。此外，还有研究者分析了建构主义学习理论、差异教学理论、合作学习理论、人的全面发展理论与小班化教学的关系。

在小班化教学应该遵循的原则方面，有研究者提出小班化教学应遵循"以学生为本的因材施教原则、以能力为界的可接受性原则、以效果为基础的互动性原则、以形象体验为追求的直观性原则"②。情境教学模式、互动教学模式、差异教学模式在小班化教学中被广泛运用；分层教学、小组合作学习、游戏教学、讨论教学、个别指导等多种教学策略和方法等在小班化教学中得到广泛运用。

在小班化教学评价的价值取向上，促进学生积极主动学习和教师改善调整教学的理念得以确立，如发展学生主体性，促进个性优化；强调和促进学生对知识的真正理解；引导学生积极主动地参与学习；促进师生和生生之间的有效互动；促进教师教学的调整与改善等。由此，多元评价、形成性评价、激励性评价等得到了更好的落实。

5）小班化教学规程研制并在实践中运用。在已有的研究与实践中，比较有实践指导意义和可操作性的是南京小班化教育过程中提出的"教学规程"的概念。所谓小班化教学规程，指的是在小班化教学核心理念的指导下，对教师教学行为提出的若干规定及其相关的操作策略，它是引导教师转变教学行为以符合小班化教学理念的规则、要求，为教师教学行为的转变提供一系列或一整套的规范与操

---

① 小班化教改实验研究组. 南京样本——小班化教育实践[M]. 南京：东南大学出版社，2015：76.

② 邵光华，仲建维，徐建平. 优质公平视域下的小班化教育研究[M]. 杭州：浙江大学出版社，2013：154-159.

作指南，因而具有导向作用。①基于小班化教学规程的实质，它体现出以下三大特征：一定要用小班化教学的核心理念作为指导；对于教师行为具有一定的约束性和规范性；具有操作性（策略性）或建议性。《南京市小班化教学规程（建议版）》，如表 8-4 所示。

表 8-4 《南京市小班化教学规程（建议版）》

教学过程	板块	具体要求
预习导航	个性化预习	新授课前，教师应设计不同层次的学生课前自主学习任务，通过预习作业了解学生课前自学情况
		预习作业为学生个性化表达对新授课内容的理解提供了空间。鼓励学生用文字、图表、数据等多种方式表达
	二次备课	教师在备课前必须批改所有学生的预习作业，或抽批不同层次有代表性的作业，分析学情，对于不同层次的学生做到心中有数
		根据学生的预习情况，在二次备课中根据基于学情需要进行课前调整，重点设计有针对性的提问和学习活动，为每一层次学生在课堂上获得机会和更好地发展提供可能
课堂支持	小组学习	每节课要尽可能地运用小组合作学习的方式，合作学习的任务应呈现多种类型，避免单一；恰当运用二人组、四人组和多人组等合作规模
		有效合作学习时间不少于 3 分钟，教师尤其要与各组不同层次的学生进行互动，并充分利用互动，掌握信息，及时调整教学
	课堂提问	针对学情反馈结果，问题设计要有难有易，避免一直问同一层次的问题，使不同层次学生得到适合的被问机会，课堂发言率要达到 100%
		每一节课至少有 1 个深度思维问题，并在备课本上标注所设计的深度思维问题。每个深度思维问题点叫三名左右的学生回答，每个学生回答前，教师至少要有 10 秒以上甚至数分钟的候答时间。要特别关注中低层次学生的达成度
	有效训练	课堂训练的内容必须反映在备课本上，设计的题型要尽可能丰富且有层次，针对不同层次学生应有一定量的可供选择的作业
		每节课至少安排不少于 10 分钟的课堂训练时间，使所有学生在课堂上掌握本节课应学知识
	及时辅导	课堂书面训练内容应当堂批 1/3 以上学生，对作业中的错误及时纠错
		每节课下课后，教师要在教室停留一些时间，了解或解决学生的疑问，特别是要主动询问学困生对学习内容的掌握情况
反思提升	评价反馈	重视对学生学业评价的质量分析，对学困生的分析一定要落实到个人。基于质量分析，教师要主动反思及调整自己的教学，反思的重点是落实小班教学理念和学科教学有效性的达成情况
	个别关照	对学习优秀和困难的学生有不同的提升方案。指导学生建立错题册，追踪学生的错题情况，引导学生学后反思，及时帮助学生回顾和总结学习过程，使学生逐步掌握用各种方式如概要图、图表等总结和回顾学习的方法

资料来源：吴永军. 简论小班化教学规程——兼谈小班化教学与大班教学的区别[J]. 教育发展研究，2015，（15）：77-82

---

① 吴永军. 简论小班化教学规程——兼谈小班化教学与大班教学的区别[J]. 教育发展研究，2015，（15）：77-82.

由以上教学规程也可以看出，小班化教学并非完全区别于大班教学的全新的教学理念和教学行为，而是使大班条件下无法贯彻落实的一些教育理念和学习方式得以在小班化条件下常规化地得到落实。因此，研究者在与一线教师的交流中，明确小班化教学的这一理念，确立小班化教学与新课程改革之间的一致关系，非常必要。

第三节　逆境新生：象山乡村学校的
小班化教学改革之路

象山县的泗洲头小学、黄避岙乡中心小学（以下简称黄避岙小学）、晓塘乡中心小学（以下简称晓塘小学）和荔港学校在自然小班化背景下的教学改革，是象山县教育局与杭州师范大学合作的象山基础教育创新工程的子项目之一。从走出自然小班化背景下的实践误区、重构小班化教育理念开始，子项目经过了课堂教学模式的结构性改革、作业设计和教学评价改革，取得了激发课堂活力、改变教学方式和评价方式的积极效果。

一、小班化教学实践误区与理念重构

任何教育改革的成功最终都有赖于教师的积极支持和参与。基于这种认识，在项目的初期阶段，课题组通过教师座谈和听评课等教研活动，了解并消除教师在"小班化教学"认识上的误区。这些误区概括起来涉及小班化教学在实践中的具体实施，主要包括如下几个方面。

（一）班额小了自然就是小班化教学

有些教师认为，班额小了自然就是小班化了。根据前面的理论梳理和实践经验，我们确信生源流失和萎缩导致的班额缩小，并不是我们改革意义上的"小班化"教学。小班额是班级的客观状态，小班化教学是一种教学理念和方式。前者是后者的条件，后者是在前者基础上的创造性转化和利用。如果班额变小了，教师已然沿袭习以为常的大班条件下的教学理念和方式，则小班的优势根本就不会得到体现。因此，小班额不等于小班化教学。教师教育教学方式的变革，进行更加个性化的教学，更好地促进每名学生的发展，才是小班化教学的本意。

（二）小班化教学就是小组合作学习

在小班化教学推进初期，很多教师在交流中提出这样的问题，即小班化教学是不是小组合作学习？这样的问题实际上反映出教师对小班化教学认识上的狭隘化；另外，也反映出实践一线的教师迫切需要获得关于小班化教学的操作性定义。这种认识上对小班化教学的狭隘化，会无形中限制教师对多样化小班化教学方式的探索。小班化教学是一个包括教学理念、教学模式、教学策略、教学方法、教学评价等在内的系统。小班化教学系统内的各个因素之间合逻辑地组合在一起，共同发挥小班化教学的最大价值。因此，小班化教学不等于小组合作学习。小组合作学习只是小班化教学的一种教学组织形式，而且仅仅是众多教学方式中的一种。作为实践一线的教师，完全可以根据小班化教学理念和个人的教学风格，创造性地开发属于自己的小班化教学实践。

（三）小班化教学与新课程改革的关系

对项目学校的很多教师来说，听说要实施小班化教学改革，思想上自然有一种疑惑。很多教师不明白，学校一直在推进"新课程改革"，现在又要实施"小班化教学"，两者之间是什么关系？小班化教学是不是要另起炉灶？教师的这些思想疑惑是非常容易理解的，毕竟现在的教育改革多是自上而下进行的，各种名目不断更新，大有"你方唱罢我登场"的阵势。在这种情况下，在小班化教学改革推行过程中，消除教师的疑惑就显得非常迫切。

那么，小班化教学改革与新课程改革之间是什么关系呢？从我国小班化教学改革的总体推行时间来看，小班化教学改革早于我国第八次基础教育课程改革（又称"新课程改革"）。但是，从象山县四所学校的小班化教学改革的启动来看，小班化教学改革是在"新课程改革"启动实施十多年之后开始实施的。从小班化教学改革的具体内容而言，它与新课程改革的理念是完全一致的，特别是"新课程改革"中所提出的教学方式、学习方式和评价方式的改革。

"新课程改革"中提倡改变教学方式，倡导学生主动参与、乐于探究、勤于动手，培养学生搜集和处理信息的能力、获取新知识的能力、分析和解决问题的能力以及交流与合作的能力。强调改变课程评价过分强调甄别与选拔的功能，发挥评价促进学生发展、教师提高和改进教学实践的功能。教师在教学过程中应与学生积极互动、共同发展，要处理好传授知识与培养能力的关系，注重培养学生的独立性和自主性，引导学生质疑、调查、探究，在实践中学习，促进学生在教师的指导下主动、富有个性地学习。教师应尊重学生的人格，关注个体差异，满足不同学生的学习需要，创设能引导学生主动参与的教育环境，激发学生的学习积极性，培养学生掌握和运用知识的态度和能力，使每个学生都能得到充分的发展。同时，要建立促进学生全面发展的评价体系。评价不仅要关注学生的学业成绩，而且要发现和发展学生多方面的潜能，了解学生发展中的需求，帮助学生认识自我，建立自信。另外，要发挥评价的教育功能，在原有水平的基础上，促进学生不断发展。

由以上对"新课程改革"理念的阐述可知，所谓的小班化教学改革不是另起炉灶，而是在班额变小的有利条件下，扎实地落实"新课程改革"提倡的理念。具体而言，小班化为具体贯彻"新课程改革"的具有理想色彩的理念提供了客观环境和平台，在小班条件下创造性地落实"新课程改革"理念的过程，也就是实现小班化教学的过程。从另一个方面来看，"新课程改革"在实践中推行所遇到的一个现实困境，是在我国基础教育阶段班额普遍偏大，制约着"新课程改革"理念的落实。这一认识，把小班化教学定位在落实教师已经相对熟悉的"新课程改革"理念上，为项目的顺利实施奠定了思想基础。这一做法也符合已有研究中所证实的要将小班化教育改革与已有工作建立起联系的理念。

（四）达成关于小班化教学的共识

尽管小班化教学在实践中的表现形式多种多样，但是在这些多样化的背后是基本相同的价值追求。在这方面，项目学校达成了如下共识。

1）小班化教学的核心价值，是关注每一位学生的个性化成长需求，以多样化的方式促进每一位学生的全面健康发展，即小班化教学追求的是"关注每一个、发展每一个"。在尝试任何改革措施之前，教师都可对照这一价值目标做出抉择。

2）小班化教学是在班级授课制的基础上，寻求因材施教和个性化教学的有效途径。因材施教是最朴素的教育真理，是全世界教育追求的价值目标。小班化教学为因材施教提供了保障条件，教师应该积极地将这种有利条件转化为促进学生身心更好发展的教育效果。

3）小班化教学具有多种个性化、可选择的策略。小班化教学可以采用的教育教学策略是多种多样的，如分层教学、作业和评价的个性化、小组合作学习等。教师可以在博采众长的基础上，探索适合自己的小班化教育策略。但是，对于改革初期的推进而言，相对成熟的一些改革措施，如小组合作学习、分层教学等相对而言有更丰富的成功经验可供借鉴。因此，从小班化教学改革的核心着眼于课堂教学改革，各学校可首先尝试小组合作学习改革。在当前背景下，小组合作学习是小班化教学的主要体现形式之一，是提升学生核心素养的重要学习方式。

以上是象山小班化教学共同体形成的共识，是打造学习共同体的内在支撑。

二、建立小班化教学改革的推进机制

作为多校参与的教学改革项目，形成恰当的合作交流途径，抓住改革的关键点，是项目有序推进的保障。象山四校小班化教学改革项目组探索出了如下推进机制。

（一）组建小班化教学校际教研联盟

参与项目的四所学校内部已有相对成熟的教研制度，但是同时也存在同质化和自我突破难的问题。教研活动中的"事务"取向、任务定位和形式化等现象也普遍存在。具体而言，新的教学改革的推行，需要学校教研文化的相应转型和重建。这也是在"新课程改革"推行过程中，研究者普遍持有的观点。在象山小班化教学项目推进过程中，我们认为解决校内教研中的同质化、自我突破难和形式化等问题，需要运用"鲶鱼效应"，通过外部的专业力量和相对陌生化的他者的介入，来促进每所学校内部的教研活力的焕发。基于此，组建了校际教研联盟。该联盟由杭州师范大学教育学院教授、象山县教育局教研员和各校的校长、教研组长和部分骨干教师组成。通过改革主题研讨、公开课交流等形式，彼此交流改革措施和经验，研讨遇到的问题；深入彼此的学校课堂听、评课，校际合作教研机制初步形成。这种校际教研联盟的建立扩大了项目学校的资源，并为其提供了难得的外部支持。实践证明，校际教研联盟的建立是促进农村薄弱学校教师发展和教学改革的有效举措。

（二）小班化教学项目改革坚持骨干先行

学校层面的改革，必须坚持骨干先行，这几乎是学校变革的"铁律"。校长作为学校变革的第一责任人，需要致力于思考如何把自己的变革策划变成教师的变革行动。在每一个领域（学生发展、教师发展、班级建设、学校管理等）和每一个学科，都需要逐渐培育变革的第一责任人，形成骨干的示范效应。

项目学校在第一阶段广泛发动、全面参与的基础上，第二阶段选拔成立了各校的项目改革骨干成员队伍。在学校变革过程中，因对变革的态度不同，教师可分为观望者、抵抗者、支持者。学校变革的一条可行的路径是通过聚集支持者的力量，让观望者看到变革的积极意义，使其成为变革的支持者，从而使变革文化压缩抵抗者的生存空间。在变革过程中，组建先行的骨干教师团队的意义有二：①克服了项目参与者基于行政命令被迫参与的被动状态。骨干成员多为处于专业发展初期和成熟期的中青年教师，参与热情高、改革动力足、专业发展潜力大。骨干教师队伍基于内在专业成长和促进学生更好发展使命的改革热情，为项目推进提供了动力。②骨干成员在校内发挥着项目改革的示范效应。骨干成员所表现出来的专业生活状态可感染和带动观望者，为改造营造良好的氛围。

三、小组合作学习的嵌入与课堂教学的结构性改革

在项目实施调研中，我们发现，项目学校已经积累了一些个性化的改革经验，并取得了初步成效。但是，分析这些教育改革措施，会发现存在一个共同问题：

改革措施的着眼点都在课堂教学的"外围"做文章，而课堂教学方式的转变恰恰是小班化教学改革的核心。因此，为了充分发挥小班化的优势，实现项目学校教师课堂教学方式的变革势在必行。项目学校在充分研讨和外出调研的基础上，全面开展小组合作学习教学改革。之所以选择小组合作学习作为课堂教学结构性改革的抓手，是因为小组合作学习尽管不是小班化教学的必要条件，却是其重要组成部分，甚至是标志性成分。此外，小组合作学习带来的教学组织形式的变化会促进小班化教学理念在课堂教学中的全面落实。以有形的变化来带动无形的理念落实，更具实践操作性。

（一）合作学习小组建设先行

合作学习是使学生在小组中从事学习活动，并依据整个小组的成绩获取奖励或认可的课堂教学技术。学生之间在学习过程中的合作则是所有这些方法的基本特征。在酝酿实施小组合作学习改革过程中，学校一定面临着该如何着手做，做的过程中应该注意哪些问题等困惑。对此，课题组确定了制度建设指导先行的原则，将小组合作学习制度建设原则发给项目学校，使其参照制定适合本校情况的小组合作学习制度。作为总的指导材料的规章建设原则，解决的是小组合作学习过程中的原则性问题。该规章建设原则具体内容包括以下几个方面。

1. 在分组时坚持组内异质、组间同质

将不同性别、智力、个性、学习态度、兴趣的学生分配在同一学习小组中，组成2—6人小组，保证小组内异质、小组间同质。根据这一原则，上课过程中随意将学生按照座位转身组成的学习小组，就不符合合作学习小组的建设要求了。为了方便小组的合作，教师应保证在座位安排和桌椅排列时考虑到异质小组的学生坐在一起。为了方便发言和交流，可以对合作小组内的成员进行编号。在编号时，坚持随机编号原则，不能根据学习成绩高低依次编号，以避免标签效应的消极影响。

2. 明确小组内每个成员的职责

小组合作学习并不等同于教学方法意义上的讨论教学法。在合作学习小组内，每个成员都有明确的个人职责；每个人在行使自己的职责时，都会产生交际活动，这样就把交往活动纳入教学认识活动中，使学生个体探究和群体交流相结合。个人和小组的职责划分有利于培养小组成员的个人责任感，更好地实现"发展每一个"的价值目标。这是学生主动参与的内驱力，也可以避免出现"搭便车"、不参与的现象。因此，在学习小组中的每个成员都应该有明确的角色担当和职责意识。一般而言，6人小组可设组长、记录员、报告员、检查员、观察员、协调员。

（1）组长

组长是小组学习活动的主持人，负责掌握小组合作学习的进程。具体而言，小组长担负如下职责：领取、发放、交流学习材料；协调小组成员间的关系，分配角色；组织小组活动；综合小组成员的意见等。本着机会均等的原则，小组长应该实行轮换制，可由能力较强的学生担任组长，以一个月（或者两周）为一个周期，组内成员依次轮流担任组长。这样能力较弱的学生在小组学习过程中也会通过观察和学习，逐渐掌握、承担组长的职责。

（2）组员的角色分配

记录员负责记录小组学习的结果；报告员负责向全班同学报告小组学习结果；检查员负责检查每个组员的学习情况，确认学习任务完成情况；观察员负责观察小组同学合作技能的表现，如讨论时控制声音、提问和应答的礼貌、倾听的技巧等；协调员负责调解合作过程中可能出现的纠纷或其他阻碍学习进行的因素。

如果是3—5人的学习小组，可以将两个角色合二为一，如在4人学习小组中，可以把检查员、记录员合并由一人担任，将观察员和协调员角色合并。

（3）建立组内成员之间的积极互赖

教师所设定的目标需要体现相互依存的关系，在分配任务时，要求每位小组成员都要做出自己的贡献；在分配资源时，要确保没有人能够独立完成任务；奖励是建立相互依赖关系最有效的催化剂，既奖励个人对小组的贡献，也奖励整个小组的努力成果；保证每位小组成员的工作都是不可或缺的。

（4）重视学习小组文化建设

一种强大的小组文化可以为学生提供一个信任和安全的环境，唤起学生高昂的学习动机和对小组的忠诚。在小组中，他们可以得到同伴的鼓励和支持，在共同的目标之下，他们不仅能够更好地团结一致，而且更加能够意识到发掘深处的自己的重要性。有研究发现，学生的自我概念变化程度取决于他们所处的小组文化模式。小组文化越是强大，越能够给学生带来大的自我概念转变。小组文化的强弱不同又取决于班级文化的三个因素：人际互动、小组内部合作和自我反思。一个可以自由交换思想的开放环境能够激发学生去探索内在的自我。[1]因此，在小组合作学习过程中，重视小组文化建设尤为重要。在实践中，可以从小组显性文化的建设入手，如各小组自主设计组名、组牌、组徽、座右铭、组规、组歌等；然后，通过有意识地教授交流技巧、倾听技巧等小组合作学习技能，培育具有开放性、包容性的隐性小组文化。

---

① 管培超. 小组文化与自我概念转变——学生中心课堂的个案研究[D]. 杭州：杭州师范大学，2012.

（二）培养学生进行小组合作学习所需要的技能

思路清晰、沟通明确、主动倾听、给出反馈和多角度思考对于小组的有效学习非常重要。帮助学生建立必要的社交技巧，学会协调小组合作学习过程中的话轮转换或矛盾冲突，是教师在指导小组学习过程中首先要重视的问题。小学到初中阶段，正是学生发展社交技巧的关键时期，因此，教师在小组合作学习过程中必须示范某些社会沟通技巧，并给予学生机会进行演练。小组合作学习并非分好小组、分配学习任务这么简单。学生进行小组合作学习所需要的技能是需要教师进行有意识培养的。引导学生学会小组合作学习的过程，即是培养学生掌握沟通和交流技巧的过程。这种技能和技巧不仅有助于高效的小组合作学习，而且对于孩子未来的社会生活影响深远。通常，必须传授给学生进行高效小组活动所需要的具体的小范围的沟通技巧，并对其进行强化。

1. 培养小组合作学习所需要的交流技巧

在小组合作过程中，学生需要具备领导才能，需要做出决策，彼此之间需要建立信任，在学习过程中需要轮流发言，需要彼此之间积极倾听，需要解决出现的矛盾。在这一过程中，需要大量的社会交往技能作为支撑。小组合作学习失败的原因，无外乎学生缺乏合作意愿或不具备合作学习所需要的技能。美国学者卡干总结出了学生在小组合作学习中需要掌握的 40 种技能，如聆听、赞同、欣赏、鼓励、发问、求同、存异、提炼、协商、批评、道歉、妥协、表达、异议、耐心、引导、轮流、换位、澄清……[①] 这些技能的掌握，需要教师以身示范、专门培养，也需要学生在做中学，不能指望分好小组学生就自然知道如何进行有效的合作学习。项目四校在实施小班化教学改革的过程中，借鉴了国外学者的观点，从以下几方面对学生进行培养，如表 8-5 和表 8-6 所示。

表 8-5　小组合作学习中常用的人际沟通技巧

技巧	操作细则
领导才能	1）提供指导和组织性建议，帮助小组完成任务 2）允许他人说出自己的意见，言责自负 3）成败与共 4）鼓励小组成员为了目标而努力
决策	1）听取他人建议，并考虑他人建议 2）明确所有可能的行动方案，并描述每个方案的利与弊 3）当小组需要得出定论时，乐于做出选择

---

① Kagan S, Kagan M. Kagan Cooperative Learning[M]. San Clemente: Kagan Publishing, 2009.

续表

技巧	操作细则
建立信任	1）履行对他人的承诺 2）建立积极的氛围 3）有礼貌地表示异议 4）准确地评估自身的能力
话轮转换	1）认真听他人讲话，不打断他人 2）对他人说了的话要有所领会 3）确保所有人都有说话的机会 4）给出支持性陈述 5）会邀请他人给出回应
积极倾听	1）和发言人有目光交流 2）做出开放的姿态 3）停止做其他事，专注地听 4）解释他人的陈述 5）提出明确的问题 6）寻求并提供反馈
管理矛盾	1）听取他人的建议 2）避免出言不逊 3）陈述观点时不要防范他人 4）能够明确个人问题和他人的问题 5）包容地接受整个小组的决定 6）能够重新启动任务

资料来源：[美]南希·弗雷，道格拉斯·费舍，桑迪·艾弗劳芙. 教师如何提高学生小组合作学习效率[M]. 刘琳红，译. 北京：中国青年出版社，2016：101

表8-6　积极倾听的技巧

做什么	为什么做	如何做	说什么
鼓励	1）对说话者所讨论的内容表现出兴趣 2）让说话者说下去	1）点头、微笑和使用其他面部表情 2）不要赞同，也不要反对 3）用积极的语调说话	1）我明白了…… 2）嗯 3）我知道了…… 4）继续
重申或澄清	1）表明你正在听，而且已经理解了 2）检验你对说话人所表述信息的理解是否正确	1）重申基本想法，强调事实 2）厘清要点 3）不要"似听非听"	1）如果我没理解错的话，你的想法是…… 2）我明白了，你的意思是…… 3）换句话说，就是…… 4）你说……是什么意思？
反思或解释	1）向说话者表达你已经听到了他所说的话 2）展现出你已经明白了说话者的感受	1）重申对方的基本感受 2）对他人的基本思想做出回应	1）那么你觉得…… 2）你一定觉得很愤怒，因为……

续表

做什么	为什么做	如何做	说什么
总结	1）把重要的思想、事实等重新组织起来 2）为进一步讨论建立基础 3）回顾取得的进步	重述、反思和总结主要的思想和感受	1）那么，你是要说，核心思想是…… 2）如果我理解了的话，你是说…… 3）基于你的展示，你是要表达……不知是否正确？

资料来源：南希·弗雷，道格拉斯·费舍，桑迪·艾弗劳芙. 教师如何提高学生小组合作学习效率[M]. 刘琳红，译. 北京：中国青年出版社，2016：107

在以上小组合作学习技能培养的过程中，项目学校教师采用了专门的技能培养课和在课堂上做中学相结合的方式。利用班队课或其他课外活动时间，分专题对全体学生进行小组合作技能的培养非常重要。这样的专题培训课可以让学生对必须掌握的合作技能有全面的了解和初步掌握，在此基础上再在课堂上实践练习。经过合作技能的培训和练习，每个学生心目中必须对一个优秀组员的特点非常清晰。在项目实施过程中，我们借鉴了卡干等提出的优秀组员的特点，以便让学生明确（表 8-7）。

表 8-7　优秀组员的十大特点

序号	特点
1	积极参与。成为小组的积极分子，意味着善于合作并竭尽全力表现出色。有时候甚至自己并不合意，但大家要齐心协力，到达彼岸
2	寻求帮助。任何人都有需要寻求帮助的时候。当你需要帮助或有些地方不明白时，勇敢说出来
3	善做帮手。如果小组成员需要帮助，不能只是给他答案或是直接替他完成作业。一个好帮手应该让小组成员知道如何做，并在下一次可以独立完成
4	专注任务。如果小组中有人心不在焉，脱离任务，那么一个优秀的小组成员应该委婉提醒，比如说"大家一起加油，我们来看看……"
5	不吝赞美。赞美让我们对自己感觉很好，我们喜欢别人给予我们赞美。当组员完成一项出色的工作或是想出一个绝妙的点子时，不要吝惜你的赞美
6	积极乐观。优秀的组员常常积极乐观并鼓舞组员，负面的情绪会蔓延开来，甚至会拖垮整个小组。要多说"我一定可以"这样打气的话，激励大家，每个人都喜欢连连取胜而不是忧心忡忡
7	观察组员。优秀组员善于观察自己的小组成员，并能够从其善者而行之，其不善者而改之
8	悉心倾听。优秀组员善于倾听并努力理解其他组员的话语，了解每个人的观点。倾听是一种尊重的姿态，并且你可以从不同的观点中学到更多。用"我听到你说……"来回应同伴，会让他们感到你在倾听
9	彼此扶持。如果小组成员有一个好主意，尽量实现它，让它变得更好。如果你有一个好主意，请与组员分享，并一起将它变得更好
10	真诚道歉。有的时候，我们会生气并莽撞行事。优秀的组员会主动为这些行为道歉，如"对不起，我……如果下一次发生这件事情，我会……"。接受组员对你的道歉

资料来源：Kagan S, Kagan M. Kagan Cooperative Learning[M]. San Clemente: Kagan Publishing, 2009: 8

2. 明确小组合作学习的交流规则

在培养交流技巧的过程中，明确的规则可以让小组成员知道期望的行为和禁止的事情。在小组合作学习的实施过程中，我们制定了如下交流规则。

（1）小组内交流的规则

1）认真倾听。运用教师所教授的倾听技巧，在合作学习过程中认真倾听组员发言。

2）声音最小化。所谓声音最小化，就是以本组成员能够听清楚为宜，不可大声喧哗，影响其他小组的讨论。

3）人人发言。小组交流时，每名学生都要参与发言，可以是表达自己的观点，也可以是重申、询问、质疑他人的观点。

4）发言有序。可给每个小组的学生编上 1—6 的序号，每次发言，从任意一个序号开始依次进行。轮到自己发言但还没准备好时，可以让下一个同学先开始，但最后必须都发言。

（2）面向全班交流的规则

在小组讨论过程中，小组成员都会在组长的带领下，对本组的讨论进行总结，整理出小组成员的共同观点或解决不了的问题。在全班分享环节，代表小组的发言人要对组内达成的一致观点或不能统一的观点进行汇报和交流。在全班汇报和交流环节，应该遵守如下规则。

1）由发言人代表本组发言，小组成员要积极配合发言人，如配合其展示学习资料和成果、进行板书、补充发言等。

2）发言人要充满自信，声音清晰，语言规范，鼓励用生动形象或幽默风趣的方式进行表达。

3）发言人的语言规范是："我们的想法是……"，"我们组认为……"，"我们组在……问题上没有达成一致，有的同学认为……，有的同学认为……"，"对我们组的观点大家还有补充吗"，"欢迎大家对我们的观点批评指正"，等等。

4）各小组之间互相评价、补充、建议、质疑等，同样要注意语言规范。

（三）明确小组合作学习的评价规则

合作学习小组评价应遵循"组内合作、组间竞争"的原则，即变个体竞争为小组团体竞争，将竞争的宗旨由鼓励个体竞争转向同伴合作达标。小组合作学习改常模参照评价为个体内差异评价，将学生的现在与过去进行比较评价。这种评价取向赋予了差异显著的各层次学生学习成功的权利和机会，可以实现激励学生更好地参与学习过程。小组合作学习的评价可具体分为以下几方面。

1）学业评价。每所学校可以根据具体情况确定学业评价标准。同时，要注意遵循组内合作、彼此依赖的原则，如在计算每个小组的学业成绩时，可以采用基础分和进步分加分方法，在最近一次考试中成绩提高几分，即给所在小组额外加几分等。学困生成绩每提高 10 分，可与 90 分以上学生加同样的分；学困生进步大时，要加双倍甚至多倍的分……这样，组内会更加团结，从而能够实现互帮互助、合作共学。

2）合作技能评价。合作技能评价，即教师和学生就合作学习中的合作技能表现进行评价。根据评价主体不同，可分为个人自评、小组自评和教师评价。引导学生个人对小组合作学习技能进行评价，有利于培养学生的反思意识和能力。就合作技能的个人评价，我们开发了如表 8-8 所示的小组合作学习个人自评表。

表 8-8　小组合作学习个人自评表

项目	表现好（解释）	表现一般（解释）	表现差（解释）
我积极参加小组讨论			
我积极聆听其他组员的发言			
我思考组员的发言并给予回应			
我对其他同学的发言表示赞赏			
我发言声音适当			
我遇到困难时寻求帮助			
我给予遇到困难的同学帮助			
我履行了自己的职责			
我觉得应该改进的方面			

小组自评，是指在一次小组合作结束后，教师留出时间让小组对本次的合作学习情况进行自我评价，小组自我评价合作技能的目标是改进合作技巧和提升合作能力，实现小组成员之间更好的合作。我们开发了小组合作学习小组自评表（表 8-9），在合作学习结束以后，立刻让学生进行小组自评。

表 8-9　小组合作学习小组自评表

项目	是	否	解释你的回答
我们是否按规定的流程完成了学习任务？			
合作学习过程中有没有一直专注于学习任务？			
我们在进行小组讨论时有没有发出噪声？有没有干扰到其他组的学习？			
我们彼此之间有没有积极倾听？			
我们有没有主动鼓励、赞美彼此？有没有主动为其他同学提供帮助？			
我们有没有履行每个人所扮演角色的职责？			

续表

项目	是	否	解释你的回答
有没有小组成员被忽视？			
汇报员的汇报有没有真实地呈现本组的学习结果？			
哪位同学的表现特别值得表扬？为什么？			
在下次合作中，有哪方面可以改进？			

教师评价，就是指教师作为教学活动的组织者和指导者，精心组织小组合作学习，关注学生合作状况，关注学生与他人合作的态度，及时做出合理的评价。要做到及时合理地指导评价，教师在学生合作学习过程中要逐一在小组间观察，观察组内合作状况和组际合作状况，例如，各成员是否明确了自己的任务，各司其职；各成员之间是否能相互合作，彼此之间有无遇到矛盾，是否能相互帮助，最终达成共识；各组对音量的控制如何，能否轮流发言，有没有"搭便车"现象。教师对学生合作技能进行评价的主要目的还在于引导学生进行自我反思和评价，评价的着力点定位在学生能否不断进步与提高上。

四、象山四校个性化的小班化教学改革

实施自然小班化背景下的教学改革项目的四所学校，在面临自然小班化这一共同问题的同时，各校的师资力量、教学文化和面临的具体问题又各有差异。改革成效取决于改革措施是否具有针对性和适切性，因此，四所学校的小班化教学改革举措又各有侧重和特色，形成了每所学校具有个性化的小班化教学改革经验。具体而言，小组合作学习是四校都在推行的小班化教学模式改革。在此过程中，各校又有各自的侧重点和有针对性的特色改革内容。

（一）黄避岙小学：精准转化后20%学生，实施小班化教学策略

黄避岙小学是一所位于乡村的规模较小的学校。校园占地面积为3995平方米，建筑面积1920平方米。随着经济的发展，全乡人口大量外流务工，学生生源数逐步减少。2018年，学校有7个班级，208名学生，每班平均人数少于30人，是典型的自然小班化学校。在这一背景下，黄避岙小学实施精准转化后20%学生的策略，并通过实施小班化教学策略，提升全体学生的综合素质。

1. 制订个性化的后20%学生转化方案

学习成绩处在每个班级后20%的学生，是教师在教育教学中最值得关注的群体之一。特别是在小学阶段，学生的可塑性强，知识链条上的断层比较容易修补，不良的学习习惯容易改正，学生的思维方式也较容易塑造，更需要教师特别关注

这一群体。黄避岙小学在小班化条件下，推行了系统化的后 20%学生转化方案。

1）建立后 20%学生转化档案。其在对学生的综合表现进行细致分析的基础上，对每个年级的后 20%学生进行统计归档，建立后 20%学生档案。其具体内容包括学生的学习成绩、学习习惯、家庭环境，学习中存在问题的原因分析，以及转化工作具体方案。同时，将转化工作的具体执行情况记录在专门制订的黄避岙小学后 20%学生转化工作的结对记录本中。

2）对后 20%学生采取"四优先"措施。在转化后 20%学生的工作中，黄避岙小学提倡"四优先"措施，即辅导优先、提问优先、面批优先、家访优先。

教师对作业的辅导，首先要考虑到后 20%学生，要注重这部分学生作业的反馈，注重"二次批改""人人过关"；在课堂上，对于适当的问题，首先要考虑让这部分学生回答，及时了解他们的掌握情况，锻炼他们的胆量，增加他们成功的体验；在班主任的家访工作安排中，优先安排对后 20%学生进行家访，加强与家长的沟通和教育，改变学生的家庭教育环境，形成教育合力。

3）开展面向后 20%学生的"十个一"系列活动。所谓"十个一"系列活动，即帮助后 20%学生制定一个小目标，让后 20%学生有一个锻炼的岗位，为后 20%学生提供每月一次上台表现的机会，让后 20%学生每学期有一次获奖的机会，让后 20%学生每节课至少有一次发言的机会，让后 20%学生有一次成功的体验，每月与后 20%学生交流一次，为后 20%学生找一个好学伴，每月和后 20%学生的家长至少联系一次，每学期对后 20%学生至少家访一次。这种全方位、系统的转化措施，取得了明显的教育成效。

2. 实施多样化的小班化有效教学策略

1）主动参与策略。它是指在小班的课堂教学中，激发学生主动参与教学的意识，这种参与是一种积极而有贡献的参与，而不是被动地接受。只有这样，才能让学生参与教学的全过程，真正成为学习的主人。在教学中，教师要想方设法围绕教学目标，创设学生主动参与的情境，让每名学生在学习的过程中都有话敢说，有疑能质，乐于参与，同时重视对学生参与程度的指导，在课堂教学实践中，注重提高学生的参与度。由于学额少，教师不用担心教学任务是否能完成，每堂课可以留出一定的时间让学生质疑问难。

2）个别指导策略。在以学生发展为本的课堂里，特别强调尊重学生的主体地位和独立思考，因而对教师的指导提出了更高的要求。教师要根据学生的心理特点和不同学生的个性，对不同学生提出不同要求，给予不同方式、不同层次的指导，允许他们按照自己的方式达到相应的水平。

3）合作学习策略。黄避岙小学在指导学生合作学习时，侧重"四会"：①会组织。对学生而言，这是合作学习首先应解决的问题。没有组织的学习，会使课堂变得嘈杂而又散漫。在刚开始实施合作学习时，教师要教学生如何与同伴一起学习，如选择学习的内容、学习的顺序、学习的方法、注意照顾到全体等。一般而言，班内总有部分学生组织能力较强，教师当然可最大限度地发挥这些学生的才干，但如果总是委重任于这些学生，那么，其他学生的学习积极性必然会受到影响，以至于最终会影响合作学习的效果。因此，在实践中，教师应采用轮流担任学习组长的方法，真正让每一名学生都有锻炼的机会，真正使自主与合作相互促进。②会协调。在合作学习过程中，有时会出现以下两种相反的情况，即问题简单时，学生抢着参与，以至于学习秩序混乱，此时，就需要教会学生"谦让"，把回答的机会让给别人，在别人回答问题时，认真聆听；问题有难度时，即使有个别学生能回答，但受从众心理的支配，也不敢开口，此时就要教会学生"自告奋勇"。做到了"谦让"和"自告奋勇"的矛盾的统一，就能协调学生间的学习关系，小组合作学习才能变得有序而高效。③会帮助。小组合作学习的优势之一便是互帮互学、互相促进。首先，教师要教育学生"愿帮助"，其次是"会帮助"。在自然状态下，小学生所理解的所谓帮助，即简单地把答案告诉对方，教师要指导学生尽量避免这种弊端，使学生从教师启发、辅导同学的行为中得到启发，依据实际情况帮助同伴。④会评价。进行小组合作学习时，由于缺少了教师的直接指导，学生的学习较易"走过场"，流于形式，此时教会学生评价同伴的学习就显得尤为重要，具体包括讨论时的评价（学会赞同、反对、补充）、作业时的评价（学生互相批改作业）。

4）自主学习策略。它是指激发学生主动参与教学活动的自觉性，让学生自主学习。指导学生自主学习，可以从以下五个方面来具体实施：①会预习。具体包括：会借助教材、工具书以及联系实际自学，会将感觉精彩或有疑问的地方标注在书上，会利用各种媒体收集资料。②会提问。一是质疑，对不理解（思想内容）、不了解（自然科学、人文科学知识）的词句质疑，对老师、同学的观点质疑；二是以提出问题的形式，自己制订学习目标，可以围绕课题、课文内容、中心、艺术技巧、思路等展开，以疑促思、促学。③会讨论。从自主学习的策略来看，这是指学生参与讨论的能力。具体包括：会积极主动地发言，会清楚明白地表达观点，会吸取同伴的有益观点，及时修正自己的认识。④会学习。会一些具体的、针对性强的学习方法，如怎样记、算、说、写等。具体的学习方法很多，教师不仅可进行有针对性的训练，也可组织学生进行交流。很重要的一点是，要尊重学生通过自己探索形成的一些学习方法，因为只有当学习方法真正内化为学生自己的习惯时，才能发挥其作用。⑤会反思。会总结和反思自己的学习情况，找出自己在学习上尚存在的不足，明确今后努力的方向。

5）互动教学策略。师生之间、生生之间的互相启发、互相帮助，会使学生有成功的体验，从而提高学习成绩。为打开师生交流的局面，教师要想方设法改善教学过程中与学生的人际关系，开发课堂教学交往的潜能。教师真正把学生当作学习的主人，在师生互动的基础上，挖掘生生互动的潜力，运用开放型、交往型、体验型方式，充分发挥小组合作学习的优势，通过进行小组学习、组际交流、组际互查、组际竞赛等活动，激发学生的生生互动的参与热情。教师具有指导学生积极参与教学活动的能力，启发学生在交往中引起争论，激活思维，互相启发，取长补短，加深理解，真正达到提高学生口头表达能力，分析问题、解决问题的能力的目标，共同完成学习任务。只有充分利用培养学生合作精神的"伙伴式"的学习方法，才有利于后 20%学生的转化。同时，教师要更好地关注每一位学生的学习。小组合作学习的特点是生生交流频率加快，学生之间的相互碰撞增多，不仅能促进教师发现学生存在的问题，还可激发教师的灵感，使教师积极钻研，在教学过程中改变注入式的教学方式。

（二）泗洲头小学：创新作业设计与评价

泗洲头镇地处偏远地区，是宁波市贫困乡镇。许多家长为生计外出务工，导致许多孩子成为留守儿童，家长没有能力对孩子进行辅导，更缺乏对家庭作业的有力监管，孩子的家庭作业完成状况很不理想。同时，由于学生在校时受到校车接送时间的影响，不能在放学后留下来补习，致使一部分学困生无法及时进行知识的查漏补缺，这就容易形成一种恶性循环，造成了教学质量的停滞不前甚至倒退。面对这种状况，泗洲头小学尝试在作业的有效设计与评价上进行了改革。

1. 创新作业设计

《浙江省教育厅办公室关于改进与加强中小学作业管理的指导意见》中指出，要"加强作业的布置与管理"，明确提出"要从学习活动整体考虑，系统、科学、合理设计不同层次的作业，引导学生自觉预习、及时整理和巩固所学知识、养成良好的学习习惯"。因此，泗洲头小学规定作业设计的内容，主要分为基础性作业和拓展性作业。

1）基础性作业。它是指教师根据学生的学习情况，为了对课堂上所学的知识进行巩固而设计的，且形式相对固定的作业。基础性作业一般由各教研组在每周四提前一周设计。在研讨过程中，以年级为单位，比如，六年级的三位语文教师会一起研讨下周的统一作业。研讨结束，各学科、各年级组把下周的作业以表格形式按时间罗列出来。新的一周，教师就按照统一的作业来布置。这样一来，形成了集体备课的氛围，促进了教师专业的发展。作业设计中，教师都必须遵循分层设计的原则。

每周四，教师都要研讨，先对上一周的作业情况进行反馈：首先，就是量的多少，量的多少一般就是从作业时间来判断，每个年级的作业时间不同，又要结合语文、数学、英语的总作业时间，合理分配；其次，是作业质量，主要是从作业的正确率来看，无论是太难还是太简单了，都要做出如实的反馈；最后，是作业是否有创造性、是否有思维性，如果作业缺少创造性，总是以口头识记类、动手抄默类为主，学生很容易感觉到枯燥，也会压制学生的个性化表达与创意。图8-1就是基础性作业设计流程图。

图 8-1　基础性作业设计流程图

2）拓展性作业。它是指根据每个年级不同的教学内容，设计以动手实践为主的作业。例如，一年级数学拓展课"七巧板"的作业如下：动手拼一拼数字1—9，并选一个画一画；五年级语文拓展课"课本剧"的三次拓展性作业如下：小组合作，根据课文改编剧本，根据剧本设计舞台背景，对台词进行排练。自这种策略实施以来，教师发现对于这样的拓展性作业，学生是非常感兴趣的，他们可以在实践中挑战自己、学习知识、应用知识，并收获学习的乐趣。

2. 创新作业评价

1）双轨制评价。它是指从学生的作业正确率和作业的书写情况两方面同时进行作业评价。教师和学生不仅要关注作业的对错，也要关注学生的作业习惯。教师可以用"优 A"这样的方式进行评价，"优"是对作业正确率的评价，"A"是对书写情况进行的评价。当然，也允许教师用自己特定的评价符号进行，无论是使用哪一种符号，都必须遵循双轨制。

为什么要进行双轨制评价呢？为什么尤其强调书写这方面呢？首先，强调书写就是突出作业习惯的重要性，据学校教务处处长长期观察，学生的作业习惯并不理想，教师对此重视程度也不够；其次，书写质量会影响作业质量，影响学业成绩；最后，为了激发部分学困生的积极性，往常教师只是评价作业的正确率，对于学困生来说，想得到"优"，还是很困难的，但是开启双重评价制度，学困生可从书写这一部分进行努力，得到好评，或多或少都能够激发他们学习的积极性。

2）学分制评价。所谓学分制评价，就是对一名学生一个学期的表现进行过程性评价，学生在学习过程中完成既定的任务，就可以获得相应的学分。如果说前面的双轨制评价是对即时作业进行评价，那么学分制评价就是对过程性的作业进行跟踪评价。以二年级语文为例，把整个学期的任务分为识字写字、阅读积累、口语表达、书面表达四部分，完成每个部分的任务，都能获得相应的学分。这对于阅读积累这样的过程性作业，是非常适合的。学分制评价从结果评价转到了过程评价，而且贯穿在学生每一天的学习中、每一次进步中。

3）小组捆绑式评价。顾名思义，它就是以 4 人或 5 人为一组，实施奖惩制度，主要从每日的作业完成情况、作业订正情况、作业批改情况三方面进行。作业完成情况和作业订正情况分为 A、B、C 三个等级，依次得 3 分、2 分、1 分；作业批改情况是指交由小组批改的作业，可以分为组长批和互批两种，一些简单的作业如口算，教师会交给组长批阅，再由组长负责让组员进行订正，订正后再由组长批阅，最后由教师进行定期检查，从而对每组的总体情况进行打分和评价。

（三）晓塘小学：小组合作，自主管理

晓塘小学地处象山县农业乡镇晓塘乡，2018 年，有 300 名本地农民和外来务工人员子女。学校师资力量严重短缺且大部分教师教龄较短。26 名在职教师中，有 5 位是语文临时代课教师，都不是小学语文教育或相关专业毕业；2 位是即将退休的原来民办转正的老教师，除了校长之外，其他教师都是近几年新分配的教师，教龄最长的也仅仅是 8 年。在这样的生源和师资条件下，晓塘小学将改革的重心放在通过课堂内外的小组合作，提高学生的自我管理能力上，取得了显著的成效。

1. 遵循的理念

1）榜样教育的理念。榜样教育是教育人、培养人所不可或缺的方法。对未成年人最生动的教育是形象教育，形象教育是其他各项思想教育的基础。孩子对于社会、社会活动和社会思想的认识，是以直观的人的活动形象为起点的。因此，对于孩子的一切思想品德教育，都只能从人的活动形象演化开始。

2）赏识教育的理念。卡内基曾经说过，使人发挥最大能力的方法，就是赞美和鼓励，也就是赏识。作为教师，应对学生多加鼓励和赞扬。心理学告诉我们：人人都需要赞赏，如同人人都需要吃饭一样。赞赏属于精神食粮，属于满足，是人性中最深切的素质，是被人赏识的渴望。在"小组合作，自主管理"项目实施过程中，教师把批评缺点改为寻找优点，以发现闪光点为突破口，来打造学生自信、自尊、自爱的基石。

2. 四大实施领域

晓塘小学的小组合作、自主管理在学校教育的四大领域实施，每个领域都有明确的实施侧重点。

（1）课堂学习领域

课堂教学是主阵地，晓塘小学把课堂上小组合作学习的整个过程大致分为明确学习任务、合作探究、交流学习、反馈结果四个部分。

1）明确学习任务。在合作学习之前，教师要向学生明确学习的内容和目标，告诉学生评价的标准是什么，以及合作学习的重要性，适时引导并激发学生的学习兴趣，使学生明白怎样完成学习任务。

2）合作探究。确立学习任务之后，小组要通过研究学习目标，明确主攻方向和需要解决的问题，根据组员的特点，分工合作，探索交流。在此期间，教师要在组间巡视，针对学习过程中出现的各种问题进行及时引导。

3）交流学习。小组成员通过探究，阐述各自的观点，对有疑问的地方进行集体研究，再在全班汇报自己小组的交流成果。对于小组内没有解决的问题，可以提出来请其他小组帮助解决。

4）反馈结果。通过小组间的交流探讨，教师指导学生逐步统一认识，得出结论，并对各小组和组内成员的表现进行评价。

在课堂中进行小组合作时，教师一定要注重遵循规则指导规范和方法，比如，发言的顺序、音量、语速、礼貌用语等和倾听的习惯。在小组合作中，教师要善于捕捉学生表现的优秀之处，大力加以赞赏，以增强学生的集体荣誉感，让学生在榜样中成长，让学生充分得到教师和同伴的赏识。

（2）自主学习领域

在学习上，学生在家里普遍得不到家长的管理，所以用足、用好在校的时间，对他们来说尤为重要。因此，晓塘小学把"早自修、中自修、作业整理课"这三个时间段留给学生，让组员之间自行进行卫生、学习、纪律管理。在自主学习领域，主要是运用合作学习小组进行作业管理，异质能力小组保证了小组内可以互帮互助。

（3）拓展性课程领域

在学校开设的 29 门拓展性课程中，很多课程的实践性、操作性比较强，更适合以小组合作的形式开展。教师要把拓展性课程学习这一阵地作为课堂教学主阵地的有机补充，在这一阵地中，要更多地培养学生的合作意识，使其掌握合作的方法等。

（4）德育领域

"小组合作，自主管理"的教学理念将打破以往"牵着鼻子走"的德育管理方式，将更多的时间与自主权交给学生，形成一种人人管理、人人参与、自主评价的管理方式。教师应将"小组合作，自主管理"这种教学管理理念渗透到德育常规和各种活动中，给学生更多的时间和平台来展示自我，培养学生良好的合作精神和集体荣誉感，使学生的心育和德育水平得到全面的提升。

（四）荔港学校：课堂结构与教学评价改革并举

荔港学校位于象山县石铺镇的城乡接合部，随着人口出生率逐年下降和城镇化发展，学校生源逐年减少。学校处于城乡接合部，由于家长对优质教育资源的需求，部分学生流向市区。2017年，在校学生中有近30%是外来务工人员子女。中考政策和其他社会因素致使生源流动性非常大。学校在发展中遇到了学生学习动力不足和课堂教学缺乏活力等问题。因此，在此次改革中，荔港学校将改革的着力点放在了课堂结构改革和教学评价改革并举上面。

1. 形成了具有荔港特色的课堂结构

小班化教育的研究根本还是要回归课堂。在外出学习的基础上，经过教师的实践研究与讨论，荔港学校最终确定了"设问预习—合作互动—展示点评—巩固提高"的小班化教学的基本课堂结构，使小班化教学在操作上有章可循。

1）设问预习。教师在上课前一天下发设置的问题，让学生带着问题去预习、自学，让学生对将要学习的课题提前进行相关知识的准备和思考。这样做的目的有二：首先，通过设问预习，培养学生的预习习惯；其次，通过预习思考，使学生对将要学习的内容有独立的见解和认识，同时也对已经掌握的知识进行了一次梳理。

2）合作互动。在课堂上，通过教师结合预习设问设置的情境，给学生提供一个进行互动合作学习的平台，保证学生人人参与学习，发挥学生的主动性，学生在合作互动中取长补短。教师要积极鼓励，指点迷津，促进学生学习。其目的在于，首先，通过合作互动，提高学生学习的参与性；其次，通过合作，充分发挥学生的主观能动性，促进学生的相互学习；最后，通过合作互动，提高学生学习的主动性，促进学生对知识的理解与掌握。

3）展示点评。学生对合作学习的成果进行展示，教师在点评中渗透知识点的核心，对教材的重难点进行一次系统的梳理，突破教材难点。通过设置展示规则，鼓励学困生参与展示。该环节的目的有三：第一，通过展示，培养学生掌握人际沟通技巧；第二，通过展示，提高学困生学习的积极性和主动性，进而重塑其学习的自信心和学习兴趣；第三，通过点评，突破教学难点。

4）巩固提高。教师设置教学问题，学生运用所学知识独立解决问题，教师做好监督。该环节的目的有三：第一，通过这一环节，提升前几个环节的学习质量；第二，通过这一环节，当堂巩固知识；第三，通过这一环节，使学生能够独立运用所掌握的知识去解决实际问题，增强学习效果，提高学习兴趣。

荔港学校的课堂结构四阶段模式是改变传统的教师中心课堂，将小班化教学理论和基本原则转化为课堂教学具体实践的中介，对全校教师实施小班化教学改革具有很好的指导作用。

2. 培养学生成长型思维模式

"新课程改革"要求课堂充满激情和活力，充分调动学生的积极性和发挥学生的主体地位，从根本上改变以教师、教材和教室为中心的传统教学观念，深度挖掘学生的内驱力，促进学生发展。在实现这一课程改革目标的过程中，学生积极主动的学习态度是一个关键因素。

（1）成长型思维模式是影响学生潜能发挥的关键

学生积极应对学习中的困难和挑战的态度，恰恰是当前国际教育心理学界研究的热点问题，并且已经取得了举世瞩目的成就。斯坦福大学心理学教授卡罗尔·德威克（Carol Dweck）提出的"成长型思维"（growth mindset）是教育心理学领域近年来影响最大的心理学研究成果。[①]在长达30年的职业生涯中，其一直从事人们在面对困难和挑战时的态度和行为选择的研究，最后终于破解了影响人成功的因素——成长型思维模式和固定型思维模式。具有成长型思维模式的人，认为人的智力是可以发展的，所有的事情都离不开个人的努力，而这个世界上也充满了那些帮助你去学习和成长的有趣的挑战。因此，具有成长型思维模式的个体会拥抱挑战。因为具有成长型思维的人相信，克服困难和障碍，会让人变得更强大，批评和消极反馈是个人成长的信息源。其认为自己是处在变化和提高过程中的，所以不用把批评看作是针对个人的，而是针对当前能力的。所有这些都会使其达到越来越高的自我实现水平，形成不断学习和提高的良性循环。

具有固定型思维模式的人则认为，人的能力是一成不变的，努力是无用的，不会有回报的，聪明的做法是尽可能地不付出努力。具有固定型思维模式的人会提早进入发展的停滞期，从而不能充分发挥自己的潜能。

德威克教授指出，正是这两种思维模式的差异导致了学生发展的不同。因此，要从根本上提高学生的学习成绩，必须从思维模式的改变着手。

（2）注重过程的激励性评价是培养学生成长型思维模式的核心要素

让人感到欣慰的是，德威克教授的研究发现，成长型思维模式是可以培养的。在美国学校中，有大量因为培养成长型思维模式而使学生成绩显著提升的成功案例。然而，改变和培养学生成长型思维模式的核心要素是改变教学评价方式。具体而言，要做出有利于成长型思维模式的评价，要注意以下两点。

1）关注过程，表扬努力。教师在评价学生的时候，不能表扬其能力或才智，而是要评价其努力、投入、坚持、所选择的策略等过程方面，要从注重结果对错的评价转变为关注学习过程和努力的评价。

2）对学生的失败和错误进行正确反馈。教师在面对学生的失败和错误时，不能回避或进行"鸡汤式"的鼓励，而是要针对具体的问题，帮助学生分析原因，并共同探讨改正的途径。在这个过程中，教师要帮助学生形成正确的归因模式。

评价的根本目的在于促进学生发展，淡化原有的甄别与选拔功能，突出评价

---

① 卡罗尔·德威克. 终身成长[M]. 楚袆楠，译. 南昌：江西人民出版社，2017.

的激励与发展功能。这种评价的目标是激发学生内在的发展动力，最终实现评价的核心价值。激励性评价有助于引导学生把成功归因于自身内部因素，使他们体验到成功感和效能感，同时预防学生将失败归因于稳定且不可控的因素，以避免挫伤其积极性和自信心。

从身心发展的特点来看，初中生比起小学和高中任何一个阶段的学生都更迫切地需要得到来自权威人士，主要是教师和父母的积极的、充满激励性的评价。因此，教师要满足学生发展的需要，激发学生的学习兴趣，挖掘学生内在的原动力，以此促使其建立起积极的自我概念。积极的自我认知是成长型思维的核心所在。因此，荔港学校在改革课堂教学结构的同时，进行教学评价改革，取得了相得益彰的效果。

第九章

象山智慧：面向数字一代学习者的智慧学习生态构建

　　加拿大公共知识分子乔治·格兰特（George P. Grant）曾指出，"我们的时代要思考的第一要务即何为技术"[①]。技术的发展为人类的生产生活带来了诸多新的可能，对教育则尤为如此。基于时间维度来看，斗转星移，王朝更迭，上下几千年，人类总体的自然变化一直都是缓慢和渐变的，然而，近半个世纪以来，在科技的作用下，这个步伐骤然加快，甚至可以说是瞬间激变的。在这种急遽变化之下，人们称今天的教育正处于信息时代、"互联网+"时代，称今天的教育为"互联网+教育"。然而，从今天技术的融合程度，尤其是从技术与人的融合程度来说，我们更愿意称今天的时代是混合时代。混合时代意味着我们正站在信息时代的最前沿。我们也不得不意识到，一个侧重于用技术来改变教与学的方式的阶段已经成为教育信息化的昨天，并以不可阻挡之势走向教育的另一个阶段——一个充满无限可能的智慧教育（smart education）阶段。

　　在这样一个混合时代，技术对教育的促进作用不仅体现在微观层面上的智慧技术、智能媒体的教育应用，也体现在更加宏观层面的智慧学习空间、智慧学习文化等多方面的变革。然而，技术为教育所带来的最大变革，还不是教与学方式的转变，而是人的身份的改变。因为随着技术的发展与融合，人与技术的融合也达到前所未有的程度，一个混合时代随之来临。[②] 智慧教育是面向这样一个时代、这样一代赛博儿童（cyberkids）[③]而做出的教育回应。虽然智慧教育意味着技术的智能性、浸润性，资源的开放性、多元性，学习的个性化、自适应化，但是更好地理解与发展智慧教育，需要我们超越纯粹的技术性思考，将目光重新聚焦于"人"

---

① Orwin C, Grant G P. English-speaking justice. University of Toronto Law Journal, 1974, 30(1):106.

② Khanna P, Khanna A. Hybrid Reality: Thriving in the Emerging Human-Technology Civilization. TED Book, 2012.

③ Valentine G , Holloway S L. Cyberkids? Exploring children's identities and social networks in on-line and off-line worlds [J]. Annals of the Association of American Geographers, 2002, 92(2): 302-319.

身上。教育者在以充分的教育智慧探索技术为我们（for us）做了什么的同时，更要重新审思技术对我们（to us）做了什么。

第一节 智慧学习生态系统构建愿景

一、从数字教育向智慧教育的跃迁

数字教育通常是指随着 20 世纪 90 年代末期全球数字化浪潮的兴起，教育信息化建设随之而进入数字化发展阶段，尤其是以计算机来辅助教育及计算机科学教育、计算机技术应用的现代教育。[①]进入 21 世纪以来，信息技术以前所未有的速度和气势，强烈地冲击着社会生产生活的方方面面，成为当今世界发展的重要驱动力。在物联网、云计算、大数据、移动通信等新一代信息技术的推动下，世界上多个国家和地区都已将智慧教育作为其未来教育发展的重大战略。

（一）智慧教育的定义与特征

虽然不同国家对智慧教育的定义与特征的表述不尽相同，但又存在明显的共通性。例如，韩国教育科学技术部（Ministry of Education, Science and Technology, MEST）于 2011 年 6 月向韩国总统府提交了提案《通往人才大国之路：推进智慧教育战略》，并于同年 10 月发布了《推进智慧教育战略》。提案中对智慧教育特征的理解是基于 smart（智慧）一词，其中每一个字母都代表智慧教育的一个内涵特征，分别是自我导向（self-directed）、积极（motivated）、自适应（adaptive）、资源（resource）、技术沉浸（technology-embedded）。[②]

国内著名学者祝智庭和贺斌在《智慧教育：教育信息化的新境界》一文中分析了信息时代智慧教育的基本内涵[③]，通过构建智慧学习环境（smart learning environment），运用智慧教学法（smart pedagogy），促进学习者进行智慧学习（smart learning），从而提升成才期望，即培养具有高智能（high-intelligence）和创造力（productivity）的人，利用适当的技术智慧地参与各种实践活动并不断地创造价值，实现对学习环境、生活环境和工作环境灵巧机敏的适应、塑造和选择。杨现民等则认为，"智慧教育是依托物联网、云计算、无线通信等新一代信息技术所打造的物联化、智能化、感知化、泛在化的教育信息生态系统，是数字教育的高级发展

[①] 马元福，李奇谦. 从数字教育到智慧教育的探索与思考[J]. 中国教育信息化（高教职教），2014，（1）：13-16.
[②] 陈耀华，杨现民. 国际智慧教育发展战略及其对我国的启示[J]. 现代教育技术，2014，24（10）：5-11.
[③] 祝智庭，贺斌. 智慧教育：教育信息化的新境界[J]. 中国电化教育，2012，（12）：5-13.

阶段，是当代教育信息化发展的新境界和教育现代化追求的重要目标"[1]。北京师范大学的黄荣怀教授则提出，智慧教育具有感知（sensible）、适配（adaptive）、关爱（caring）、公平（equitable）、和谐（orchestrating）五大本质特征。[2]

综观以上各种观点，我们认为智慧教育的基本特征可以概括为智能化、整体性、个性化、多元化、可持续性和生态化。

（二）智慧教育的基本要素

祝智庭等曾提出了智慧教育研究框架（图9-1）。这个框架描述了智慧教育的三个基本要素——智慧环境、智慧教学法、智慧学习者。智慧教育强调追求更好的教育理念，它把智慧教育学作为一种方法论问题，把智慧学习环境作为技术问题，把培养智慧学习者的教育目标作为结果。智能环境可能受到智能教学法的显著影响。智能教学法和智能环境支持智能学习者的发展。

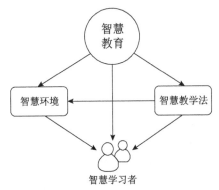

图 9-1　智慧教育研究框架

资料来源：Zhu Z T, Yu M H, Riezebos P. A research framework of smart education[J]. Smart Learning Environments, 2016, 3(1): 4

黄荣怀教授从现代教育系统的构成要素出发，认为智慧教育系统包括现代教育制度、现代教师制度、数字一代学生、智慧学习环境和教学模式五大要素。其中，智慧学习环境的关注重点包括智慧课本/电子书包、智慧教室/校园、学科创新实验室、和谐校园文化、校园安全系统、畅通家校联系等。新型教学模式的构建主要涉及学习方式、教学方式、课堂形态、数字资源、领导力、学习能力、教研方式、校本课程等。现代教育制度的关注重点涉及学校制度、学校布局、教育财政、就业渠道、招生选拔、学业资格、教师制度、教育目标、课程体系、质量标准等诸多方面。黄荣怀教授同时还强调，在这个系统中，教学模式是核心要素（图9-2）。

---

① 杨现民，刘雍潜，钟晓流，等. 我国智慧教育发展战略与路径选择[J]. 现代教育技术，2014，22（1）：12-19.
② 黄荣怀. 智慧教育的三重境界：从环境、模式到体制[J]. 现代远程教育研究，2014，（6）：3-11.

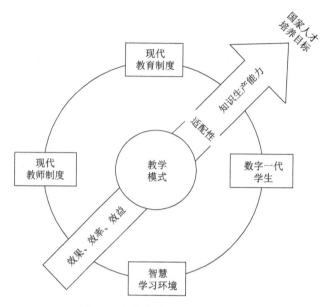

图 9-2　智慧教育系统的构成要素

资料来源：黄荣怀. 智慧教育的三重境界：从环境、模式到体制[J].现代远程教育研究，2014，（6）：3-11

　　吴权威、张亦华认为，智慧教育的实践路径始于建置智慧教室、培育智慧教师、展现智慧课堂、发展智慧学校，进而建构智慧学习社区，这是一个环环相扣、层层推进的运转机制。智慧教育的实践，需要"软硬兼施"的巧实力。其中，软实力的构面包含智慧教师、智慧模式、智慧课堂；硬实力的构面包含智慧教室、智慧学校、智慧学区；借由软硬实力两者相辅，才能朝着智慧教育的理想迈进。[①]

　　无疑，智慧教育要实现多种智能信息技术与教育教学各要素、各环节的深度融合。

二、智慧教育实践的内涵层次

　　智慧教育实践的内涵层次与价值取向、理论视角密切相关。对于"智慧"一词的不同理解，也影响着人们对于智慧教育的具体实践。例如，在计算机领域，从语境和理解两个维度看，"智慧"一词经历了从数据（data）到信息（information），再到知识（knowledge）和智慧（wisdom）的过程。过去人们更多关注"数据"和"信息"，强调对经验的理解；未来人们将更多关注"知识"和"智慧"，重视对新奇事物的探究。从"理解"的维度来看，研究、吸收、操作、互动和反思是人类

---

　　① 吴权威，张亦华. 智慧教师专业发展、创新教学械及其成效[EB/OL]. http://www.habook.com.tw/cn/habook_epaper/2015/20150601_smarter_teacher_development/20150601_smarter_teacher_development.htm[2019-07-15].

认识知识的五个阶段和过程，也可以简单理解为是数据挖掘的过程。从"语境"的维度来看，数据强调对某些部分的收集，信息强调若干部分的联结，知识强调一个整体的形成，智慧则强调多个整体之间的联结（图9-3）。

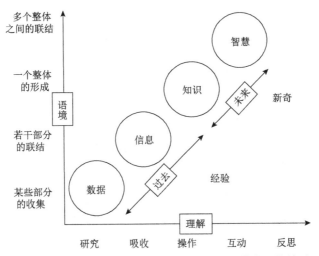

图9-3　"智慧"一词在"语境"和"理解"维度上的关系

资料来源：黄荣怀. 智慧教育的三重境界：从环境、模式到体制[J]. 现代远程教育研究，2014，（6）：3-10

祝智庭教授曾提出，智慧教育研究框架主要由智慧教育、智慧环境、智慧教学法、智慧人才四部分构成（图9-4）。

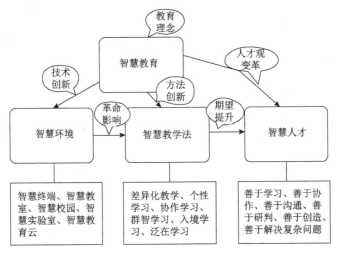

图9-4　智慧教育研究框架

资料来源：祝智庭. 智慧教育新发展：从翻转课堂到智慧课堂及智慧学习空间[J]. 开放教育研究，2016，22（1）：18-26

黄荣怀教授则通过对现代教育系统的构成要素进行逻辑演绎，得出智慧教育系统包括智慧学习环境、新型教学模式和现代教育制度三重境界，其中，通过智慧学习环境传递教育智慧，通过新型教学模式启迪学生智慧，通过现代教育制度孕育人类智慧。在黄荣怀教授的视野里，智慧教育的这三重境界在"智慧"显现度、过程稳定性、涉及范围等方面也呈现出明显的层级关系：从环境、模式到制度，"智慧"显现度呈现出从显性到隐性的特征，过程稳定性呈现出从动态到稳定的特征，涉及范围呈现出从微观到宏观的特征。

可见，由于不同的价值取向、理论视角，人们对于智慧教育的内涵层次的理解也不尽相同，但大致可以从如下几个层面进行理解。

（一）物理层面的智慧教育：智慧学习环境

物理层面的智慧教育，更强调智慧学习环境，通常包括智慧终端、智慧教室、智慧校园、智慧实验室、智慧教育云等多种范型。这一层面的智慧教育，更多地体现了智慧教育作为教育信息化的高级阶段，认为智慧教育的概念诞生于世界范围内的教育信息化建设开始走向融合创新的深层次发展阶段。例如，马元福等认为，智慧教育是教育信息化的新境界、新诉求，是数字教育的发展与提升。① 杨现民等也认为，智慧教育是整合物联网、云计算、大数据、移动通信、增强现实等先进信息技术的增强型数字教育（enhanced e-education），是对数字教育的进一步发展。②

智慧学习环境就是以信息技术、学习工具、学习资源和学习活动为支撑构建的能够智能、准确地识别和灵活响应学习者的学习需求，个性化地支持学习者的学习进程，有效地促进学习者智慧发展的环境。毋庸置疑的是，智慧学习环境是智慧教育的基石，离开了智慧学习环境，任何灵活创新的学习模式和教学法的应用都会缺乏落地生根的土壤，高效的学生智慧发展也就无从谈起了。

（二）认知层面的智慧教育：智慧教学法

认知层面的智慧教育，更强调智慧教学法，通常包括差异化教学、个性学习、协作学习、群智学习、入境学习和泛在学习等。例如，英国学者 Anasol 等认为，智慧学习是通过情境感知环境提供给学生无处不在的、个性化的学习资源，进而促进教育发展的一种创新的学习范式。③为了支持该学习行为的发生，他们设计了

---

① 马元福，李奇谦. 从数字教育到智慧教育的探索与思考[J]. 中国教育信息化，2014，（1）：13-16.
② 杨现民，刘雍潜，钟晓流，等. 我国智慧教育发展战略与路径选择[J]. 现代教育技术，2014，22（1）：12-19.
③ 转引自：张立新，朱弘杨. 国际智慧教育的进展及其启示[J]. 教育发展研究，2015，（5）：54-60.

一个融合了学习分析技术、云计算、混合现实活动以及虚拟环境等概念的混合式智慧学习系统模型。

可以看出，这一层面的智慧教育体现出了在技术丰富的教育环境中，如何更好地为学习者的学习与成长提供给养的教育教学理念及方法。

（三）系统层面的智慧教育：智慧学习生态系统

从文献研究来看，无论是国内还是国外，对智慧学习的研究都紧跟智慧教育之后，且自 2011 年以来其学术关注度也出现爆发式发展的态势。从更加强调整体的、关联的、发展的、可持续的生态学视角看待智慧学习，智慧学习生态观正在逐渐兴起。2017 年 6 月 22—23 日，在葡萄牙阿威罗大学举行了第二届智能学习生态系统和区域发展国际会议，会议上对学习生态系统是什么，它们在城市和区域发展和创新中扮演什么角色，我们如何促进公民参与智能学习生态系统等问题，进行了探讨。

生态学理念在教育信息化中的应用从技术增强学习（technology-enhanced learning，TEL）系统发展中可见一斑。从生态学理念来看，学习生态系统是一个综合的、相互关联的、不断进化的系统。然而，运用信息技术提升教育智慧，打造和谐、可持续发展的教育信息生态系统，正是信息时代智慧教育的终极目标。[①]智慧学习生态观正是将智慧教育理论与系统生态学理论相融合形成的关于智慧人才培育的生态理念。它将系统生态学理论拓展至教育领域和数字世界，希望通过教与学各要素的互联互通、学与教群体（生物群体）的各司其职、学习空间及相关资源（非生物群体）的物尽其用，达到培育智慧人才的目的。[②]

从以上智慧教育内涵的层次可以看出，三个层次并不是相互矛盾的，而是彼此关联、相互依赖。杜威的实用主义智慧有三个特征，即智慧是实践的，智慧是创造性的，智慧是一种操作方法。[③]若从杜威的智慧观来说，只有智慧教育的以上三个层面之间相辅相成，才能更好地体现其实践性、创造性及操作方法的智慧特征。换言之，智慧学习生态系统的建构，势必需要智慧学习环境、智慧教育理念的支持。同时，智慧学习生态系统的建构，也是智慧学习环境的建设与智慧教育理念价值得以实现的根本所在。象山县智慧教育实践正是基于这种理解，旨在走向智慧学习生态的构建与实践。

---

① 杨现民. 信息时代智慧教育的内涵与特征[J]. 中国电化教育，2014，(1)：29-34.
② 祝智庭，彭红超. 智慧学习生态：培育智慧人才的系统方法论[J]. 电化教育研究，2017，(4)：5-14.
③ 仲建维，乔宏时. 杜威的"智慧"概念及其教学方法论意义[J]. 当代教育科学，2018，(1)：46-50.

第二节　象山县智慧学习生态构建实践

一、象山县智慧教育项目顶层设计

象山县教育局从本县经济和社会发展高度出发,对接宁波市的"智慧教育",通过对本县智慧教育发展现状与需求开展调研,对象山县教育信息化的历程进行梳理,并对教育信息的发展趋势和进程做出科学预测和规划,以此为依据,对本县的"智慧教育"进行整体规划和布局,构建象山县智慧教育成熟的模型,以促进象山县教育信息化项目向纵深发展。

(一)宏观政策环境与保障

综观各国教育发展战略可以发现,推进教育系统重构、加速学校变革、打造开放性学习环境,已成为全球教育信息化发展的基本特征。换言之,从数字教育转向智慧教育已经成为国际社会的共识。在这场不可逆转的浪潮中,我国《2006—2020 年国家信息化发展战略》《国家中长期教育改革和发展规划纲要(2010—2020 年)》《教育信息化十年发展规划(2011—2020 年)》等重要文件的发布,为创新应用技术、重构教育生态系统提供了良好的政策环境与保障。

浙江省是全国教育信息化示范省。浙江省教育厅于 2016 年 9 月 13 日正式发布了《浙江省教育信息化"十三五"发展规划》,特别强调了要以移动学习终端为学习者创设以技术为支撑的学习空间。网络学习空间与实体空间的有机结合,正是通过充分发挥物联网、云计算、大数据、学习分析等新技术的优势,拓展教与学空间,形成一种混合的学习环境,从而优化教与学的过程。因为通过数据动态采集、实时分析和学习诊断,不但可以实现教学管理、教学评价的精准化,同时也能促进因材施教和个性化学习。

(二)地方政府推进与策略

宁波市自 2011 年提出智慧教育的理念后,不断加快教育信息化进程,并取得了丰硕的成果。校园卡、人人通、电子书包……随着一系列电子产品走进校园,走进生活,广大师生、家长,包括全体市民的学习方式都在潜移默化中发生着翻天覆地的变化。

2013 年是宁波智慧教育建设开创性的一年,在先进的发展理念指引下和过硬的技术支撑下,宁波市开展了对智慧教育的大规模探索和建设,成功建成智慧教育三大平台,即面向中小学生的人人通空中课堂平台、面向成人教育和终身教育的终生学习公共服务平台、面向高校和科研人员的数字化学习平台。[①]

2015 年，象山县教育局发布《象山县教育局关于深化义务教育课程改革的指导意见》，提出与杭州师范大学合作实施象山县基础教育创新工程项目，其中智慧教育是该项目的九大核心项目之一。此后，象山县教育局依据"试点先行，示范引路"的原则，选择信息化条件较好、对数字教育系统智慧提升有强烈需求的地区和学校，确立智慧教育示范区、示范校、示范班。

将智慧教育发展作为象山县基础教育创新的核心项目之一，具有强烈的现实需求和技术条件，其核心目的正是要提升现有数字教育系统的智慧化水平，实现教育环境的智慧化、教育资源的智慧化、教育管理的智慧化和教育服务的智慧化，最终形成一个一体化、开放灵活、智能化的教育系统。在技术变革教育的大背景下，象山县发展适应本土教育现实需求的智慧教育，具有重大战略意义。

一方面，可以破解象山地区教育发展难题，推动教育深度变革。虽然象山县的教育近些年发展迅猛，但在与本地经济社会发展相适应等方面，仍然存在一些难题，如教育教学设施比较陈旧，中小学生课业负担过重，学生创造力不足，城乡之间、区域之间教育发展不均衡，教育公平问题长期存在，等等。智慧教育通过创新应用信息技术，提升教育系统运行的智慧化水平，有助于破解教育发展难题，从而形成突破点，带动区域教育系统的深度变革。

另一方面，抢占教育制高点，引领教育信息化创新发展。虽然我国许多地区均开始尝试以智慧教育促进教育变革，但总体来讲，在通往教育全面信息化的道路上，也均刚刚起步。象山县若能在这个教育信息化进入全新历史时期的关键点上把握时机，有重点地投入，有计划地建设，就能让智慧教育成为重塑象山教育在全市乃至全国更有影响力和地位的契机。祝智庭教授认为，智慧教育是当代教育信息化的新境界，是素质教育在信息时代、知识时代和数字时代的深化与提升，是培养面向 21 世纪的创新型人才、智慧型人才、实践型人才的内在需求。智慧教育的发展将引领我国教育信息化新的发展方向，带动整个教育产业的迅猛发展，培养大批世界一流的创新智慧型人才。

此外，发展智慧教育还可以服务社会，构建全民终身教育体系。同时，运用科技服务教育，也有助于更好地实现象山县"人人教、人人学"的"泛在教育"（ubiquitous education），在一定程度上加快象山县学习型社会的建设步伐。

（三）学校变革勇气与行动

智慧学习生态的构建意味着要突破现有教育系统的"条条框框"，以系统

---

① 浙江省教育技术中心. 浙江省宁波市建成智慧教育三大平台[EB/OL]. http://www.ict.edu.cn/news/n2/n 20140114_7187.shtml（2014-01-14）[2019-07-15].

性思维重构整个教育生态系统，改变传统课堂的教学结构，实现教育变革，确立技术的战略影响地位，而不仅仅是将其作为改善教学的工具。国家和地区推动智慧教育变革，并不意味着立刻在全范围内推广。诸如韩国、新加坡等国家也都是优先选择师生信息素养较高、具备智慧教育变革条件的学校或地区进行试点。象山县在推进智慧教育的过程中，也依据"试点先行，示范引路"的原则，充分发挥试点学校或地区在促进信息技术变革教育中的示范作用，选择本县信息化条件较好、对数字教育系统智慧提升有强烈需求的地区和学校，确立了智慧教育示范区、示范校：A 示范学校——石浦中学；B 示范学校——丹城第二中学。

相关学校依托高校智力资源，建立了基于校本研究的智慧教育研究与实践基地，以探索有效的、可借鉴推广的智慧学习生态构建与应用经验。在这一过程中，高校智力支持队伍通过结合自身优势和研究基础，分别在学校智慧教育发展战略规划、智慧学习生态系统构建关键技术、管理策略，以及对智慧教育中人的因素——学习者与教师等方面开展针对性的研究，为学校智慧教育的可持续发展奠定了较好的研究基础。

象山县智慧教育发展项目的复杂性和所涉及环境因素的不确定性决定了这是一个动态的复杂项目。考虑到较难为这样一个动态的复杂性项目进行一种具有严密实施步骤的静态描述，"面向数字一代学习者的智慧教育"项目采用项目管理法中的关键路径法（critical path method，CPM）作为整个项目的规划描述方法。其中，主要关键活动如下（图9-5）。

关键活动 A：对象山县智慧教育发展现状与需求开展调研。

关键活动 B：象山县智慧教育顶层设计。

关键活动 C：象山县智慧教育示范区、示范学校的选择。

关键活动 D：象山县示范学校（一）智慧教育实践探索。

关键活动 E：象山县示范学校（二）智慧教育实践探索。

关键活动 F：象山县教师整合技术的学科教学知识（technological pedagogical content knowledge，TPACK）的发展。

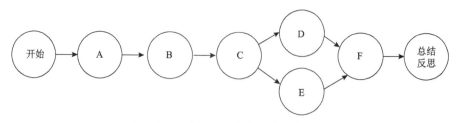

图 9-5　象山智慧教育发展关键路径图

二、面向电子人学生的智慧学习环境建构与实践

（一）A 示范学校概况——石浦中学

自 2014 年开始，石浦中学在浙江学海教育科技公司的技术支撑下，启动了智慧教育的探索，利用微课视频和研学案引导学生进行自主学习、合作学习、移动学习和个性化学习。"微课导学"在课前、课中、课后等教学环节都起着重要的作用：课前，学生在微课和研学案的指导下进行独学；课中，学生在教师的引导下进行互学；课后，通过教师的个别化的辅导，实现促学的目的。

2016 年 9 月，石浦中学引入"乐课网"智慧教育系统，一年级新生共 8 个班、360 名学生参与到这一教育创新实践中。这一实践为学校落实"以生为本、面向全体，教师的责任不在于教，而在于教会学生学"的教育信念，以及实现两个重要转变——转变教师的教学方式、转变学生的学习方式，奠定了坚实的基础。在教师与学生适应技术应用的同时，如何更好地设计真正适应学生需要的学习环境，成了当前教师教育实践面临的最大挑战。

在"面向数字一代学习者的智慧教育"项目中，石浦中学在课题组的支持下，以教师的行动研究为基础，将目光从技术转向学生，从硬件建设转向创造性智慧环境设计。

（二）A 示范学校典型经验

1. 明确电子人学生的"智慧学习"需要

为新一代电子人学生营造数字学习环境，从网络学习到移动学习和泛在学习，作为数字学习环境高端形态的智慧学习环境便应运而生。与传统的知识课堂相比，电子人学生对于学习内容的呈现与获取、学习过程中的交流与互动等多个方面有了新的需求，尤其表现在如下几个方面。

（1）情境感知

在智慧学习环境中，利用数据智能化挖掘技术，挖掘有关感知数据，了解学习者的个性差异（如能力、风格和偏好）、知识背景、学习状态、学习进度和学习需求等，可以动态地记录学习过程，可以量化、表达和预测学习者的思维过程和学习需要。智慧学习环境可以被感知，这种情境感知可以作为基本支撑，并在学习内容和学习资源推送的基础上，为学习者设计更具适应性和灵活性的学习环境，让不同的学习者按需获取和使用资源，达到知识和智慧的交融，最终到达个性化学习和思维能力提升的目标。

（2）全向交互

学习活动的本质是交互，智慧学习环境支持全方位的交互，具体体现在以下

327

三个方面：①媒体交互。通过语音、拍照、文字等方式与设备或网络平台进行交互，系统可以动态地记录学生的学习过程，为资源的智慧推送与决策提供数据支持。②师生互动。通过面对面或者乐课云平台实现师生之间随时、随地的互动交流，促进深层学习的发生。③生生互动。通过面对面或者乐课云平台实现思想的碰撞与交流，让学生学会协作解决问题。

（3）学习体验

从教学的过程价值来看，教学要重视学习者的学习体验。在智慧学习环境中，因环境具有感知性、适应性、生动性等特征，可以引起学习者一定的态度体验，帮助学习者理解所学内容，从而使学习者能够更加轻松地投入到学习中。在智慧学习环境中，生动的学习场景、先进的设备和丰富的资源，可以引导学习者积极参与，从而在情境化和智能化的学习活动中灵巧、高效地运用所学知识解决问题，在实际的体验中实现智慧的全面生长。

（4）智慧推送

智慧学习环境可以达成"学习资源按需获取、教与学可以按需开展"的美好愿望。按需推送是智慧学习环境的另一重要特征，教师可以根据自己的教学风格和偏好来筛选资源、重组资源甚至创设资源，而后网络平台利用大数据采集的学习者特征和条件，为学习者推送符合其知识结构和学习层次的学习资源和服务。

2. 智慧学习环境框架建构

石浦中学在研究学习者身份、学习者的学习方式变迁的基础上，以国际智慧学习环境研究为参照，以当前认知心理学、教育神经科学和信息技术对人的认知影响等相关成果为依据，结合学校已有基于电子书包的三导教学模式实践与当前智慧学习系统应用与实践基础，以相匹配的设备、技术、教材、教师、学生等构建一个智能性、开放式、混合式的数字虚拟和现实学习时空环境，既支持学习者学习的自主建构，又提供适时的学习指导，旨在促进学习者的智慧全面、协调和可持续发展，如图9-6所示。

《浙江省教育信息化"十三五"发展规划》中特别提出，在进一步推进教育信息化建设向智慧教育发展的过程中，要"从主要依托教育系统自身建设上升到联合社会力量共同建设上来"[①]。石浦中学和杭州施强教育科技有限公司的合作就是最好的一个例证。在这个推动智慧教育的行动过程中，学校、智慧教育公司和高校通过持续性合作，形成一个智慧教师专业成长的共同体，为促进教师的TPACK专业发展提供了更加丰富、多面向的支持。

---

① 浙江省教育厅. 浙江省教育信息化"十三五"发展规划[J]. 浙江教育技术，2016，（5）：5-10.

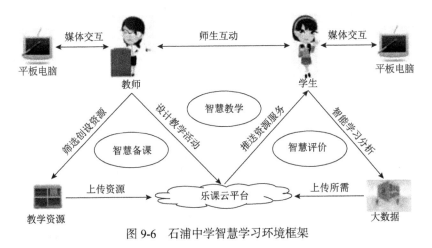

图 9-6　石浦中学智慧学习环境框架

3. 智慧学习环境建构实践

在这一智慧学习环境框架下，学校利用乐课网的提辅系统、教学诊断系统和激励系统，构建以课前导学、课中助学、课后辅学三重环节为基点的智慧课堂学习过程（图 9-7），在日常教学中进行实践，优化常态课堂的教学模式。杭州施强教育科技有限公司的技术人员在学校长期蹲点，利用乐课网为教师进行基于平板电脑教学的排课，保证每名教师每周都有利用平板电脑教学的实践机会。

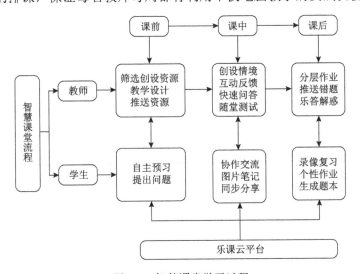

图 9-7　智慧课堂学习过程

（1）课前导学

教师可以通过乐课资源库、学校资源库、区域资源库、个人资源库寻找和选择备课资源，可本地上传或从资源库调取和使用微课、课件、音视频等多种形式的预习内容；系统同步推送给学生，方便学生提前预习，乐课网用自带的数据分析系统帮助教师判断学生预习作业的完成情况，从而了解学生预习情况，能够有针对性地上课，提高课堂效率和教学质量。对于学生来说，他们可提前预习上课的内容，将学习重点从课后前置到课前，带着问题听课，从而提高听课效率。

（2）课中助学

教师在课堂中可以发起快速问答——让学生人人参与，清晰地了解哪些学生参与、哪些学生没参与，关注每名学生的上课动态；了解学生对课堂知识点的掌握情况，提高教学效果；系统收集全班答案的功能，使任何学生都有展示答案的机会，让教师重点关注未答和答错的学生，根据学生的回答情况，给予乐币奖励，增强学生参与的积极性，活跃课堂气氛。乐课智慧学习系统所内置的"课堂拍照""图片笔记"等功能可以让学生及时、轻松、完整地进行基于平板电脑的课堂笔记。如此一来，一是可以记录知识点，节约课堂时间；二是可以对知识点进行分类保存，便于集中复习。此外，乐课智慧学习系统还具有在上课过程中自动生成随堂录像的功能，使得学生可根据笔记的"时间戳"，在需要的时候随时、反复查看随堂录像，还原课堂教学过程。

（3）课后辅学

教师在线上布置分层作业，学生在平板电脑上完成相应的作业，客观题可由乐课网自动批改，主观题由教师手动批改，在减轻教师批改作业负担的同时，系统会向学生推送强化练习和自动生成错题本，使作业更系统、更有针对性，使其避免沉溺于题海战术；提供乐答在线即时答疑，不受时间、空间的限制。学生可以在线上享受到私人订制的答疑服务。教师可以通过拍照、语音、文字表述等多种方式对学生的提问做出反馈；收集教与学各个环节所有的成绩与行为数据，进行归纳分析，生成不同角色、不同周期、不同类型的诊断报告，及时精准地掌握学生的知识缺陷与能力水平，洞察教学问题，生成学情报告，进行学习的个性化评估与指导，使真正实现精准化、个性化的教学成为可能。

相比传统课堂，智慧课堂是在智慧学习环境中开展的以学习者为中心，促进学生智慧生长的课堂，它加快了教学方式和学习方式的转变，让学习拥有更广阔的天地。如表 9-1 所示，智慧课堂在课前、课中和课后突出体现了"需求智慧感知，学生智慧学习，资源智慧推送"的理念。

表 9-1　石浦中学智慧课堂和传统课堂的差异比较

项目		传统课堂	智慧课堂
课前	找资源	通过网络搜索，下载或修改相应的教学资源	通过乐课资源库、学校资源库、区域资源库、个人资源库寻找和选择
	写教案	根据教材、教学参考书进行教学设计，并手写备课本，学校教务会线下定期检查	可进行电子教案撰写，可线上同步完成电子教案，集体写教案，学校教务线上随时检查
	备作业	根据配套作业本或教辅，教师口头布置预习作业	可本地上传或从资源库调取多种形式的预习材料或作业，系统同步推送给学生

续表

	项目	传统课堂	智慧课堂
课中	课堂互动	师生口头问答互动，或者布置题目，学生在作业本或课本上进行答题，教师现场走动查看，展示个别学生的作业或作品，当面给予表扬和鼓励	学生书写或拍照作答，查看全班学生的答题进度，系统及时高效地收集全班学生的答案，关注未答和答错的学生，进行乐币扣除
	随堂作业	通常情况下，教师较少进行随堂测试，并且较少有激励	发起随堂测试，教师可以查看任何一位学生的试卷，系统快速反馈，进行乐币奖惩
	笔记	教师口述或黑板板书，学生抄写笔记	教师指定重难点，学生可以利用"图片笔记"功能，一键完成笔记
课后	布置作业	使用教辅书，全班完成同一份作业	根据学情，分层布置多种形式的作业（音视频、图片、语音）
	课后复习	教师口头要求学生进行课本笔记和错题本的复习	引导学生查阅课堂录像，通过习题本进行复习巩固
	错题收集	学生主动摘抄或将错题剪贴	提供习题本，将作业和测试中的错题自动按学科统计，并对同一知识点、同一难度的题目进行智能推送
	答疑解惑	教师课后当面解答学生的提问	随时随地解答学生的问题

4. 混合课堂学习实践

根据教学活动开展的时空不同，石浦中学实施的智慧学习分为两种：实体课堂学习和网络课堂学习（图9-8）。

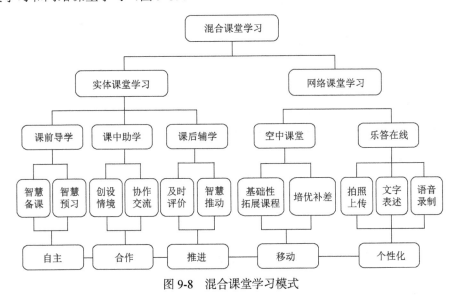

图9-8 混合课堂学习模式

在实体课堂上，乐课云平台主要承担了师生的媒体交互功能。教师筛选、创设和利用资源进行智慧备课，乐课云平台根据大数据提供的学习分析情况，以及学生的行为、感情等个性化特征，为其推送相关的资源和服务。

网络课堂学习则是空中课堂和网上答疑的结合。一是空中课堂的开设，石浦中学尝试在寒假和暑假期间为学生开设假期空中课堂，在学生学情差异和自愿报名的基础上，学校提供 A 和 B 两个层次的基础性拓展课程，组织优秀教师利用平板电脑进行学科拓展性知识的教学和假期作业的讲解答疑。学生在家就可以进行学习和享受到教师的辅导，家长可以随时通过线上平台监管孩子的参与情况，了解孩子参与空中课堂的情况。二是提供乐答在线答疑，学生和教师可以利用添加照片、拍照上传、录制语音或文字表述等方式在乐答在线上进行交流，让泛在学习成为可能。

在英语写作混合教学案例中，教师为了契合学生的实际需求，有机混合了实体课堂和网络课堂两种学习环境，在不同时段分别组织学生开展自主线上学习和线下课堂学习。利用实体课堂的优势创设一个面对面实时交流的空间，师生充分交流写作过程中出现的问题，研讨解决问题的有效策略，教师就课堂实践中出现的问题，给予针对性的现场指导，及时帮助学生矫正共性问题；利用乐课平台及时上传和反馈，可重复修改，利用平台所具有的随时生成成绩并进行分析的特征，弥补传统英语作文批改周期长等不足，让学生的英语写作演练充分，增强其学习的自我效能感。线上、线下写作活动的时间、方式、目的、内容、步骤及评价方式之间的比较，如表9-2所示。

表9-2　线上、线下写作活动比较

内容	线下实体课堂	线上网络课堂
活动时间	工作日英语课	周末空中课堂
活动方式	合作学习	个体自主学习
活动目的	解决写作共性问题	解决写作个性化问题
活动内容	词汇句型、谋篇布局、语言规范	个性化创作、网络阅读反馈、多元互动
活动步骤	制定标准、体验标准、依据标准评价	写作、上传、反馈、研磨
评价方式	自评、同伴互评、师评	展示互评、网评

5. 建立"智慧校园"联动

在每周进行常态课实践的同时，石浦中学也积极寻求同盟，借助外力，创设机会，以专家支持的研究性集体备课和教学"临床会诊"为方法，以传统课堂和平板电脑教学的碰撞为实施形式，以大型主题研教活动为载体，进行更多基于研究的实践和基于实践的研究。同时，石浦中学与浙江省内其他试行智慧教育的学校，如余姚市子陵中学，以及象山县南部同盟兄弟学校建立密切的合作关系，在一年的时间内相互造访，共同承办以"智慧教育"为核心主题的校际交流活动和课堂观摩活动，在活动中共享经验，探讨共同的困惑，协同提高。

在项目实施过程中，石浦中学主要承办或参与的智慧教育教学研讨活动如表 9-3 所示。

表 9-3　石浦中学承办或参与的智慧教育教学研讨活动列表

序号	活动内容	活动时间
1	参与施强国际学校乐课网教学活动	2016 年 9 月 22 日
2	进行校内平板智慧课堂示范课活动	2016 年 10—11 月
3	举办县第五届"课堂节"平板智慧教育专场，参与单位涉及全省 14 所学校	2016 年 12 月 16 日
4	协同余姚市子陵中学举办平板智慧课堂教学展示研讨会	2017 年 3 月 31 日
5	主办象山南部联盟区域"传统与科技的碰撞"研教活动	2017 年 5 月 4—8 日
6	课题"面向电子人学生的智慧学习环境的建构与实践"被中国教育协会立项为"十三五"教育科研规划课题的子课题，同时本校成为课题实验校	2017 年 6 月
7	学校承办象山县基础教育创新工程工作进展汇报会	2017 年 7 月 15—16 日
8	初一年级开设了为期两周的暑期假日空中课堂	2017 年 8 月
9	学校与杭州施强教育科技有限公司合作在 2017 级新初一年级开设 11 个平板智慧实验班	2017 年 9 月
10	初二年级开展了"乐课杯"知识竞赛和乐课之星评选活动	2017 年 9 月
11	学校通过宁波市智慧校园达标学校评估	2017 年 11 月
12	县第六届课堂节之平板智慧教学展示研讨活动在本校举行	2017 年 11 月 24 日

6. 打造"智慧团队"研教

在这个项目实施过程中，专业教师、技术人员、专家团队共同参与的公开课和主题研教活动是石浦中学教师实现专业发展的重要方式。以往大家围坐在一起非常不容易，要研讨的一定是一个非常重大的主题。现在这样在课堂中生长出来的研教方式，让很多东西都可以"研"了，如一本书、一堂课、一个案例、一种教育现象，如同一个个"短兵相接"的过程，自由开放的谈论氛围，让教师丝毫没有违和感。通过团队合作、教师实践、"临床会诊"、专家点拨、深入反思等环节交叉进行校本教研，石浦中学旨在帮助教师形成以下教学态度：不随意、会调整、会反思。具体如下：备课的态度不随意，哪怕是烂熟于心的教学材料，也要再三去琢磨，不会躺在经验的温床上慢慢落伍；课堂上，要具备随时调整教学的意识，能够根据实际学习情况的变化和动态生成的新情况，及时改进所预设的教学设计；课后会反思，利用乐课网和乐桃工具记录当时的教学体会，给自己走过的路留下一些痕迹。

今天，教学公开课被不少教师看作是一种"教学作秀"。然而，石浦中学的实践表明，如果一位授课者能在准备"教学公开课"的过程中，真正参与到团队——教师共同体的学习中，经历过教学设计中的困惑、取舍，以及批判性的评价、反思等过程，就能够在今后的常态课中举一反三。这一过程是每一位教师产生质变的关键事件，在教师学习共同体中，通过彼此之间的真诚互助，可以促进教师自主学习、及时反思改进、勇敢实践、自我提升等，最终成就其教学能力质的转变。

2016年，学校新入职的8位教师积极参与到学校发展性项目的实践中，为自己的专业成长寻求一个高起点。他们在实践中关注和收集教学场景中的各种问题，在每月例行的专家团队座谈会上积极提问，参加讨论，进行再实践、再反思，主动研究的热情让学校领导和杭州师范大学专家深受感动，教学能力得到迅速提高，入职不到一年，就具备承担县级、市级公开课的能力。以下为选取的三位教师教学反思的片段。

平板电脑在教学中的应用与优势
许轶卉

在英语学科教学中，平板电脑也帮我解决了许多问题。

课前：通过平板电脑布置预习作业，像是导学案，让学生提前预习，正式上课时效果会好很多。有时我会通过平板电脑分享一些英语视频（基本是国外的一些同一学习层次的资源，与课本内容相关，但同时也是学生比较感兴趣的学习内容），有利于帮助学生开阔视野，树立文化意识。

课中：利用平板电脑创设更多的情境（英语学科特别需要创设一个真实有效的情境，提供一个相对自然的语言环境）。乐课网乐币奖励性评价机制调动了学生的学习积极性；快速问答环节可以让教师在短时间之内了解到学生的知识掌握情况，当堂即时解决；通过智慧学习平台中的"圈画"功能做笔记，给作业讲解课提供了很大的便利。

课后：平板电脑形成性评价功能的强大毋庸置疑。教师可以反复给学生布置错题，也可以通过平板电脑给学生提供范文和例文进行背诵、参考。

许轶卉老师能够娴熟地使用平板电脑的功能，挖掘其在课前、课中、课后的功能，扩大教学资源。在她的课堂上，过去少数学生"被陪读"的现象了无踪迹，呈现出多维交互的混合式学习：屏幕广播，让教学信息瞬间直达；涂鸦功能，让文字在平板电脑上流光溢彩；拍照上传，让课堂重点明确，聚焦难点；及时统计，让学情得到最真实的呈现。

基于智慧平板电脑的作业讲解
张栋栋

在分式教学中，学生在分式的最高项系数化正、分式化简求值方面会存在许多错误，如果按照传统作业讲解方式，可能讲解的量大，并且效果不明显。而利用平板电脑的拍照功能，将学生错误的过程展示给学生，照片的视觉冲击可以起到吸引学生的作用，而其他学生的错误演示可以激起绝大多数学生的兴趣。学生寻找错误的过程，可以让做正确的学生再一次回顾分式化简的基本过程，思考其中易错的知识点和过程，对于做错的学生，可以让他们自己探寻自身存在的问题，这样的过程也可以加深他们对这一错误的认识，及时改正自身的错误。整个过程中，教师可以充分发挥自己的引领作用，更多地带领学生去发现自身存在的问题，让学生充分发挥自己的主体地位，自主讨论、思考整个知识体系。这样的作业讲解过程，课堂中学生的参与度更高，更热闹，尤其对于注意力容易分散的学生而言，这样热闹的课堂，可以吸引他们更多地关注课堂，避免注意力分散。

"行平板之变，施智慧之举"，智慧课堂让原本枯燥无味的作业讲解变得生趣盎然。张栋栋老师的作业讲评课容量大、效率高，借助了迅捷高效的大数据分析，教学设计精准定位，学习内容贴近学生的最近发展区，作业讲解不再是教师的一言堂，而是在学生的自主讨论和思考中充满思辨和灵性，让课堂成为一种关注和创意，体现了对学生无微不至的教学关怀。

致力让每一堂语文课成为"微写作"课
吴妮妮

一次偶然的上课灵感，我发现了平板电脑和阅读与"微写作"之间的奥妙。

我们讲到《阿长与山海经》，这篇文章的中心事件是阿长买《山海经》，但作者却用了大量的笔墨写阿长买《山海经》之前和之后的事情，铺叙了前因，描写了后果，将买书的过程略去了，谋篇布局上的详略安排，作者自有深意，过程引人遐想，阿长作为一个目不识丁的农村妇女，在买书过程中会面临什么困难呢？

原先，我准备了这个探究题，让他们谈一谈。

突发灵感：不如发起一个主观题让他们写一写吧！

少年天马行空的想象力令人叹服，有的说阿长跑遍了全城的书店，有的说阿长比画着描述"三哼经"，有的说阿长用了一年的工钱买了这套书……他们运笔自如，把阿长在买书过程中可能会遇到的事情描述得细致周到。

接下来，在上课中，我偷偷做了几次"实验"——同一篇课文，一个班级上平板课，另一个班级上传统课。记得上到陆游的《游山西村》时，我发起了

> 一个主观题问答：让学生续写"三年后，陆游厌倦了官场生活，再次回到山西村……"传统课堂的学生写在草稿纸上，用投影仪展现；平板课堂的学生用平板电脑提交自己的"小作文"。原以为都是展示，效果应该都差不多，但结果却令人玩味，用投影仪征收学生的答案，孩子们互相推选，羞羞答答，而平板电脑展示时学生则齐声喊着"老师看我的"。
>
> 我课后大致分析了一下原因，一方面是省去了亲手递交给老师的环节，学生更轻松，在不用背负"舆论压力"的情况下展示了才情，另一方面是平板电脑中有一个奖励乐币的机制。

吴姹姹老师利用智慧课堂努力突破语文教学中的一个难题：利用日常教学提升学生的写作水平。"察一叶可见春秋，观滴水可知沧海。"学生在平板电脑上快速写下人物分析、个人见解等，一个个穿插在教学中的小细节，看似微不足道，但潜移默化地在阅读中渗透了作文教学，让表达的欲望在孩子们的指尖上流动起来。

三、基于学生自带设备的混合学习环境建构与实践

通常认为，自带设备（bring your own device，BYOD）的流行最初起源于企业，最早由英特尔公司于 2009 年提出。当英特尔公司发现越来越多的公司员工都在使用自己的设备时，便开始实施 BYOD 政策。类似地，教育领域中的 BYOD 定义通常表述为：教师和学生将个人移动终端设备带入课堂，并连接到学校网络，从而支持个性化教与学的一种方法。从目前的教育实践来看，学生能够使用的自带设备硬件包括移动电话、平板电脑、数码摄像机、播放器、移动存储设备等，其中，应用较广泛的是平板电脑和手机。

2016 年，活跃在美国乃至全世界教育技术领域的学术研究者和实践者美国西伊利诺伊大学霍伊特·汉普希尔（Hoyet Hamphill）教授指出，尽管美国中小学BYOD 的探索已有将近十年，但同样是一个新事物，如果参考"创新扩散模型"（innovative expansion model），应该是处于兴趣阶段的初期，也就是早期采用者开始探索尝试的阶段。在与汉普希尔的对话中，青年学者阮高峰也指出，从总体上来说，BYOD 在中国还是少数先行者的探索实践，如果参照罗杰斯的"创新扩散模型"，它还处于了解阶段，即"革新者"使用的阶段，并且在使用的学校层次上，还是以小学和初中为主，主要是三至六年级。[①]

正如《浙江省教育信息化"十三五"发展规划》中所提出的，浙江省教育厅正在组织实施浙江省移动学习终端应用项目，并要"资助中小学校装备 10 万套移

---

① 霍伊特·汉普希尔，阮高峰. 校园 BYOD 的契机与挑战：中美两国中小学校自带设备应用现状比较[J]. 中国信息技术教育，2016，（2）：4-10.

动学习终端，整合电子教材、教育 APP、学习分析等资源和技术，探索信息化环境下的教与学新方式"。但从全省范围来看，10 万套移动学习终端还不能在短期内惠及全省大多数学生。当前，在国内外正在逐渐兴起的 BYOD 教学应用行动可以较好地缓解这一矛盾。

（一）B 示范学校概况——丹城第二中学

自 2014 年 10 月开始，丹城第二中学的学生开始自带由家长配置的平板电脑进入课堂，开始了学校在各学科教育中实现基于学生 BYOD 的混合学习环境实践探索，并积累了一定的实践经验与成果。例如，2015 年 10 月，学校省级课题"235智慧课堂的实践研究"已结题。2016 年 10 月，宁波市教研课题"基于'电子书包'的个性化作业实践研究"已经完成结项。

本部分的研究是丹城第二中学在学校 2014 年以来的学生 BYOD 智慧教育实践的基础上，开始以教师的行动研究为载体，进一步深化对技术支撑之下的学习空间建构与课堂文化转型的认识，探索基于 BYOD 的初中混合学习环境建构的可行路径，以对电子人一代学生学习方式的转变做出回应。在项目研究团队充分研讨的基础上，确定了以下研究路径（图 9-9）。

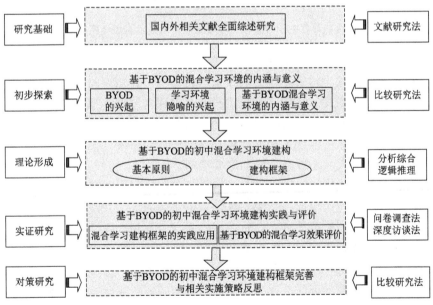

图 9-9　丹城第二中学基于 BYOD 的初中混合学习环境建构研究路径图

（二）B 示范学校典型经验

丹城第二中学在该项目中所积累的典型经验，仍然是从智慧学习生态中的人、物、环境等因素出发，开展系统实践探索，具体如下。

1. 成立教师研究团队

根据教师对于智慧教育研究的共同旨趣，兼顾不同的学科、年龄梯队、研究专长，成立教师研究团队（图9-10）。

课题组成员工作例会

序号	姓名	学科	序号	姓名	学科
1	张爱萍	初中语文	16	赖燕红	初中英语
2	胡承娣	初中语文	17	宋丽萍	初中英语
3	欧丹丹	初中语文	18	陈超	初中英语
4	郑丹琪	初中语文	19	盛萍萍	初中英语
5	王文斌	初中语文	20	郑丽丽	初中科学
6	俞志坚	初中语文	21	吴玉琼	初中科学
7	姚明达	初中语文	22	陈梦态	初中科学
8	余光珠	初中数学	23	郑瑞杨	初中社会
9	沈敏亚	初中数学	24	黄丽琦	初中社会
10	金瑞瑞	初中数学	25	胡爱春	初中社会
11	袁静姣	初中数学	26	杨淑娟	初中社会
12	叶晓静	初中信息	27	林皓	初中社会
13	陈艺	初中信息	28	史爱蓉	初中社会
14	吴瑞红	初中音乐	29	徐炯	初中体育
15	杨永生	初中音乐	30	潘家琪	初中心理

丹城第二中学核心教科研团队成员

图9-10 丹城第二中学智慧教育项目核心团队成员及工作例会示例图

在成立教师研究队伍的基础上，通过协同行动研究和持续性的 TPACK 培训，培育一批富有智慧教学机智和丰富的智慧学习环境设计知识的教师。例如，2016年12月30日，丹城第二中学举行象山县第五届课堂节暨"智慧树"课程现场观摩会，这是一次基于学生 BYOD 的混合学习环境下的教学实践展示，各学科教研组积极以本次活动中的课例为研究对象开展深层次的研讨。县教育局相关领导及初中各校主要负责人共 100 余人参加这次活动。[①]

此外，丹城第二中学还举办了各类培训活动以推进混合环境的构建与应用：①教师、学生平板应用培训；②BYOD 的 APP 应用推荐；③电子白板应用培训；④宁波市智慧平台的应用推进。例如，2017年3月2日，丹城第二中学召开了以"深化课题研究 构建智慧课程"为主题的课题研讨会，邀请杭州师范大学钱旭鸯博士到校指导。会议上，首先由钱旭鸯博士做了题为"课程开发的概念及其模式"的讲座，让教师对教师为什么要开发课程、教师能不能开发课程、教师应开发什么课程有了新的认识。随后，各课题组成员反馈了在研课题的开展情况，同时也提出了在课题研究中所存在的问题、困难等。研讨会气氛热烈，大家为解决课题

---

① 应红鹃,黄玎,叶建宇. 灵动教学,智慧课堂[EB/OL]. http://xs.cnnb.com.cn/system/2017/01/05/011508867.shtml（2017-01-05）[2019-06-15].

研究过程中的问题献计献策。

2. 建构混合学习环境框架

混合学习环境是混合学习得以展开的现实基础。美国印第安纳大学著名混合学习专家柯蒂斯·邦克（Curtis Bonk）教授认为，混合学习是面对面教学和计算机辅助在线学习的结合。华南师范大学的李克东教授也指出，混合学习是人们对 e-Learning 进行反思后，出现在教育领域，尤其是教育技术领域较为流行的一个术语，其主要思想是对面对面教学和在线学习两种学习模式进行整合，以降低成本、提高效益的一种教学方式。类似地，北京师范大学的何克抗在《从 Blending Learning 看教育技术理论的新发展（上）》一文中表示，混合学习是传统学习方式的优势和 e-Learning 的优势结合起来，通过二者互补，形成一种更有效的新型学习方式。①

与目前国际上对混合学习的研究成果已经较多的现实相比较，国内学界对混合学习的关注相对较晚。以"混合学习"为检索词，对 CNKI（中国期刊全文数据库）进行跨库搜索可以发现，直至 2006 年，有关"混合学习"的相关文献才逐年增多（图 9-11）。同年，北京师范大学黄荣怀教授也出版了专著《混合式学习的理论与实践》。②这些早期的文献主要是将混合学习作为一种新的教育理念，侧重于对混合学习的定义、来源以及国外学校实施混合学习的理论研究成果和实践案例进行梳理。

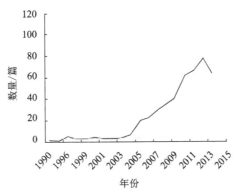

图 9-11 国内有关混合学习的研究文献数量分布

从图 9-11 可以看出，国内有关混合学习的研究自 2012 年后得到了蓬勃发展，尤其是 2013 年之后，更是呈喷井之势。然而，截止到 2017 年，在有关"混合学习"的 663 篇相关论文中，关于"混合学习环境"的论文不过区区 23 篇。

---

① 何克抗. 从 Blending Learning 看教育技术理论的新发展（上）[J]. 电化教育研究，2004，（3）：1-3.
② 黄荣怀. 混合式学习的理论与实践[M]. 北京：高等教育出版社，2006.

在这有限的 23 篇文献中，最早的以"混合学习环境"为主题的文献——《混合学习环境下学生自我监控能力的培养》，出现于 2008 年。[①]综观这些文献可以看到，目前的混合学习环境建构所具有的技术支撑主要有 Blackboard 平台、Moodle 平台等网络教学平台。然而，以学生 BYOD 来建构混合学习环境的理论研究与实践探索还寥寥无几，《混合学习理念下"自带设备"（BYOD）教学应用的问题分析与对策建议》是仅有的研究成果。

综上可见，虽然无论是 BYOD 还是混合学习，在当前国际、国内教育领域都已经得到了广泛关注，然而基于 BYOD 的混合学习环境建构的理论与实践还处于起步阶段。

丹城第二中学正是从这一现实需要出发，在借鉴已有混合学习环境研究成果的基础上，尝试构建符合学习者需要、学校发展需要的混合学习环境。除日常教育的交互式电子白板外，该混合学习环境的框架还包括了 BYOD、iTV（interactive television，互联网数字电视与 DVD 的完美组合）、"智慧教育平台——甬上云淘"和"创新大舞台——儒雅阁"（图 9-12）。

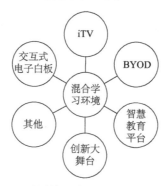

图 9-12　丹城第二中学混合学习环境框架

丹城第二中学的混合学习环境的具体实践主要包括以下几个部分。

1）BYOD 学习环境。2013 年，丹城第二中学引进电子书包班，2018 年已普及 13 个班，总学生数 588 人，占全校学生的 62.1%。课堂实行网络全覆盖，平台系统会根据学生对知识点的掌握水平，分层作业，学有余力者可以跳入"高级题"，有困难的学生可以及时获得相关知识点的智能推送。电子书包让学生有了选择信息资源的能力，有了个性化发展、创新能力发展的可能，从最初的作业分层到现在的课堂分层，真正地实现了"让每一个孩子得到更多的关注"的个性化教育。

2）iTV 校园电视台环境建设。iTV 校园电视台是浙江省 iTV 校园行业业务的核心平台，上连牌照方播控平台，下连智慧课堂资源平台，并承载着 iTV 校园版

---

① 李弦. 混合学习环境下学生自我监控能力的培养[J]. 中国医学教育技术，2008，（1）：10-12.

EPG（electronic program guide，电子节目指南）的展现功能。它能够提供具有校园特色的门户电子节目指南，智慧课堂资源平台以课堂教学为主应用场景，为学校、教师和学生提供备课/学习、资源管理等功能。学校通过云录播、白板录播等应用工具，建设校本资源库，为每个班级、教师提供班级网盘、个人网盘等应用空间。

丹城第二中学和中国电信象山分公司合作，连接宁波智慧教育空间，已接入百兆宽带，并在3个班级中试行开通校园电视台，定制标准版电视电子节目指南，接收智慧课堂平台相应的教学资源，并延伸到学生家庭端，依据年级做个性化的资源展示，让学习跨越时空限制，让教育架起家校桥梁，把混合学习环境延伸到家庭教育中。

3）"智慧教育平台——甬上云淘"的环境建设。正如柯蒂斯·邦克教授所说："如今互联网上的开放教育资源数量越来越多，类型越来越丰富，而且大多数的开放教育资源是适用于混合学习的。"为此柯蒂斯·邦克教授建议，"教师、教学设计者和学生都应该尽可能多地利用这些现成的优质资源。信息时代的教师也有责任引导学习者、教会他们搜索和使用开放教育资源的方法，为他们将来成为终身学习者积累更多的资本"[①]。依据这一原则，丹城第二中学也在这一方面做出了努力——整合宁波市"智慧教育平台——甬上云淘"上的丰富的优质资源，促进学习者的混合学习。

宁波市"智慧教育平台——甬上云淘"提供了优质、个性、高效的O2O教育服务。丹城第二中学教师在智慧教育平台上与学生和家长分享优质教育资源，营造良好的在线学习环境，让优质教育资源起到更好的辐射作用。在此平台上，每位学生账号的学习资源、学习痕迹都可以被保留，形成"私人订制"的教育成长记录。在此环境下，学校能更好地满足"智慧树"课程体系下每位学生的个性化学习需求。

4）"创新大舞台——儒雅阁"平台的实施。创客活动是利用各种设备和工具，通过各种线上和线下的动手操作来培养学生的动手能力、创新能力。校园创客空间则满足了学生的个性化需求。丹城第二中学的"创新大舞台——儒雅阁"的空间设施和设备具备了混合学习环境的要求，具体分为演播区（情景剧模拟等）、学生活动区（演出前的交流）、学生互动区（观看的学子进行互动交流）、中控区（控制现场灯光以及舞台效果）。其主要功能包括：①智能背景，可以随意切换舞台背景，满足不同场景的需求；②视频播放——播放各类学习视频；③文件播放——探讨主题文件可直接显示在大屏幕上，节约用纸。"创新大舞台"项目是"智慧树"课程体系中素质拓展课程开展的重要基础，进一步丰富了丹城第二中学的"儒雅德育"。

---

① 詹泽慧，李晓华. 混合学习：定义、策略、现状与发展趋势——与美国印第安纳大学柯蒂斯·邦克教授的对话[J].中国电化教育，2009，（12）：1-5.

3. 成立"混合学习"的研究工作坊

作为推动该项目实施的一个重要途径，由研究团队定期和不定期地开展课例研究工作坊，一是可以将其作为及时解决混合学习过程中的实践问题，实现学习共同体内部教师成员的彼此支持，尤其是促进混合学习活动的设计和课程方案的完善；二是可以较好地提升教师的行动研究能力，并作为实现学校教师作为研究者的根本途径——将课堂变成研究情境，将教学变成行动实践（图9-13）。

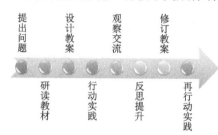

图9-13 丹城第二中学基于BYOD的混合学习课例研究基本思路

4. 混合学习环境建构效果评估

丹城第二中学通过对教师与学生进行问卷调查、访谈，并结合课堂观察，以质的、量的方法相结合，对本校混合学习环境建构进行持续性评估，以适时做出调整和完善（图9-14，图9-15）。①

（一）学生问卷调查

在教学实施后，笔者从基础知识掌握方面、实践操作技能方面、自主学习能力方面、分析解决问题能力方面以及自身的长远发展方面对学习效果进行了调查。调查具体数据如图表1所示。

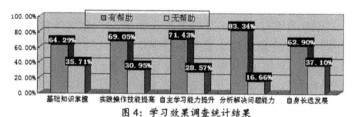

图4：学习效果调查统计结果

本文系浙江省2017年度教育科学规划课题"基于学生自带设备（BYOD）的初中混合学习环境建构与实践研究"(编号：2017SC177)的过程性研究成果。

图9-14 学习效果调查统计结果截图

---

① 叶晓静. 基于混合学习的信息技术翻转课堂教学模式探究. 2017宁波市中小学信息技术教学论文奖二等奖.

（二）学生访谈记录

问题1：基于混合学习的翻转课堂模式体验如何？对于你自身而言，本堂课提升了你哪方面的能力？

励翔：本学期信息课的学习体验让我觉得很新颖，我很喜欢这种学习方式。我知道为了让学习效果更好，老师付出了比之前更多的努力。我通过这种方式的学习，自主学习能力提升了，也渐渐喜欢上了小组合作学习方式，实践方面也有提高。

徐威：这门课的学习，很多时候让我觉得压力很大。老师采用的这种教学模式确实能锻炼我们的实践能力和语言表达能力等等，对以后的学习也有帮助。但是，通常老师布置的课前任务比较繁重，让我觉得压力很大……

问题2：与传统课堂相比较，你觉得基于混合学习的翻转课堂模式教学最大优势是什么？

翁睮策：这种模式下，学生成为课堂的主体，老师会更多考虑我们的学习情况，根据学习情况去备课。在学习过程中，老师和我们的交流增多了，我们有问题可以及时与老师交流，老师也会参与我们的小组讨论，及时纠正错误，这是最大优势。

问题3：你更喜欢传统课堂模式还是基于混合学习的翻转课堂教学的模式？为什么？

畅艺：我更喜欢翻转课堂模式。因为大多数课堂都是"老师讲，学生听"，觉得很单调。这种模式更能调动我的学习积极性，更愿意参与到课堂活动中去，和小组同学一起学习。

张万里：传统课堂学习我们更加轻松，只要认真听讲就行了；翻转课堂后，我们自己的任务比较多，大多数都是在自己学习或者是小组合作学习，我觉得各有利弊……

图5：学科学习平台中部分学生访谈记录截图反馈

图9-15 有关混合学习课堂体验的部分访谈记录截图（信息技术学科）

第三节 象山县智慧教育项目成效与反思

一、象山县智慧教育项目成效

自项目实施以来，智慧技术为两所示范学校的教育教学带来了更多的可能性，开放教育资源不断累积，混合学习模式的潜能也得到了持续性的增加与发挥。与此同时，两所学校教师通过技术整合之下的 TPACK 的提升，较大地促进了其对于技术与人的关系、师生的角色及其关系等认知的更新，为构建给养性、建构性、动态性的智慧学习生态系统做出了较大的贡献，也取得了一定的阶段性成效。

（一）技术的角色：从媒体观到生态观

技术的媒体观把信息技术看成是一种更具交互性的高级教学媒体，主要执行表现和传递教学信息的功能。持技术媒体观的教育实践也把更多目光聚集于智慧教育物理环境的建设上，如智慧设备的配置、智慧教室空间的建设等。

技术的生态观认为，技术的作用有助于培植和维护一种新型的学习生态圈或者学习文化。[①]在这个由技术与人、学习内容等所构成的开放性生态系统中，由于多样性的物种之间的相互作用及它们与环境之间保持着相互依存的动态平衡关系，而具有一定程度的自组织性和适应性，当然，也包括一定程度上易受破坏的潜在性。面向电子人学生成长的智慧学习技术的优势正在于可以建立新型的智慧学习生态系统。

在象山智慧教育项目中，两所示范学校的智慧教育实践不约而同地从媒体转向了学生生态的建构，尤其是将目光更多地放在了满足人的需要上。在这个生态系统中，学习者之间、学习者与教师之间、研究者以及其他成员和社会文化之间存在复杂的互动关系，开展的是整合性学习，如图9-16所示。此时，每个人不但是知识的消费者，更是知识的生产者。

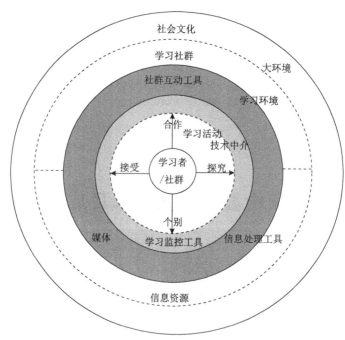

图9-16　整合性学习模型

---

①　张大均. 信息技术的角色：从媒体观到生态观[EB/OL]. http://www.aljiajiao.com/News_View.asp?ID=1684（2011-06-05）[2019-07-15].

（二）学生的角色：从接受者到建构者

这个时代的一个重要特征就是一些我们所熟知的坚固无比的各种边界和条条框框正在不断地被模糊、被打破。这种冲破边界的力量在科学与人文被蛮横地隔离了三百年之后，重新编排了科学、人文和其他学术领域之间的联系，包括科学、技术与教育之间的关系——智慧教育是伴随着技术与技术的融合而发生的，也是更值得我们关注的，便是人与技术的融合，尤其是学生与技术的融合。

毋庸置疑的是，今天坐在教室中的儿童（K-12，即从幼儿园到高中）都是完全在数字化环境中成长的数字土著民，或者是赛博儿童，或者是电子人。他们最明显的身份特征就是儿童与技术之间建立了人类历史上从未有过的亲密关系。他们有着属于自己这一代人的"土著语言"、数字文化、赛博网络生活圈，甚至有迥异于他们前辈（教师、家长）的思维方式和信息处理方式。他们与前辈之间的这种变化如此剧烈，以至于人类学用"大间断"（big discontinuity）来描述，也有学者用宇宙学中的"奇异点"（singularity）来表达，它如此剧烈地改变了所有的事物，以至于我们再也无法回到原处。这个奇异点很大程度上也正是随着信息技术的到来而出现的。从出生到童年，他们都伴随着电子产品而成长，他们也不知道没有 Wi-fi 的生活是什么样子的。

智慧学习环境的建构不是停留于对传统教学方式的缝缝补补，而是在信息技术的支持下促进教育流程再造，创设一种富有活力、灵活创新的个性化教育，以适应数字一代学习者的学习方式变迁的需要。比如，石浦中学通过打破 40 分钟教室里的有限教育时空，将教学的时空拓展延伸，学生在泛在性学习的基础上进行差异性学习，开展多样化的学习，利用学校乐课网监测学生的学习过程和推送相关学习资料，不断唤起并维持学生学习的兴趣。乐课激励系统（有教师给学生奖励乐币和学生给教师送鲜花的功能）使学生和教师之间的互动加强，一种具有亲和力的新型师生关系建立起来。

同时，大数据的汇集和呈现，为学生学情的诊断和素养的发展提供了及时、可靠的参考与指南。每一个评价的背后，都有无数条客观记录的信息的支撑。对于学生来说，学习不再仅仅是功利化、标准化的模式，而是尊重自己认知水平和能力发展的一种回归。数字设备、资源和服务融入学生的学习过程，丰富多彩的世界走进课堂，学生逐渐从知识的背诵者和接受者变为主动的体验者和建构者，从而过上数字化学习生活，走上乐学之路。

（三）教师的角色：从应用者到研究者

"技术让教师们的日子更加不好过，技术所要求的新技能经常是教师在其专业发展中没有学过的。"①然而，我们知道，在智慧教育实践的几股力量之中，关键的力量在于智慧教育教师，在于具备能够适应混合学习时代教育教学要求的、专业化发展的智慧教师。很显然，仅仅拥有手头的平板等技术，也不足以称为智慧教师或智慧教育教师，势必应通过教师的专业发展，以适应智慧教育的学习方式，不断发展自身作为智慧教育教师的专业知识与能力，尤其是技术整合之下的TPACK。正因为如此，随着智慧学习研究的深化，教师智慧学习成为教师教育领域关注的焦点。

目前，学者关于教师学习形成了三种不同的取向：一是关注知识和能力获得的知能取向；二是强调实践、反思，获得自我理解的实践—反思取向；三是关注多元交互、文化交融、环境开放、合作共享的生态取向。②可见，这三种学习取向对于教师的专业发展而言，虽然各有优劣，但是相比较而言，生态取向的教师学习由于其人本性、自主性、开放性、交互性、多元性、适切性，更能满足教师作为智慧学习设计者、数字一代儿童研究者的角色转变之需要。

象山县要实现其智能教育目标，首先需要广大教师更新其教育理念，提升其教育技术理解与应用能力，发展技术环境下的教学机智。2013年，教育部启动了"全国中小学教师信息技术应用能力提升工程"，并于2014年颁布了《中小学教师信息技术应用能力标准（试行）》。该标准对教师运用信息技术促进教育和课堂变革提出了明确的标准和要求。象山县在推进智慧教育的过程中，也在该标准框架下结合当前国际上教师信息技术应用能力培训的主流理论框架如TPACK，通过该县教师信息技术应用能力培训体系，提升该县教师的信息技术应用能力。

在技术的作用下，长期以来基于地方的社区（community of place）逐渐开始向基于兴趣的社区（community of interest）转移。③在项目实施过程中，通过将教师本身置于智慧学习生态系统之中，并作为该系统的主体，两所示范学校均建立了智慧教育的兴趣社区，即智慧教育教师共同体，并通过共同体内外多元化的、持续性的学习与行动研究，尊重教师学习的生命觉醒，关注教师的主体能动性，追寻教师的智慧生成，从而较好地实现了教师从被动的技术应用适应者转向更加积极主动的数字一代儿童研究者、技术整合之下的学科教学研究者。

两所示范学校均致力于在学校建立一个学习型、研究型的智慧教育教师共同体，教师通过研究性课例、撰写教学反思和研究论文等途径，进行定期与非定期

---

① [美]阿兰·柯林斯，理查德·哈尔弗森. 技术时代重新思考教育[M]. 陈家刚，程佳铭，译. 上海：华东师范大学出版社，2013：19.

② 李慧方，罗生全. 教师智慧学习的生态取向[J]. 教学与管理，2015，（4）：1-4.

③ [美]阿兰·柯林斯，理查德·哈尔弗森. 技术时代重新思考教育[M]. 陈家刚，程佳铭，译. 上海：华东师范大学出版社，2013：24.

的研究反思，提炼提升教学设计与实施能力的有效策略。石浦中学在进行项目总结时就提到，杭州师范大学的专家团队从基于内容主题的教学设计与实施、学生认知发展研究、教学专业发展研究等角度，给教师提供持续性的指导，不断完善教师的教学理论，丰富促进教师专业发展的有效策略。对于年轻教师的培养，体现了学校管理从强调"输血"向注重"造血"的转变，课程改革团队中的年轻教师因此而得到更多的锻炼机会，在入职第一年就纷纷开出县级公开课甚至市级公开课，而其他成熟型的教师也借此获得参加论文比赛和业务竞赛的机会，且成绩斐然。

（四）学校的角色：从教学机构到社会公共服务行动者

虽然世界各国所提出的智慧教育方略不尽相同，但是从其智慧教育的愿景和目标来看，"都体现出打造智慧国家和城市、变革教学模式和培养卓越人才的主旨，因此需要从国家层面和文化境界来把握智慧教育"①。

在项目实施过程中，两所示范学校通过自身的智慧教育，除了创造适应数字化一代学习者学习需要的智慧学习生态之外，也在一定程度上扮演了社会公共务服务行动者的角色，服务于当地经济、社会文化的发展。例如，丹城第二中学在项目实践过程中取得了如表 9-4 所示的诸多荣誉。其中，宁波市智慧校园示范学校的评比，更彰显了该校混合学习环境建设的初步成效。此次评比在学校自评、各区县（市）初评的基础上，委托宁波教育评估院组织专家组进行评审，共有 21所学校被评为首批宁波市中小学"智慧校园"示范学校。其中，丹城第二中学作为象山县唯一一所上榜学校，更是被宁波电视台所报道和宣传。

表 9-4 丹城第二中学在智慧教育项目中所取得的部分荣誉

序号	活动	荣誉
1	2015 学年度学校发展性督导评估	先进学校
2	2015 学年度象山县青少年科技工作	先进集体
3	象山县义务段学校规范办学行为复评	A 等
4	2016 学年象山县中小学科普活动（初中组）	第三名
5	2016 年宁波市大中专学生暑期社会实践	先进团队
6	2016 学年度教育信息宣传工作	先进单位
7	2015 学年度教育信息宣传工作	先进单位

---

① 黄荣怀. 智慧教育的三重境界：从环境、模式到体制[J]. 现代远程教育研究，2014，（6）：3-11.

续表

序号	活动	荣誉
8	象山县第十三届中小学生艺术节	团体三等奖
9	学校课程方案设计	县一等奖
10	2015—2016 年宁波市教育科研先进集体评选	先进学校
11	2015—2016 年象山县校本研修	优秀学校
12	2017 年宁波市中小学"智慧校园"示范学校评选活动	示范学校
13	2016 年度安全稳定综治工作先进学校评选活动	先进学校
14	首批县依法治校规范校评估活动	规范校
15	象山县科技教育先进学校评选活动	先进学校

在项目实施过程中，石浦中学也承办了多次县级以上教研互动和教师业务竞赛，对推进区域、城际智慧教育发展产生了积极作用。区域校际的联动，使得多维度的思想得以碰撞，新的学校形态不断形成：学校的"围墙"已经打开缺口，教学资源实现跨校共享，同步课堂和空中课堂让学校变成线下教育和线上教育的汇聚点，为学生提供更加合适的教育。社会对学校的满意度不断提升，原来流出的孩子纷纷回流。

以当前初一年级实验班和非实验班的数学、英语两门学科（初一上学期期末考试）做对比，可以发现，智慧教学的优势非常明显（表 9-5）。

表 9-5 初一上学期期末考试部分学科学业成绩比较

科目	项目	非实验班 A	非实验班 B	实验班 A	实验班 B
英语（总分为 120 分）	参考人数/人	45	46	45	44
	平均分	74.59	81.36	97.52	98.12
	及格率/%	53.33	65.22	88.89	90.91
	优秀率/%	31.11	43.48	68.89	65.91
	标准差	25.73	24.68	17.53	15.48
数学（总分为 120 分）	参考人数/人	45	46	45	44
	平均分	72.19	75.75	97.09	93.5
	及格率/%	51.11	58.70	95.56	90.91
	优秀率/%	22.22	23.91	62.22	50.00
	标准差	25.18	23.20	12.34	13.88

二、象山县智慧教育项目反思

智慧教育意味着技术增强的学习环境，也从某种程度上改变了教育教学的实践形式，生成了一种全新的实践方式——虚拟实践，即由数字合成对象走出符号的思维空间，成为真实的实践活动。[①]如前所述，虽然这极大地延伸了教育教学的时空界限，的确能够以前所未有的新姿态开展相关的教育教学实践，也在很大程度上能够满足学习者对于新的思维方式、行动方式和学习方式变迁的需要，但这并不等于我们必须认同良好的教育，就一定要使学习者躲到屏幕背后。事实上，如何理解与定位技术与学习者、教师之间的关系，如何恰当地处理虚拟课程体验与基于身体的课程体验的关系，是实施智慧教育过程中最为复杂的关系，同时也是项目实施过程中需要不断进行审思的问题。对所有这些问题的反思，是实现智慧学习生态建构愿景的必要保障。

（一）基于教师智慧的智慧学习生态系统

移动技术可以让学生实现随时随地学习，但移动设备未必只可以用来学习。大数据可以导入教育领域，如每次考试后可以进行数据统计及分析，对学生作业通过数据采集进行学习分析，再为学生提供个性化的学习建议，对学生的日常管理也可以进行量化考核等。在项目实施过程中，我们发现，部分教师会用智能学习系统所采集到的外化的、可量化的学习数据，来替代教师的专业判断。然而，学习者个体的学习过程是复杂的，也是难以完全量化的，是难以用数据来表达的。为此，在开展学生学习评价、教师教学评价时，数据仅仅是其中一个依据。此时，更需要的还是教师的专业实践智慧。

在《尼各马可伦理学》中，亚里士多德把实践智慧的应用领域确定为变化的、可改变的经验领域：实践智慧所面对的领域不同于科学的普遍的必然的领域，而是一个变化的实践生活世界——实践的题材即包含着变化。[②]这也启示我们，教师的实践智慧不是静态的、理论层面上的，也是难以单纯通过几次培训所能达成的。对于学习者学习情况的分析，学习数据可以提供相关信息，但是要对这些信息进行有效应用，促进学习者的生长，仍需教师不断置身于具体的、真实的情境，进行长期的经验积累、总结，以自身的专业能力进行持续性判断。换言之，智慧学习生态中的技术并不能替代教师进行专业判断，数据也并不能凌驾于教师之上。

① 闵清. 信息时代虚拟实践与人的发展研究[M]. 北京：光明日报出版社，2016：1.
② 苗力田. 亚里士多德全集（第Ⅷ卷）[M]. 北京：中国人民大学出版社，1994：29.

（二）基于复杂交互系统的智慧学习生态系统

从有关智慧学习环境的概念图可以看出，新技术的出现为智慧学习的开展提供了可能，然而，技术的堆砌并不能构成我们所期待的智慧学习生态系统。我们知道，生态系统是一个动态联系的交互系统，尤其是生态过渡区域的复杂性交互，拓展了生态因子的生态宽度，增强了生态因子的生命力，提升了生态因子的生态位，使自身获得了成长和发展。[①]"虚拟实践离不开主体的操作。"[②]技术与设备作为智慧学习环境的重要组成部分，对技术的操作是虚拟实践实现主体与操作对象的交互作用的主要途径。并且，由于这种交互作用主体的参与目的、方式、程度不同，虚拟状态也不同——主体沉浸到计算机系统所创造的环境中，在信息网络的虚拟空间中进行数字化的交互作用。在这个空间中，学生的身体也在某种程度上被"电子文本化"了，主体之间的交流也可能由于过度数字化符号传输而造成主体之间的感情泛化、肤浅、虚假。[③]

然而，若仅有基于技术操作的交互系统，而不是人与人之间的文化互动、情感交流，学习生态系统仍将无从谈起。正如迈克尔·海姆（Michael Heim）所指出的：技术一只手给予，而另一只手则常常索取。技术越来越忽略人类直接的互相依存。我们的装置在给了我们更大的个人自治的同时，也破坏了直接交往的亲密的关系网……机器给我们力量，让我们在宇宙中弹来弹去，即使我们的连接多了起来，可我们的虚拟网络社区却变得更脆弱、空虚和短暂。[④]正因为如此，我们更需要强调，智慧学习生态系统的构建必须建立在主体之间的情感交互、彼此关爱的基础之上。诚如黄荣怀教授所言，作为尊重学生的一种态度，智慧教育系统中的关爱需要教师通过自己的共情、关注、可依性、尊重、肯定等行为，在互动过程中与学生建立并维持的信任和支持关系，例如：①关爱学生的学习，充分考虑学生的个体差异，因材施教；②关爱学生的生活，尊重学生的个性、特长和爱好；③关爱学生的成长，为学生提供必要的未来规划。[⑤]

在项目推进过程中，在不同的情境中，不同的个体所遇到的实施阻力多种多样，但是若不能很好地坚持上述基本原则，智慧学习生态系统构建的成效也将难以彰显。[⑥]

---

① 李慧方，罗生全. 教师智慧学习的生态取向[J]. 教学与管理，2015，（4）：1-4.
② 闵清. 信息时代虚拟实践与人的发展研究[M]. 北京：光明日报出版社，2016：100.
③ 闵清. 信息时代虚拟实践与人的发展研究[M]. 北京：光明日报出版社，2016：149.
④ [美]迈克尔·海姆. 从界面到网络空间——虚拟实在的形而上学[M]. 金吾伦，刘钢，译. 上海：上海科技教育出版社，2000：102-103.
⑤ 黄荣怀. 智慧教育的三重境界：从环境、模式到体制[J]. 现代远程教育研究，2014，（6）：3-11.
⑥ 黄荣怀. 智慧教育的三重境界：从环境、模式到体制[J]. 现代远程教育研究，2014，（6）：3-11.

第十章

象山评价：中小学生综合素养评价改革理论与实践

第一节 综合素养评价的发展与理论基础

新课程改革需要建立学生全面发展评价体系，这种评价不仅要关注学生的学业成绩，而且要发展学生各个方面的潜能，帮助学生认识自我、建立自信。促进学生全面发展的评价体系通过评价指标的多元化、评价方式的多样化，指向学生的综合素养，综合运用观察、交流、测验、实际操作、作品展示、自评与互评等多种方式，为学生建立综合、动态的发展过程，全面反映学生的成长历程，为学生的总结和反思提供依据，为培养更高水平的人才提供依据。[1]综合素养评价体系更加注重量化评价与质性评价相结合、终结性评价与形成性评价相结合、自评与他评相结合、内部评价与外部评价相结合。

随着课程改革的不断深化，评价也在向着多元化方向发展，例如，强化了关注过程的表现性评价，对学生的学业评价已不仅仅局限于纸笔考试的评价方式。但是，纸笔学业考试仍然是评价学生学业水平的重要方式和组成部分。我们在不断更新教学评价理念，实施教学评价方式与方法多元化的同时，应该根据新的课程标准和教学目标要求，不断完善传统的纸笔考试测验，这也是完善新的课程与教学评价体系所必需的。

《教育部关于积极推进中小学评价与考试制度改革的通知》中指出："高等学校招生制度改革要继续按照有助于高等学校选拔人才、有助于中学实施素质教育、有助于高等学校扩大办学自主权的原则，坚持德智体全面衡量、择优录取和公平竞争、公正选拔。高考内容改革将更加注重对考生素质和能力的考查，积极引导中学加强对学生全面素质的培养。高考科目设置改革要将统一性与选择性相结合，

---

① 谢利民，褚慧玲. 多元评价体系中制定评价标准的思考[J]. 全球教育展望，2009，38（2）：22-27.

在满足高等学校选拔人才的同时，促进学生全面发展与个性发展。高等学校选拔方式的改革要进一步探索建立在文化考试基础上综合评价、择优录取的办法。""高中应探索建立综合性的评价体系，增加反映学生在校期间参加研究性学习、社会公益活动及日常表现等真实、典型的内容，为高等学校招生工作提供更多的学生成长信息，逐步使中学对学生的评价记录成为高等学校招生择优录取的重要参考之一。"[①]这个重要文件体现了我国政府高度重视教育评价制度改革，尤其是基础教育阶段考试评价制度改革和高考评价制度改革等。因此，继承、巩固优良传统与开拓、创新是同等重要的，有时甚至可能是更重要的。

一、中小学生综合素养评价改革的意义

（一）提升学生的成就感和获得感

学生的学习活动总是会按照评价目标的方向进行，评价导向作用是评价改革的首要因素。教师通过评价向学生传递有关教学目标的重要信息，让学生更加清楚地知道应该在学习过程中掌握什么。虽然在平时的教学中教师也会向学生讲述教学所要达到的目标，强调学习中应该重点掌握的内容，但在许多情况下，学生未必能够认真听取和领会教师的意图，未必能在学习中对重要的教学目标给予足够的重视。[②]很多学生并不清楚自己应该学习什么，学到什么程度，用什么方法来学。反之，在学业评价过程中，教师可以使教学目标所要求的内容在各种评价活动中具体地反映出来，并且制定出明确的评价标准，使学生加深对学习目标的理解，以便把学习精力放在应该认真掌握的内容上。

学业评价不仅能够帮助学生发现自己学习中的问题，找到应改进的地方，而且通过教师在评价后的充分肯定、鼓励和赞扬，还能使学生在考核中发现个人的优势和长处，从而产生向更高目标迈进的信心和热情。虽然学生学习的动力主要来自自己，但是教学目标有效转化为学业评价指标，对学生内在学习动机的形成也是有一定作用的。

评价作为激发学生学习动机的重要手段，可以对学生的学习心理进行正面的、有力的强化。在评价以后，当学生看到自己在学习上取得了进步，在考核中有出色的表现时，就会品尝到成功和胜利的喜悦。即使有时学生在考核中并没有达到理想的状态、取得最好的成绩，但由于看到了自己的进步，得到了教师的承认，也能获得心理上的满足，产生自我激励作用，成为学生不断向上的一种力量源泉。

① 中华人民共和国教育部. 教育部关于积极推进中小学评价与考试制度改革的通知. http://old.moe.gov.cn//publicfiles/business/htmlfiles/moe/s7054/201403/166074.html（2002-12-27）[2019-06-20].

② 王红艳. 学生学业评价：含义、作用与改革趋势[J]. 哈尔滨学院学报，2013，34（3）：126-129.

（二）展现学生的综合素养及其发展趋势

自 20 世纪 90 年代开始，素质教育得到了大范围的宣传和推广。时至今日，高校招生综合评价正在逐渐改变这种状况。"高考指挥棒"的正向功能形成一种倒逼机制，引导基础教育注重发展学生的综合素质，推进素质教育的发展，打破唯分数论的单一评价框架，导致评价的内容从偏重学科知识向同时关注学习能力和实践技能转变。[①]

传统评价大多集中在认知领域，而且只处在较低的认知水平，主要考查学生对所学知识的记忆、复述和基本理解，较少涉及高级的认知学习目标，如分析、应用、综合与评价等。[②]同时，对学生的情感和技能的评价也很少体现。当前，新课程改革提倡"立足过程，促进发展"的课程评价，强调学生的能力、情感、个性、品质和学习方法、习惯的养成。

（三）帮助教师掌握教育改革的方向和内容

教育评价对教学过程的问题诊断功能一直以来都是评价研究的弱势之处。广大教师迫切需要借助全面的评价了解教学的效果，了解学生对知识的掌握程度，了解知识教学存在问题的原因。

有效教学是重要的教学评价总目标。教学的有效性需要体现知识内容的真理性，需要体现人才培养目标的实现程度；有效教学不但需要学生掌握具体的知识点以及知识体系，而且需要有效地让学生领悟科学思想方法和创新的意义。综合素养评价要求教师必须把促进学生的发展放在第一位，将评价的着眼点置于学生的未来，将评价视为影响学生学习的关键因素，帮助他们实现那些应该达到而且能够完成的学业发展目标，评价的目的在于促进学生的发展和有意义学习。

（四）充分展现教育改革的效果

教育改革的主要领域包括小班化、走班制、实践教学、新课程、创新教育。小班化带来的课堂互动改变，走班制激活的学习兴趣，综合实践培育的动手操作能力，新课程塑造的完善知识结构，创新教育中展现的创造性思维与想象，都需要利用综合素养进行评价，展现学生的变化，以起到教学相长的促进作用，为教育改革提供实实在在的反馈依据。

特别需要反思的是，教育改革的大部分成效无法体现于纸笔测验中。如果简单地依据学科考试成绩评价学生、教师和学校，那么就会掩盖学校在促进学生学

---

① 宋莉莉. 关于高校招生综合评价录取的思考——以上海市为例[J]. 教育与考试，2017，（3）：17-22.
② 王红艳. 学生学业评价：含义、作用与改革趋势[J]. 哈尔滨学院学报，2013，34（3）：126-129.

习动机、创造能力、实践能力等方面的发展的作用，导致教育改革因缺乏反馈动力而陷于偃旗息鼓的境地。

二、学业考试成绩评价的优势和弱点

在学校教育教学中，教师是关键，学生是主体。教师的学生观会直接影响学生身心健康的发展。评价决定着教师对学生的态度和感情，决定着教师对学生的言谈举止，决定着教师对学生的考查方式等。可以说，有什么样的学生评价，就会塑造出什么样的学生。

传统学生评价受到心理测验技术导向和传统教育观念的影响，以考试和成绩作为评价学生的主要手段，这种方法在选拔人才、激励上进、实现教育公平等方面起到了良好的作用。但是，以选拔和升学为目的的传统教育，导致教育评价的诸多功能被弱化，而仅对总结性功能情有独钟。传统教育片面追求升学和少数学生智育方面的发展，与之相应的教育评价的目的则是把适合于继续接受教育的学生从教育对象中选拔出来，它是强调宏观控制、注重结果的单维度的评价。

（一）学业考试成绩评价的优势

学校是一个学习高深知识和先进技术的空间，整套体系被分成若干阶段，前一个阶段的学习为下一个阶段的学习做准备。学习者是否能进入下一阶段的学习，取决于前一阶段的学业水平，以此来预测该学习者应对更高深知识与更先进技术学习的准备程度。非成绩至上主义的学校体系、非能力至上主义的学校体系是不可能有的。[①] 学业考试正是学校体系选拔人才的重要依据。

1. 学业考试成绩具有良好的有效性和稳定性

纸笔测验的基本特点是可操作性强、有可比较性和测验范围较广，它操作容易、简单易行，能最大程度地保证测验的公平和公正。对教师来讲，通过纸笔测验，教师可以清楚地了解到学生掌握知识的程度，也可以检测自己的教学效果。对学生来讲，通过纸笔测验，学生可知道自己是否掌握了所学的知识，并根据成绩的好坏，查漏补缺，不断总结经验，并对下一步的学习计划进行合理的安排。对家长来讲，纸笔测验能让家长了解孩子在学校的学习情况，督促孩子好好学习。

而且，在较长的时间范围内，多次考试成绩具有良好的稳定性，说明学业考试是一种可靠的测量学习成绩的工具，这是家长信赖的基础。因此，考试成绩的变化常常被看作衡量知识掌握程度和学习努力程度的重要指标。同时，学校和教育主管部门经常通过考试结果反映教师教学中的问题，为提高教学效果、改进教

---

① 王后雄. 论教育考试的功能性缺陷与价值冲突[J]. 华东师范大学学报（教育科学版），2008，26（1）：47-53.

学方法提供了具体、全面的依据，以求较好地实现教学水平、管理水平的提升。

2. 学业考试可以有效培养学生的外在学习动机

学业考试营造的竞争环境极大地促进了学生学习积极性的提高。考试不仅是对学生知识能力水平的考查，也是对其心理健康发展和意志品质的考验。学生通过自我心理调适，在一次又一次的考试挑战中，享受到了成功带来的喜悦，这种成功的喜悦与信念形成稳定联系，进而强化和提高了学生适应考试环境的心理能力，提高了其继续努力学习的动机。但是，不得不承认，这种学习动机指向外在的、由考试带来的成功及其积极体验。

3. 学业考试是社会选拔人才的重要手段

学业考试的社会性是指在一定社会条件下运用统一、规范的考试，通过公平、公正的竞争选拔社会人才，实现社会有序运行。考试的社会性主要是指公平性，反映了人人享有教育资源的价值观念。[①]大规模教育考试的作用是，通过考试选拔符合社会发展需求的人才，引发社会人力资源的整体提升。

在教育活动中，考试是动力机制、评价手段，同时也是育才手段和导向机制。考试以国家意志为指向，以社会价值尺度为标准，以社会对人才的实际需求为依据，通过与教育目标的一致性和职能的独立性，敦促教育按需设教、因需育才，直接或间接地满足了社会的物质与精神文明建设需求。

（二）学业考试成绩评价的弱点

自然界用尽所有的心力，尽可能地使我们的一群孩子秉性各异，自然界不遗余力地把无限的可能性隐藏其中。但是，在教育孩子的过程中，父母、教师却要有意或无意地限制、根除这种多样性，把一群未来多样化的孩子变成千篇一律的学业成功者。在这种教育过程中，为了取得明显进步，不惜消除、阻止、预防孩子身上已经发生的或可能发生的特殊的、与众不同的个性与行为发展。千篇一律的学业考试评价方式，很好地适应了这种心理需求。

1. 学业考试的科目数量是科学性与公平性的博弈

考试科目的数量设置考虑了评价的公平性和科学性的权衡关系。设置多个考试科目有利于选拔专才，设置少量考试科目有利于公平比较。从考试内容看，考试内容与考试科目是密切联系的，众多的科目本身就意味着内容的宽泛和广博。

就目前的情况看，大规模的考试作为一种统一、刻板的考试形式，日益体现

---

① 王后雄. 论教育考试的功能性缺陷与价值冲突[J]. 华东师范大学学报（教育科学版），2008，26（1）：47-58.

出对于人的知识学习以及人们的思想和个性的狭隘引导。换言之，对考试公平性的过度诉求极可能会导致忽略考试的科学性，这些评价取向可能会导致考试制度不能完成"不拘一格降人才"的使命。

2. 学业考试导致学习目标简单化地指向分数

以成绩排名为标志的考试功能在很多地区和学校经久不衰。为什么会如此强调名次的重要性？长期以来，人们习惯了简单省事的教学评价，认为只有以分数作为排名的方式才最公平，被评价者无可辩驳。[①]因此，顺应、运用简单的分数评价方式就成为评价者的基本行为，混淆水平性评价和选拔性评价固有的功能，将期末考试评价功能异化为选拔，就成为学校教学评价的基本特点。于是，在这类评价观念的影响下，就有了在期末考试中过度强调试题区分度而刻意提高试题难度的命题行为，就有了学校、教师和学生忽视课程标准划定的要求，去追求永无止境的所谓高难度题目，无休止地去追求所谓好名次，最终导致以名次论英雄，以名次选拔优胜者。

3. 不利于培养学生学习的内在动机与理解学习的本质意义

分数评价的重要负面影响是容易使评价者产生标签化意识。[②]几次考试之后，教师常会不自觉地把学生分成"成绩好"的学生与"成绩差"的学生，忽视了学生是成长中的个体，是有着巨大潜力的个体。学生当前学业中存在的许多问题往往只是个体心智成长过程中的一些必然经历，而且学业的成败也不代表个体的全部发展过程。心理学研究也早已证实，教师的期望效应对学生的影响巨大，教师不经意间的评价常会深深地影响学生的自我评价。因此，教师在进行课程与教学评价时，应立足于学生的长远，以发展的眼光看待学生的学业成长，应警惕社会及自身评价中可能存在的标签化意识，减少标签式的学业成就判断，仔细了解每一名学生的现有特点，利用好课程及教学评价的引领功能，有针对性地促进所有学生的学业发展。

用统一的考试标准来选拔具有丰富多彩的个性的人，也难免会使考试有失公平。受教育者都是活生生的有血有肉的丰富的个体，个体与个体之间存在着千差万别。学生之间有差异，重要的是，教师要处理好这些差异，推动学生的学习。教育的重要性不是要对学生进行比较，而是应该帮助学生达到课程目标。[③]评价的重要意义是帮助学生实现教育目标，让学生充分理解学习给自己和社会带来的益处。

① 付强. 小学期末考试评价功能异化的归因与对策[J]. 教育科学论坛, 2008, 12: 24-25.
② 徐朝晖, 张洁. 学生发展性评价实施的路径探寻[J]. 江苏理工学院学报, 2016, 22 (3): 91-95.
③ 王后雄. 论教育考试的功能性缺陷与价值冲突[J]. 华东师范大学学报 (教育科学版), 2008, 26 (1): 47-58.

4. 无法体现学习过程的特征

学习过程是学生在教师的指导下，索取知识、同化知识、应用知识、迁移知识的过程，这是一个复杂的认识过程，学生在学习的每个阶段都需付出极大的努力。然而，艰苦的付出未必会换来等值的学习成果。当付出与获得失去平衡时，说明学习过程遇到困难，或者在某一阶段出现障碍，教师如不及时发现并纠正，将会导致最终结果的失调。

目前的教育评价很多没有对学习过程做出评价，忽视了对学生操作能力、学习态度、实际解决问题能力、学习习惯等环节的考查；忽视了对学生思维能力发展的评价与引导。[①]例如，数学考试中的解答问题，无论解题思路是简便快捷还是繁杂冗长，只要结果正确，大家的得分就相同，从分数上很难区分学生智力发展水平的差异，更谈不上对学生创新能力发展过程的评价与引导。

5. 部分教育目标无法体现于纸笔考试中

在教育考试中，最大的问题是，只有某些方面的智能如言语智能和数理逻辑智能得到了评价。人们对这种只评价语言智能和数理逻辑智能的趋势一点都不感到吃惊，因为几十年来学校一直只关注学术智能，有时甚至排斥一切其他方面。

学业考试不适用于测量学生在解决问题过程中展现的多元能力，诸如，批判性、发散性、创新性的思维过程，合作、自律、包容的人格品质，操作、制作、改造的技能，都是学生发展的方向，也是教育目标的重中之重。那些具有想象力和创造力的学生，那些停下来对问题进行更深入思考的学生，常常完不成测验。而且测验提出的问题也是脱离情境的，往往只重视知识的积累，而不重视学生未来所需的高级思维能力和问题解决技能。因此，学业考试只能作为学生评价的一种方法，但不能取代、排斥多元化的综合评价。

6. 评价交流的缺失

目前，学业考试明显表现出"自上而下"的特点，评价主体与客体之间的交流十分少。[②]首先，制定评价标准和选择评价方法是教育管理部门的特权，缺乏学校、教师的参与，家长以及学生的心声更难体现于评价方案之中。其次，在课堂教学评价方面，缺乏教师与学生的交流，学生很难了解一节课的实际进步或存在的问题等。最后，对于学校的统一考试结果，仅仅以分数的形式反馈给学生和家长，而不说明分数所包含的意义，学生无法通过考试成绩来了解一个学期自己在

---

① 王弟成，付克娜. 学生学业成绩评价研究思考[J]. 连云港职业技术学院学报，2003，16（2）：75-77.
② 原兰兰，卢文汇，连仙枝. 中小学生评价的问题与建议[J]. 山西煤炭管理干部学院学报，2011，24（1）：174-176.

学习中存在的问题，难以准确找到改进学习的方向与方法。

评价的交流协商是指各评价主体间的对话交流，主要指教育管理部门与学校、学校与教师、教师与学生、学生与学生、教师与家长之间的对话交流。教师是日常教学评价的主要实施者，也是学生自主评价、同伴评价与家长评价的指导者，因此，首先要调动教师进行评价的积极性和主动性，充分发挥教师在评价中的主体作用。学生自主评价是学生评价的重要组成部分，学生最终根据自我评价实现自我成长和自我发展。然而，我们需要注意学生自主评价能力的阶段性。由于小学低年级学生的自我评价能力还没有发展起来，需要以教师评价、家长评价为主；小学高年级学生有初步的评价他人的能力，提倡教师指导下的同伴间相互评价；初中学生自我评价能力初步发展，需要教师引导学生开展自我评价，最终实现学生自主评价。

总之，教育作为人的自我生成与建构活动，要使个体不断地超越已经达到的水平和已经获得的知识，创造出新的人性内涵、价值与意义。

（三）学业考试成绩评价的改革方向

如前所述，学业考试作用的二重性是一种客观存在，问题的关键在于如何趋利避害。最好的办法，就是以保护以生为本的教育理念为归依，大力提倡以学生自身为评测主体的评价取代以外力为主体的评价，使考试同样成为学生自主学习的一种方式和助力，大力简化和淡化比较性和控制性的考试，最大限度地发挥考试的激励、反馈、诊断、矫正和发展等作用，实现教育考试从控制学习过程转向激励学习过程。只有这样的考试，才是和学生和谐对话的评价，才是发现、尊重学生自然潜能的力量，才是使人的基本素质和个性特点都能得到发展的平台。

评价改革需大力提高学生自我评价的意识，在教学活动过程中，教师要创造学生实施自我评价的空间和环境[①]，确立学生的自主地位、学习的主体性，评价内容以考查学生的学科知识为重点，兼顾学习的过程、解决问题的能力、学习习惯、学习品质的系统评定。教师要广泛开展情境化命题的实践研究，让学生综合运用知识、技能和思维能力，利用评价结果促进学生综合素养的发展，帮助学生自我反思、自我发掘优势、自我决策发展方向。

三、学生核心素养与评价改革

学生发展核心素养回答了"培养什么样的人"的问题，但如何将核心素养从一套理论框架或者育人目标体系落实与推行到具体的教育、社会活动中去，进而真正实现其育人功能与价值，仍然是教育领域面临的重大问题。从各国或地区推

---

① 韩立福. 建构全面发展性学生评价的"综合评价—自我发展"模式[J]. 教育理论与实践，2004，（4）：44-48.

进面向 21 世纪核心素养的教育实践来看，建构基于核心素养的课程体系，围绕核心素养进行教学方式变革，开展指向核心素养的教育评价，是从整体上推动核心素养有效落实的重要途径。然而，评价改革又是其中的关键，是制约核心素养教育的瓶颈，直接关系到核心素养教育的成败。

开发体现核心素养的多样化、多形态的测评工具，建立以核心素养为导向的评价与反馈系统，是各国或地区推进 21 世纪核心素养教育的重要抓手。如何从知识为本、结果为本的评价，真正走向核心素养评价？这无疑是难点中的难点、热点中的焦点。

（一）学生核心素养的构成要素

核心素养是学生在接受相应学段教育的过程中，逐步形成的适应个人终身发展和社会发展需要的必备品格和关键能力。[①]所谓"核心"，是指在所有事物中处于中心地位，直接指向事物本质，对事物全局发展起支撑性、引领性和持续性作用的因素。从这一角度来理解，核心素养之"核心"应当是基础，它是指在人的发展中起着奠基作用的各种品格和能力。"素养"则是一个动态的、整合的概念，它是相对宽泛的概念，是涵盖了一个人身上稳定的特质、知识和技能的习得、行为习惯、态度、价值观以及其他心理品质，且会在一定的情境下自觉或不自觉地表现出来的一种应对复杂要求的能力。素养的形成是一个持续的、终身的学习过程，素养的发展与个人的努力、社会和生态环境密不可分。[②]

学生核心素养探究的根本问题是"教育要培养什么样的人"。21 世纪以来，知识经济迅速发展，信息化、全球化浪潮席卷而来，这些都对教育提出了新的要求。各国或地区结合自身经济、社会和教育发展需求，从不同角度提出了面向 21 世纪的核心素养。2002 年，美国制定了《"21 世纪素养"框架》，并于 2007 年更新版本，确立了核心素养的三个方面，包括"信息、媒介与技术素养""学习与创新素养""生活与职业素养"。2006 年，欧盟通过了关于核心素养的建议案，说明核心素养包括母语交流、外语交流、数学素养与科技素养、信息素养、学会学习、社交和公民素养、主动与创新意识以及文化意识与表达八个领域。2013 年，联合国教育、科学及文化组织确定了核心素养指标体系的七个学习领域——身体健康、社会情绪、文化艺术、文字沟通、学习方式与认知、数字与数学、科学与技术。2016 年 9 月，《中国学生发展核心素养》提出，中国学生发展核心素养分为文化基础、自主发展、社会参与三个方面，具体细分为人文底蕴、科学精神、学会学习、健康生活、责任担当、实践创新六大核心素养。目前，核心素养已成为一个

---

① 姜宇，辛涛，刘霞，等. 基于核心素养的教育改革实践途径与策略[J]. 中国教育学刊，2016，（6）：29-32.
② 彭小念. 学生核心素养结构模型的构建及其评价[J]. 基础教育研究，2016，（3）：10-12.

统率各国教育改革的概念，以学生核心素养推动教育和课程改革已成为当前教育改革的焦点。

（二）核心素养体现了人本教育思想

从"双基"（基础知识和基础技能）教学目标到三维教学目标再到核心素养，其变迁基本上体现了从学科本位到以人为本的转变。"双基"是外在的，主要是从学科的视角来刻画课程与教学的内容和要求。素养是内在的，主要是从人的视角来界定课程与教学的内容和要求。三维目标是由外在走向内在的中间环节，三维目标里面既有外在的东西，又有内在的东西。相对于"双基"，三维目标的理论比较全面和深入，但三维目标依然有不足之处：①缺乏对教育内在性、人本性、整体性和终极性的关注；②缺乏对人的发展内涵特别是关键的素质要求进行清晰描述和科学界定。"现有的课程标准虽然在总目标中提及类似学科核心素养的目标，但没有以学科核心素养为纲，没有将学科核心素养落实到课程标准的各个方面，特别是各个学段或年级或水平的表现标准。"①

素养是素质加教养的产物，是天性和习性的结合。素养完全属于人，是人内在的秉性，核心素养则是素养系统中具有根本性和统领性的成分，是个体成长与发展的基础和前提保障，是个人适应环境的关键因素。评价改革就要让学生充分了解自己的核心素养，了解实现自身价值、实现奋斗目标的基本心理资本，激发终身发展的动力源泉。

（三）核心素养对教师课堂教学的引领作用

核心素养来自三维目标又高于三维目标。从形成机制来讲，核心素养来自三维目标，是三维目标的进一步提炼与整合，是通过系统的学科学习之后而获得的；从表现形态来讲，核心素养又高于三维目标，是个体在知识经济和信息化时代，面对复杂的、不确定的情境时，综合应用学科的知识、观念与方法解决现实问题所表现出来的关键能力与必备品格。显然，三维目标不是教学的终极目标，教学的终极目标是提升能力和品格。

从"双基"到三维目标再到核心素养（关键能力和必备品格），知识的地位和作用似乎被不断地弱化，很多人为此提出质疑：知识难道就不是素养了？没有学科知识，哪来的学科素养？这个问题实际上就是知识与素养的关系问题。教育无非是将一切已学过的东西都遗忘后所剩下来的东西。遗忘掉的东西就是所学的具体知识和内容，而剩下来的就是所谓的能力和品格，后者正是素养的内涵。②

---

① 余文森. 从三维目标走向核心素养[J]. 华东师范大学学报（教育科学版），2016，（1）：11-13.
② 余文森. 从三维目标走向核心素养[J]. 华东师范大学学报（教育科学版），2016，（1）：11-13.

（四）学生核心素养的评价

核心素养评价面临的第一个问题是如何处理核心素养评价与现有评价的关系，这是一个不容回避的现实问题。核心素养评价不是单一的，应将核心素养评价贯彻和体现在现有的各项评价之中，其原因有以下几方面。

1）核心素养是一套育人目标体系。从党和国家层面来看，核心素养体系是党的教育目的的具体体现，是连接教育理念、培养目标及课程与教学目标的关键环节。国际上以学生核心素养推动教育和课程改革已成为一种趋势。核心素养不仅要落实到课程与教学之中，更应该落实到评价之中。如果核心素养评价不能贯彻和体现在现有评价之中，其就会成为空中楼阁，难以落地。

2）现有评价已形成一套成熟而完整的运作体系，已基本被社会接受和认可。如果抛开现有评价另搞一套核心素养评价，由于核心素养是一个新生事物，绝大多数人对它并不了解，不仅推行起来需要一个过程，而且要付出很高的额外成本。如果换一种思路，按照核心素养的理念、内涵、要求，整合、改造、优化现有评价，使现有的各种评价都与核心素养评价接轨，实施起来不仅阻力小，而且成本低，不失为一种经济合理的做法。

3）现有评价与核心素养评价在目标和指向上仍有所不同，比如，在评价内容上，现有评价除了应主要体现核心素养外，还要涵盖素养中的一些非核心部分。因此，不能用核心素养评价完全替代现有评价。在现有评价中，最接近核心素养评价的是综合素质评价，厘清综合素质评价与核心素养评价的关系尤为重要。核心素养的内涵比素质更丰富，这是因为素质的内涵主要是指人在先天的生理基础上，通过后天的环境影响和教育训练，所获得的内在的、相对稳定的、长期发挥作用的身心特征和基本品质结构，侧重人的能力和品质。素养的内涵涵盖了知识、能力、情感、态度、价值观，而且强调情感、态度、价值观与知识、能力同等重要。在外延上，综合素质更加含糊而宽泛，核心素养更加明确而具体。

基于以上分析，学校要按照核心素养的要求改造和优化现有的综合素质评价，实现综合素质评价的转型升级，使之能够贯彻和体现核心素养评价的要求。

四、学生的需求是评价改革的出发点

（一）心理健康发展的基本保障——基本的生存安全感

学生的认识需要是学生的主导需要，表现为学生对学校生活的向往、热爱和对学校任务的重视等。在学习过程中，学生希望有一位知识渊博，懂得教育规律，具有高超教育艺术的教师，来满足自己探求丰富的知识，形成多方面能力和优秀品质的需要。如果教师的知识不够丰富、能力水平不高，不能很好地组织教学，不能有效地指导学生学习，学生的认识需要就会受到压抑，学习积极性就会下降，导致学习成绩滑坡，影响学生的自我评价。学生在学习过程中出现错误是在所难免的，关键是教师要指导学生找出出现错误的原因和成功解决的办法，给学生战胜困难的勇气。如果教师在学生出现错误时就讽刺、挖苦、训斥，会极大地损害学生的上进心和自信心。

（二）学生与社会交互作用的本质——人际关系

学生有交往和爱的需要，这类需要是学生身心健康发展最基本的保障。学生希望和教师、同学平等、友好地交往，得到教师和同学的关心和爱护，希望与教师建立民主、平等、融洽的师生关系。教学中，我们经常会见到这样一些情况：教师对学生一句关心的话语，一个鼓励的眼神，一抹亲切的微笑，都会使学生产生一种被关心和被爱护的感觉，从而也会促使其产生对教师的喜爱，并由喜欢这位教师迁移至对课程产生学习动机，在课堂上就变得积极主动，学习效率提高，学习变成了乐趣，变成了享受。

教师只有与学生多沟通，缩短与学生的心理距离，学生才愿意向教师敞开心扉，谈自己的需要，谈对教师的希望，甚至对教师的教学提出好的建议。这样，教师才能更好地了解学生，站在学生的角度去审视自己的教育、教学，设计教育、教学过程，使其更符合学生的需要。教师只有与学生建立起这种真正民主、平等的关系，才能树立自己的威信，获得学生的尊敬和喜爱。

在教育教学中，一些教师很少对学生关心、爱护，动辄就训斥学生，总想让学生按自己的要求去做。这种不平等、不民主的教育行为破坏了师生间融洽的关系，妨碍了师生间的沟通，降低了教师的威信，为学生接受教师的教育设下了障碍。

（三）学生发展的目标与动力源——发现自身的优势

童年时期，学生都有自己的梦想，有的梦想翱翔天际，有的梦想通晓古今，有的梦想振臂一呼、应者云集。这些梦想是学生努力拼搏的不竭动力，集中体现了学生成为与众不同的社会成员的意志，每一位学生都希望自己的行为有益于他人、有益于社会。

学生的梦想是各种各样的，不可统一化，不可外部强加，更不可被环境掩盖。而教育恰恰是学生实现梦想、发掘自身优势的理想沃土，教育应该让学生发现自己与众不同的优点、优势或特殊才能、特殊品格，让学生领悟到通过不断的努力，可以把自己的优势转化为人生目标，实现梦想，实现自我。综合素养评价应当实现这样的教育过程，能够让具备各种优势的学生在同一套评价方案中找到自己的舞台，找到适合自己攀登的梯子。

（四）健全学生人格发展——获得自尊和他人的尊重

学生有被尊重的需要，人们生活在群体中，总希望在群体中占有一定地位，享有一定声誉，得到好的评价，即有被尊重的需要。当社会评价满足个人被尊重的需要时，其就会产生自尊感。任何一名学生都需要得到别人的尊重和信任。如果满足了学生的这种精神需要，其便会产生喜悦、乐观的情绪体验，从而推动其积极地学习、生活；反之，其则会产生失望、消极的情绪体验，有的还会导致自卑心理，自暴自弃。因此，爱护学生的自尊心是非常重要的。苏霍姆林斯基曾经有一个十分精辟的比喻：要像对待荷叶上的露珠一样小心翼翼地保护学生幼小的心灵。可一些教师对学生随意批评、讽刺、挖苦、侮辱，甚至体罚或变相体罚，严重损伤了学生的自尊心。

学生有缺点、有错误，教师进行教育、批评是必要的，但教师在提出严格要求的时候，特别是在批评教育的时候，必须爱护学生的自尊心和人格。只有教师真诚地关心和尊重学生，学生才会与教师建立感情，从而乐于接受教师的教育甚至是严厉的批评；反之，教师的教育则会被拒之门外。

因此，评价改革必须实现对学生的尊重，尊重他们对课文的理解，尊重他们奇异的解题思路，尊重他们对书本知识的批判，尊重他们对未来的异想天开，同样，也必须尊重他们的谦逊礼让，尊重他们的辛勤付出，尊重他们的仗义执言。

总之，学生的需要是多角度、多层次的，教师要多了解学生的需要，在学校和班集体的教学及其他一切活动中创造各种条件，运用综合素养评价，满足学生的合理需要，激发其学习与发展的动机，让每一位学生都能实现自己的人生价值。

五、中小学生综合素养评价的框架

《国务院关于深化考试招生制度改革的实施意见》提出，"探索基于统一高考和高中学业水平考试成绩、参考综合素质评价的多元录取机制"，并建立促进学生发展的评价体系，是21世纪课程改革的重要目标之一。这次改革重在进一步规范，确保程序公开透明、内容真实准确。

实施综合素养评价意义重大，将促进学生认识自我、规划人生，激发潜能，主动发展，走出教室、走向社会，在社团活动中培养兴趣，在社会实践中经受锻炼，全面提升德智体美各方面的综合素养，使人才选拔标准更加全面，人才选拔方式更加科学，有助于扭转单纯用考试分数评价学生的做法，促使人才选拔从只看"冷冰冰的分"到关注"活生生的人"，实现"知行合一"。

只有建立一个基于事实、易于使用、具有权威性和公信力的新的综合评价体系，其评价结果才能在人才选拔中具有重要的参考价值。评价内容应具备全面、可观察、可比较的特点，评价程序应具备条理清晰、前后衔接、客观公正的特点。这样的评价有助于全面分析学生的综合素养及水平，促进学生认识自我、积极主动地发展，实现自我的完善与进步。因此，学校要把能够反映学生德智体美全面发展情况的综合素养评价结果，作为学生毕业和升学的重要参考。

学生综合素养档案应该是综合素养评价的主要依据，而档案必须由学生成长过程中的客观记录组成，客观记录除了确保客观真实之外，也应该有一定的选择性，着重记录与核心素养相关的学习行为和学习成果，如思想品德、学业水平、身心健康、体艺素养、社会实践等方面。

学生综合素养评价内容分为品行素养、学习素养、创新素养、体质素养和心理素养五个方面（图10-1）。体质素养和心理素养是中小学生全面发展和适应社会要求的基本保障，学习素养和创新素养是核心素养发展的具体表现，只有通过学习和创新两大行动才能使中小学生成为具有核心竞争力的社会发展的贡献者；品行素养促成了学习和创新的引领者，优良道德品质的内化过程只有通过个体与班集体、社团社区组织、大社会的良性互动才能真正得到培育，只有在这样的实践过程中，个体才能发现学习的意义。下文将着重阐述各个方面的考查重点。

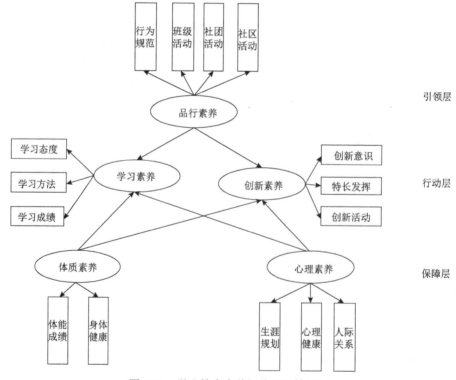

图 10-1　学生综合素养评价的总体框架

（一）品行素养

品行素养反映了学生处理与同学、班级、社会、自然的关系等方面的情感态度和行为表现，具体测量指标分为学校生活、家庭生活和社会实践三个方面。学校生活需要记录学生个人在校期间遵守校纪、校规的情况，如出勤、课堂纪律、同学关系、团结协作、行为规范等，特别要记录打架、偷窃等不良行为。家庭生活需要记录学生孝敬父母的表现，特别要关注家庭困难的学生，记录他们帮助父母做家务、料理农田、照顾病人的事迹。社会实践需要记录学生参加党团和少先队活动、社团活动、志愿者与公益活动、社会调查、社区服务、环境保护等社会实践活动，特别需要记录学生在校外的行为表现，如保护街道整洁、遵守交通规则、维护社会正义以及做其他好人好事。

（二）学习素养

学习素养主要反映学生是否有积极的学习态度和浓厚的学习兴趣，是否有良好的学习习惯，能否进行自主学习、合作学习。学会学习主要体现于以下指标：勤于提问、善于提问、乐于解释同学的问题、提问的数量与质量；年级、校级、区级各学科竞赛成绩；体育锻炼成绩和体育竞赛成绩；运用互联网等信息技术解决问题的能力。此外，还应特别重视学习参加选修课程的学习效果，以及研究性学习成果，这些成绩反映了学生的学术能力，尤其是对具有优势的学科的学习情况，体现了学生的个性特长及创造性潜能，体现了鼓励性评价的原则。

学习素养不仅体现于学业考试成绩，还可以广泛地通过学生各类作品体现出来，如作文、绘画、声乐表演、科技制作、实验分析等。这些成果集中体现了学生对知识的尊重和渴求，是个体毕生发展的重要认知资本，是学生适应社会发展的力量来源。

（三）创新素养

创新素养在艺术领域主要反映了学生在学习艺术知识过程中表现出的发现、欣赏、评价美的意识和能力，反映了学生艺术表达和创意表现的兴趣和意识。艺术领域的创新素养主要体现于以下艺术领域的学习过程与成果：手抄报、黑板报、宣传海报、废物利用、小制作的制作数量与质量（分数或获奖等级）；音乐、美术、舞蹈、书法、家乡传统文化技艺竞赛成绩，特别需要关注学生参加戏曲、剪纸等传统艺术活动所取得的成绩。

创新素养在科学领域的表现集中于学生在学习、理解、运用科学知识和技能等方面表现出的效率水平、思维方式和行为规范，反映了学生能学习科学技术知识，掌握基本的科学方法，勇于纠正错误、敢于追求真理，能运用严谨的科学思维，有百折不挠的探索精神，能够提出问题、形成假设，并通过科学方法检验求证、得出结论等。科学领域的创新素养主要体现为以下学生活动的过程及其成果：参加学科竞赛的次数与成绩、参与科学实验和社会调查的次数、小制作数量、小发明与发明专利的质量与数量、对自然科学或社会科学感兴趣的程度。

（四）体质素养

体质素养主要体现为学生参与体育活动、体育锻炼和体育竞赛的各方面表现。体质素养不仅仅要求学生具备良好的运动耐力、爆发力和协调的运动技巧，还要求学生掌握一定的生理健康知识，形成体育锻炼的意识和习惯，为健康成长、适应繁重的学习与工作任务，奠定良好的身体基础。

（五）心理素养

心理素养主要是个体在认识自我、发展身心、规划人生等方面的积极表现。心理素养要求学生理解生命的意义和人生价值；具有安全意识与自我保护能力；掌握适合自身的运动方法和技能，养成健康的行为习惯和生活方式等；要求学生能调节和管理自己的情绪，有积极的心理品质，自信自爱，坚韧乐观；积极交往，有效互动，建立和维持良好的人际关系等；要求学生能正确判断与评估自我；依据自身个性和潜质选择合适的发展方向；有计划、高效地分配和使用时间与精力，具有达成目标的持续行动力等。

六、中小学生综合素养评价改革的总原则

（一）效益原则

综合素养评价指标必须有利于学生终身发展，有利于学生潜力发掘，有利于学生自信增强。激发学生的内部动机，是评价改革的根本出发点和落脚点。教师应借助多元评价过程和结果，让学生看到自己的进步和成绩，为学生提供一个展示自我的平台，鼓励学生展示自己的努力和成绩，从而发挥评价的改进和激励的功能。在充分发挥评价的激励功能的同时，教师要用合理的、科学的、公正的评价激励每一位学生，特别是对学习成绩不好的学生，更要注重保护他们的自尊心和自信心，在评价语言的措辞上要非常谨慎，让学生更多看到自己的优势与进步，对未来的学习充满信心，争取让每一位学生都能体验到成功和学习的乐趣，从而有效地激发其学习兴趣。

同时，要充分发挥评价对学生的激励功能，激发学生的内驱力，提高学习效率。只有这样，才能在评价过程中实现以素质教育为主线，以培养具有创新精神和实践能力为重点，实现"以人为本，打好基础，促进发展"的教育目标。

（二）互补性原则

综合素养评价应该突出个人智力与人格的特异化优势，凸显优势迁移、弥补短板的导向，不依所有指标的简单算术来判断学生的综合素养。评价方案不要求学生全面达到，允许学生将最高的部分指标得分计入总分，例如，如果某个一级指标包含五个二级指标，该大项的总分可以由最高的三项二级指标得分合成。这种方法既可以引导学生探索自身的兴趣爱好，充分展示自身的能力和特长，也可以避免任务过多，造成精力分散，无端增加学生的负担。

（三）内部标准原则

综合素养评价应侧重于纵向比较，辅以横向比较。教师应多开展学生个体的发展性比较，以前一段时间的水平为评价基线，以进步程度作为评价标准，让学生看到自己的发展与成长，这种评价可以命名为多起点评价。多起点评价是指以学生个人某时间点的现状为参照点，确定该生的评分或加分标准，根据其在参照点以上的进步程度，给予积极评价。这种评价是人性化的评价，不以团体平均水平为依据，不以适合大多学生的发展水平做"一刀切"的评价，而是以学生个人的水平及其进步程度为评价依据。只要学生有进步，就可以获得一定荣誉。这种评价适合发展水平滞后、有较多不良学习习惯的学生，能有效激发其发展动机，增强其自信心。

（四）诊断性原则

诊断性原则意味着学生可能会从评价结果中找到努力的方向和改进学习行动的方法。教师要了解学生的基本情况，发挥评价的导向、激励、诊断、发展等多重功能。其中，诊断性评价可以确定学生的学习准备情况，明确学生的学习起点，为教师的教学设计提供依据；可以了解学生的发展差异，有助于教师对具有不同特征的学生采取针对性干预措施，可以了解个别学生在发展上的特殊障碍，为教师进行有针对性的教学提供依据。

新课程学生评价需要真正形成全面科学的评价体系，需要提高诊断性评价的比例，促进诊断性评价功能的发挥。学生素养的培养是一个循序渐进的过程，其在文化基础、自主发展、社会参与等方面的问题也是在素质培养过程中逐渐显露出来的，要使相关问题能够得到及时和有针对性的解决，就需要注重对学生进行阶段性诊断评价。这样做，可以呈现相关问题的解决过程，更加真实地还原学生的发展情况。

（五）发展性原则

借助信息管理技术和数据分析技术，可以记录大量的学生个人数据和班级、年级和学校等团体数据，在对个人数据和团体数据进行分析、比较的基础上，可以展现学生在较长的时间内的发展特点，包括发展的主要方向、发展速度、发展上升或下降趋势、发展的相对水平或优势。根据发展性评价，学生可以了解自身综合素养的优势所在，看到自己通过努力得到的进步，展望未来的努力方向和职业发展方向。根据团体发展性评价，教师和班主任可以把握教学改革对学生的长期影响，以及教学的成功和失败之处，为提升教学专业化水平和班级管理水平提供依据。需要特别指出的是，对学校教学质量的评价也应遵循发展性评价原则，务必对毕业升学成绩与入校成绩进行纵向比较，借此判断一所学校某届学生学业成就的发展变化趋势。

（六）主体性原则

长期以来，学生在自己的学习评价中只是被动地接受与适应，出现了评价的失语现象。主体性原则认为，综合素养评价的评价者不仅由教师承担，还应该把学生本人作为评价的主体。教师是为学生的学习和发展服务的，学生发展的需要是教育的出发点，学生主体性（自主性、主动性、创造性）的发展是教育的目标。因此，综合素养评价方案要凸显"学生是学习和发展的主人"这一宗旨，在评价上，不仅要看学生对各种知识和技能的掌握，更重要的是，要看学生主体性的发展，把两者之间有机地融合为统一的整体。在综合素养评价过程中，学生的自评、互评、评价结论、评价后反思、行为调整应确实地确立起来，这样不仅可以减少教师的主观干预，又不会增加教师的工作负担。

（七）建立城乡学校差异化评价标准

现阶段，在经济条件、教育方式、学习支持等方面，城市和乡村家庭之间依然存在着较大的差距。相较于城市家庭子女，外来务工人员子女的家庭教育是比较薄弱的。这样，如果从考试成绩、学科竞赛、艺术特长等方面考察，乡村学生与城市学生大多存在较大的差距。

但是，乡村学生有其存在价值和发展潜力，他们的自信心既可以被评价摧毁，也可以从评价中得到提升。因此，综合评价方案需要包含适合展现乡村学生、外来务工子女优势的指标，诸如传统艺术特长、孝老爱亲行为、勤奋好学态度、劳动的生产技能、热心助人的品行等。

第二节　品行综合评价

一、评价改革的总趋势

综合性学生评价改革试图构建一种纵向与横向交错、动静结合的综合性评价模式，这种综合评价模式需要体现全面的发展性评价原则、方法和指标体系，并使评价过程具有可操作性。构建全面发展性评价模式的目的有三：①适应中、高考改革大趋势，为下一步实施综合选拔评价制度奠定科学的基础，并提供全面、丰富、具体的学生综合评价材料；②完善新阶段课程改革提出的"促进学生全面发展的评价体系"，为基础教育阶段实施全面发展性评价尤其是为学生评价提供"舞台"；③通过综合模式的评价途径和手段，促进学生自我评价、自我发展、自我完善，为学生自我实现全面发展的目标拓宽空间。建构全面发展性评价的综合模式能够促进基础教育和高等教育的衔接，有利于贯彻全面发展的教育方针，有利于实施素质教育，对学生的和谐、自主、充分、全面发展有着积极的现实意义。

韩立福提出了"综合评价—自我发展"模式，这是一个长期的、综合的、囊括整个基础教育阶段发展的过程性评价模式。[①]该模式是"点、线、面、方"相结合的全方位评价；是一种以学生自我评价为主、他人评价为辅的主体化评价；是一种以人文性为主的质量化评价；是一种以形成性评价为主的过程性评价；是一种遵循学生年龄特征、个性差异的个性化评价；是一个活而有序、结构严谨、环环相扣的螺旋式上升的实践过程，是具有中国特色的基础教育阶段的学生评价模式。

上海市格致中学逐步建立和实施了"'五能'学生综合素养评价和保障体系"，具体包括道德操行素养评价、学习研究素养评价、健身运动素养评价、心理心智素养评价、创新实践素养评价。[②]

北京市中小学学生发展评价方案设计了思想道德、学业成就、身体健康、心理健康、个性发展五项指标，试图强化学生发展评价的教育功能，建立评价双方共同建构评价结果的评价机制，将形成性评价作为教育教学过程的一部分，用于支持和促进学生的发展。

江苏南通市如皋经济技术开发区实验小学开发了《学生发展评价手册》，其核

---

① 韩立福. 建构全面发展性学生评价的"综合评价—自我发展"模式[J]. 教育理论与实践, 2004, (4)：44-48.
② 张志敏, 何刚. "五能雷达图"：让学生综合素养评价形象可感——上海市格致中学"五能"学生综合素养评价体系探索[J]. 中小学管理, 2014, (10)：13-16.

心内容是"我的目标"和"发展过程评价"，体现了评价的诊断性、过程性、个性化、直观性。[①]

山东文登经济开发区实验小学研制了"阳光少年评价实施方案"，该方案采用三级综合素养评价的方法，仍然以"阳光七原色"为基调，通过阳光笑脸、阳光评价卡、阳光奖章三级形式来体现进步与发展的层次；以关注过程性评价，关注学生的情感、态度和价值观为主旨，改变评价过分强调甄别与选拔的功能，凸显评价的发展和激励功能。

现阶段，随着教育改革的深入和中考改革的持续推进，学生评价改革的重要性也逐渐凸显了出来。无论是在农村还是在城市，新课程所倡导的发展性评价的理念已被广大教师认可，但是，教师和学生对发展性评价的内容存在明显的分歧。[②]因此，特别需在实践中检验评价指标体系的合理性与有效性。

二、初中生品行综合评价改革的迫切性与总方向

鹤浦中学地处东海之滨——南田岛。伴随城市化浪潮，居民纷纷离岛进城。加上象山县民办教育方兴未艾，大量教学经验丰富的教师和大批优质生源被民办学校吸引，导致学校教学质量落到了历史低谷，学生出现自卑情绪，学风愈加涣散，形成恶性循环。为了再次提升学校的办学水平，必须要走出自己独特的"文化立校"之路，从改变学生的学习态度与行为入手，以此作为提升教育质量的立足点。[③]

单一化的学业评价标准让薄弱初中的很大一部分学生产生了挫败感。①以单一分数评价人，容易伤害学生的学习积极性，难以体验到学习成就感；②以"三好生"为核心的荣誉体系令绝大多数学生望尘莫及，难以发挥激励大部分学生的作用；③由于城乡学校之间在师资力量、学习环境等方面的差距，海岛地区的学生必须具有更坚强的意志品质、更灵活的思维方式、更积极的未来梦想、更和谐的规则意识，才能为自己的终身发展打下基础，而这一切正是海岛地区学生所欠缺的，需要成为学生综合素养评价的核心内容。

在这种状况下，鹤浦中学努力探求一种适合海岛地区中学生的评价模式，促使评价从关注"冷冰冰的分"到关注"活生生的人"，促进学生德智体美全面发展和个性特长培养，扭转"唯分数论"，优先关注学生的成长，然后促使他们成功。那么，综合评价为什么评？评价什么？怎么评价？基础教育改革必须要回答好这些问题，并借此推进核心素养的发展。学生评价改革的重点在于以多元化的评价促进学生全面而有个性地成长，评价内容从"单一评价"转向"综合素养评价"，

---

① 陈志华. 目标引领评价 评价促进发展——推行《学生发展评价手册》的实践与思考[J]. 基础教育研究，2015，（7）：18-21.

② 张雪冬，张寅，李可. "发展性学生评价"调查研究[J]. 山东教育学院学报，2010，（5）：48-50.

③ 蔡娜，闫江涛. 农村初中班主任对学生评价问题研究[J]. 许昌学院学报，2003，（4）：128-129.

评价方式从"外化横向评价""总结评价"转向"自我发展评价""表现评价"，评价主体从"被动评价"转向"主动评价"[①]。

"阳光学子"发展性评价模式的探索，正是希望通过评价模式的转变，使学生形成自觉、自主、自信、自制、上进、好学的个人精神面貌，在个人评价的基础上，形成阳光小组、阳光班级的考评，最终促成学生良好学习习惯的养成和学习环境的优化。

"阳光学子"发展性评价改革是原始数据积累、数据分析整理、反思评价效果的创新活动。其以学业的全面评价取代单一的学习成绩评价，以数量化的评价方法代替臆断性的模糊判断，以数据统计分析结果作为学生综合素养评价的导向。

"阳光学子"是鹤浦中学综合素养评价的核心概念。"阳光学子"是具有温暖、乐观、和谐的人格品质和向真、向善、向美、向上的精神的学生。"阳光学子"发展性评价改革的目标是凸显和谐、发展、团结、自信、乐观、奋进、友好、善良、合作、谦让的素养教育在初中阶段的全面落实。

"阳光学子"发展性评价期望海岛学子继承父辈的优秀品质，进一步完善发展社会责任、人文底蕴、科学精神、学会学习、身心健康、实践创新六大核心素养，实现"做人"与"做事"的统一，实现"身"与"心"的和谐，实现"知"与"行"的统一。

三、"阳光学子"评价方案的指标筛选依据

为构造"阳光学子"综合评价指标体系，我们制定了以下三方面的理论筛选评价指标。

1）评价方案指向核心素养是教育改革的必然要求。核心素养代表了一系列知识、技能和态度的集合，它们是可迁移的、多功能的，这些素养是每个人发展自我、融入社会及胜任工作所必需的。只有具备这些素养，学生才能适应社会，才能在实现自我发展的同时，促进社会的发展。

2）评价方案需选择有纵向迁移作用和横向辐射作用的行为指标。学校教育不是为了孩子在学校里"亮剑"，其最终目的是促使个体在社会生活中展现自我价值。因此，保障个体竞争力和社会适应性的因素应该成为初中生综合评价的内容，以评价的导向作用引领教育发展和学生发展。同时，行为习惯、人际关系、学习方法的改善不可避免地带来了学生学业成就的进步，进而会促使学生自我意识的全面提升和情绪状态的改善。

3）评价指标体系需要包含与班风、校风密切联系的学生行为。学生在学校中

---

① 陈敏. 成绩单变身成长档案 选修课凭积分换礼品——评价体系改革助推中小学生全面成长[N]. 宁波日报，2016-03-07.

的细小行动往往体现了全校的风貌。例如，在食堂就餐之后，餐桌与地面整洁依旧；师生相遇之时，简短而又不失热情地互致问候；遇到多人上下楼梯时，有序缓进，不推搡、不打闹；自习课上，抓紧时间，按计划复习，不懂就问，不会再练；科技文体活动参与者多，粉丝众多。积极行为与消极行为的一增一减，可以增强学生的自我认同感。

四、初中学生品行综合评价的目标

基于乡村初中生成长发展的需要，以及对"阳光学子"的理解，我们认为初中生的综合素养评价应指向健全人格、和谐人际、良好习惯、积极反思四个目标。

1）从一点一滴的小事做起，培育自我的健全人格。青春期是健全人格的养成时期。面对复杂的社会竞争，自信是关键动力系统，乐观是健康情绪的重要组成部分，较强的挫折承受能力是关键的人生支柱，坚持不懈的努力是关键的行动过程。

2）以一言一行构建自我的和谐人际关系。现代社会生活的取向是共同约定基础上的自我约束、互助互利和协作共赢，我们的孩子需要知道如何尊重他人，既能付出自己的关心和关爱，又能做到自我约束和自我保护；既能体验到集体给自己的温暖，又能为集体贡献自己的智慧。

3）在更宽广的层面上养成良好的学习习惯。学习是伴随学生一生的过程，它指向规定的课本知识和自主的兴趣爱好，学生应理解学习过程和效果对幸福生活的重要意义，对展现自身价值的重要意义，为有自己的一技之长、为自己的兴趣爱好感到骄傲。

4）依据纵向、横向多种渠道信息认识自我、反思自我、调整自我。自我认识不能仅仅来源于一时一事的行动效果，而要综合多个角度和多个学期的学习过程与结果，以积极的观念评价自我，在静心思考的基础上，在与同学和教师讨论之后，做出有所改变的决策，善于发现同学的好的学习方法，并为我所用。

五、"阳光学子"评价的总体构想

（一）"阳光学子"评价的指标体系

在多方考察学习先进学校评价改革成果的基础上[1]，鹤浦中学根据实际情况，演化发展出适合海岛初中生的评价体系初稿，并向学生、教师、家长征询意见，了解此评价方法可能会对学生的思想、行为、学习成绩等方面产

---

① 郑全喜. 让阳光照进孩子们的心底——湖北省十堰市东风第七中学培养学生健康人格的点滴经验[J]. 人民教育，2013，（22）：50-51；徐雪梅. 让同伴评价 点燃学生发展的火花[J]. 中国农村教育，2014，（1）：118-119.

生的影响，采纳教师在评价过程中提出的好建议，根据学生、教师反馈的意见对评价方案进行了多次修改。

综合教育理论和办学经验，鹤浦中学确定"阳光学子"评价方案包含"阳光做人""阳光学习""阳光生活"三大方面，再细分为六大素养，即社会责任、人文底蕴、科学精神、学会学习、身心健康、实践创新。

1. "阳光做人"模块包括社会责任和人文底蕴两项素养

1）社会责任。其主要反映学生对待同学、集体、教师的行为表现和情感态度。具体包括：①文明守纪，即遵守学校纪律、班级规范，保障学校卫生和正常秩序，保护学校的自然环境；②诚信，即不抄袭、不说谎、不散布虚妄之辞，勇于承认错误，知错就改；③职责，即认真履行自身职责，积极参与班级、学校活动，具有团队合作精神；④爱心，即关心班级，关心同学，热心助人。

2）人文底蕴。其主要反映学生在学习、理解、运用人文领域知识和技能等方面的行为表现和情感态度。具体包括：①阅读写作，即积累古今中外人文学科的基本知识和成果，善于领悟文学作品蕴含的思想，以日记、周记的形式表达自己的感悟，训练自己的表达能力；②感恩，即理解以人为本的思想，尊重、维护同学和教师、家长的尊严和价值，富有同情心、同理心；③良好秩序。

2. "阳光学习"模块包括科学精神和学会学习两项素养

1）科学精神。其主要反映学生在学习、理解、运用科学知识和技能等方面表现出的价值标准、思维方式和行为方式。其具体包括：①学习计划，即有意识地建立学习目标并适当分解目标，为达到目标制订详细的学习计划，张弛有度，循序渐进；②主动提问，即课上、课下经常向教师提出问题，不倦上问，不耻下问；③主动探究，即能够分析问题、形成假设，并通过科学方法检验求证、得出结论。

2）学会学习。其主要反映学生在学习态度、方式、方法、进程等方面的选择、评估与调控。其具体包括：①课堂效率，即有积极的学习态度和浓厚的学习兴趣，能高效地掌握课堂上教师传授的知识与技能；②预习复习，即能自主学习，合理安排好预习和复习，能理清掌握得好的知识点与掌握得不好的知识点，并有办法加以弥补；③作业巩固，即认真完成作业，字迹清晰整洁，能够进行有针对性的练习；④学习方法，即能够根据不同学习内容和自身学习效果，选择合理的学习策略和方法，有效管理学习时间、体育锻炼时间和休闲时间。

3. "阳光生活"模块包括身心健康和实践创新两项素养

1）身心健康。其主要反映学生在认识自我、发展身心、规划人生等方面的积极表现。具体包括：①身体锻炼，即掌握适合自身的锻炼方法和运动技能，并有自己的体育特长项目；②心理健康，即理解生命的意义和人生价值，能调节和管理自己的情绪，具备积极的心理品质；③人际关系，即积极交往，有效互动，建立和维持良好的人际关系；④消费心理，即认同家庭经济生活水平，有效管理好自己的生活费用，勤俭节约，适度消费。

2）实践创新。其主要反映学生在勤于实践、敢于创新方面的具体表现。具体包括：①创新意愿，即体现为参与社团活动的次数、参与学科和体育艺术竞赛的次数；②创新能力，即体现在文学作品、科技制作与发明成果、学科竞赛成绩、体育艺术竞赛成绩等方面。

"阳光学子"的总体构想如表10-1所示。在此基础上，每项二级指标又细分成2—3项行为指标，确保每项行为指标具有良好的可操作性和可测量性。

表 10-1 "阳光学子"总体构想

领域	一级指标	二级指标
阳光做人	社会责任	文明守纪
		诚信
		职责
		爱心
	人文底蕴	感恩
		良好秩序
		阅读写作
阳光学习	科学精神	学习计划
		主动提问
		主动探究
	学会学习	课堂效率
		预习复习
		作业巩固
		学习方法
阳光生活	身心健康	身体锻炼
		心理健康
		人际关系
		消费心理
	实践创新	创新意愿
		创新能力

注：本表内容是经过修订的新版本，个别项目名称与图10-2并不一致

（二）"阳光学子"评价程序

"阳光学子"评价定于每周星期五的第 8 节课，这节专门的考评课时间为 25 分钟。这样的安排，既不占用过多的学习时间，又能保证每位学生反思一周以来的学习、生活。在班级中，每 4 人组成一个评价小组，每个小组都取了一个响亮的组名，如激情绿茵、星光璀璨，以小组为单位进行个人评分和小组评分。之后由班级考核组审核，继而评选出绿星（个人）、蓝星（班级）、紫星（年级）和红星（校级）"阳光学子"。只要有良好行为习惯的学生，都可以入选，没有人数限制。而且，在评分过程中，班主任只需负责评分标准的解读和事后检查即可。周一晨会上，对上一周的星级"阳光学子"进行全校表扬，并通过宣传窗、校讯通、微信公众号等自媒体平台，及时表彰每周、每月、每学期不同星级的"阳光学生""阳光小组""阳光班级"。

在学生自评和互评的基础上，再要求班级展开评价后的反思，反思的主要内容包括：学习成果和优秀行为事例、评价过程对素养发展的影响、学风和班风的变化、学生在学校学习和生活的幸福感。在反思过程中，学生自主展示进步成果，广泛讨论，畅所欲言，班主任引导学生将眼界放到未来的发展。由此，评比过程变成了学生自我教育的过程，评选出来的小榜样就在学生身边，有一定的说服力和影响力。

六、"阳光学子"评价的效果分析

"阳光学子"评价改变了过去"只以分数论英雄"的评价价值观，实现了每个学生都有机会凭借自己的特长获得优异评价成绩的教育目标。绝大多数学生能发掘自己的潜能，看到自己的优势，看到自己的点滴变化，激发发展自我、超越自我的动力。用学生自己的话说，就是学习成绩不好的学生也有"扬名受奖"的机会，不少家长欣喜地看到自己的表现平平的孩子也登上了"阳光学子"红星榜。可以认为，"阳光学子"评价带动了班风、学风、校风的全面提升。

（一）"阳光学子"评价结果与学业成就的相关性

初一、初二各班级的期末考试成绩与"阳光学子"评价结果之间存在较高的相关性，评价结果越好，学生期末考试的总分越高。而且，评价方案落实得越好的班级、评价标准掌握得越规范的班级，全班学生考试成绩与评价结果的相关系数也越高（表 10-2）。初一、初二两个年级的学生考试成绩与学会学习领域各二级指标的评价结果之间亦表现出显著的正相关关系（表 10-3）。

表 10-2　初一、初二各班级"阳光学子"评价结果与学业成绩的相关性

班级	相关系数	人数/人
1801	0.776**	41

续表

班级	相关系数	人数/人
1802	0.762**	42
1803	0.673**	40
1804	0.675**	40
1901	0.683**	40
1902	0.767**	42
1903	0.684**	40
1904	0.565**	40
1905	0.657**	40

**$p<0.01$，下同

表 10-3　初一、初二各班学生考试成绩与部分二级指标的相关性

项目	学习方法	学习计划	主动提问	课堂效率	预习复习	作业巩固
考试成绩	0.345**	0.344**	0.388**	0.396**	0.361**	0.39**

（二）"阳光学子"评价对学风、班风的促进作用

从图 10-2 可以看出，2016—2017 学年第一、第二学期"阳光学子"评价的多项指标的总分有了显著提升。"阳光学子"的自评、互评活动启动后，整个校园发生了很大变化，好人好事、互帮互助、团队合作共享的现象明显增加，文明守纪、彬彬有礼、落落大方成为学生自觉的行为。学生更加自信，脸上洋溢出发自内心的幸福微笑，他们愿意到校，乐于学习。同时，校园环境更加整洁，校园 24 小时保持整洁。总之，学生乐学，教师善教，学风、教风、校风都有显著提高。但是，我们还应看到实践与创新指标的进步微乎其微，评价为教育改革指明了方向，创新能力的培育需要成为海岛中学发展的重要目标。

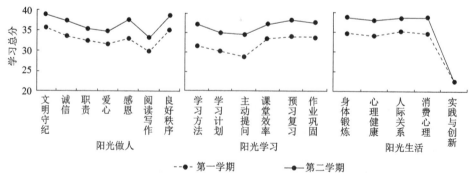

图 10-2　2016—2017 学年第一、第二学期"阳光学子"评价结果的变化

通过这些活动，家长对学校的认可度与满意度逐渐提高，并积极参与到"阳光学子"的考评过程中来，每周向班主任反馈孩子在家的表现。家长为孩子获得"阳光学子"称号而感到骄傲与自豪，平时也给孩子制订"下一周争取获得'阳光学子'称号"的目标，并答应给予获得月星级"阳光学子"称号的孩子一定的家庭物质奖励。同时，社会各界对学校的评价也越来越正面。

（三）"阳光学子"评价对学业成绩的促进作用

为了说明"阳光学子"评价对学业成绩的促进作用，我们考察了绿星数量的增量与学业成绩之间的相关系数。绿星数量的增量的计算方法为：个人的第二学期的绿星数减去第一学期的绿星数，学业成绩以第一学期总成绩、第二学期总成绩、两学期名次的进步为指标。我们发现，学业水平不同的学生，绿星增量与学业成绩变化量的相关程度不同（表10-4）。

表 10-4　初一年级第一、第二学期绿星数量的增量与总成绩、名次进步的相关性

第一学期名次	绿星数量的增量（N）	第一学期总成绩	第二学期总成绩	名次进步
0—50	50	0.023	0.656**	0.962**
51—100	50	0.064	0.854**	0.863**
101—150	50	−0.217	0.733**	0.956**
151—202	52	0.065	0.507**	0.525**

1）以初一年级第一学期全年级排名前50名的学生为样本，绿星数量的增量与第一学期总成绩无相关关系，但是与第二学期总成绩有中等偏上的正相关性，与名次进步（第一学期的全年级名次减去第二学期的全年级名次）有着非常高的正相关性。

2）以初一年级第一学期全年级排名第51—100名的学生为样本，绿星数量的增量与第一学期总成绩无相关关系，但是与第二学期总成绩有较高的正相关性，与名次进步也有较高的正相关性。

3）以初一年级第一学期全年级排名第101—150名的学生为样本，绿星数量的增量与第一学期总成绩无相关关系，但是与第二学期总成绩有较高的正相关性，与名次进步有着非常高的正相关性。

4）以初一年级第一学期全年级排名第151—202名的学生为样本，绿星数量的增量与第一学期总成绩无相关关系，但是与第二学期总成绩有中等的正相关性，与名次进步有着中等的正相关性。

总之，"阳光学子"评价活动对前75%的学生有推动作用，提高了他们的学习成绩，对后25%的学生也起到了一定的作用。

从表10-5可以看出，在"阳光学子"评价中取得明显进步的学生中，有41%的

学生在初一年级第二学期期末考试中取得了进步；相反，在"阳光学子"评价中进步不明显甚至退步的学生中，有 13%的学生在初一年级第二学期期末考试中表现出退步。上述两项的比例合计为54%，这意味着"阳光学子"评价的效标效度为0.54。

表 10-5　初一年级绿星数量的增量与名次进步程度的相关性

项目	绿星数量的增量>30	绿星数量的增量<30
名次进步	78（41%）	33（17%）
名次退步	56（29%）	24（13%）

初二年级第一、第二学期的绿星数量的增量与考试名次进步程度的相关性与初一年级大体一致。但是，特别需要指出的是，在排名最后25%的初二学生群体中，"阳光学子"评分的增加量与成绩没有相关关系。如何使"阳光学子"评价对更多学生产生激励作用，仍需要进行更进一步的探索。

七、"阳光学子"评价改革未来的深化发展

在"阳光学子"发展性评价实践过程中，我们发现下列现象需要研究并完善：在学生层面，一些个别学生有"破罐子破摔"心理，对"阳光学子"评价置若罔闻，面对低分差评，仍然我行我素，无动于衷，甚至产生了抵触情绪；另一些成绩优异的学生仍然认为中考还是以分数为唯一依据，他们只重视成绩，对"阳光学子"评价不以为然，甚至认为综合评价"没有多大用"。由此可见，需要为"阳光学子"评价方案增加分层指标体系，针对不同学业层次学生的需要，制定适当的目标，以此激发他们的学习动机。

在教师群体中，个别班主任对每周增加的考核、登记等工作量，内心会有抵触情绪，任课教师对每节课的课堂评价、每次作业的检查记录等，也会心存反感。因此，在后期研究中，应在不增加教师工作量的前提下，运用信息技术提高评价过程的自动化水平，让班主任与任课教师更好地运用"阳光学子"评价，达到加强班级管理、提高教学效果的目的。

八、评价结果的功能

"阳光学子"评价方案实施了一年，整个过程不以考试成绩论成败，每个学生都可以凭借自己的特长获得优异的评价，学生的精神状态得到明显改观。"阳光学子"评价初步展现出了五方面的功能。

（一）具体诊断功能

每位学生每周进行一次"阳光学子"评分，从一段时间内的平均分数可以分析出一位学生在各个二级指标上的高分点和低分点。如图10-3所示，该学生的职责、

单元练习、体育健身、同学关系和人格特征等指标的评分较高，但是在课堂学习、自习、预习复习和就餐等方面存在不足之处，显然这是一个阳光向上、聪明活泼的少年，只是尚未找到适合自己的学习方法。这样的评价建立在长期的点滴事件积累之上，得出的结果可以让学生明确意识到自己的优势、劣势。同理，根据班级评分结果，也可分析出班级的各指标水平，为班主任调整班级管理方式指明方向。

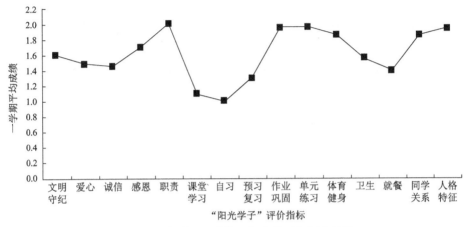

图 10-3　某学生一学期"阳光学子"评分结果

（二）激励改进功能

"阳光学子"的自评、互评活动启动后，整个校园发生了许多变化，好人好事、互帮互助的现象明显增加，文明守纪成为学生的自觉行为。从前、后两个学期评分的变化趋势可以看出一位学生向着"阳光学子"目标所做出的努力。如图 10-4 所

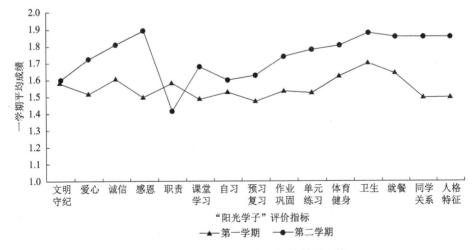

图 10-4　某学生两个学期的评价结果比较

示，前后两个学期，这位学生发生了较大的变化，尤其是在"阳光做人""阳光生活"方面有了很大的进步，"阳光学习"方面也有一定程度的向好趋势。

（三）提升效率功能

"阳光学子"评价落实到每周、每天、每节课，对学生产生了无形的激励作用。学生学习的主动性、积极性明显提高，课堂教学效率明显提升，班级的团队意识、合作水平显著增强，形成了共同进步的局面。如图 10-5 所示，某班级第二学期的平均评分显著高于第一学期的平均评分，$F(1, 29)=4.34$，$p<0.05$，大部分指标的评分均有了明显的提高。事实亦表明，校园里消除了乱扔垃圾的现象，吸烟、打架等违纪行为鲜有出现；很少能看到攀折树枝、践踏草坪的行为，自觉维护校园环境成了学生的共识。

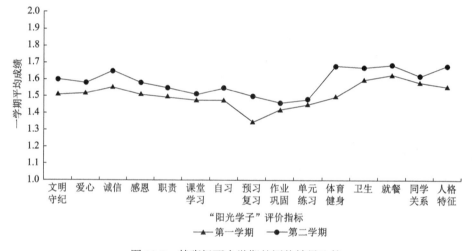

图 10-5　某班级两个学期的评价结果比较

（四）促进反思功能

在"阳光学子"评价实施过程中，学生每周进行自评，不仅给自己评分，还以文字形式总结个人、小组和班级在过去一周时间内的具体表现、付出的努力和取得的效果，在此基础上体验成功带来的快乐，总结失败带来的教训。1804 班小张同学在评价反思中写道："今天考核时，听了大家对我的评价，我起初有点不高兴。后来，仔细想想同学的话，一些地方我确实做得不够好，尤其是在与同学的交往中，表现得不够大气。我以后一定要改进。"1705 班小王同学是这样反思的："今天的小组考核，有几个同学为一个 A 争得面红耳赤。我就在想，想要优秀是好的，可是，因此就吵起来，这样的荣誉就有点变味儿了。如何正确对待荣誉，值得我们深思。"

（五）增强自信功能

"阳光学子"评价并非单一的教育活动，与此配套，学校组织了阳光合唱节、阳光体育节、阳光艺术节等活动。在整个"阳光"系列活动中，人人参与，个个争先，学生展现出了多元化的精神面貌和超群的能力，为自己添彩，为班级争光。1804 班小李同学写道："这次的合唱比赛，训练时，我们班连节奏都跟不上，指挥和同学不合拍，大家都觉得没希望了。这时候，班主任和音乐老师不停地给我们加油，我们越唱越好。比赛时，我们唱得很整齐，居然取得了第二名的好成绩。因为这个好成绩，在本周的'阳光'班级评比中，我班获得了三颗星。由此，我认识到，不管什么事情，只要尽力，总会有希望。"

"阳光学子"评价希望通过评价模式的转变，使学生初步形成自觉、自主、上进、好学的个人习惯，促成良好学习习惯的养成和学习环境的良性发展。若能够长期坚持，学生评价改革终将促进学校教育质量的全面提升和学校教育事业的稳步发展。

第三节　小学生创新能力评价

一、创新素养评价的理论基础

创新能力是根据一定目的，运用一切已知信息，产生出某些新颖、独特、有社会或个人价值的产品的能力。创新素养是创造新产品、新思维所必需的基础性素养，是适应创新活动的必备品格与关键能力，包括发散思维能力、想象力、表达力和操作能力。[1]

教育者评价中小学生的创新素养时，主要关心的是中小学生是否具有创新的潜力，是否能发展成为一个富有创造性的成人。有学者提出用"萌芽的创造力"来描述中小学生正在发展中的创造潜力。[2]小学生的创新素养不同于专业人员，有其自身的特点，主要表现在：①创新活动产生的产品以个人价值为主，社会价值为辅；②创新活动产生的产品，以新颖性为主；③小学生这个群体中，创新素养也不是少数头脑聪明学生的专利，而是每个学生都具有的，只不过表现形式因人而异；④在学生个体的不同年龄段表现出不同的特点，并非一种直线式发展。同时，在同一年龄段的不同学生个体，创新素养发展的差异也是十分明显的，这也

---

① 景文超，孙汉银. 从教育的视角看学生创造性潜能的评价[J]. 国家教育行政学院学报，2014，（6）：45-48.
② 俞国良，曾盼盼. 中小学生创造力的测量和评价[J]. 山东教育科研，2001，（3）：97-100.

正是教育可以对学生创新素养的发展产生作用的依据。

然而，鉴别一名中小学生是否有"萌芽的创新素养"，是很困难的。主要原因是一位小学生也许尚无能力充分地表达并与其他人交流其脑中独特的想法，而且具有"萌芽的创新素养"的小学生可能只在其感兴趣的任务中表现出创新行为。换言之，比起成人，中小学生创新素养的表现在更大的程度上受到学习环境的影响，如任务的反应要求、在一个特定时间内对任务的兴趣等。

创新素养是一个静态结构和动态结构相统一的心理系统，该素养应包括创造目的、创造过程、创造材料、创造结果中的认知和非认知因素等，思维与想象是创新素养中的认知因素，表达与技能是创新素养中的非认知因素。思维与想象过程确保了由已知到未知的转换和推理，表达能力与操作技能确保了转换过程的具体表现形式，表达是言语的表现形式，技能是动作的表现形式。思维与想象过程是表达与操作的基础，表达与技能又能证明思维与想象的缺陷和不足，提示新的思维方向和想象目标。因此，研究者和教育者应进一步考察现有的评价中小学生创造力的各种方法，通过多种途径搜集资料，并尽可能地将这些方法结合起来使用，以做出一个更合理的判断。

二、作业评价的实践改革

传统作业评价的目标是通过学生获得的书本知识的数量与质量，进而衡量课程实施的效果。这种传统评价目标的主要问题有三点：①评价目标更多关注的是学生是否记住了公式、能否用公式进行计算，却很少关注学生掌握知识、技能的方法和过程，而对学生综合运用知识技能的能力，以及在真实世界中运用书本知识创造性地解决实际问题的高级思维能力的发展不够重视；②评价目标的范围狭窄，只关心认知目标和学业成就，注重学习结果，而对学习者获得知识的过程、表征及其知识结构的变化则无法测评，对学生的情感、态度、价值观等非学业素养的测评更是无能为力；③评价目标与教育目标存在脱节，没有将丰富的知识应用融入作业之中。

传统的作业评价方法常常是：教师通过打钩、打叉、画几个五角星、写评语、给出等级或分数等形式，将一些结论性的文本符号呈现给学生。这种评价方法重分数、轻能力，重结果、轻过程，重教材、轻学材，重平均结果、轻差异程度。因此，传统的作业评价只是通过检查学生目前的学习水平来判断、甄别学生完成学习目标的程度，这种评价无法对小学生进行比较全面的考核，不能真实地反映学生的综合素养，特别是创新素养，同时不利于对学生学习兴趣的培养。

表现性任务是小学生创新素养评价和作业评价改革的有效形式。表现性评价是运用表现性任务来对学生进行评价的。开发、设计表现性任务是实施表现性评价的关键。表现性任务是具有一定情境的，任务的核心与真实的生活相联系，是"具体的、巧妙设计情境的任务或活动，通常要求概念理解和技能运用能力的结合"[①]。

表现性任务主要有以下两个特点：①表现性任务要与学生的现实生活密切相关，具有真实性。[②]那些可以反映现实生活的不确定性的表现性任务往往能引起学生的兴趣。表现性任务要与现实生活相联系，不仅仅要求它与学生当前的生活发生关联，也要求学生能够运用自己的知识和技能模仿成人在实际生活中处理问题的方法。因此，教师也可以设计一些有助于增强学生对未来生活适应性的任务。②表现性任务应提供学生感兴趣的、对学生有吸引力的情境或问题。判断表现性任务质量高低的最主要标准，是这些任务能否吸引学生的注意力。同时，评价任务的设计要让学生乐于去完成任务。学生对表现性任务要产生一种兴趣和任务感，并且要有全力以赴去完成它的欲望。因此，表现性任务在问题情境的表述上要简明、清晰，不能使学生在读到这些问题时感到无所谓或者没有兴趣。比如，"谁的头更大"这项任务就要求学生使用工具测量自己头围的长度，并把自己的测量结果与其他同学的进行比较，同时，也要测量教室中其他物品的周长，这主要是考查学生实际测量的能力、估测的能力以及记录数据的能力。

创新素养是一系列连续的复杂的高水平的心理活动，它与一般能力的区别在于其具有新颖性和独创性。在我国经济转型的关键时期，社会对于人才的创造力有着越来越高的要求。数学教育，特别是小学阶段的数学教育对于学生创造力的培养具有不可替代的作用，有效的小学数学教学活动是培养学生创造力的重要途径。

在创新素养培养取向下的小学数学作业教学，其预期教学效果是学生在教师的激发和引导之下，创造性思维和创造能力得到提升，并创作出新颖、多样化的数学问题解决方案。因此，创造力培养取向下的小学数学拓展作业的评价基础，应该是一种基于学生、作品和教师三因素的综合素养评价标准。

三、学科拓展作业

（一）开展学科拓展作业改革的目的

学科拓展作业是学生基于原有知识，通过课外实践，将课程概念与原理应用于真实问题的解决，开辟新知识领域的一种形式。它是学生主动学习知识的体验，是学生积累不同学习方法的实践。

教材知识简明扼要，像数学，对许多知识只是简单地进行一两句文字叙述，

---

① 脱中菲. 小学数学表现性评价的任务设计与开发[J]. 教育测量与评价（理论版），2009，（4）：26-28.
② 脱中菲. 小学数学表现性评价的任务设计与开发[J]. 教育测量与评价（理论版），2009，（4）：26-28.

而拓展性作业有效地弥补了学生知识的不足，延伸了课堂知识的教学，扩展了教学空间。因此，学科拓展作业是学科教学从课堂延伸到课外的桥梁和纽带。学生完成学科拓展作业的过程如下：①学生对教材知识的进一步深化和理解，获取更多相关的知识；②培养学生学习知识的各种能力，把在课堂中学到的学习方法在课外进一步巩固、熟练，在不知不觉中掌握学习的方法；③明白知识与生活的联系，知识来源于生活，并高于生活，不断地培养学生的实践能力。

（二）学科拓展作业的设计

实施学科拓展作业的关键在于拓展作业的设计。教师要对拓展作业进行周密的规划、细致的分析，研究实施拓展作业的方式方法，确定教师指导的重点步骤。同时，对拓展作业的讲评、展示形式要做到心中有数，实施拓展作业就有了成功的基础。

设计拓展作业，要以多变的形式、新颖的题型激发学生的兴趣，以综合的问题、多样的解题方法、多种问题答案激发学生的学习动机，促进其思维的发展，从而提高其分析问题、解决问题的能力，形成解决实际问题的思维品质。

丹城第五小学配合数学三年级课程"认识时间"，要求学生对时间有深切的体验，为此设计了拓展作业"1秒有多长"，让学生通过内省自己的生活经验，加深对"秒"的认识，从而培养学生对时间的珍惜之情。同样，为了让学生对"千米"有直观的认识，设计了拓展作业"估计从家到超市的距离"。在学习"周长"概念的时候，学生对于曲线长度的理解和测量是比较难的，如何比较准确地测量生活中曲线的长度或周长，需要学生进一步用"化曲为直"的数学思想，通过测量弯曲的豆芽及生活中曲线物体的周长等实践，展开丰富的想象，使得这一数学思想深入学生的内心。

（三）学科拓展作业的基本模式

拓展作业具有多样性、自主性、操作性和社会性四大特征。

1）拓展作业强调解决问题方案的多样性，而且不设置标准答案，只要求解决方案具有一定的科学性和可行性。例如，三年级数学课程"时、分、秒"学习完毕之后，教师布置"10秒有多长"的拓展作业，要求学生广泛收集生活中一秒或几秒内完成的事情，并从中体验一秒的时间延续，形成准确的时间概念。为力求方案的多样化，要求学生在互联网上广泛搜集相关资料，将网络资料经自己修改后制作成文档，有能力的学生还可以制作电脑小报。

2）拓展作业强调学生的自主性，即学生自主确定作业的思路、过程和解决问题的方案。例如，五年级数学课程"小数的乘除法"教学完毕后，教师布置"家庭用水调查及节水方案"的拓展作业，其中，水的用途、水量的测量方法、测量时间、测量次数、测量结果的呈现都由学生自己确定，真正让学生体会到自己是作业的主人，体验到自身智慧的力量。

3）拓展作业具有很强的操作性，需要学生利用绘画、模型、表演、口头表达等动作技巧完成作业。例如，五年级数学课程"长方体的认识"教学完毕后，教师布置"创意搭建"的拓展作业，要求学生用各种材料（吸管、火柴棒等）搭建由长方体构成的结构，若要结构牢固、外观新颖，学生必须耐心、细心、灵巧地运用自己的双手。

4）拓展作业的社会性。完成拓展作业，需要学生与他人交流，而不是独立一人坐在课桌前完成。例如，3—4 名学生组成小组，合作完成拓展性作业，依据小组成员的知识结构、学习能力、学习条件进行合理分工；学生需要与家长交流，把拓展作业带回家后，与家长一起探讨研究，在家长的指导和帮助下，一步一步了解拓展作业的专题知识，直至形成翔实的书面材料。这一过程实际上也是学生掌握学习方法的过程。另外，学生需要与特定岗位的人员交流，比如，为完成"菜市场的小调查"，要求学生到市场上与销售人员交流。这些交流活动很好地锻炼了学生的表达能力，增强了其问题意识，让学生融入了社会大课堂，使学生相信与人交流是创新思想的源泉。

为管理学生的拓展作业，任课教师建立了二级管理体系：①学生管理层面，以学习小组交流、相互学习为主，以择优推荐优秀作品为辅；②教师管理层面，指导和帮助学生高质量地完成拓展作业，并在各班级作业中选择优秀作业综合成拓展性作业集，反馈给学生，形成动态的管理系统。

（四）学科拓展作业的评价指标

学科拓展作业是创新能力与学科融合的具体形式。该作业的评价指标包括思维流畅性、思维新颖性、想象形象性、表达能力和技能学习质量，如表 10-6 所示。

表 10-6　创新素养的指标意义与评分标准

评价指标	指标意义	评分标准
思维流畅性	理解新的概念，表达出尽可能多的观念，具有提出多种解决问题方案的能力，它反映的是发散思维的速度和数量特征	5分：包含多种原理、工具、材料、观察与思考角度；3分：包含少量原理、工具、材料、观察与思考角度；1分：没有涉及原理、工具、材料、观察与思考角度
思维新颖性	做出不同寻常的、异于他人的新奇反应的能力，表现为各种新奇、罕见、首创的观念和观念之间的联系	5分：用的方法未在书本中出现过，组合方法独特，效率高，可行性强；3分：用书本中的方法，并重新组合；1分：用教材中的方法
想象形象性	对各种具体事物重新组合，通过创造新形象提升解决问题的能力	5分：运用丰富的图形、结构，表示概念原理和解决问题的过程；3分：运用少量的图形或结构，基本能表示解决问题的过程；1分：没有运用图形或结构

续表

评价指标	指标意义	评分标准
表达能力	把自己的思想、情感、想法和意图等，用语言、文字、图形、表情和动作等清晰、明确、有条理地表达出来，达到易于读者理解、体会和掌握的目的	5分：文字表述条理清晰、语句流畅，文章结构有步骤、有方法、有解释、有结果、有反思；3分：文字表述大致清楚，结构大致完善；1分：文字表述不清楚，结构不完整，意义不明
技能学习质量	操作各种实物，以动作提高解决问题的能力，包含各种技能的形成过程	5分：测量方法、安装方法、绘图方法的学习效率高，动作技巧娴熟；3分：能掌握测量技能、安装技能、绘图技能，动作技巧不太熟练；1分：学习测量技能、安装技能、绘图技能过程中有困难，动作技巧常出错

四、学生在学科拓展作业中的具体表现

设计拓展作业的目的是让学生对课内的知识进行巩固，所有的探究活动都是紧密结合教材设计的，这能让学生时刻留意生活中的点滴，做一个学习的有心人。通过这一系列的活动，培育了学生的创新素养。

（一）新颖性表现

作业"与1秒相联系的现象"具有新颖的特点，如眨一下眼睛，写一个"正"字，说一声谢谢，原地跳一下，深呼吸一次，抬头一次，打一个喷嚏……这丰富了学生对"秒"的理解、对"秒"的认识，不再是枯燥的理解，具有新颖性。

（二）丰富性表现

在"1千米有多长"的作业中，学生表现出了无穷的奇思妙想，测量方式丰富多彩：有的用自己的双足测量，有的用步伐测量，有的用手机 APP 记录步数，有的用共享单车及其 APP 测量，有的用公交汽车结合导航 APP 测量。

（三）想象力表现

小学生的想象力表现为多种形象由此及彼、重新组合或新联系的建构。他们会将买卖和天气联系起来，会将价钱和饮食喜好联系起来，会由吃菜联想到健康，甚至会建立价格、顾客回头率、利润三者之间的复杂关系。

> **三位学生的表现（1）**
> 学生 1：掷出两个骰子，数字的组合有 36 种可能，因此至少掷 36 次才可能把所有情况全掷出来。骰子有 6 面，投到 1、2、3、4、5、6 的概率都为 1/6，

掷两个骰子，那么一种组合结果的概率相乘为1/36。但是，两个骰子数字之和中，6、7、8、9出现的次数多，所以数字之和中，4这个数字出现的可能性很大。

学生2：我和爸妈问了4家小摊，知道了他们平均每天能赚60—120元，因为有时季节不合适，或者菜不新鲜，或者有虫子，自然就会少赚一些。他们告诉我，平时这些青菜进货价只要2.5元每斤①，但销售价即要5元。菜是轻物，你拿再多也不过三四斤；你进货价2.5元，不可能卖出去2.5元吧。你的青菜太贵的话，也不会有人要的。

学生3：鸭肉与青菜不同，青菜大不了几元钱，鸭浑身都是肉，能赚的钱多了去了。鸭肉的进货价在每斤10元左右，要卖出一只鸭子，就会立即赚好几十元。首先，卖的东西要好吃，其次价格要合理，价格太高反而没有人来买了，价格太低，自己赚不到钱，白忙了。再有，鸭肉新鲜，不能变质，否则就会遭到投诉。

三位学生的表现（2）

学生1：通过调查，我发现每公斤②萝卜能赚1.5元，每公斤鸭腿能赚2元，每公斤鹌鹑蛋能赚1元，每公斤虾能赚3元钱。根据调查，虾的利润最高，可是老板说："虾的利润不一定最高，因为生意比较难做，天气忽冷忽热，虾容易死掉，那就亏钱了。"蔬菜虽然赚钱很少，但是不会死掉，而且买蔬菜的人很多。还是肉类比较好，因为很多人喜欢吃肉，像我们小孩也喜欢吃肉，肉类赚的钱多。假如我是老板，我会选择卖肉，但是我们要吃健康的肉，吃不安全的肉很容易生病，我要做一个有良心的老板。

学生2：经过调查，我知道了牛肉一天卖的钱比较多，主要是因为牛肉的单价定得高，售价比进价高了20元，而且一天中来买牛肉的顾客也多，所以卖牛肉的老板才会赚得多。如果我是老板，我会尽量提高售价，这样可以赚到更多的钱。但是光价格高没用，顾客反而不会来买。所以我还是要提高牛肉的质量，卖好牛肉，才能赚得多。

学生3：通过这次调查，我明白了其实卖菜也不是特别容易，有时根本卖不出去，所以我们一定要珍惜粮食，做到"光盘"，让农民们快乐起来！因为周末人会多一些，要多进点货，免得不够，周一到周五就少进一点，免得太多了，卖不掉，就烂掉了。最好多准备一些，因为每天来买菜的人都不一样，也不知道他们要买多少。如果把以前一个星期的量全部加起来，再平均为每天卖的数量，就可以估计每天要准备多少菜，这样也就不会多出来卖不掉了。

---

① 1斤=500克。

② 1公斤=1千克。

（四）表达力表现

在数学教材四年级上册第三单元的测量中，有关"毫米"的认识，教师认为学生对"毫米"这一长度单位并不是特别熟悉，于是开展了这项探究活动。其要求学生每天测量豆芽的长度，如果画画功底好的孩子，还可以把豆芽生长的样子画下来，最后，还要写出观察日记。通过这种语文、数学跨界的表达方式，既使学生理解了数学知识，又培养了学生的表达能力。

学生的表现

学生：星期五下午，该给绿豆宝宝送一些问候了，我一看到小绿豆芽，心里兴奋地说："小绿豆啊！快快长高吧！若不长高，我就'咔嚓'一声剪断你！"绿豆宝宝好像听懂了我的话似的，嘻嘻哈哈长高了，如今，它们已经快要长到3厘米了。又过了两天，到了星期天，小绿豆把衣服脱光了，都已经长到了4厘米零3毫米了，渐渐抽出了嫩绿的小小的叶片。我开心极了，心里不停地说："明年肯定会收获好多好多的绿豆的，到时候就能大丰收了！"我喜欢种绿豆，尤其是在小绿豆长高的时候，我比小绿豆还要开心。

（五）技能表现

小学生会运用动作、图形或结构等方式表现自己的探索成果。例如，在豆芽观察活动中，小学生运用自己的美术技能，描述豆芽的生长过程，既能抽象出豆芽的核心特点，又能准确把握发芽过程的时间特点，既形象又生动，非常有创意。

五、学科拓展作业对学科考试成绩的预测作用

学科拓展作业评价结果对数学和科学成绩是否有预测作用？对此问题的回答，既可以说明学科拓展作业评价指标的效度，也可以反映出学科拓展作业评价与试卷成绩的关系。

我们采用回归分析，以思维流畅性、思维新颖性、表达能力等为自变量，以数学成绩或科学成绩为因变量，为每一个因变量建立回归方程（表10-7）。结果表明，思维流畅性和思维新颖性可以有效预测数学成绩，这两种创新素养特征可以预测21%的数学考试成绩变异；思维流畅性、思维新颖性和表达能力可以有效预测科学成绩，这三种创新素养特征可以预测24%的科学考试成绩变异。从回归方程中可以看出，学科拓展作业的评价目标与学科考试的评价目标具有一定的共同性，说明依据学科拓展作业做出的创新素养评价具备一定的效度。

表 10-7　创新素养评价对数学、科学成绩的预测分析

因变量	自变量	回归系数	t	p	ΔR^2	F
数学	思维流畅性	0.39	2.55	0.01	0.21	10.97
	思维新颖性	0.44	3.40	0.00		
科学	思维流畅性	0.38	2.58	0.01	0.24	10.59
	思维新颖性	0.22	1.40	0.16		
	表达能力	0.36	2.69	0.01		

但是，有部分创新素养特征没有进入回归方程，想象形象性、表达能力、操作技能并不能预测数学考试成绩，想象形象性和技能学习质量也不能预测科学考试成绩，想象形象性和技能学习质量也没有得到科学、客观的评价。究其原因，作为常用的评价方式，学科考试只是体现了学生的部分能力，不能全面、细致化地评价学生的多元能力。因此，创新素养的综合素养评价是可以有效评价学生创新素养的各个方面的，可以作为对传统学科评价的有益补充。

六、学科拓展作业评价结果的变化

一学期之内，参与教学改革的 5 个班均开展了若干次学科拓展作业，其中三、四、五年级开展了 3 次，二年级开展了 2 次。利用方差分析比较各次作业成绩之间的差异，结果发现，每个班级的学科拓展作业成绩均存在显著差异。随着作业次数的增加，203 班和 404 班学生的作业成绩表现出一定的上升趋势（图 10-6）。这说明经过自主的探索、思考和实践，学生越来越善于进行发散性思维，解决问题的方法越来越新颖，各种方法的组合关系越来越灵活，自己对想法与实践过程

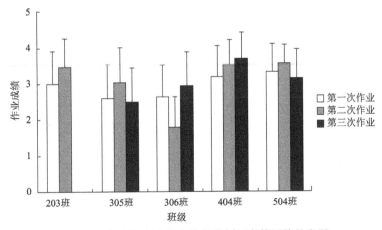

图 10-6　各班级多次综合作业的创新素养评价的发展

表述得越来越清晰，对各种实践工具和材料的操作技能越来越熟练。可以认为，学科拓展作业起到了培养、启迪学生创新素养的作用。

七、小学生创新素养的类型

我们将每位学生各次学科拓展作业的各指标平均分绘制成"创新素养雷达图"，该图形象、直观地展现了小学生在跨学科综合作业中表现出的创新素养的具体特点。在聚类分析的基础上，可以得到 7 种不同类型的创新素养，如图 10-7 所示。在 5 个班级中，7 种类型的人数分布如表 10-8 所示。

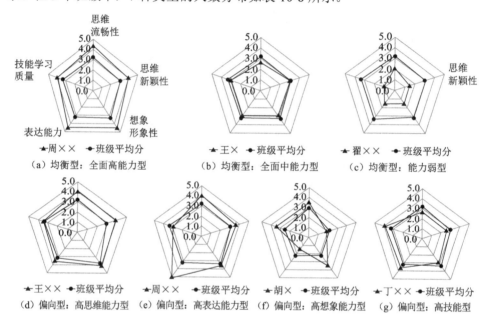

图 10-7　创新素养的类型

表 10-8　创新素养的各类型百分比分布图

项目	类型	人数/人	百分比/%
均衡型	全面高能力型	31	15.2
	全面中能力型	87	42.6
	能力弱型	41	20.1
偏向型	高思维能力型	15	7.4
	高表达能力型	10	4.9
	高想象能力型	5	2.5
	高技能型	15	7.4
合计		204	

注：因四舍五入，表中数据之和不完全等于 100

一部分学生创新素养的各个指标评分基本一致，属于均衡型。有的学生属于全面高能力型，他们的创新素养发展全面，在综合作业评价中，各项指标表现优异，思维具有很好的流畅性和新颖性，善于使用丰富的形象思维解决问题，作业表达通顺，并且能运用熟悉的操作或技能解决问题，他们是创新素养全面发展的优秀学生。有的学生在综合素养的各方面指标都接近班级平均数，属于全面中能力型，这类学生基本上能完成作业的要求，但是多采用常规的方法，解决问题方法的数量也并不多。还有一类学生各项指标的评分都远低于班级平均分，属于能力弱型，这类学生往往不能解决作业中的问题，提出的方法无效，表达不通顺，操作技能也不熟练。

另一部分学生有部分指标比较突出，而其他指标表现一般，这类学生属于偏向型，有的偏向思维能力，有的偏向表达能力，有的偏向想象能力，有的偏向操作技能。如果按照总分排名，这一部分学生的排名会比较靠后。但是，从五个创新素养指标来看，他们都具有自己的优势。同时，创新素养评价对学生的发展起到了积极的导向作用，引导学生在发现自己的问题后，根据创新素养评价的要求，积极参与各项活动，以实现全面、均衡的发展。

第四节　学业综合素养评价

西周小学的学业综合素养评价体系着眼于学生的综合素养，内容包括学生的品德发展水平、学业发展水平、身心发展水平、兴趣特长养成、学业负担状况等关键性指标，重在考查学生的综合发展状况，因此被誉为"绿色评价"（图10-8）。

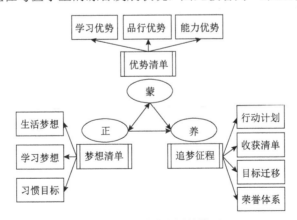

图 10-8　西周小学评价模型

一、实施目标

总目标：培养蒙以养正的西周小学好少年。

分目标一：纯真的童心（品正）：爱国爱校，尊长携幼，诚实乐观，互助互益。

分目标二：扎实的童功（知正）：悦读乐写，吟诗作画，能算善弈，能歌善舞。

分目标三：广泛的童趣（趣正）：聚精会神，好学善思，好奇善究，亲力亲为。

二、评价改革措施

（一）分阶段实施目标

1. 第一阶段实施目标

通过一年的实践，西周小学课题组发现在评价的过程中，分项检测可以在一定程度上对学生的每一门学科都分项目进行评价，注重学生的各项成绩，并且摒弃了"一张试卷定输赢"的做法，让学生能在擅长的领域有更高的成就感。分项考试、分项评定，不再是一张试卷、一个分数，而是尊重学生学习中的个体差异，淡化横向比较，能比较全面地反馈学生学习的进步与不足，改进教学，更好地促进学生的全面发展。但是从学生的全面发展来看，分项检测仍然是不全面的，评价的范围仅限于学科学业测评。对于学生的发展而言，评价不仅仅是对学习成绩的评价，还包括对品行道德的评价。而且，在西周小学的育人总目标前提下，必须进一步改进评价机制。2016 年 8 月，西周小学优化评价体系，推行"绿色评价"双轨模式，既对学生的学业状况进行过程性和总结性的测评，也对学生的道德素养发展进行激励性质的评价，并将评价延伸至了假期实践中，在时间上全面覆盖学生的每一天，从范围上覆盖学生发展的每一板块，让更多的学生获得各种能力展示和获奖机会，也努力实现了学生学业和品德双轨并举，培养学优品正、蒙以养正的西周小学学子。

2. 第二阶段实施目标

1）语文学科。①朗读优美语段、绘本；②拼音：卡片出示，电子白板演示；③写字：写字测试、识字；④识字大闯关；⑤说话：提供情境，在情境中说话；⑥朗读：由全体语文教师参与检测；⑦阅读：检测。

2）数学学科。①口算：创设生活化的情境（买菜，超市结账）；②拼图游戏：根据要求拼图；③解决问题：思维游戏、益智类游戏（建立题库）；④钟表：根据要求拨一拨。

3）德育。①评比西周小学十佳养正少年和优秀少先队员；②评比西周小学各班三好学生；③评比西周小学"特长生"。

4）综合实践。设计开展假期作业"互联网+"评价活动，包括体育作业布置、英语微读等线上评价。

（二）评价亮点

在本阶段，西周小学依据实践效果多次修改方案，对项目的可行性进行科学的论证，并邀请专家、一线教师、学校行政人员三方进行论证，增强了项目的可行性和科学性，使方案实施内容具体清楚，实施过程可供操作和检测。同时，确定发展性项目的目标和内容能够不断完善、不断改进，不断适应学生的发展要求。在双轨运行的过程中，西周小学仍然在不断完善评价方案，同时提出评价应该贯穿学生的每一天，涵盖学生发展的每一个方面。所以，2016 年的评价体系将评价时间延伸到了学生在校和不在校的每一天，在空间上，从学生的在校评价到寒暑假在家的评价，涵盖了学生发展的全部内容。另外，在实际操作中，西周小学增加了以下几项亮点评价工作：①通过"互联网+"对学生的学业成绩进行测评；②通过微信微读在线上评价学生的家庭作业。

通过"你好，假期"活动对学生的假期进行评价，构建符合小学生假期生活的模式。实施"你好，假期"活动，是对学校现有教育教学育人功能的一个补充，用以解决常规课堂教学无法解决的事情。深入研究"你好，假期"活动，对改进教育教学工作而言，是一项意义深远的实践探索。

其中，"你好，暑假"活动关注的不仅是学科知识和技能的获得，更多关注的是学生各类核心素养的提升，包括动手能力、创新精神、道德修养、学习方式转变等。"你好，暑假"活动容纳了多学科知识，采用了多种活动形式，展现了多种活动成果，起到了全面育人的作用。

"你好，暑假"活动可以让活动方案的策划、实施、成果呈现能够充分考虑、体现各方的意愿和需求，有更大的选择空间。

用综合实践的方式组织"你好，暑假"活动，改变了学生的学习方式以及教师的评价方式，已经不仅仅是多元化评价，更是人性化评价。

三、实施效果与多育并举

两年来，西周小学开展了众多的学业测评项目和德育测评项目，学生既得到了学业上的成长，又获得了道德素养上的提升；既使大部分学生得到了学业上的巩固，又使部分优秀学生冒尖拔出。

学校要生存发展，就要走出一条符合本校实际的特色办学之路。随着该项目的开展，西周小学的面貌正在发生改变，学校的育人环境有了较大的改善。对一所学校而言，学校的发展离不开学生的发展，而学生的全面发展更离不开完善有效的评价体制。西周小学立足本校实际，构建出真正适合学生成长、促进学校发展的双轨评价体系，使学校的办学更具发展性。困难总是有的，面对困难，所有西周小学人都本着"路漫漫其修远兮，吾将上下而求索"的信念，克服困难，风雨无阻地前行，我们有理由相信，西周小学的明天会更美好，西周小学学子将在"绿色评价"双轨机制的运行下，展翅高飞！

第五节　课堂学习行为评价

一、研究的意义和价值

在传统的教学中，评价往往是在教学之后进行的一种独立活动，目的在于对学业结果进行判断。西周镇下沈小学（以下简称下沈小学）在"以人为本"的思想的指导下，正在尝试改变以"一张试卷论英雄"的评价模式，树立科学的评价观。评价的真正意义在于全面了解学生的学习历程，激励学生的学习，改进教师的教学，促进学生的全面发展。正是有了评价的参与，学生才有可能达到预期的学习结果，因此评价应与教学同步，应自然而然地贯穿于学生的学习过程之中。

基于浙江省取消小学一至三年级期末统测的大背景，为减轻学生课业负担，改变一直以来通过一张试卷评价学生成绩的现状，自 2014 年 12 月，下沈小学实施了"学生学业多元化评价实践与研究"，在一年级试点开展"多起点、过程性"的学业评价。该评价方案主要包括课堂表现、学后巩固、单元练习和期末分类检测四个一级指标，结合过程与结果全面评价学生的学习情况。从内容上看，此项改革改变了对学生评价的方式，实则也是在迫使教师改变教学方式，均衡发展学生的综合能力；改变家长只关注孩子分数的观念，提高对孩子的学习习惯的养成的重视度。

目前，下沈小学正在实行学生学业多元化评价，重点针对一、二年级学生的语文、数学以及三年级学生的英语实施多元化的学业成绩评价。下沈小学发展性评价的总目标是实施"多起点、过程性"的学业评价模式，评价过程力求摆脱应试教育的影响，发挥应有的检验、激励和导向作用，使学生乐学、善考，既减轻学生的负担，又确保教学质量不滑坡。绿色评价的本质是促进学生发展，让学生在评价中看到自己的优点、优势和进步。评价的指标不单是分数，还应包括优良的行为表现；评价重在多元数据的积累与汇总，平时的点滴记录都是有用的。评价不单是横向比较，还应包括学生基线水平的比较，即对学生当前的表现与前一时期的表现进行比较。

二、国内外研究现状述评

近些年来，国内外学者、教师关于学生学业评价的多元化操作的研究更是层出不穷，并且都有各自的见解和操作形式。现将目前的研究成果做一整理分析、分类，表述如下。

1）连江县教师进修学校附属小学的《实施综合素养评价 促进学生发展》提出，在教学评价活动中，教师要以"发展的眼光，宽容的态度"，综合有效地实施综合素养评价策略，发现和发展学生多方面的潜能，了解学生发展中的需求，帮助学生认识自我，树立自信，体验学习的愉悦、成长的快乐！①

2）泰安市宁阳县实验小学的《综合素养评价 快乐成长——学生综合素质发展多元化评价实验探索》，强调科学评价、内容多元，从习惯养成、学科学习及创新能力等方面开展评价，并注重拓展考试空间，实现各因素的多元化。

3）深圳实验学校的《综合素养评价 培养人格健全学生》，以"人格健全，学业进步，特长明显，和谐发展"为培养目标，树立正确的教育观、学生观，建立内容综合素养评价制度。同时，强化学业之外的评价，将学生的人格表现、公民素养、兴趣特长以及参与社会实践纳入评价内容之中。

随着新课程改革的热潮一浪高过一浪，对学生评价的关注度不断提升。评价不再只是关注结果，更关注过程，评价的参与者也追求多元化，通过学生自我评价、学生相互评价、教师评价、家长评价、社区评价等全方位地反映学生多元化的发展需求、优势和不足，促进自我认识能力的提高。

三、评价改革的基本思路

1）制订并实施德育与学业并重的多起点、过程性评价方案。

2）以评价为导向，改变常规检测方式，促进教师的教学方式和学生学习行为的转变，更加均衡地发展学生的综合能力，全面地反映学生的知识和技能水平。

3）以评价为导向，培养学生养成良好的学习习惯、作业习惯、听课习惯和思维习惯。

4）通过多元化评价的实时反馈，为家校联系架起紧密沟通的桥梁；逐步改变家长只关注孩子的分数、不重视学习过程的观念，提高对学生的学习习惯的养成的重视度。

5）运用数据分析技术，检验评价方案的实施效果。

四、改变"一张试卷论英雄"的评价模式

下沈小学的学习评价方案根据小学低段语文、数学学科的特点，采用期末分类检测、课堂表现评价、课后作业评价和单元测验成绩等四种方式，评价学生的认读能力、书写能力、语感、表达能力、学习习惯和学习效果，各指标的分数各

---

① 曾玉华. 构建星级评价体系促进学生个性发展——我校"星级卡管理"的探索与实践[J]. 新教师，2014，（4）：21-22.

占一定的权重，以期评价学生学习的全过程，如表 10-9 所示。

表 10-9　下沈小学低段分类检测指标体系

一级指标	二级指标	采分方式
认读能力	汉语拼音（5%）	期末分类检测
	识字（5%）	
书写能力	写字（5%）	
语感	朗读（5%）	
表达能力	口语（5%）	
学习习惯	课前准备（5%）	课堂表现评价
	学中表现（20%）	
	作业态度（10%）	课后作业评价
	作业反馈（10%）	
	作业质量（5%）	
学习效果	单元练习（25%）	单元测验成绩

　　小学语文学科评价指标共 6 个一级指标、11 个二级指标，三级指标根据评价学科的不同方面设定不同的评价内容、评价要求、评价方式、评价标准。

　　这些指标既包含了过程性评价，也包括了终结性评价；既包含了认知水平评价，也包含了技能和情感评价；既能反映低段学生的书面表达能力，也能反映他们的口头表达能力。特别是在对"学习习惯"这一一级指标的评价过程中，要求教师要充分考虑学生的进步程度，即引入发展性评价，以学生起初的学业水平为各自的起点，根据学生进步的不同程度，予以额外嘉奖和评价，实现多起点评价。

　　各级评价指标按比例计分，并按最后实际得分进行终结性评价，分优秀、良好、合格、待合四个等级。三级指标对评价操作内容、要求、评价方式与标准做出了具体的说明，便于测评教师实践操作。

五、课堂学习的过程性评价与课后练习的诊断性评价

　　下沈小学学业评价在期末分类检测的基础上，对低段学生实施课堂表现、课后作业、单元练习及分类检测相结合的综合素养评价。课堂表现由任课教师根据学生当天的课堂表现，每天给予评价，学后巩固也是各学科教师根据班级和自身的习惯，每天给予评价，在实施方案的基础上，评价方式可以根据自身习惯适当进行更改，以上两方面由任课教师综合记录在一张学习评价单上（表 10-10，表 10-11）。

表 10-10　课堂表现、学后巩固登记表

学号	姓名	课堂表现等级	学后巩固等级	备注

表 10-11　学习情况反馈卡

班级		姓名	
学科	课堂表现等级	学后巩固等级	教师寄语
	反馈教师签名：		日期：

六、评价结果的积极反馈

任课教师每周一次以反馈单的形式将学生的学习过程反馈给家长，在让家长了解学校新的评价模式的同时，也了解了孩子一周在课堂、作业方面的综合表现，可以增强家校联系的紧密性。

七、综合素养评价的实施效果

下沈小学低段学生的期末考试没了，分数没了，但是学生的动手能力和表达能力提高了，在经历了 3 年的尝试后，反思综合素养评价的实践，收获了许多。

（一）发现了课堂教学需要改进的方面

在综合素养评价实践过程中，下沈小学的教师发现了许多问题，出现这些问题，主要是因为在课堂教学过程中，教师难以做到对学生学习行为进行全面了解，这也给了下沈小学极大的思考和启发。例如，对于语文，存在教师在教学生写字时的步骤和着重点，对学生写字笔锋意识的引导，以及间架结构的掌握等方面的不足。

（二）提升了学生的学习兴趣，减轻了学习压力

在综合素养评价实践中，下沈小学采用"游园过关"的方式，让学生进行知识过关，学生乐在其中，不再害怕期末测试。这无形中减轻了学生的学习负担，使学习变得更有趣味。

（三）加强了家校互动

第二学期的综合素养评价增加的课堂表现和作业情况的反馈单，一周一次的联系，一周一次的反馈，使家长更加清楚孩子在校的各方面表现，家校的联系紧密了，家长和教师之间的互动也增多了，在一来一去间增强了教师和家长对孩子

学习过程和学习习惯的重视。

（四）学生的学习习惯有了较大的改善

第二学期的课堂表现和学后巩固的评价，促使学生在课前学习用品的准备，课中认真听讲、积极举手发言，以及课后作业练习的完成等方面养成了良好的习惯。

八、综合素养评价急需解决的问题

在收获经验的同时，下沈小学课题组也清晰地认识到了开展评价工作所面临的问题。

（一）教师工作量增大

低段学生学业评价系统的实行，在教师承担日常的教学工作、班主任工作之余，还需要教师花时间、精力关注每名学生的课堂表现、学后巩固情况，并每天有所记录，在无形中加大了教师的工作量。因此，在试行结束后，学校考虑到教师工作量负荷状态，尽可能缩短教师评价的时限，采用简洁的评价模式。在今后的改革实践过程中，学习行为评价需要运用加工信息技术，利用信息技术增强评价的准确性和全面性，减轻教师的工作负荷，充分体现了综合评价的价值。

（二）教师在综合评价方面的胜任力低

下沈小学教师的专业能力尤其是科研能力比较薄弱，缺乏专家引领，在探索与研究过程中缺少一定的专业理论的支撑。下一步，下沈小学将采用统计学方法，进一步检验评价方案的可信度和有效性，进一步考察评价标准对各类学生的适合程度，并根据分析结果，调查评价方案，增、减评价指标，调适评价标准，增强评价的针对性和灵活性，让更多的学生从中受益。

（三）学生的学业成绩是否能得到进步

离开应试教育的评价，减少大量的练习，不搞题海战术，就难以保证学生的学习成绩，由此如何向课堂教学要质量的问题就会随之产生。

（四）评价者的单一性

所谓综合素养评价，不仅仅是评价内容的多元，还应该包括评价者的多元，如何让家长、同伴参与到评价中，是需要突破的难题。

参 考 文 献

一、学术著作

[美]阿兰·柯林斯，理查德·哈尔弗森. 技术时代重新思考教育[M]. 陈佳刚，程佳铭，译. 上海：华东师范大学出版社，2013.

班华. 现代德育论[M]. 合肥：安徽人民出版社，2005.

[英]波普尔. 客观知识：一个进化论的研究[M]. 舒炜光，等，译. 上海：上海译文出版社，2005.

[美]戴维·珀金斯. 为未知而教，为未来而学[M]. 杨彦捷，译. 杭州：浙江人民出版社，2015.

董蓓菲. 小班化教育的中国模式——实现教学过程公平的理论与实践[M]. 上海：上海教育出版社，2014.

顾明远. 民族文化传统与教育现代化[M]. 北京：北京师范大学出版社，1998.

[美]杰克·吉多，詹姆斯·P. 克莱门斯. 成功的项目管理[M]. 张金成，译. 北京：电子工业出版社，1999.

靳玉乐. 课程论[M]. 北京：人民教育出版社，2015.

[美]卡罗尔·德韦克. 终身成长[M]. 南昌：江西人民出版社，2017.

[美]克里斯·阿吉里斯，唐纳德·A. 舍恩. 实践理论——提高专业效能[M]. 邢清清，赵宁宁，译. 北京：教育科学出版社，2008.

[美]拉尔夫·泰勒. 课程与教学的基本原理[M]. 施良方，译. 北京：人民教育出版社，1994.

鲁洁. 德育社会学[M]. 福州：福建教育出版社，1998.

[美]迈克尔·海姆. 从界面到网络空间——虚拟实在的形而上学[M]. 金吾伦，刘钢，译. 上海：上海科技教育出版社，2000.

闵清. 信息时代虚拟实践与人的发展研究[M]. 北京：光明日报出版社，2016.

上海市教育委员会教学研究室. 学校课程计划编制实践指南[M]. 上海：华东师范大学出版社，2013.

檀传宝. 学校道德教育原理[M]. 北京：教育科学出版社，2000.

唐松林. 中国农村教师发展研究[M]. 杭州：浙江大学出版社，2005.

童富勇. 七环培训法与农村教师专业素质提升[M]. 杭州：浙江大学出版社，2011.

童富勇，等. 特级教师专业特征与成长规律[M]. 北京：科学出版社，2015.

魏后凯，闫坤. 中国农村发展报告——新时代乡村全面振兴之路[M]. 北京：中国社会科学出版社，2018.

杨旭红，毛擘，马兹平. 区域推进下的学校课程规划编制实践[M]. 北京：人民教育出版社，2015.

叶澜. 教育概论[M]. 北京：人民教育出版社，1991.

[美]约翰·杜威. 民主主义与教育[M]. 王承绪，译. 北京：人民教育出版社，1990.

袁振国. 教育政策学[M]. 南京：江苏教育出版社，2000.

浙江省基础教育课程改革工作领导小组办公室. 浙江省深化义务教育课程改革指导手册[M]. 杭州：浙江教育出版社，2016.

二、期刊论文

蔡铁权，陈丽华. 科学教育要重视科学阅读[J]. 全球教育展望，2010，（1）.

蔡文艺. 科学探究中真实性评价的运用研究——以"重力与质量关系"探究技能评价为例[J]. 教育理论与实践，2012，（11）.

陈霞. 在教学中运用真实性评价的理论与方法[J]. 全球教育展望，2002，（4）.

陈耀华，杨现民. 国际智慧教育发展战略及其对我国的启示[J]. 现代教育技术，2014，（10）.

陈玉玲，左晓媛. 基于核心素养导向的美国中小学校本课程评价体系研究[J]. 外国中小学教育，2018，（10）.

戴伟芬，王依依. 美国普通高中实施学生发展性评价的保障机制分析[J]. 课程·教材·教法，2013，（2）.

董蓓菲. 国际学生阅读素养评估[J]. 全球教育展望，2009，（10）.

盖鸾英. 生活化：非连续性文本阅读教学的核心理念[J]. 现代中小学教育，2014，（2）.

高文君，韩联郡，高红伟. 数学阅读能力的构成及数学阅读教学的原则[J]. 内蒙古电大学刊，2006，（4）.

高志军，陶玉凤. 基于项目的学习（PBL）模式在教学中的应用[J]. 电化教育研究，2009，（12）.

耿录莲. 浅谈中学生化学阅读能力的培养[J]. 教育理论与实践，2009，（s1）.

龚苏娟. 小学生的语文阅读习惯培养研究[J]. 中国校外教育，2017，（34）.

顾明远. 核心素养：课程改革的原动力[J]. 人民教育，2015（13）.

郭雅彩. 数学阅读及其教育功能[J]. 陕西师范大学学报（自然科学版），2002，（s1）.

韩骏，郝威. 课堂教学中的真实性评价刍议[J]. 河北广播电视大学学报，2005，（4）.

黄浩森. 乡土课程资源的界定及其开发原则[J]. 中国教育学刊，2009，（1）.

黄荣怀. 智慧教育的三重境界：从环境、模式到体制[J]. 现代远程教育研究，2014，（6）.

霍伊特·汉普希尔，阮高峰. 校园 BYOD 的契机与挑战：中美两国中小学校自带设备应用现状比较[J]. 中国信息技术教育，2016，（2）.

汲安庆. 夏丏尊语文阅读教育思想研究[J]. 大理大学学报，2017，（5）.

纪大海. 顶层设计与教育科学发展[J]. 中国教育学刊，2009，（9）.

李欢. "非连续性文本"之于语文阅读教学：内涵、诉求、启示[J]. 课程教学研究，2013，（3）.

李丽娥，谢芬莲. 陈鹤琴早期阅读教育思想及其启示[J]. 宁波大学学报（教育科学版），2017，（4）.

李弦. 混合学习环境下学生自我监控能力的培养[J]. 中国医学教育技术，2008，（1）.

林崇德. 构建中国化的学生发展核心素养[J]. 北京师范大学学报（社会科学版），2017，（1）.

刘晶晶，郭元祥. 小学语文阅读素养：内涵、构成及测量[J]. 课程·教材·教法，2015，（5）.

刘景福，钟志贤. 基于项目的学习（PBL）模式研究[J]. 外国教育研究，2002，（11）.

陆璟. PISA 研究的政策导向探析[J]. 教育发展研究，2010，（8）.

罗士琰，宋乃庆，王雁玲. 基于实证的小学语文阅读素养研究：内涵、价值及表现形式[J]. 中国教育学刊，2016，（10）.

马艳芳. 小学第一学段学生数学阅读能力的培养策略[J]. 中国教育学刊，2016，（s2）.

马玉霞，柴红森. 普通高中特色化课程改革实践意义分析[J]. 基础教育课程，2018，（7）.

慕君. PIRLS 与 PISA 视域下的阅读课程改革[J]. 湖南师范大学教育科学学报，2012，（3）.

倪文锦. 语文核心素养视野中的群文阅读[J]. 课程·教材·教法，2017，（12）.

倪文锦. 阅读经典：提高学生语文素养的必由之路[J]. 课程·教材·教法，2004，（12）.

余双好. 实践德育课程建设的基本构想[J]. 思想·理论·教育，2003，（1）.

时晓玲，于淮涛. 中小学课堂教学模式改革的省思与多元创新——基于洋思、杜郎口、东庐等校课堂教学实践的思考[J]. 教育研究，2013，（5）.

苏洁，胡继飞. 广州市小学生科学阅读情况的调查研究[J]. 上海教育科研，2017，（6）.

孙宽宁. 综合实践活动的价值反思与实践重构[J]. 课程·教材·教法，2015，（5）.

陶青. 小班化教学的政策建议——对美国经验的分析[J]. 广西师范大学学报（哲学社会科学版），2011，（1）.

王本华. 构建以核心素养为基础的阅读教学体系——谈统编语文教材的阅读教学理念和设计思路[J]. 课程·教材·教法，2017，（10）.

王焕霞. 发展性学生评价：内涵、范式与参照标准[J]. 山东师范大学学报（人文社会科学版），2017，（1）.

王强. 中美中小学教师选秀评奖制度比较研究[J]. 华东师范大学学报（教育科学版），2015，（4）.

王文静. 中国教学模式改革的实践探索——"学为导向"综合型课堂教学模式[J]. 北京师范大学学报（社会科学版），2012，（1）.

王晓春. 语文阅读教学的互动模式构建[J]. 上海教育科研，2005，（8）.

夏敏，叶继奋. 基于 PISA 阅读素养价值取向的阅读教学策略[J]. 宁波大学学报（教育科学版），2015，（1）.

谢毓祯，刘镜如. 网络环境下的语文阅读教学模式研究[J]. 内蒙古师范大学学报（教育科学版），2005，（8）.

徐春浪，汪天皎. 我国学生评价研究热点聚类分析及其知识图谱——基于 CNKI 684 篇核心期刊文献的关键词共词分析[J]. 教育理论与实践，2016，（11）.

徐杰. 科学教育中阅读材料的功能和运用研究[J]. 上海教育科研，2015，（2）.

杨向东. "真实性评价"之辨[J]. 全球教育展望，2015，（5）.

于保东. 语文核心素养视域下"1+X"群文阅读模式探究[J]. 教学与管理，2018，（1）.

余清臣，徐苹. 当代课堂教学模式改革的实践内涵：一种反思的视角[J]. 教育科学研究，2014，（1）.

俞向军，宋乃庆，王雁玲. PISA 2018 阅读素养测试内容变化与对我国语文阅读教学的借鉴[J]. 比较教育研究，2017，（5）.

张华. 让儿童自由探究生活——兼论综合实践活动课程的本质[J]. 全球教育展望，2007，（4）.

张华. 深刻理解普通高中教育的性质、定位与发展方向[J]. 人民教育，2018，（3）.

张华. 综合实践活动课程的问题与意义[J]. 教育发展研究，2005，（1）.

张立新，朱弘杨. 国际智慧教育的进展及其启示[J]. 教育发展研究，2015，（5）.

张颖华. 高中语文阅读教学中的对话策略[J]. 上海教育科研，2014，（7）.

张志军. 合作学习策略在小学语文阅读教学中的应用研究[J]. 中国校外教育，2016，（11）.

赵德成. 教学中的形成性评价：是什么及如何推进[J]. 教育科学研究，2013，（3）.

郑飞艺，童志斌. PIRLS 评价内容及其对小学阅读课程变革的启示[J]. 外国中小学教育，2013，（3）.

钟桂芳. 小学语文思辨性阅读策略研究[J]. 江苏教育研究，2016，（5）.

钟启泉. 综合实践活动：涵义、价值及其误区[J]. 教育研究，2002，（6）.

钟启泉. 综合实践活动课程的设计与实施[J]. 教育发展研究，2007，（2A）.

仲建维，乔宏时. 杜威的"智慧"概念及其教学方法论意义[J]. 当代教育科学，2018，（1）.

朱洁如. 小学语文阅读理解能力的层级特点与结构优化[J]. 上海教育科研，2015，（7）.

祝智庭. 智慧教育新发展：从翻转课堂到智慧课堂及智慧学习空间[J]. 开放教育研究，2016，（1）.

祝智庭，贺斌. 智慧教育：教育信息化的新境界[J]. 中国电化教育，2012，（12）.

祝智庭，彭红超. 智慧学习生态：培育智慧人才的系统方法论[J]. 电化教育研究，2017，（4）.

Cheng Y C. Future developments of educational research in the Asia-Pacific Region: Paradigm shifts, reforms, and practice[J]. Educational Research for Policy and Practice, 2007, 6(2).

Elliott J . The cass size debate: Is small better? By Peter Blatchford[J]. Journal of In-service Education, 2004, (2).

Finn J D. Class size and students at risk. What is known? What is next? A commissioned paper[J]. Academic Achievement, 1998, (19).

三、电子文献

国家中长期教育改革和发展规划纲要工作小组办公室. 国家中长期教育改革和发展规划纲要（2010—2020 年）[EB/OL]. http://www.moe.gov.cn/srcsite/A01/s7048/201007/t20100729_171904.html（2010-07-29）[2018-09-26].

教育部. 教育信息化十年发展规划（2011—2020 年）[EB/OL]. http://www.moe.gov.cn/srcsite/A16/s3342/201203/t20120313_133322.html（2012-03-13）[2018-04-09].

教育部办公厅. 教育部办公厅关于印发乡村教师培训指南的通知[EB/OL]. http://www.moe.gov.cn/srcsite/A10/s7034/201601/t20160126_228910.html（2016-01-14）[2018-08-14].

新华网. 浙江发布新高考方案扩大教育选择性为核心理念[EB/OL]. http://www.zjedu.gov.cn/news/26797.html（2014-09-22）[2018-03-26].

浙江省教育厅. 浙江省教育厅关于深化义务教育课程改革的指导意见[EB/OL]. http://jyt.zj.gov.cn/art/2015/3/31/art_1543960_28519727.html（2015-03-11）[2018-11-18].

浙江省教育厅. 浙江省教育厅关于印发浙江省普通高中学业水平考试实施办法和浙江省普通高校招生选考科目考试实施办法的通知[EB/OL]. http://blog.sina.com.cn/s/blog_661073980102v3ye.html（2014-11-10）[2017-08-25].

中共中央，国务院. 中共中央 国务院关于全面深化新时代教师队伍建设改革的意见[EB/OL]. http://www.moe.gov.cn/jyb_xwfb/moe_1946/fj_2018/201801/t20180131_326148.html（2018-01-20）[2018-12-16].